구당서
예의지

1

이 책은 2018년 대한민국 교육부와 한국연구재단의 지원을 받아 수행된 연구임
(NRF-2018S1A5B8070200)

당송 예악지 역주 총서 01

구당서
예의지

1

연세대학교 중국연구원
당송 예악지 연구회 편

學古房

연세대학교 중국연구원은 부상하는 중국에 대한 전문적인 연구의 필요성에 부응하고자 설립되었다. 본 연구원은 학술 방면뿐만 아니라 세미나, 공개강좌 등 대중과의 소통으로 연구 성과를 사회적으로 확산하는 데 노력해왔다. 그 일환으로 현재의 중국뿐만 아니라 오늘을 만든 과거의 중국도 중요하다고 판단하고 학술연구의 토대가 되는 방대한 중국의 고적古籍에 관심을 기울였다. 중국 고적을 번역하여 우리의 것으로 자기화하고 현재화하려는 중장기적 목표를 세우고, 이를 단계적으로 추진하고자 '중국 예악禮樂문화 프로젝트'를 기획하였다. 그 결과 '당송 예악지 연구회'는 2018년 한국연구재단의 중점연구소 지원 사업에 선정되어 출범하였다.

중국 전통문화의 중요한 특성을 대변하는 것이 바로 예악이다. 예악은 전통시대 중국을 포함한 동아시아 국가 체제, 사회 질서, 개인 간의 관계를 설명할 수 있는 중요한 개념이다. 국가는 제사를 비롯한 의례를 통해 정통성을 확보하였고, 사회는 예악의 실천적 확인을 통해 신분제 사회의 위계질서를 확인하였다. 개개인이 일정한 규범 속에서 행위를 절제할 수 있었던 것 역시 법률과 형벌에 우선하여 인간관계의 바탕에 예악이 작동했기 때문이다.

이렇게 예악으로 작동되는 전통사회의 양상이 정사 예악지에 반영되어 있다. 본 연구원이 '중국 예악문화 프로젝트'로 정사 예악지에 주목한 이유도 이것이다. '당송 예악지 역주 총서'는 당송시대 정사 예악지를 번역 주해한 것이다. 구체적으로 『구당서』(예의지·음악지·여복지), 『신당서』(예악지·의위지·거복지), 『구오대사』(예지·악지), 『송사』(예지·악지·의위지·여복지)가 그 대상이다. 여복지(거복지)와 의위지를 포함한 이유는 수레와 의복 및 의장 행렬에 관한 내용 역시 예악의 중요한 부분이기 때문이다.

'당송 예악지 역주 총서'는 옛 자료에 생명력을 부여하는 작업이다. 인류가 자연을 개조하고 문명을 건설한 이래 그 성과를 보존하고 전승하는 중요한 수단 중의 하나는 문자였다. 문자는 기억과 전문傳聞에 의한 문명 전승의 한계를 극복해준다. 예악 관련 한자 자료는 그동안 접근하기 어려워서 생명력이 없는 박물관의 박제물과 같았다. 이번에 이를 우리말로 풀어냄으로써 동아시아 전통문화를 보다 정확히 이해하는 데 토대가 되길 기대한다. 이 총서가 우리 학계를 포함하여 사회 전반에 중요한 자산이 되길 바란다.

연세대학교 중국연구원 원장 김현철

일러두기

1. 본 총서는 『구당서』『신당서』『구오대사』『송사』의 예악禮樂, 거복車服, 의위儀衛 관련 지志에 대한 역주이다.
2. 중화서국中華書局 표점교감본標點校勘本을 저본으로 사용하였다.
3. 각주에 [교감기]라고 표시된 것은 중화서국 표점교감본의 교감기를 번역한 것이다.
4. 『구당서』[교감기]에서 약칭한 판본은 구체적으로 다음과 같다.

　　殘宋本(南宋 小興 越州刻本)
　　聞本(明 嘉靖 聞人詮刻本)
　　殿本(淸 乾隆 武英殿刻本)
　　局本(淸 同治 浙江書局刻本)
　　廣本(淸 同治 廣東 陳氏 蒩古堂刻本)

5. 번역문의 문단과 표점은 저본을 따르는 것을 원칙으로 하되, 원문이 너무 긴 경우에는 가독성을 위해 문단을 적절히 나누어 번역하였다.
6. 인명·지명·국명·서명 등 고유명사는 한자를 병기하되, 주석문은 국한문을 혼용하였다.
7. 번역문에서 서명은 『　』, 편명은 「　」, 악무명은 〈　〉로 표기하였다.
8. 원문의 주는 【　】안에 내용을 넣고 글자 크기를 작게 표기하였다.
9. 인물의 생졸년, 재위 기간, 연호 등은 (　)에 표기하였다.

구당서 「예의지」 해제

1. 『구당서舊唐書』 서지사항

『구당서』는 오대五代 후진後晉 유후劉昫 등이 고조高祖의 명을 받아 290여 년간(618~907) 당나라의 역사를 기록한 정사이다. 원래 명칭인 '당서唐書'는 북송대北宋代 구양수歐陽脩, 송기宋祁 등이 『신당서新唐書』를 편찬하면서 이것과 구분하여 『구당서』라고 불리게 되었다. 후진 고조 천복天福 6년(941)에 장소원張昭遠, 가위賈緯, 조희趙熙, 정수익鄭受益, 이위광李爲光 등과 재상 조영趙瑩을 중심으로 편찬 작업이 시작되었는데, 장소원이 주로 집필을 담당하였고 인재의 선발과 사료의 수집, 체례의 확정 등 전체 편찬과정에서 조영의 역할이 컸다고 한다. 편찬이 시작된 지 4년 만에 완성되었고 출제出帝 개운開運 2년(945) 당시 유후의 이름으로 헌상되었기 때문에 '劉昫 撰'으로 알려지게 되었다.

『구당서』의 진가는 편찬 당시 참고하였던 저본 및 사료에서 드러난다. 『구당서』 편찬 이전에 이미 현종玄宗 개원開元 연간(713~741)까지 기술한 오긍吳兢의 국사國史를 비롯하여 위술韋述, 유방柳芳, 우휴열于休烈, 영호환令狐峘 등이 증수增修한 『당서』 130권이 있었고, 편년체로 기록된 유방의 『당력唐曆』 40권과 육장원陸長源의 『당춘추唐春秋』 등 여러 종의 국사가 있었다. 또한 문종文宗 때까지는 온대아溫大雅의 『당창업기거주唐創業起居注』 5권이 있고 경파敬播의 『고조실록高祖實錄』 20권과 위보형韋保衡의 『무종실록武宗實錄』 30권 등 조대마다 실록이 있어 이것들을 저본으로 한 『구당서』는 목종穆宗 장경長慶(821~824) 연간 이전의 기술은 사료적 가치가 높다.

특정 주제를 다루고 있는 지志의 경우도 해당 관서에서 제공한 기록들, 예를 들어 「예의지」의 경우 태상시太常寺 소속의 예관들의 기록과 각종 의례절차에 관한 의주儀注, 식式과 영令에 편입된 의례 등이 주된 사료로 이용되고 있어 비록 『구당서』가 당대 편찬되지 않았으나 당대에 실제로 사용되었던 자료들을 저본으로 한다는 점에서 사료적 가치가 높다고 하겠다.

한편 『구당서』의 당대 후반, 특히 선종宣宗(846~859) 이후는 실록과 사료 부족으로 기사가 소략할 뿐만 아니라 기술의 오류와 중복, 서술이 번잡하다는 평을 들어왔다. 게다가 『신당서』가 출현한 뒤에 『구당서』를 대체하면서 원본은 유실되었고 남송 소흥紹興 연간에 월주越州에서 각본刻本이 만들어졌지만 이마저 명대明代에 완본完本을 잃어버렸다. 때문에 명 가정嘉靖 연간(1522~1566)에 문인전聞人銓이 두 종류의 송 소흥잔본紹興殘本을 얻어 상호 보수補修하여 복각함으로써 비로소 『구당서』의 유전流傳을 보게 되었다. 문인전본도 믿을 만한 선본善本이 없는 상황에서 청 건륭乾隆 4년 무영전본武英殿本(약칭 殿本)이 심덕잠沈德潛 책임 교감본으로 나오자 이후 전본이 신속하게 문인전본을 대체하게 되었다. 그리하여 청대에 와서야 비로소 명사明史와 함께 정사에 포함되었다. 이 때문에 유전된 판본을 둘러싸고 문자의 오류와 판본간의 차이를 분석하는 교감에 중점을 둔 연구가 다른 정사에 비해 두드러진 편이다.[1]

이러한 지적은 「예의지」의 경우도 예외는 아니다. 「예의지」1(南北郊)은 목종 때까지, 「예의지」2(明堂)와 「예의지」3(封禪)은 현종, 「예의지」4(雜祀·釋奠·汾陰后土祀)는 숙종肅宗 때 기사도 보이지만 대부분 현종 개원 연간까지, 「예의지」5(太廟·謁廟)는 희종僖宗 때까지, 「예의지」6(祔主·禘祫·配享)은 무종武宗 때까지, 「예의지」7(喪服)은 현종 때까지 서술하고 있는데, 현종 이후의 기술은 대부분 소략하다. 「예의지」와 관계가 깊은 「음악지音樂志」는 문종 때까지, 「여복지輿服志」는 현종 때까지 기술하고 있어 상황이 크게 다르지 않다. 당 후반에 해당되는 목종 원화元和 15년까지의 기사를 실은 「예의지」1의 경우 고종과 현종 때의 기사와 비교해볼 때 기사가 소략할 뿐만 아니라 내용적으로도 예의 제도와 실행에 있어서 부수적인 의절에 관한 주제를 다루고 있다.[2]

본 역주연구회는 현재 대중적으로 가장 잘 알려진 중화서국中華書局 표점본 『구당서』 16책(1975)을 역주 대상으로 삼았다. 이 표점

----

1) 일찍이 趙翼의 『卄十二史札記』과 『四庫全書總目提要』에서 이를 언급하였고 (淸) 羅士琳 等 『舊唐書校勘記』는 이 문제에 집중하고 있다. 또 최근 연구 尤煒祥, 「點校本『舊唐書禮儀志』疑義考辨擧例」, 『台州學院學報』第38卷 第5期, 2016年 10月; 陳志紅, 「舊唐書勘誤」山東大學 碩士學位論文, 2018; 張麗霞, 「『舊唐書考正』研究」, 湖北師範大學 碩士學位論文, 2018; 原康, 「聞本『舊唐書』初印本與後印本的差異」, 『中國典籍與文化』, 2020年 2期 ; 王京陽, 「中華標點本『舊唐書』獻疑」, 『唐史論叢』, 1995年 등 판본과 교감에 관한 연구가 주류를 이루고 있다.

2) 한편 당대 후반의 사료가 소략하여 원문을 그대로 채록하고 있는 점이 『신당서』에 비해 『구당서』가 사료 측면에서 우월한 가치가 있다고 보기도 한다. 張麗霞, 「『舊唐書考正』研究」, 앞의 글.

본은 양주잠씨구영재각본揚州岑氏懼盈齋刻本(약칭 懼盈齋本)을 저본으로 하고 있고 기타 판본을 참고하여 교감과 표점을 하였는데, 권마다 「교감기校勘記」를 싣고 있다. 본 역주연구회가 「교감기」까지 번역을 한 이유는 『구당서』가 가지고 있는 이러한 태생적인 특징 때문에 본문을 이해하는 데 도움이 된다고 판단했기 때문이다. 「교감기」는 다양한 서적을 참고하고 인용하면서 빈출하는 판본에 대해서 약칭을 사용하고 있는데, 「교감기」 번역할 때 약칭된 판본의 정식 명칭은 다음과 같다.

① 남송 소흥紹興 연간 월주각본越州刻本(약칭 殘宋本)[3]
② 명 가정嘉靖 연간 문인전각본聞人詮刻本(약칭 聞本)
③ 청 건륭乾隆 연간 무영전각본武英殿刻本(약칭 殿本)
④ 청 동치同治 연간 절강서국각본浙江書局刻本(약칭 局本)
⑤ 청 동치 연간 광동진씨조고당각본廣東陳氏葄古堂刻本(약칭 廣本)

2. 「예의지」 구성과 체계

『구당서』는 본기20권, 지30권, 열전150권 총200권으로 기전체 형식으로 쓰여졌다. 전체 지는 30권이며, 이중 「예의지」가 7권으로 큰 비중을 차지하고 있다. 뿐만 아니라 「예의지」와 관련이 깊은 「음악지」 4권과 「여복지」 1권을 포함하면 전체 지 30권 중 12권으로 1/3

---

3) 전서는 이미 소실되었고, 67권이 잔존하며 白衲本 二十四史의 『舊唐書』 가 이 잔본과 문인전본으로 보충하여 완성되었다.

이상을 차지하고 있는 셈이다.

전체적으로 볼 때 『구당서』 지는 기타 정사와 다른 『구당서』만의 독창적인 항목은 없다. 다만 위징魏徵을 비롯하여 안사고顔師古, 공영달孔穎達, 허경종許敬宗 등 당대唐代 예전禮典 편찬에 주도적 역할을 하였던 핵심 인물들이 편수자로서 대거 참가하여 완성한 『수서隋書』 그리고 같은 시대를 다루고 있는 『구당서』 이후 북송대 편찬된 『신당서』는 함께 비교해볼 만하다. 우선 『수서』 「예의지」와 『구당서』 「예의지」는 총 7권으로 편성된 점은 같지만, 『수서』가 「예의지」5(거車), 「예의지」6(복식服飾) 「예의지」7(노부鹵簿)로 여복과 노부까지 「예의지」에 포함시켜 정리한 점이 다르다. 수대가 문제文帝와 양제煬帝 2대만에 멸망하여 왕조의 수명이 짧았던 점을 감안해도 분량 면에서 볼 때 『구당서』 「예의지」가 『수서』에 비해 월등히 증가되었음을 알 수 있다. 또한 『수서』 「예의지」가 양梁·진陳·북제北齊·북주北周 등 지가 없었던 '오대사지五代史志'를 포함한 것을 감안하면 『구당서』 「예의지」는 예의 기원, 예의 역대 연혁 등 서론에 해당되는 앞부분을 제외하고 당대唐代 예의 제도에 집중되어 있어 내용적으로도 많은 분량을 차지하고 있다.

서술 체계면에서 『수서』 「예의지」는 큰 틀에서 길吉·흉凶·군軍·빈賓·가례嘉禮 오례五禮체계로 구성되어 있으며, 『구당서』 「예의지」 역시 전체적으로 볼 때 오례 체계로 구성되어 있다. 다만 『수서』 「예의지」가 길·흉·군·빈·가례 각각에 해당되는 제사와 의례를 작은 분량이나마 항목을 갖춰 나열하여 형식화한 데 비해 『구당서』 『예의지』는 당대 주요 쟁점이 되었던 제사와 의례에 초점을 맞춰 독립된 권에 집중 서술하고 있다.

예를 들면 『수서』「예의지」의 경우 길례吉禮에서는 교사·명당 다음으로 우제雩祭를 두고 있는데, 서술이 매우 상세하다. 이것은 수대 남조와 북조의 예제를 통합하여 제사의 비중에 따라 대사大祀, 중사中祀, 소사小祀의 형식을 공식화하면서 동지冬至 원구圜丘, 정월正月 남교南郊, 맹하孟夏 우사雩祀, 계추季秋 명당明堂, 방구方丘와 북교北郊를 대사로 확정한 데 따른 것으로 보인다. 그 다음으로 오교영기五郊迎氣·칠묘七廟(宗廟)·봉선封禪·조일석월朝日夕月·경적耕藉·선잠先蠶의 순서로 서술하고 있다.

반면 『구당서』「예의지」는 큰 틀에서는 오례 체계로 구성되어 있으나 내용적으로는 길례와 흉례에 집중되어 있고 또한 오례의 순서상 흉례를 제일 마지막 권에 두고 있는 점이 다르다.[4] 그러므로 조근례朝覲禮, 군례軍禮, 가례嘉禮(冠禮·納皇后·元會·養老)의 경우는 고조 때 「무덕례」과 현종 개원 연간의 「개원례」를 언급하는 데 가운데 잠깐 서술되었을 뿐 독립된 항목을 두어 지면을 할애하고 있지 않다.

같은 시대 당나라의 예악제도를 다루고 있는 『신당서』「예악지」와 비교해보면 『구당서』의 특징이 보다 분명해진다. 『신당서』「예악지」의 경우 전체적으로 오례 체제에 맞춰 길례 중 『구당서』가 별도로 언급하지 않았던 시학視學·배릉拜陵(「예악지」4)을 위시하여 빈

---

4) 「예의지」1(南北郊 郊祀), 「예의지」2(明堂) 「예의지」3(封禪), 「예의지」4(雜祀, 五時迎氣 및 오시에 맞춘 태사·사직·오악사독·적전·선잠 제사와 釋奠, 汾陰后土祀), 「예의지」5(太廟와 謁陵), 「예의지」6(祔主·禘祫·配享), 「예의지」7(喪服)과 같이 크게 길례(「예의지」1~6)와 흉례(「예의지」7)로 구별된다.

례와 군례(「예악지」5), 가례의 예의를 항목화하여 「예악지」7·8·9에 걸쳐 독립적으로 편성하고 있다. 이것을 보면 『구당서』「예의지」의 서술체계가 단순히 오례체계로 형식화하지 않고 당대 논쟁이 되었던 의례에 초점을 맞춰 편성하였음을 알 수 있다. 특히 봉선封禪의 경우에서 두드러지는데, 『구당서』「예의지」는 명당 다음으로 봉선을 별도의 권으로 편성하여 서술이 상세한 데 반해 『신당서』「예악지」의 경우는 봉선을 순수巡狩 제도와 분리하여 간단히 요약하고 독립된 항목으로 서술할 뿐만 아니라 길례 중 4번째(「예악지」4)에 편성하여 종묘 제사 뒤에 서술하고 있다. 이처럼 『구당서』「예의지」는 오례 체계 형식을 따르면서도 당시대에 중요시되었거나 쟁점이 되었던 의례를 중점적으로 서술하고 있다.

3. 『구당서』「예의지」내용

1) 「예의지」의 주요 쟁점의 이론적 배경

앞에서 말했듯이 「예의지」는 오례 체계를 따르면서도 길례(남북교 교사·명당·봉선·석전·분음후토사·종묘)와 흉례(상복)를 중심으로 편성되었다. 이와 같이 당대 예제상 쟁점이 되는 주제를 중심으로 「예의지」를 구성한 셈인데, 그렇다면 「예의지」 각 권의 구체적인 내용을 살펴보기 전에 그 배경으로서 당대 예악제도 제정과 그것을 둘러싼 핵심적인 논쟁이 무엇인가를 먼저 살펴볼 필요가 있다.

현재 살펴볼 수 있는 당대 예제에 관한 기록은 『구당서』「예의지」 외에 주로 『신당서』「예악지」, 『통전通典』「예전禮典」, 『대당개원례』, 『대당교사록大唐郊祀錄』과 『당회요唐會要』 『당육전唐六典』 등에 실려 있다. 「예의지」는 일반적으로 『대당개원례』를 저본으로 하여 개편되었다고 알려져 왔다.5) 그러나 이러한 지적은 『신당서』 「예악지」에 더 타당해보이고, 『구당서』 「예의지」는 형식면에서 오히려 전통 정사 예지에 가깝다. 내용면에서는 물론 고조의 「무덕례」부터 태종 「정관례」와 고종 「현경례」에서 현종 「개원례」로 수렴되는 형태로 「개원례」를 중심으로 구성되어 있어, 『대당개원례』를 저본으로 했다는 지적도 타당해 보인다.

동시에 각 조대의 예전 제정을 둘러싸고 빚어졌던 경학상의 해석의 차이, 예의禮儀의 현실 적용상의 문제를 해결하는 방식 등이 어떻게 전개되었는지 황제의 조칙과 예관들의 상주문을 통해서 생생하게 전해지고 있다. 「개원례」를 편찬하는 데 실무를 담당하였던 왕중구王仲丘의 상소문은 「예의지」1에 보이는데, 정현 설에 입각한 「정관례」와 왕숙 설에 입각한 「현경례」 사이의 모순을 양자택일 방식이 아닌 절충과 조화 방식으로 해결할 것을 건의하였고 결국 '절충과 조화'는 「개원례」의 주요 특징이 되었다. 이것은 진한대 이래 남북조 분열의 시기를 거치면서 호한胡漢 융합의 다민족 통일제국을 표방하였던 당 제국의 지향과 맥을 같이한다.

「예의지」 전체에서 공통적으로 발견되는 쟁점은 우선 의례에 관한 경학상 해석의 차이이다. 후한 정현이 『주례』 『의례』 『예기』 삼례에 주를 달아 진한 이래 황제의 위상과 제국의 정통성의 근거를 제공하였다면, 한 제국 멸망 후 위魏의 왕숙王肅은 정현이 구축한 이러한 세계관에 의문을 제기하였다. 제천의례인 교사郊祀의 경우, 정

---

5) 高明士, 『中國中古禮律綜論』, 北京: 商務印書館, 2017.

현은 제사대상인 천天을 호천상제昊天上帝와 천상 오방의 오제五帝를 합쳐 육천六天으로 보는 이른바 육천설에 입각하여 동지冬至에 원구園丘에서 호천상제를 제사하고 정월正月에 남교南郊에서 오정제五精帝를 제사하여 동지와 정월 제사 시기와 원구와 남교 제사 장소까지 구분하는, 이른바 교구郊丘 분리의 원칙을 주장하였다. 반면 왕숙은 호천상제만을 유일한 천으로 인정하여 동지 원구에서 지내는 제사만을 인정하여 남교와 원구를 하나로 보는 교구합일郊丘合一의 원칙을 주장하였다. 이러한 차이의 핵심은 정현이 오제를 경전이 아닌 위서에 근거하여 감생제感生帝로 해석한 데 있다. 천상을 5구역으로 구분하고 각 구역에 해당되는 천제天帝의 정기에 감화하여 오덕의 순차대로 왕조가 개창된다는 이 이론은 전국말부터 유행하였던 오덕종시설五德終始說에 위서緯書의 감생제설感生帝說을 더하여 제국의 정통성을 정당화하는 데 큰 역할을 하였다.

또한 이와 관련해서 쟁점이 되었던 사안 중 하나가 천에 배사되는 선조(配帝 : 配享帝 또는 配祀帝)를 정하는 문제이다. 배사의 논리는 경전적 근거로 『효경孝經』「성치장聖治章」의 "주공은 후직을 교사하여 천에 배사하고 문왕을 명당에서 종사하여 상제에 배향한다(周公郊祀后稷以配天, 宗祀文王於明堂, 以配上帝)"는 구절을 제시하였다. 역대 논쟁은 교사에서 천에 배사되는 후직과 명당에서 상제에 배사되는 문왕의 자리에 해당 왕조의 선조 중 누구를 배정할 것인가에 집중되어 있다. 아울러 『예기禮記』「대전大傳」에서 "왕자는 자신의 선조가 유래된 바에 체 제사를 지내면서 선조를 배사한다(王者禘其祖之所自出, 以其祖配之)"라고 한 규정과 「제법祭法」의 "주나라 사람은 곡에게 체 제사하고 후직에게 교사하며 문왕을 조로 삼아 제사하고 무왕을 종으로 삼아 제사한다(周人禘嚳而郊稷, 祖文王而宗武王)" 라고 한 규정에서 볼 수 있듯이, 체禘·교郊·조祖·종宗의 제사 체계로 설명되는 하·은·주 삼대 예전의 전통으로 여겨져왔다. 따라서 조상의 소자출所自出을 누구로 볼 것인가의 이 문제는 하은주 삼대의 전통을 계승한 왕조의 정통성과도 관련 있는 중대 사안이기도 하다. 때문에 교사뿐만 아니라 명당 제사 그리고 종묘 제사는 국가의 례 중 최고 등급인 대사大祀로서 서로 긴밀하게 연관되어 있어 「예의지」의 내용의 2/3 정도에 해당되는 분량을 할애할 정도로 중요시되고 있다.

위진남북조 이래 정현설과 왕숙설은 남조와 북조에서 정치적 지향과 이념에 따라 달리 수용되고 대립하다가 수隋를 거쳐 당대 이르러 경학상 통일된 해석으로 「개원례」로 수렴되었다. 당초 「정관례」는 정현설에 따라 교구 분리의 원칙을 따랐고 고종 때 「영휘례」와 「현경례」는 왕숙설에 따라 개정과 복귀를 반복하며 예악 제정에 심혈을 기울였으며, 현종 때 이르러 이러한 시행착오는 「개원례」로 정리 수렴되었던 것이다. 이러한 예제상의 변화 과정이 「예의지」의 교사, 명당, 종묘 제사에 관한 논의 속에 들어 있다.

2) 「예의지」 각 편의 주요 내용

「예의지」1은 「예의지」 전체를 포괄하는 서론과 남북교 제사에 관한 기술이다. 서론 전반부는 예의 본질과 인간사회에 길·흉·빈·가·군의 오례의 필요성을 서술하고 있고 후반부는 오제五帝 때부터 당대 「개원례」 제정에 이르기까지 역대 왕조의 예전 편찬에 대해 서술하고 있다. 당대 예전의 편찬은 율령의 편찬을 전후로 하여 함께 진행되었기 때문에 예전의 제례를 시행하는 과정에서 경전에 기초한 고례나 선대 황제의 규정과 서로 모순되는 바가 많아 이 문제를 둘러싸고 다양한 논쟁이 전개되었다. 특히 고종 현경 3년에 허경종 주도하에 제정된 「현경례」는 정현설에 입각한 「정관례」와 달리 왕숙설에 따라 감생感生 오제五帝를 부정하고 호천상제만을 유일한 천제로 보아 교구합일을 주장하였다. 「현경례」 이후 여러 차례 개정과 복귀를 거쳐 「정관례」와 「현경례」를 병행하는 등 시행착오를 거치다가 현종 때 이르러 개원 20년 소숭蕭嵩 주도하에 왕중구가 「개원례」 150편을 편찬하게 되었다. 「개원례」는 「현경례」와 「정관례」 어느 한쪽을 취하지 않고 절충하는 경향을 띠는데, 「예의지」1에서는 「개원례」에 대해 대사, 중사, 소사 3등급 제사 체계라는 점과 천자 친제親祭, 삼공 대행의 유사섭사有司攝事에 대한 규정, 제사 등급에 따른 산재散齋·치재致齋의 규정, 제사 전후 진행되는 의절에 대해 서술하고 있다.

남북교에 대해서는 고조 「무덕례」에서부터 목종穆宗 원화元和 15년까지의 기사를 소개하고 있다. 주요 내용은 천 제사(남교와 원구)와 지 제사(북교와 방구) 그리고 각각의 제사에 배사되는 선조의 배정 문제를 둘러싼 쟁론들과 그 결과이다. 우선 고조 「무덕령」에서는 동지(호천상제)와 하지(황지기) 제사에 경제景帝를 배사하고 사맹월 사교 제사와 계추 명당 제사에 원제元帝를 배사하였다. 정관 초에는 고조를 원구·명당·북교 제사에, 원제를 감생제 제사에 배사하는 것으로 개편하였고, 고종 영휘 연간에 허경종의 건의에 따라 오교 영기례에서 태미 오제를 존치하는 것을 제외하고는 남교와 명당에서의 육천설을 폐기하고 호천상제에 고조를 배사하고 또한 지 제사도 방구와 북교의 분리를 폐지하는 등 「정관례」를 대대적으로 개편하였다. 하지만 고종 건봉 연간에 감생제와 신주 제사를 복원하면서 호천상제, 감생제, 황지기, 신주 제사 모두에 고조를 배사하는 모순에 봉착하게 되고 고조와 태종을 함께 제사[병사竝祀]하는 유례없는 선례를 남겼으며, 측천무후 때에는 한걸음 더 나아가 고조와 태종 그리고 고종까지 삼조동배三祖同配하기까지 이른 사정을 전하고 있다.

그 다음으로 측천무후 때 교사제와 관련해서는 남교 제사에서 주문왕을 시조로 한 점, 낙양에서 명당 제사하면서 무후의 아버지 응국공을 무상효명고황제로 추존하여 배사한 점, 중종 복위 후 남교 제사에서 황후의 아헌을 관철시킨 점, 예종 때 간의대부 가증賈曾이 남교 제사에서 천지를 합제할 것을 건의한 상주문이 주목된다.

이어 현종 때에는 개원 11년 11월 원구에서 친제하면서 고조만 호천상제에 배사함으로써 병배 또는 삼조동배의 제도는 역사 속으로 사라지게 되었다. 아울러 「개원례」에서는 천 제사 4번(동지·정월·맹하·계추)과 지 제사 2번(하지·입동)으로 정하고 동지와 정월 남교 제사에 고조, 맹하 우사雩祀에 태종, 계추 대향에 예종睿宗을, 하지 방구 지 제사에는 고조, 입동 북교 제사에는 태종을 배사하는 것으로 결정되었다. 또한 각각의 제사에는 주신主神과 그에 소속된 종신從神들, 그들에게 제공되는 제기祭器와 제물祭物들을 규정하고 있다.

현종 이후 숙종 연간에 천지 교사의 배사제를 고조에서 태조 경황제景皇帝로 바꾸게 되는데, 덕종德宗 때 다시 「개원례」로 복귀하기 전까지 경황제를 태조로 하여 교사뿐만 아니라 종묘 제사에서도 고조를 대신하게 되었다. 이 같은 변화는 정현설의 핵심인 감생제 제사가 취소된 데 따른 것으로 그 대안으로 이씨李氏 시조묘가 건립되고 종묘제도 천자 7묘제의 유교 경전의 규정을 뛰어넘어 9묘제로 확장한 것과 연관이 있다고 보기도 한다.6) 이와 같이 「예의지」1은 남북교 제사에서 주신과 배사제를 둘러싼 논의가 중심 내용이며, 그 밖에 교사에서의 아헌亞獻과 종헌終獻의 설정, 복일卜日의 문제, 축문에서의 칭신稱臣 여부 등 배사 문제와는 상대적으로 소소한 의절에 관한 논의로 끝맺음을 하고 있다.

「예의지」2는 명당에 관한 서술이다. 전반부에 명당에 관한 이론이나 연혁은 없으며 곧바로 수대 명당제도에 대한 짧은 언급을 시작으로 당대 현종 때까지 명당 제도에 관해 기술하고 있다. 수대 우문개의 명당안은 「예의지」2에 별도로 수록되지 않았으나 고종과 측천무후 때 발의된 명당 내양內樣(설계도) 기술을 보면 그의 영향이 컸음은 잘 알 수 있다. 명당은 『맹자孟子』가 '포정지당布政之堂'이라 하여 유가의 통치 이념을 상징하는 건축물로 인식된 이래 진한秦漢 통일제국 이후에는 『여씨춘추呂氏春秋』 「십이기十二紀」를 통해 월령月슈이라는 우주적 시간을 황제가 시현하는 장소로서 새롭게 탄생한 제국 질서의 상징으로 자리잡게 되었다. 그리하여 명당 제작자들은 우주론, 천문학, 악율, 그리고 지리학, 수리학 등을 총동원하여 명당이 세계의 중심축이자 우주임을 기호화하여 표현하고자 노력하였고,7) 진한 제국을 거쳐 수당 제국에 이르러 명당 건설을 향한 열정

6) 吳麗娛, 「也談唐代郊廟祭祀中的始祖問題」, 『文史』 126輯, 2019·1.

은 절정에 달했음을 「예의지」2를 통해 알 수 있다.

명당에 관한 논쟁의 핵심은 기능과 구조면에 집중되어 있다. 「예의지」2 또한 명당에서의 제사[종사宗祀]와 배사 대상 문제 그리고 명당 건축을 둘러싼 논의가 주요 내용을 이루고 있는데, 무엇보다 명당의 건축학적 측면에 많은 지면을 할애하고 있다. 다른 어느 의례보다 경전적 근거가 부족한 명당론은 『효경』의 '엄부배천嚴父配天'의 논리와 『예기』 「월령」의 포정지사, 그리고 명당의 구체적인 구조를 설명한 『고공기』가 주요 이론적 근거이며, 이를 둘러싸고 정현과 왕숙 이래 다양한 해석이 전개되어 왔다. 주요 쟁점은 제사대상과 종사 대상이 되는 배사제의 선정인데, 경전의 정의와 주석의 해석에도 차이가 나고 또 역대 전례도 각기 달라 정리될 필요가 있었다. 당초기인 태종 정관 연간부터 태산 봉선과 명당제와 같은 논쟁적인 주제를 둘러싼 예악 제정이 활발히 전개되었고 고종과 측천무후 때 이르러 구체화되면서 여러 차례 제사대상과 배사제가 바뀌는 실험과정을 거쳐 현종 때 「개원례」로 정리되었다.

「예의지」2에서 주목할 만한 점은 고종 영휘 연간과 건봉 연간 2차례에 걸쳐 담당부서에서 제시한 '명당 내양'이다. 명당을 천문학적 공간과 시간에 대응시켜 명당의 지붕 형태, 주춧돌, 처마, 창문 등을 역법의 숫자로 재현하고 있는데, 이보다 상세한 설계 도안에 관한 서술은 찾아보기 힘들며, 당대 명당 건축물을 재현하는 데 결정적인 단서를 제공하고 있다. 그 다음 실제로 명당을 건설하여 의례를 행

---

7) 우홍 지음, 김병준 옮김, 「순간과 영원: 중국고대의 미술과 건축」, 대우학술총서515, 아카넷, 2001.

한 측천무후의 명당이다. 측천무후는 역성 혁명의 정당성을 명당 건설에 둠으로써 무엇보다 최우선 정책으로 실행하였고 고종 때 계획했던 설계안을 바탕으로 측천무후만의 독특한 명당을 건설하고 명당례를 행하였다. 즉 명당 제사 시기도 수대부터 계승해온 계추 대향이 아닌 정월로 복귀하였고 천지를 합제하였으며, 사상적으로도 유교의 포정지당과 월령의 반포, 조제후朝諸侯의 기능 그리고 구정九鼎 제작을 통해 드러난 도교적 색채뿐만 아니라 천당天堂과 거대 불상을 제작하는 등 불교적 색채까지 띠고 있다. 이 때문에 현종 때에는 낙양의 측천무후 명당을 상층부분을 헐고 건원전乾元殿으로 명칭을 고친 다음 원일元日과 동지에 황제가 행차할 때 조하朝賀를 받는 곳으로 수정하였고, 계추의 대향 제사는 옛날대로 원구에서 거행하도록 하였다. 다만 「개원례」에서는 명당에서 계추에 대향을 거행하고 호천상제에 제사하며 예종을 배사하는 것으로 정리하였다. 이렇게 보면 『구당서』 「예의지」2 명당의 핵심 내용은 고종 때 기획한 명당안과 그것을 실행에 옮긴 측천무후 때의 명당에 집중되어 있음을 알 수 있다.

「예의지」3은 봉선에 관한 기술이다. 봉선은 사마천에 의하면 역대 제왕 중 대업을 이룬 자만이 태산에 올라 천에 고하는 제례로, 전통 시대 중국 역사에서도 이 예를 행한 황제가 손꼽을 정도로 많지 않다. 제국 통일과 함께 시작된 이 의례는 앞서 교사와 명당과 달리 경전적 근거가 전무하고 또 진시황과 한무제의 고사故事로 인해 구체적인 절차가 비밀에 부쳐져 유교의 제례가 아닌 방술로 치부되었다. 그러나 당대에는 국가예전의 대사에 포함시켰을 뿐만 아니라 태종 때부터 봉선을 위한 논의를 진행하였고 고종과 측천무후 때 처음으로 황후가 참여하는 봉선을 진행하였으며, 현종 때에는 황제가 직접 비문을 작성하는 등 「예의지」3은 봉선례와 그 예의 실행 절차를 복원하는 데 결정적 자료를 제공하고 있다.

「예의지」3의 전체 내용은 크게 서론과 당대 봉선 연혁으로 나뉜다. 서론 부분에서 수 양제의 순수례부터 당대 현종 개원 13년 태산 봉선까지의 예의 개정에 관해 서술하고 있다. 당대의 연혁 부분은 봉선 의례의 구체적인 제도(즉 제사 장소, 대상, 방법, 실행 절차, 의복, 거마 행렬 등의 '봉선의주'로 총칭) 체계로 구성되어 있는데, 태종 때 봉선 논의를 시작으로 고종 때 전체 얼개가 만들어지고 측천무후에 의해 숭산崇山 봉선이 행해지면서 1차적으로 완성된다. 이것이 「예의지」3의 전반부의 내용에 해당된다.

「예의지」3의 후반부 내용은 현종 때의 봉선이다. 흐름상 후반부 개원 연간의 봉선 내용은 '봉선의주'를 둘러싼 봉선 의례 구성보다 봉선 의례의 의의와 당위성을 현종의 입장에서 피력하고 이것을 경전적 해석으로 뒷받침하려는 논쟁들로 채워져 대조를 이룬다. 구례舊禮에 대한 개정 이외 현종이 왜 봉선을 할 수 밖에 없는지, 자신의 견해를 피력하는 조서를 두서 차례 내렸는데, 「예의지」3에 그 조문이 그대로 실려 있다. 개원 13년에 봉선을 실행하기 전까지 과정을 공경대부와 명유들의 상주문, 그에 대한 현종의 조문 등으로 상세히 기술하고 있고, 치열한 논쟁 끝에 개원 연간 새로운 '봉선의주'를 제정하게 된다.

후반부 현종 때 봉선 기사를 전반부 고종 때 봉선 기사와 비교해 볼 때 봉선 의례의 이념적 측면이 조금 강조되었을 뿐이지, 「예의지」3 전체적으로 볼 때 당대 봉선 의례는 다른 의례보다 제사 대상의 명칭, 배사대상의 설정, 제단의 형태와 위치 등 봉선의 의절에 관해 매우 구체적으로 서술되어 있다. 이른바 '봉선의주'가 그대로 전체 전재된 것은 아니지만, 태종, 고종, 측천무후, 현종 때의 봉선례를 전부 합해 보면, '봉선의주' 전체상이 그려질 수 있도록 안배되었다고 할 수 있다.

당대 봉선에 관한 기존의 연구들은 봉선의례가 가진 상징성과 정치적 의미(조근단에 참여한 당과 번국과의 관계 등)와 측천무후라는 여황제의 예외성 등에 주안점을 두고 있다. 명당과 함께 봉선 의례의 실행이 측천무후가 무주武周 정권을 확립하기 위한 의례적 도구로 고안되어 결국 무주 정권의 정당성을 뒷받침하는 데 큰 역할을 하였다고 보는 것이 일반적이다. 이와 같이 봉선 의례의 본질이 무엇인가와 그 상징성 및 정치적 의미를 찾는 연구는 어쩌면 봉선 의례 자체로 볼 때는 외재적 측면이라 할 수 있고, 오히려 봉선 의례가 의례적 측면에서 당대 어떻게 구성되었는지 연구는 많지 않다. 이런 면에서 「예의지」3은 봉선례의 구체적인 의절에 관해 다양한 측면에서 많은 내용을 담고 있어 봉선 의례를 재구성하는 데 유의미한 단서를 제공하고 있다.

「예의지」4는 크게 네 부분으로 구성되어 있다. 전반부는 「예의지」 1·2·3의 뒤를 이어 길례에 속하고 외제外祭에 해당되는 각종 제사, 이른바 '잡사雜祀'라고 부를만하다.[8] 중반부에는 공자 제사인 석전

----

8) 대만 중앙연구원의 '漢籍電子文獻資料庫'에 수록된 『舊唐書』(淸·瞿盈

釋奠에 대해 서술하고 있고 후반부는 한무제 때 이후 버려졌던 분음 汾陰의 후토사后土祀를 현종 때 국가 제사로 재건한 일을 서술하고 마지막 부분은 역시 현종 때 구궁귀신九宮貴神 제사와 오악사독五岳 四瀆 명산대천名山大川에 대한 존호, 황후의 선잠례先蠶禮에 대해 짧게 언급하고 있다.

먼저 전반부의 '잡사'를 살펴보면, 입춘·입하·계하·입추·입동일 의 오제 제사, 제곡帝嚳부터 한 고조에 이르기까지의 선대제왕先代 帝王의 제사, 오악·사진·사해·사독 제사, 사직, 계동季冬의 납제臘 祭, 맹하의 우사, 선농先農, 적전藉田, 독시령讀時令에 이르기까지 천 지 제사 외의 대사 일부와 중소 대사에 속하는 각종 제사를 언급하 고 있다.

중반부의 석전례에서 주목할 것은 주공周公과 공자孔子 중 누구 를 선성先聖으로 할 것인가인데, 태종 때 방현령의 건의로 주공 대 신 공자를 선성으로 하고 안회顔回를 배향하는 것으로 결정하였다. 고종 영휘 연간에 원래대로 주공을 선성, 공자를 선사先師로 하고 안회는 배향이 아닌 종사從祀하도록 강등하였다. 그러다가 현경 2년 에 다시 공자를 선성으로 다시 복원하였고 건봉 원년에는 태사로太 師로, 측천무후 때에는 융도공隆道公으로 점차 승격되어가다가 현종 개원 27년 문선왕文宣王으로 추봉되기에 이른다. 현종 때 석전의례 는 한 이래 크게 변화하였는데, 석전례의 제사 대상이 확대되고 고 정화되었으며, 황태자 석전, 국자학 석전, 주현 석전으로 등급화되어

齋刻本)「예의지」4의 경우 '雜祀' '釋奠' '汾陰后土祀'로 분류되어 있으 나, 실제 '汾陰后土祀' 뒤에 '九宮貴神'과 황후의 '先蠶'禮를 짧게 언급 하고 있다.

체계화되었다. 무엇보다 주현州縣까지 석전례를 중앙에서 제도화함
으로써 국가의례로서 석전례가 지방 주현까지 확대되고 이를 통해
민간 사회의 교화를 꾀하려 했다는 데 그 원인이 있다고 본다.9)

마지막 분음 후토사는 한 무제 이래 당 현종 때 재정비되어 송대까
지 이어진 지 제사이다. 당대 지 제사는 2가지가 있는데, 하나는 호천
상제에 대비되는 황지기皇地祇 제사로 북교 방구에서 제사하며 또
하나는 신주神州 제사로 오방상제五方上帝에 대비되는 지 제사라고
할 수 있다. 「개원례」에서는 하지에 황지기를 방구에서 제사하고 맹
동에 신주를 북교에서 제사하도록 규정하였는데, 이처럼 천에 대비
되는 지 제사 외에 현종은 도성에 멀리 떨어진 분음에 후토사를 별도
로 설치하였고 친히 제사하였다. 북교 지 제사가 거의 유사섭사有司
攝事로 대행한 데 반해 분음 후토사는 현종 때 2차례에 걸쳐 친사親
祀로 거행되었다. 이를 적극적으로 권유한 장열張說과 소숭蕭嵩이
「개원례」 편찬에 주도적 역할을 하였다는 점에서 분음 후토사가 적
어도 현종 때에는 국가 의례상 정식의 지 제사보다 중요시된 의례였
다고 보기도 한다. 또한 친사의 목적을 표면적으로는 백성의 풍년에
두지만 궁극적으로는 분음이 속한 병주幷州가 이씨 당왕조가 흥기하
는 데 단초가 된 지역이란 점에서 무주 혁명 뒤 이씨 당왕조의 중흥
을 표명하기 위한 전시성에 있다고 평가하기도 한다.10)

하지만 정치적 목적 외에 다른 요인도 주목해야 하는데, 분음 후
토사는 한 무제 때부터 보정寶鼎과 밀접한 관련이 있고 현종 때에도

---

9) 張玉亭, 「唐玄宗朝釋奠禮的特點及其成因」, 『蘇州文博論叢』 第9輯, 2018.
10) 王博, 「'一定之規' ― 論唐代后土祭祀的政治投射」, 『世界宗敎文化』, 2018
   第4期.

보정이 출토된 것을 계기로 제사를 부활하고 분음을 보정현이라고 개칭하기까지 했으며, 송대宋代 진종眞宗의 경우 태산 봉선을 행하기 전에 분음의 후토사에 고사告祀한 점을 상기할 때 봉선례와도 긴밀한 관련이 있다고 판단된다. 즉 한 무제 때 분음 후토사는 예제상 감천甘泉 태치사泰時祀에 대비되는 지地 제사로서 확립되었다고 한다면, 당대 분음 후토사는 방구와 북교에서의 황지기 제사 외에 분음에서 후토사를 별도로 설정한 점이 다르다. 이것을 볼 때 분음 후토사는 현종 때 새롭게 개창된 다른 의례들과 함께 그 의미를 면밀히 살펴볼 필요가 있다. 분음 후토사 뒤에 기술된 구궁귀신九宮貴神 제사 역시 현종 때 신설된 의식으로 도교와 밀접한 관련을 가지고 있음이 주목된다.

「예의지」5와 「예의지」6은 종묘 제사에 관한 기술이다. 「예의지」5는 태묘太廟와 알릉謁陵에 관해서, 「예의지」6은 체협禘祫과 배향配享을 기술하고 있다. 당대 종묘 제도는 당초 수대 제도를 계승하여 4대 친묘親廟 즉 '5묘'제를 실시하였다가 태종 정관 9년 칠묘제로, 현종 때 9묘제로 변화하는데, 전체적으로 당대 종묘의 묘수는 4묘 − 6묘 − 8묘 − 7묘 − 6묘 − 9묘 − 11묘의 변화 과정을 거친다. 특히 현종 때 확정된 9묘제는 표면적으로 볼 때 왕숙이 주장한 주 천자칠묘제와 대체로 부합하지만 기실 '1명의 조와 2명의 종 그리고 4명의 친묘[일조이종사친묘一祖二宗四親廟]'제와 '태조와 6대 친묘'제라는 2종류의 입묘 형식을 제시하고 있어, 친묘로 보자면, 왕숙설王肅說에 가깝지만 공덕으로 부여한 '조祖'와 '종宗'의 묘호를 가진 황제를 '칠묘七廟'에 넣었기 때문에 태조 경황제景皇帝, 고조高祖와 태종太

宗 이 3묘 외에 나머지 종묘는 친진하면 훼천하는 방식이어서 왕숙설과도 조금 다른 면을 보인다.

「예의지」5 후반부는 알릉제도이다. 당대 알릉제도의 연원은 당연후한 명제明帝 때 행해진 상릉례上陵禮이다. 당대에는 3차례 황제의 친알릉이 행해졌는데, 태종 때 정관 13년 헌릉獻陵 친알, 고종 때 영휘永徽 6년 소릉昭陵 친알, 현종 때 개원 17년 오릉五陵(橋陵·定陵·獻陵·昭陵·乾陵) 친알이 행해졌다. 현종 이후 친알릉의 예는 거의 행해지지 않고 태묘太廟 친제親祭로 대신하게 되었는데, 황제가 친제한다는 점에서 당시 정치적 목적을 가지고 전시효과를 극대화할 수 방편으로 이용되었다고 평가된다.[11]

「예의지」6의 주요 내용은 체협제이고 뒤에 공신 배향에 관해 짧게 기술하고 있다. 체협 제사와 관련해서는「예의지」1 부분에서 교사와 체禘제사의 관계를 논의하며 종묘제사의 체와 구별하여 대체大禘라고 구분하고 천 제사로 파악하였다. 반면「예의지」6 종묘 제사에서는 협제와 비교하여 종묘 제사이지만 서로 다른 제례로서 협제는 선조를 총향하는 합제合祭이고 체 제는 각각의 선조에 지낸 분제分祭로 파악하였다. 이러한 전제 하에 체협 제사의 제사시기와 간격을 둘러싸고 정현과 왕숙의 주장이 다른데, 정현은 3년 1협, 5년 1체의 삼협오체三祫五禘로 보았다. 이 정현 설이 당대 종묘 체협 제사의 연혁에서 볼 때 시간 간격상 딱 맞아떨어지지는 않지만, 고종 때 사(현)찬의 건의를 받아들여 정현 설을 정제定制로 하였다가 상

---

11) 白曉飛,「唐代皇帝親謁陵及相關問題研究」, 華中師範大學 碩士學位論文, 2020.5.

원上元 3년 이후 3년제과 5년제를 합쳐 39개월마다 1번 은제殷祭를 거행하는 것으로 변화하였다.[12] 이러한 변화 배경에는 시조와 태조를 누구로 설정할 것인가의 문제, 그에 따른 훼묘지주毁廟之主의 처리 문제, 무주 혁명으로 인하여 동도東都 낙양에 제2의 태묘가 조성된 데 따른 부묘祔廟 여부의 문제 등이 복합적으로 얽혀 있는데, 이는 국가제례와 황제의 가족 제사 간의 이해 충돌과 공公과 사私 개념의 갈등으로 보기도 한다.[13]

「예의지」7은 흉례凶禮에 관한 기술이다. 다른 정사 예의지 등의 흉례 부분에서는 당해 왕조 시대의 상복 규정뿐 아니라 흉례의 기원과 시대에 따른 연혁 및 흉례의 구체적 의절 등 다양한 내용을 담고 있다. 이에 비해서 『구당서』의 흉례 부분은 당 태종 시대에서 현종 시대에 이르는 복제服制 규정의 구체적 논쟁으로 일관하고 있다는 특징을 갖고 있다. 이점은 같은 당대唐代의 흉례를 기술하고 있는 『신당서』에서 『주례』에서 오례五禮 가운데 두 번째에 위치했던 흉례가 당대 초기에 다섯 번째로 순서가 바뀌게 되었던 과정이나 흉례의 각 의절에 대한 구체적 규정을 기술하고 있는 것과도 다르다. 또 복제 규정과 관련해서 『신당서』에서 오복五服의 규정을 정복正服·가복加服·의복義服으로 분류하여 정리하고 있는 것과도 대비된다. 이는 『신당서』가 송대에 찬술되었던 것과 연관이 된다. 즉 송대의 복제 이념에 따라 이전 시대 당나라의 복제 규정을 재구성한 것이라

12) 郭善兵, 『中國古代帝王宗廟禮制研究』, 人民出版社, 2007.
13) 吳麗娛, 「也談唐代郊廟祭祀中的'始祖'問題」, 『文史』, 2019 제1집.

할 수 있다. 이에 반해서 『구당서』 흉례 부분의 기술이 복제 논쟁으로 일관하고 있다는 특징은 곧바로 『구당서』의 찬술이 당해 시대의 사실을 날것대로 그대로 보여주는 것이라는 점에 더욱 의의가 있다고 하겠다. 『구당서』 「예의지」7에 기술된 복제 논쟁은 크게 ① 형수와 시동생 사이의 복제 규정, 외삼촌과 이모에 대한 복제 규정, ② 적모嫡母·계모繼母·자모慈母·양모養母에 대한 복제 규정, ③ 어머니에 대한 3년복의 규정, ④심상心喪과 해관解官과 관련한 제 규정 등이 중심을 이루고 있다. 또한 당대의 의례 규정은 당령 등 법제적 규정을 통해 의절 실천의 강제성이 보다 강화되었다. 이러한 측면에서 「예의지」7의 흉례 부분은 현재는 남아 있지 않는 당령唐令의 규정을 복원하는 데에도 도움이 된다.

4. 『구당서』 「예의지」 의의와 연구 과제

『구당서』 「예의지」는 형식상 전통적인 오례 체계 속에서 예제의 중요도에 따라 대사·중사·소사 3등급으로 구분하여 대사를 중심으로 편성되었다. 내용상으로는 당초 「무덕례」에서부터 현종 때 「개원례」로 수렴되는 국가 예전 편찬과 그 과정에서 유교 경전을 둘러싼 경학상의 논쟁이 구체적인 현실의 장에서 어떻게 변화하며 제도화되었는지 잘 서술되어 있다. 한편 「예의지」에는 유교 경전이나 논리로 분식되기 어려운 전통 신앙과 종교와 관련된 의례도 작은 분량이나마 실려 있어 주목된다. 유교 경전에서 음사淫祀로 취급되어오거나 공공의 질서가 아닌 사적인 영역에 포함되는 것으로 터부시되었던 세속의 민간신앙들이 당대 특유의 '절충과 조화'의 원칙에 따라 새로운 형태로 변형되어 국가 의례 체계 속으로 들어와 재정의되기도 하였다.

예를 들어 한 무제 때 시행되었던 분음 후토사는 유교 경전과는 무관한 제사로 오히려 도교 계통의 황제黃帝와 관련이 있는 제사이다. 당대 들어와 측천무후는 분음의 보정 고사故事를 명당제와 연결하여 구정九鼎을 제작하고 명당 앞뜰에 전시하여 새로운 의미로 재현하였고, 현종은 아예 분음 후토사를 재건하여 친사親祀함으로써 정식의 북교 지 제사 외에 별도의 지 제사를 예전禮典에 편성하였다. 이 새로운 지 제사는 국가예전에 편성되어 송대까지 그 전통이 이어졌다. 또한 같은 맥락으로 도교의 태일신앙인 구궁귀신의 제사를 대사大祀에 편입한 점이나 대사大事 전 알묘의 장소로 태청궁太淸宮이 신설된 점을 들 수 있다.

이와 같이 당대 예제에는 유교 경전을 근본으로 하고 오례를 근간으로 하면서도 유교 외에 도교나 불교적 요소도 서로 길항하며 녹아들어 있는데, 유교 경학상의 논쟁 이면에 내재한 당시대의 생생한 현실 사회와 종교 문화를 살펴보는 데 『구당서』 「예의지」는 많은 자료를 제공하고 있다. 앞으로의 과제는 유교 경전을 근본으로 하는 의례가 당시 유행했던 도교와 불교 계통의 의례를 어떠한 방식으로 수용하는지 보다 면밀히 살펴보는 일이다.

또한 그간 현종 때 「개원례」의 대표성에 가려져 정치사적으로나 예제상 주목받지 못했던 고종 때의 「현경례」와 측천무후 때의 예제禮制가 다른 어떤 기록보다 「예의지」에 상세하게 실려 있는데, 특수한 상황의 특례特禮로서가 아니라 「개원례」가 성립되는 데 어떠한 역할을 하고 있는지 보다 깊이 있게 살펴볼 필요가 있다. 특히 측천무후 시기에 새롭게 재해석되었던 각종 의례들과 전통 제례에서의 여성의 위상 문제는 당 이후 왕조에서도 해결해야 할 숙제로 남겨졌음은 주목할 만하다.

마지막으로 「예의지」는 당대 율령과 예제가 어떻게 상호작용하는지 검토하는 데 있어 많은 단서를 제공하고 있다. 국가의례의 지침서인 『대당개원례』나 행정 법규인 『당육전』에서는 보기 힘든 내용이 「예의지」에서는 각종 상주문과 황제가 내린 조칙을 통해 전후 맥락 속에서 생생하게 전달되고 있다. 경전적 원칙과 현실 적용의 법제 사이의 모순과 갈등이 어떠한 정치, 사회, 문화적 맥락 속에서 수렴되어 가는지 그 메커니즘을 연구하는 데 기여함으로써 중국뿐만 아니라 동아시아 전체의 공통적 특징을 파악하는 데 많은 단서를 제공하리라 기대한다.

禮儀一
예의 1

記曰：「人生而靜, 天之性也；感物而動, 性之欲也.」欲無限極,
禍亂生焉. 聖人懼其邪放, 於是作樂以和其性, 制禮以檢其情, 俾
俯仰有容, 周旋中矩. 故肆覲之禮立, 則朝廷尊；郊廟之禮立, 則
人情肅；冠婚之禮立, 則長幼序；喪祭之禮立, 則孝慈著；蒐狩之
禮立, 則軍旅振；享宴之禮立, 則君臣篤. 是知禮者, 品彙之璿衡,
人倫之繩墨, 失之者辱, 得之者榮, 造物已還, 不可須臾離也.

『예기禮記』에서 말하기를, "사람이 태어나서 고요한 것[靜]은 하
늘의 성性이요, 외물에 느껴서 움직임[動]은 성이 하고자 함[欲]이
다."[1] 하고자 하는 욕망에 제한이 없으면 화란이 발생한다. 성인은
정도에서 벗어나 방만해지는 것을 두려워하여 악樂을 만들어 본성
을 조화롭게 하고 예禮를 제정하여 감정을 단속해서 굽히고 올려다
보는 용모가 단정하며 나아가고 물러나는 동작이 법도에 맞게 하였
다. 그러므로 조빙[肆覲][2]의 예가 정해지면서 조정의 권위가 높아지
고 교사郊祀와 종묘宗廟의 예가 정해지면서 사람의 감정이 숙연해진
다. 관례와 혼례가 정해지면서 장유長幼의 질서가 서고 상례喪禮와

---

1) 『禮記』「樂記」에 나오는 말이다. 여기에서 '고요함[靜]'이란 鄭玄注에 의
   하면, "성이 외물에 접하기 전에는 하고자 하는 욕망이 없음.言性不見物,
   則無欲."을 말한다.

2) 조빙[肆覲] : 『尙書』「舜典」의 "歲二月, 東巡守, 至於岱宗, 柴. 望秩於山
   川, 肆覲東后"의 '肆覲東后'를 말한다. 『尙書』「舜典」이 편은 왕의 순수
   제도를 설명하고 있다. 「舜典」의 '肆覲東后'는 왕이 동쪽 제후들을 만나
   는 것을 말하는데, 이후 천자를 알현하거나 제후를 만나는 일을 통칭하여
   '肆覲'이라고 하였다. 경전에서는 원래 제후가 천자를 알현하는 것을 '朝
   覲'이라고 하고 제후들간의 만남을 '聘' '會同'이라고 하여 개념적으로
   구분하고 있지만, 여기에서는 통칭하여 朝聘의 예로 해석하였다.

제례祭禮가 정해지면서 효성과 자애로움이 드러난다. 순수巡狩의 예가 정해지면서 군대의 전열이 갖춰지고 향연饗宴의 예가 정해지면서 군신간의 신의가 돈독해진다. 그러므로 예는 온갖 사물[品彙]의 기준[璿衡, 북두성]3)이요, 인륜의 척도[繩墨, 먹줄]로서 이것을 잃으면 욕되고 이것을 얻으면 영화로우니, 만물이 이루어진 이래 잠깐이라도 벗어날 수 없는 것임을 알 수 있다.

　　五帝之時, 斯爲治本. 類帝禋宗, 吉禮也 ; 遏音陶瓦, 凶禮也 ; 班瑞肆覲, 賓禮也 ; 誅苗殛鯀, 軍禮也 ; 釐降嬪虞, 嘉禮也. 故曰, 修五禮五玉, 堯·舜之事也. 時代猶淳, 節文尚簡. 及周公相成王, 制五禮六樂, 各有典司, 其儀大備. 曁幽·厲失道, 平王東遷, 周室寖微, 諸侯侮法. 男女失冠婚之節, 野廬之刺興焉 ; 君臣廢朝會之期, 踐土之譏著矣. 葬則奢儉無算, 軍則狙詐不仁. 數百年間, 禮儀大壞. 雖仲尼自衛返魯, 而有定禮之言, 蓋擧周公之舊章, 無救魯邦之亂政. 仲尼之世, 禮敎已亡. 遭秦燔煬, 遺文殆盡.

　　오제五帝 시대 예는 치국의 근본이었다. 그리하여 상제上帝와 육종六宗에 제사한 것4)은 길례吉禮요, 음악을 정지하고 질그릇을 구워

---

3) 선형璿衡 : 璿璣玉衡을 줄인 말이다. 璿자는 璇의 이체자이다. 출처는 『尙書』「堯典」의 "舜在璇璣玉衡, 以齊七政"이다. 선기옥형은 『史記』「天官書」에 의하면 北斗七星(제1성 天樞, 제2성 璇, 제3성 璣, 제4성 權, 제5성 玉衡, 제6성 開陽, 제7성 搖光) 중 제2성, 제3성, 제5성을 말한다. 고대 북두칠성의 위치를 통해 춘하추동의 계절의 변화를 관측한 것에 따른다. 여기에서 파생되어 후한대에는 선기옥형은 천문을 관찰하는 기구로 보기도 하였다.

쓴 것은 흉례凶禮이며, 서옥을 나눠주고 조빙한 것은 빈례賓禮요, 묘苗를 주벌하고 곤鯀을 추방한 것은5) 군례軍禮이며, (요) 임금의 딸을 유우씨有虞氏(순舜)에게 시집보낸 것은6) 가례嘉禮이다. 그러므로 오례五禮 오옥五玉의 제도를 정한 것은7) 요순堯舜 시대의 일이라고 하였다. 요순 시대에는 풍속이 순박하여 문식을 절제하고 간이함을 숭상하였다. 주공周公이 성왕成王을 보정輔政할 즈음에 이르러서 오례五禮와 육악六樂8)을 제정하고 각기 담당 부서를 두니, 예의제도가 완비되었다. 유왕幽王과 여왕厲王이 실정을 하고 평왕平王이 동천東遷을 하게 되면서 주왕실이 점차 약해져 제후들은 법을 무시하였다. 남녀 사이 관혼冠婚의 예절이 없어지면서 〈야균野麇〉9)의 세태 풍자가 일어났다. 군신간에 조근朝覲과 회동會同의 기율이 무너지자 천

---

4) 『尙書』「舜典」의 "상제에 두루 제사하고 육종에게 정갈히 제사지내다.肆類于上帝, 禋于六宗."의 구절을 줄여서 "類帝禋宗"라고 한 것이다. 類 제사나 禋 제사 모두 天 제사이므로 길례에 해당한다.

5) 『史記』 권1 「五帝本紀」에 "삼묘를 (서쪽인) 삼위로 옮기고遷三苗於三危", "곤을 (동쪽인) 우산으로 추방殛鯀於羽山"하였다고 하였다.

6) 『尙書』「堯典」의 "釐降二女于嬀汭, 嬪于虞"라고 하여 요堯 임금이 두 딸을 舜에게 시집보낸 데에서 유래된 고사이다.

7) 이 역시 『尙書』「舜典」의 "修五禮五玉"에서 나온 고사이다. 여기에서 말하는 五禮는 吉·凶·賓·嘉·軍 5가지 의례를 말하며, 五玉은 公·侯·伯·子·男 5등급의 제후들이 가지는 瑞玉을 말한다.

8) 『周禮』「春官·大司樂」에 의하면, 「雲門大卷」「大咸」「大韶」「大夏」「大濩」「大武」 등 天地, 四望, 山川, 宗廟제사에 사용하는 여섯 가지 樂舞를 말한다.

9) 『詩』「召南·野有死麇」을 말한다. 들에 죽은 노루가 있어 이것을 결혼의 폐백을 삼아 청혼을 한다는 사랑시이다.

토踐土의 회맹에 대한 기록이 나타났다.[10] 장례를 지낼 때에는 비용을 절제하지 않았으며, 전쟁을 할 때에는 교활한 속임수가 판을 쳐 자비심이라고는 찾아볼 수 없었다.[11] 수백 년 동안 예의는 이와 같이 완전히 무너져버렸다. 공자께서 위衛나라에서 노魯나라로 돌아가 예를 확정했다는 말이 있지만[12] 대개 주공이 제정했던 옛 법을 현창하였을 뿐, 노나라의 어지러운 정치를 구제하지는 못하였다. 공자시대에 예교禮敎는 이미 사라지고 없었다. 진秦나라 때에는 분서焚

10) 踐土의 회맹은 晉文公이 楚나라와 城濮 전투에서 크게 승리한 뒤 鄭나라 땅인 踐土(현재 河南省)에서 晉·齊·宋·蔡·鄭·衛·莒나라 제후들과 周襄王을 초청하여 회맹한 일을 말한다. 제후인 晉文公이 周 천자를 불러 회맹에 참여시킨 것을 예법이 아니라 여겨 『春秋』는 "天子가 河陽으로 사냥을 나갔다"고 쓴 일을 말한다.

11) 이른바 '宋襄之仁'를 두고 한 말이다. 제환공 사후 송양공이 그 뒤를 이어 패자가 되고자 남방의 초와 홍하에서 대치하던 중 신하 목이가 초군이 전열을 정비하기 전 공격하라는 조언을 예법에 어긋난다는 이유로 거절하여 전투에 패하고 송양공 자신은 중상을 입어 죽게 되었다. 후대 이 송양공의 행위에 대해 『춘추』의 삼전이 평가를 달리하고 있는데, 『곡량전』과 『공양전』의 경우 '仁하다'고 긍정적으로 본 데 반해 『좌전』의 경우, '소인지인'으로 평가하여 어리석고 무능한 이의 행위를 대변하는 말이 되었다. 「예의지」에서는 오히려 '전투의 예법(군례)'를 지킨 송양공과 그것을 무시하고 전쟁의 승패만을 따진 목이 이하 춘추 중기 이후 각국의 부국강병의 실태를 '군례'가 무너진 데 따른 것으로 보고 있다.

12) 『論語』「子罕」의 "吾自衛反魯, 然後樂正, 雅·頌各得其所"라고 한 공자의 말이다. 공자는 노정공 13년 공자 나이 55세에 노나라를 떠나 천하를 주유하다가 애공 11년 겨울 공자 나이 68세에 위나라를 떠나 고향인 노나라로 돌아와 전적을 정리하였는데, 이때 음악 아와 송이 비로소 제자리를 찾았다는 말이다.

書로 인하여 그나마 남아 있던 문헌들도 거의 없어졌다.

漢興, 叔孫通草定, 止習朝儀. 至於郊天祀地之文, 配祖禮宗之
制, 拊石鳴球之備物, 介丘璧水之盛猷, 語則有之, 未遑措思. 及
世宗禮重儒術, 屢訪賢良, 河間博洽古文, 大搜經籍, 有周舊典,
始得周官五篇, 士禮十七篇. 王又鳩集諸子之說, 爲禮書一百四十
篇. 后倉二戴, 因而刪擇, 得四十九篇, 此曲臺集禮, 今之禮記是
也. 然數百載不見舊儀, 諸子所書, 止論其意. 百家縱胸臆之說, 五
禮無著定之文. 故西漢一朝, 曲臺無制. 郊上帝於甘泉, 祀后土於
汾陰. 宗廟無定主, 樂懸缺金石. 巡狩非勛·華之典, 封禪異陶匏
之音. 光武受命, 始詔儒官, 草定儀注, 經邦大典, 至是粗備. 漢末
喪亂, 又淪沒焉. 而衛宏·應仲遠·王仲宣等掇拾遺散, 裁志條目
而已. 東京舊典, 世莫得聞.

한漢나라가 일어나 숙손통叔孫通[13]이 예의제도를 처음 제정하였
으나 조정朝廷의 예의를 실행한 데 그쳤다. 천지天地에 제사하는 교
사郊祀에 관한 규정과 조종祖宗을 천에 배사配祀하는 제도, 악기 연
주와 음악에 갖춰질 기물들, 개구[介丘, 태산]에서의 봉선封禪과 벽

---

13) 숙손통叔孫通(미상) : 전한 魯나라 薛 땅 사람. 秦 二世皇帝 때 博士 출
   신으로 진나라 말기 項梁과 項羽를 섬겼다. 후에 다시 한고조 劉邦을
   따랐고, 한 제국이 성립한 뒤에 다시 박사가 되어 제국 초의 예악 제도를
   정비하는 데 큰 역할을 하였다. 특히 조정의 의례인 朝儀를 새롭게 제정
   하여 고조 7년 완성된 長樂宮에서 장엄한 예법을 시현하여 고조로 하여
   금 비로소 황제가 되었음을 실감케 한 일화는 유명하다. 이후 太常에 임
   명되었고 惠帝 때 종묘례를 제정하기도 하였다.

수[璧水, 벽옹]의 태학과 같은 성대한 계획[盛猷]은 말은 있었으나 그것을 도모할 겨를이 없었다.[14] 세종[世宗, 한무제] 때 이르러 유학을 존중하고 장려하여 자주 현량賢良에게 자문을 구하고 고문에 박식하였던 하간헌왕河間獻王[15]이 대대적으로 경적을 수집하면서 주나라 때의 옛 전장典章이 있어 비로소 『주관周官』 5편과 『사례士禮』 17편을 얻었다. 하간헌왕은 또한 제자백가의 설을 두루 모아 예서禮書 140편을 완성하였다. 그리하여 후창后倉[16]과 이대[二戴, 戴德과

---

14) 雍五時 郊祀와 封禪 등의 제사는 한초에는 秦代 제도를 계승하였다가 한무제 시기 太初曆 제정 등과 함께 정비되어 '漢의 故事'로서 시행되었다. 雍五時 郊祀의 경우 祖宗을 배사하지 않았으며, 封禪의 경우 5년 1巡狩封禪制로 시행되는 등 경전에 전례가 없는 형태로 진행되었다. 무제 사후 후대 유교 경전에 부합하지 않는다고 하여 元帝 이후부터 대대적인 개혁이 진행되었고, 전한 말 王莽에 의해 개편되기까지 교사제와 종묘제 등의 개편과 복구가 거듭되었다. 여기에서 원대한 계획이 있었으나 시행되지 못했다고 함은 이러한 사정을 말한다.

15) 하간헌왕河間獻王 : 劉德(?~기원전103)을 말한다. 前漢 景帝의 셋째 아들로, 경제 前2년(기원전155) 河間王에 봉해졌고, 시호가 獻이었기 때문에 하간헌왕이라고 불린다. 유학을 장려하여, 先秦 이전의 고서를 두루 수집하였다. 그중 『舊唐書』 「禮儀志」에서 말한 바와 같이 수집한 고서 중 후대 三禮로 일컬어지는 『周官』 『士禮』 『禮記』의 저본이 포함된 것은 유학사 중에서 큰 의의가 있다고 평가된다. 이외에도 무제에게 八佾舞를 헌상하는 등 漢代 儒學의 부흥에 큰 역할을 한 인물로 평가된다.

16) 후창后倉(미상) : 前漢 東海 郯縣(현재 山東省 郯縣) 사람. 后蒼이라고도 한다. 武帝 때 明經으로 박사가 되었다. 孟卿에게 禮學과 『春秋』를 배웠고, 夏侯始昌에게 『齊詩』 및 五經을 익혔다. 이후 『齊詩』 분야는 翼奉과 蕭望之·匡衡·白奇 등에게 전수하여 齊詩翼氏學 등 제시학이 형성되는 데 큰 역할을 하였다. 예학 방면으로는 戴德과 戴聖, 慶普 등에게

戴聖]17)가 140편 중에서 가려 뽑아 49편을 얻게 되었으니, 이것이 곡대曲臺18)에서 예禮를 수집한 내용이며, 오늘날의 『예기禮記』가 바로 그것이다. 그러나 수백 년 동안 옛 예의제도를 볼 기회가 없었고 제자백가가 쓴 기록은 그 취지를 말한 것에 지나지 않았다. 수많은 학자들이 함부로 개인적인 억측을 말한 것으로 오례五禮는 확정된 명문이 없었다. 그러므로 전한 시대 곡대曲臺에는 확정된 제도가 없었다. 감천甘泉에서 상제上帝에 교사郊祀하고 분음汾陰에서 후토后土에 제사를 지냈다.19) 종묘 제사는 신주의 수를 확정하지 못했으

예를 가르쳐 大戴禮學, 小戴禮學, 慶氏禮學이 형성되었다고 전한다.

17) 戴德과 戴聖을 말한다. 戴德은 보통 大戴로 불린다. 今文禮學인 大戴學의 개창자이고, 형의 아들인 戴聖과 함께 后倉에게 『禮』를 배웠다. 宣帝 때 經學博士가 되어 戴聖, 慶普와 함께 예학의 三家를 이루었다. 秦漢 이전의 각종 고대 예의에 관한 문헌에서 85편을 선정하여 『大戴禮』를 만들었는데, 戴聖의 예학과 구분하기 위해 당시 『大戴禮』라 불렀다. 그 후 徐良에게 전수했다. 뒤에 46편이 망실되고, 지금은 39편의 『大戴禮記』만 전한다. 戴聖은 小戴로 불리며, 今文禮學인 小戴學의 개창자다. 宣帝 때 博士로 石渠閣 논쟁에 참여하였고, 석거각 회의에서 五經의 同異를 강론했다. 대덕의 『大戴禮記』 중에서 고대의 각종 禮儀와 관련된 논술 49편을 뽑아 『小戴禮記』를 편찬했는데, 이것이 현행본 『禮記』다. 그의 학문은 橋仁과 楊榮에게 전수되었다.

18) 곡대曲臺 : 漢代 射宮을 일컫는다. 여기에 太常博士弟子를 설치하였으며, 이 때문에 후에 저술과 교서를 위한 부서를 지칭하게 되었다. 또한 예의와 전장제도를 상징하기도 한다. 『漢書』 권30 「藝文志」 "曲臺后倉九篇"조에 대한 如淳注에 "行禮射於曲臺, 后倉爲記, 故名曰曲臺記. 漢官曰大射于曲臺"라고 하였다.

19) 감천甘泉에서 … 지냈다 : 『漢舊儀』에 의하면, "첫해에 祭天하고 두 번째 해에 祭地하며 세 번째 해에는 五時에 제사하여 3년에 한번씩 제사한다"

며,[20] 악현에도 금석金石[악기]이 빠져 있었다.[21] 순수巡狩 제도는 요堯와 순舜시대의 예전禮典이 아니며, 봉선封禪에는 흙으로 빚은 악기와 박으로 만든 악기가 아닌 다른 악기를 사용하였다. 광무제光武帝가 천명을 받아 처음으로 유생 관리들에게 조를 내려 의주儀注를 제정토록 하니 치국의 대전이 이로써 거친 형태로라마 갖추어지게 되었다. 후한 말 정국이 어지러워지자 다시 한 번 예의제도는 무너졌다. 위굉衛宏,[22] 응중원應仲遠(응소應劭),[23] 왕중선王仲宣(왕찬王

고 하였다. 한무제 때 첫해에 제천하는 장소를 甘泉으로 하여 제단을 泰畤라 하고 제사대상을 太一이라 하였다. 감천은 甘泉山(陝西省 涇陽縣 西北) 옆에 秦始皇이 구축한 林光宮을 武帝가 建元연간에 확장하였다가 다시 甘泉宮을 지어 무제 말년까지 활용하였다. 『漢舊儀』에서 말한 祭地는 汾陰에서 鼎이 출토된 이후 이를 天에 대비되는 地祇의 상징으로 보아 后土 제사로 확정하였다. 전한의 교사제도는 궁성의 동서남북을 중심으로 구축되는 예제 건축물 축조와는 달랐기 때문에 경전상에서 말한 제도가 없다고 말한 것이다.

20) 이른바 종묘제인 천자 7묘, 제후 5묘제는 漢代 石渠閣 회의를 통하여 정형화되었다. 전한초에는 郡國에 고조를 비롯한 선대왕의 묘를 세우는 郡國廟가 존재했던 것처럼 이 역시 경전에 규정된 제도와는 다른 종묘제도였음을 말한다.

21) 무제 때에는 樂府를 신설하여 각종 의례에 상응하는 음악관련 업무를 관할토록 했다. 본문에서 말하는 금석의 악기가 없다는 말은, 正月 上辛日에 甘泉의 圜丘에서 천에 제사를 지낼 때 童男女 70인에게 저녁부터 동틀 때까지 노래를 부르게 하였는데, 그 제사 성격이 조종의 일과는 무관하고 음악 또한 종율과 조화롭지 않았다는 점을 말한다. "然未有本於祖宗之事, 八音調均, 又不協於鍾律", 『通典』「樂」1.

22) 위굉衛宏(미상) : 후한 東海 사람. 光武帝 때 議郎을 지냈다. 鄭興과 함께 고문경학을 좋아했는데, 謝曼卿에게 『毛詩』를 배워 『毛詩序』를 지었다.

粲)24) 등이 흩어진 자료들을 주워 모아 약간의 조목을 손질하여 기록하였을 뿐이다. 이로써 후한의 예의 제도는 세상 사람들이 알 수가 없게 되었다.

自晉至梁, 繼令條續. 鴻生鉅儒, 銳思綿蕝, 江左學者, 髣彿可觀. 隋氏平陳, 寰區一統, 文帝命太常卿牛弘集南北儀注, 定五禮一百三十篇. 煬帝在廣陵, 亦聚學徒, 修江都集禮.[一]25) 由是周

杜林에게 『古文尙書』를 배워 『古文尙書訓旨』를 저술했다. 그 밖의 저서로 玉函山房輯佚書에 『古文官書』와 『平津館叢書』, 『漢舊儀』, 『(漢舊儀)補遺』가 수록되어 있다.

23) 응소應劭(미상) : 후한 汝南 南頓(현재 河南省 項城) 사람. 자가 仲遠 또는 仲援, 仲瑗이라고도 한다. 靈帝 때 孝廉으로 천거되어 營陵令과 泰山太守 등을 지냈다. 저서에 『漢書集解』와 『漢朝駁議』 『律略論』 『漢官儀』 『風俗通義』 등이 있었지만 대부분 없어지고, 『풍속통의』 일부만이 漢魏叢書와 四庫全書 등에 전할 뿐이다.

24) 왕찬(王粲, 177~217)을 말한다. 자가 仲宣이다. 후한 말기 山陽 高平(현재 山東省 微山) 사람으로 명문 왕씨 집안에서 태어났다. 박학다식했고 글을 잘 지었으며, 시로도 유명하였다. 建安七子의 한 사람이자 대표적 시인으로 曹植과 함께 '曹·王'으로 일컬어지기도 한다. 위나라 건국 후에는 시중이 되어 후한말 상란으로 인해 어지러워진 예의제도를 재건하는 데 큰 공을 세웠다. 『三國志·魏書』 권21 「王粲傳」의 注에 인용된 摯虞의 『決疑要注』에 의하면, "후한 말 상란으로 인하여 옥패를 차는 일이 없었다. 위나라 시중인 왕찬이 이전의 제도를 알아 다시 옥패를 차기 시작했다. 현재 옥패 차는 예는 왕찬에게서 기원한다.漢末喪亂, 絕無玉珮. 魏侍中王粲識舊珮, 始復作之. 今之玉珮, 受法於粲也."라고 하였다.

25) [교감기 1] "江都集禮"의 '集禮'는 여러 판본에는 원래 '禮集'으로 되어 있으나, 『舊唐書』 권46 「經籍志」와 『新唐書』 권58 「藝文志」에 따라 수정하였다.

·漢之制, 僅有遺風.

　진晉나라에서 양梁나라에 이르기까지 계속해서 영令과 조목條目
으로 계승하여 편찬하였다. 수많은 유생들과 대유학자들이 전념하
여 연구하였는데, 그중에서 강좌江左26) 학자들은 방불하여 볼 만하
였다. 수隋나라가 진陳을 평정하고 천하를 통일하면서, 문제文帝는
태상경 우홍牛弘27)에게 명하여 남북의 의주儀注를 모두 수집하고
오례五禮 130편을 완성하였다.28) 양제煬帝는 광릉廣陵29)에 있으면
서 학도들을 불러 모아 『강도집례江都集禮』를 편찬하였다.30) 이로

---

26) 여기에서는 東晉 이후 宋, 齊, 梁, 陳 남조를 말한다.

27) 우홍牛弘(546~611) : 隋 安定 鶉觚(현재 甘肅省 靈台) 사람이며, 수나라
　에 들어가 秘書監이 되었다. 황명으로 五禮를 편수했다. 새로운 음악을
　정하고 明堂 건설에 관한 득실을 논했다. 吏部尙書에 올랐고, 奇章郡公
　에 봉해졌다. 隋煬帝의 명령으로 『大業律』 18편을 편찬하기도 하였다.

28) 隋文帝 仁壽 2년(602)에 편찬되어 「仁壽禮」라고도 한다. 많은 수의 인원
　을 동원하여 제작하였다고 하지만 실제로는 牛弘이 주도하였다. 開皇 연
　간의 「開皇禮」를 계승하였으며, 형식상 남북 의례를 집대성하였고 내용
　적으로도 「開皇禮」와 큰 차이가 없다(高明士, 「隋代的制禮作樂」, 隋唐
　史論集, 1994년 3월, 24~26쪽 참조).

29) 광릉廣陵 : 지금의 揚州를 말한다. 後漢 建武 18년(42)에 廣陵郡을 廣陵
　國으로 개정하여 설치하였다. 치소는 廣陵縣(현재 江蘇省 揚州市 西北)
　이다. 후한 말에 치소를 射陽縣(현재 江蘇省 寶應縣 東北)으로 옮겼고
　三國 魏때 淮陰縣(현재 江蘇省 淮陰縣 西南)으로 옮겼다가 東晉 때 다
　시 廣陵縣으로 이전하였다. 隋 開皇초에 처음으로 폐지되었다. 唐 天寶
　元年(742)에 또다시 廣陵郡이 되었고 치소는 江都縣(현재 揚州市)에 두
　었다. 乾元 원년(758)에 다시 揚州가 되었다.

30) 『新唐書』 권58 「藝文志」2에는 "牛弘·潘徽隋江都集禮一百二十卷"이라

46　『구당서』 권21

인하여 주나라와 한나라의 제도가 가까스로 그 흔적을 남기게 되
었다.

神堯受禪, 未遑制作, 郊廟宴享, 悉用隋代舊儀. 太宗皇帝踐祚
之初, 悉興文敎, 乃詔中書令房玄齡·祕書監魏徵等禮官學士, 修
改舊禮, 定著吉禮六十一篇, 賓禮四篇, 軍禮二十篇, 嘉禮四十二
篇, 凶禮六篇, 國恤五篇, 總一百三十八篇, 分爲一百卷.

신요神堯황제(당 고조)31)는 선양禪讓으로 즉위한 뒤 예의제도를
제정할 겨를이 없어 교사郊祀, 종묘宗廟 제사 그리고 향연례 등 모두
수대의 옛 예의제도를 채용하였다. 태종太宗 황제는 즉위한 초에 대
대적으로 문교文敎를 부흥시켜 중서령中書令 방현령房玄齡,32) 비서

하여 120권이라 하였다. 수양제 楊廣이 揚州總管으로 있을 시절 반휘潘
徽를 중심으로 하는 남방의 학자들을 불러 모아 편찬하였다. 수양제는 즉
위 후 이『江都集禮』를 참고로 하여 예제를 정비하였다. 또한『江都集禮』
는 일본에 전해져 推古천황과 飛鳥천황시대 朝廷의 의식에 영향을 준 것
으로 전한다(瀧天政次郞,「江都集禮と日本儀式」, 307-308쪽 참조).
31) 神堯는 唐 高祖 李淵을 가리킨다. 玄宗 天寶 13년(754) 2월에 고조를
추숭하여 시호를 神堯大聖光孝皇帝라고 하였다.
32) 방현령房玄齡(578~648) : 唐 齊州 臨淄(현재 山東省) 사람. 자는 喬이다.
집안 대대로 北朝를 섬겼고, 18살 때인 수나라 開皇 연간에 進士가 되어
습성위隰城尉에 올랐다. 이세민의 측근으로서 태종이 즉위하기 전부터
秦王府의 18학사로서 玄武門의 변을 기획하였고, 태종이 즉위한 이후에
는 中書令(무덕 9년 7월 부임), 尙書右僕射, 監修國史를 거쳐 15년간
재상직에 있으면서 이른바 貞觀의 治를 이루었다. 杜如晦와 더불어 賢相
으로 칭송되면서 '房謀杜斷'라 불렸다. 여기에서 말한 中書令은 武德
9년 7월에 임명되었고 貞觀 3년(629)에는 尙書右僕射가 되었으므로 魏

감秘書監 위징魏徵[33] 등 예관禮官 학사學士[34]에게 구례舊禮를 개정토록 하고 「길례吉禮」 61편, 「빈례賓禮」 4편, 「군례軍禮」 20편, 「가례嘉禮」 42편, 「흉례凶禮」 6편, 「국휼國恤」[35] 5편 총 138편을 확정하고 100권으로 나눠 편성하였다.

玄齡等始與禮官述議, 以爲{月令禘祭, 唯祭天宗, 謂日月而下.
近代禘五天帝 · 五人帝 · 五地祇[二],[36] 皆非古典, 今並除之. 又

徵이 貞觀 2년(628)에 비서감이 되었을 때와 서로 맞지 않는다. 또한 『通典』「禮」3 '郊天'下에서는 房玄齡 등이 논의한 내용이 貞觀 11년(637)으로 되어 있다.

33) 위징魏徵(580~643) : 唐 초기 魏郡 內黃(현재 河南省 安陽) 사람. 隋末 혼란기에 群雄 李密에게 귀순했다가 高祖의 장자 李建成의 측근이 되어 李世民과 대립했으나 太宗 즉위 후 간관으로 중용되어 태종의 포용성을 상징하는 인물이 되었다. 貞觀 2년(628) 秘書監으로 옮겨 조정에 참여했는데, 이때 학자를 불러 四部書를 정리할 것을 건의했다. 7년(633)에는 王珪를 대신해 侍中이 되었고, 당시 令狐德棻 등이 『周書』와 『隋書』를 편찬하는데, 명을 받아 撰定하여 良史란 칭송을 들었다. 직간을 거듭하여 황제의 분노를 사기도 했지만 끝까지 굽히지 않은 것으로 유명하며, 그의 말은 『貞觀政要』에 잘 나와 있다. 이외에도 『類禮』와 『群書治要』 등의 편찬에도 큰 공헌을 했다.

34) 당대 예전 편찬에 관여했던 예관은 太常寺 소속 관원들이 주축이 되어 진행되었다. 張文昌, 『制禮以敎天下 - 唐宋禮書與國家社會』, 249~262쪽 참조.

35) 國恤은 천자와 황실의 흉례 의례인데, 이전에 없던 것을 「貞觀禮」에 새로이 추가하였다.

36) [교감기 2] "五人帝五地祇"에서 여러 판본에는 '人帝' 앞에 '五'자가 원래 없고 '祇'자는 원래 '極'으로 되어 있다. 『通典』 권44, 『唐會要』 권37에

依禮, 有益於人則祀之. 神州者國之所託, 餘八州則義不相及. 近代通祭九州, 今除八州等八座, 唯祭皇地祇及神州, 以正祀典. 又漢建武中封禪, 用元封時故事, 封泰山於圓臺上, 四面皆立石闕, 並高五丈. 有方石再累, 藏玉牒書. 石檢十枚, 於四邊檢之, 東西各三, 南北各二. 外設石封, 高九尺, 上加石蓋. 周設石距十八, 如碑之狀, 去壇二步, 其下石跗入地數尺. 今案封禪者, 本以成功告於上帝. 天道貴質, 故藉用稿秸, 樽以瓦甒. 此法不在經誥, 又乖醇素之道, 定議除之. 近又案梁甫是梁陰, 代設壇於山上, 乃乖處陰之義. 今定禪禮改壇位於山北. 又皇太子入學及太常行山陵 · 天子大射 · 合朔 · 陳五兵於太社 · 農隙講武 · 納皇后行六禮 · 四孟月讀時令 · 天子上陵 · 朝廟 · 養老於辟雍之禮, 皆周 · 隋所闕[三],37) 凡增多二十九條. 餘並準依古禮, 旁求異代, 擇其善者而從之.}38) 太宗稱善, 頒于內外行焉.

　방현령房玄齡 등은 처음으로 예관들과 함께 다음과 같이 논의를 정리하였다.

　　「월령月令」에서 말한 연말의 납향제[禘祭]39)는 오로지 천신

따라 보충하여 고쳤다.

37) [교감기 3] "皆周隋所闕"의 '隋'자는 여러 판본에는 원래 없는데, 『唐會要』 권37에 의해 보충하였다.

38) { } 부분은 방현령 등이 제안하여 확정한 「貞觀禮」의 내용이다. 상소문은 보통 "以爲 …" 이하 내용에 해당하므로 편의상 인용문 형식으로 표시하였다.

39) 『禮記』 「月令」편에서 말하는 납향 제사[臘祭]를 말한다. "天子乃祈來年于天宗, 大割祠于公社及門閭, 臘先祖五祀, 勞農以休息之." 이에 대해

[天宗]에만 지내는 제사이며, 해, 달 이하의 천신을 말한다. 근래 이전 왕조에서는 연말에 오천제五天帝,40) 오인제五人帝,41) 오지기五地祇42)에게 납향을 올렸는데,43) 모두 고대 제전[古典]이 아

<hr />

鄭玄注는 "此『周禮』所謂臘祭也. 天宗, 謂日月星辰也. … 臘, 謂以田獵所得禽祭也."『禮記集說』에 인용된 蔡邕이 말한 "夏曰淸祀, 殷曰嘉平, 周曰蜡, 秦曰臘"을 보면 '蜡' '臘'이 모두 통용자이며,『舊唐書』의 '禣'자도 통용자이다.

40) 오천제五天帝 : 五帝, 五方帝, 五方上帝라고도 한다. 여기에서는 靑帝 靈威仰, 赤帝 赤熛怒, 黃帝 咸樞杻, 白帝 白招拒, 黑帝 汁光紀 등 感生 太微五帝를 말한다(鄭玄說).

41) 『隋書』「禮儀志」1에 "靈威仰 … 此五帝之號, 皆以其德而名焉. 梁·陳·後齊·後周及隋, 制度相循, 皆以其時之日, 各於其郊迎, 而以太皥之屬 五人帝配祭. 並以五官·三辰·七宿於其方從祀焉"라고 하여, 感生帝를 五帝라 하고 太皥, 炎帝, 黃帝, 少皥, 顓頊 등을 五人帝라고 하고 있다. 또한 勾芒(木正), 祝融(火正), 蓐收(金正), 玄冥(水正), 后土(土)를 五從 帝라고 구분하고 있다.

42) 地祇 또는 皇地祇란 地를 대표하는 신명인데, 五天帝란 명칭은 있어도 五地祇란 명칭은 없다. 아마도 五天帝에 대비하여 五地祇라고 한 듯하다.

43) 『隋書』「禮儀志」2 '납향 사(蜡)'조, "昔伊耆氏始爲蜡. 蜡者, 索也. 古之 君子, 使人必報之. 故周法, 以歲十二月, 合聚萬物而索饗之. … 後周亦 存其典, 常以十一月, 祭神農氏 … 獸·猫之神於五郊. 五方上帝·地祇· 五星·列宿·蒼龍·朱雀·白獸·玄武·五人帝·五官之神 … 各分其方, 合祭之. 日月, 五方皆祭之. … 隋初因周制, 定令亦以孟冬下亥蜡百神, 臘宗廟, 祭社稷. 其方不熟, 則闕其方之蜡焉"라고 하였다. 이것을 보면 북주에서 11월에 오인제, 오방상제, 지기 등에 납향 사 제사를 지냈음을 알 수 있다. 수초에는 북주의 제도를 그대로 시행하다가 개황 4년 11월에 10월 납향 사 제사를 중지하고 12월을 납월로 하는 개혁을 단행하였다.

니므로 이제 모두 제사를 폐지한다. 또한 예에 의거하여 사람에게 유익함이 있으면 제사를 지낸다. 신주神州는 국가가 의탁하는 바이지만 나머지 8주州는 그러한 의의에 해당하지 않는다. 가까운 이전 왕조는 구주九州 각각에 제사를 지냈지만 이제부터는 8주의 신좌를 없애고 오직 황지기皇地祇와 신주에만 제사를 지내는 것으로 사전祀典을 바로잡는다.

그리고 후한 광무제光武帝 건무建武 연간의 봉선封禪은 전한 무제武帝 원봉元封 연간(기원전110~기원전105)에 시행했던 봉선 고사故事를 채용하여 원대圜臺 위에서 태산에 봉封 제사를 행하였는데, 사방 4면에 높이 5장의 석궐石闕을 세웠다.[44] 원대

"開皇四年十一月, 詔曰:「古稱臘者, 接也. 取新故交接. 前周歲首, 今之仲冬, 建冬之月, 稱蜡可也. 後周用夏后之時, 行姬氏之蜡. 考諸先代, 於義有違. 其十月行蜡者停, 可以十二月爲臘.」於是始革前制."

[44] 정확히 말하자면, 후한 광무제 때 봉선을 준비하는 과정에서 이전 진시황과 한무제가 지냈던 봉선의 유적을 발견한 것을 말한다. 후한 광무제 때에는 석궐을 두지 않았다. "동북쪽으로 100여 보를 가니 봉선을 했던 장소가 나왔는데, 남쪽에는 秦始皇이 세웠던 돌과 闕이 있었으며 漢武帝 때의 것은 그 북쪽에 있었다. (다시) 20여 보를 가니 북쪽 귀퉁이에 둥글게 만들어진 臺[圜臺]가 나왔는데 높이는 9척이고, 둘레는 3장 가량 되었으며 두 개의 층계가 있었다. 사람들은 따라갈 수 없었고, 주상은 동쪽 계단을 통해 올라갔다. 대 위에는 壇이 있었는데 사방의 길이가 1장 2척 가량 되었으며 그 위로 방석이 있었고, 네 귀퉁이에는 距石이 있었으며 四面에는 闕이 있었다. 東北百餘步, 得封所, 始皇立石及闕在南方, 漢武在其北. 二十餘步得北垂圜臺, 高九尺, 方圓三丈所, 有兩陛. 人不得從, 上從東陛上. 臺上有壇, 方一丈二尺所, 上有方石, 四維有距石, 四面有闕."『後漢書』「祭祀志」上, '封禪'조.

위에는 또 네모난 돌[방석方石]을 이중으로 겹쳐 쌓아놓고 옥첩
서玉牒書를 그 안에 묻어두었다. 돌로 된 봉함[석검石檢] 10장
으로 네 변두리를 봉인하였는데, 동쪽과 서쪽에 각각 3장씩, 남
과 북에 각각 2장씩 두었다. 그 밖으로 돌로 된 봉분[석봉石封]
을 설치하였는데, 높이가 9척이었고 그 위에 돌로 된 덮개[석
개石蓋]를 얹혔다. 주위에 돌로 된 기둥[석거石距] 18개를 설치
하였는데, 그 모양이 비석과 같았으며, 단에서 2보 거리에 두었
다. (석거의) 아래에 돌 받침[석부石跗]이 땅속으로 수척 깊이
로 박혀 있었다.

이제 살펴보건대, 봉선이란 본래 공업을 이룬 것을 상제上帝
에게 고하는 예이다. 하늘의 도리는 질박함을 귀히 여기므로 깔
개는 볏짚으로 만든 것을 사용하고, 술동이는 질그릇으로 만든
것을 사용한다. 그런데 후한 광무제光武帝의 봉선이나 한무제漢
武帝의 봉선의 의식은 경전이나 조고詔誥에는 없는 내용이며,
또한 순박함과 문식하지 않는 도리에서 벗어났으므로 논의를
확정하여 그러한 제도를 폐지한다. 또 근래 살펴보건대, 양보梁
甫는 양산梁山45)의 북쪽인데 대대로 산 위에 제단을 설치하였
으니, 이 또한 음陰에 거한다는 취지에 어긋난다. 이제 선례禪禮
를 정함에 산 북쪽에 제단을 두는 것으로 제단의 위치를 바꾼
다. 황태자 입학과 태상太常의 산릉 제사 대행,46) 천자의 대사

---

45) 양산梁山 : 『史記』 「封禪書」에는 梁父(山)으로 되어 있고, 일반적으로 梁
陰은 梁父를 가리킨다. 『史記正義』에 인용된 『括地志』에 의하면, "梁父
山은 兗州 泗水縣 북쪽 80리에 있다." 현재 山東省 泰安市 동남쪽에
해당하고 서쪽으로 徂徠山에 연결되어 徂徠山 남쪽기슭에 위치해 있다.

大射례,47) 합삭合朔례48) 그리고 태사太社에서의 다섯 가지 병
기[五兵]49)의 진열,50) 농한기의 강무講武, 황후를 들일 때 육례

46) 『隋書』 권27 「百官志」中, "태상은 능묘의 여러 제사와 예악관련 예의제
도 및 천문술수 의복 등을 주관한다. 속관에 박사 4인이 예의제도를 관장
한다. 협률랑 2인은 율려와 음악을 관장한다. 팔서박사 2인은 제릉을 통제
하고 산릉 수위 등의 일을 관장한다.太常, 掌陵廟群祀·禮樂儀制, 天文
術數衣冠之屬. 其屬官有博士·四人, 掌禮制. 協律郎·二人, 掌監調律
呂音樂. 八書博士二人. 等員. 統諸陵·掌守衛山陵等事."

47) 고대 射禮는 크게 大射, 燕射, 賓射, 鄕射로 구별된다. 大射禮는 天子와
諸侯가 제사 전에 제사에 참석하는 사람을 선택하여 거행하는 의식이다.
당대에는 사례가 軍禮에 포함되었기에 병기의 진열과 함께 태사에서 행
해지는 의례로 해석하였다. 송대에는 다시 嘉禮로 회복되어 황제의 연향
례에 사용되었다.

48) 『後漢書』 「禮儀志」上에 의하면, 일식의 경우 『周禮』의 '告朔'례와 『春
秋』의 "日食, 鼓, 用牲于社"의 제사를 결합하여 '合朔'의 예로서 有司에
의해 진행되었는데, 이 합삭의 예를 행하는 장소는 太社였다.

49) 오병五兵 : 『周禮』 「夏官·司兵」의 "掌五兵五盾"에 대해 鄭司農이 말한
오병은 "戈·殳·戟·酋矛·夷矛也"으로, 이때의 오병은 車의 五兵이다.
步卒의 五兵에는 夷矛 대신 弓矢가 있다. 이외에도 范寧注에서 오병은
"矛·戟·鉞·楯·弓矢"라고 하였고, 안사고주는 "矛·戟·弓·劍·戈"이
라고 하여 각각 지칭하는 바가 다르다.

50) 『通典』 권76 「軍禮」1, "隋制, 皇太子親戎, 及將軍出師, 則以貚肶一鸞
鼓, 皆告社廟. … 開皇八年, 晉王廣將伐陳, 內史令李德林攝太尉, 告於
太廟. 禮畢, 命有司宜於太社. 二十年, 太尉晉王廣又北伐突厥. 次河上,
禰祭軒轅黃帝以太牢制幣, 陳甲兵, 行三獻之禮"라고 하여 수대에도 '宜
於太社' 의례와 함께 '陳甲兵'의 예를 취하고 있다. 합삭례와 진갑병을
태사에서 행한 사례는 분명하나, 대사례는 일반적으로 사궁에서 행한다.
그런데 「개원례」에서는 대사례, 합삭례 그리고 진갑병의 의례를 군례에
포함시키고 있어 태사에서 행했을 가능성이 있다.

六禮를 행하기,51) 사맹월四孟月 시령時令 독송, 천자의 상릉례
上陵禮, 종묘에 알현하기[朝廟],52) 벽옹辟雍에서의 양로례養老禮
등 (북)주周와 수隋대에는 시행하지 않았던 의례들로 무릇 늘어
난 것이 29개 조이다. 그 밖의 것들은 모두 고례古禮에 준하거나
다른 왕조의 것을 참조하여 그중 합당한 것을 택하여 행한다.

태종이 훌륭하다고 칭찬하며 (조정) 내외에 반포하고 시행하도록
하였다.

高宗初, 議者以貞觀禮節文未盡, 又詔太尉長孫無忌·中書令
杜正倫李義府·中書侍郎李友益·黃門侍郎劉祥道許圉師·太子
賓客許敬宗·太常少卿韋琨·太學博士史道玄·符璽郎孔志約·
太常博士蕭楚才孫自覺賀紀等重加緝定, 勒成一百三十卷. 至顯
慶三年奏上之, 增損舊禮, 幷與令式參會改定, 高宗自爲之序. 時
許敬宗·李義府用事, 其所損益, 多涉希旨, 行用已後, 學者紛議,

---

51) 육례는 혼인할 때 納采·問名·納吉·納徵·請期·親迎 6가지 예를 말한
    다. 당 이전 北周와 隋대에도 납후의 예가 있었으나 정식으로 6가지 절차
    를 거쳐 황후를 맞이하는 예를 행한 경우는 없었기 때문에 「정관례」에서
    는 통일 이후 남조의 예를 참고하고 古禮 周制에 의거하여 납황후의 예
    를 보강하였다고 한다. 吳麗娛 主編, 『禮與中國古代社會 : 隋唐五代宋元
    券』, 中國社會科學出版社, 2016.
52) 朝廟는 왕이 즉위 후 종묘에 고하는 謁廟의 예를 말한다. 알묘 의식은
    황태자가 아니면서 황제에 즉위한 경우에 거행되었는데, 한대 황제의 권
    위를 정당화하는 역할을 하였다. 북조에서는 등극한 지 하루 이틀 내에
    종묘 제사를 지낸 사례도 있다. 위진남북조 이래 지속되었다.

以爲不及貞觀. 上元三年三月, 下詔令依貞觀年禮爲定. 儀鳳二年, 又詔顯慶新修禮多有事不師古, 其五禮並依周禮行事. 自是禮司益無憑準, 每有大事, 皆參會古今禮文, 臨時撰定. 然貞觀·顯慶二禮, 皆行用不廢. 時有太常卿裴明禮·太常少卿韋萬石相次參掌其事, 又前後博士賀敳·賀紀·韋叔夏·裴守眞等多所議定.

고종高宗 초 논의자들이 「정관례貞觀禮」의 규정들이 미진하다고 하자 다시 태위太尉 장손무기長孫無忌, 중서령中書令 두정륜杜正倫·이의부李義府, 중서시랑中書侍郎 이우익李友益, 황문시랑黃門侍郎 유상도劉祥道·허어사許圉師, 태자빈객太子賓客 허경종許敬宗, 태상소경太常少卿 위곤韋琨, 태학박사太學博士 사도현史道玄, 부새랑符璽郎 공지약孔志約, 태상박사太常博士 소초재蕭楚才·손자각孫自覺·하기賀紀 등에게 조를 내려 수정하고 130권으로 묶어 편찬하도록 하였다. (고종) 현경顯慶 3년(658)에 상주할 때 이르러 구례舊禮를 수정하면서 영슈과 식식까지 모아 개정하였고 고종이 직접 서문을 썼다. 당시 허경종許敬宗[53]과 이의부李義府[54]가 일을 주관하였는데,

---

53) 허경종許敬宗(592~672) : 당 杭州 新城(현재 浙江省 杭州) 사람. 隋煬帝 大業 연간에 秀才로 천거되었으며, 李密 휘하에서 記室이 되기도 하였다. 당 초에 秦王府 18學士의 한 사람으로 활동했다. 貞觀 연간에는 著作郎에서 中書舍人까지 오르고 誥命을 전담했다. 高宗 때 禮部尙書가 되어 李義府 등과 함께 高宗이 측천무후을 황후로 세우는 것을 도와 侍中에 발탁되었다. 또 측천무후를 도와 褚遂良을 축출하고 長孫無忌와 上官儀 등을 압박해 살해했다. 고종 顯慶 연간에 中書令이 되고, 이의부 등과 함께 조정을 관장했다. 일찍이 監修國史를 지냈다.

54) 이의부李義府(614~666) : 당 瀛州 饒陽(현재 河北省 遼陽縣) 사람. 이른 나이에 입사하여 문하전의를 역임하고 감찰어사가 되었다가 중서사인

수정한 부분이 윗사람의 비위에 맞춰 고쳐진 게 많아 시행된 이후에 학자들 사이에서 논의가 분분하였고 「정관례」보다 못하다고 여겼다. (고종) 상원上元 3년(676) 3월 조를 내려 정관 연간의 예에 따라 시행하도록 영을 내렸다. (고종) 의봉儀鳳 2년(677)에 다시 현경顯慶 연간에 새로 개정한 예가 고례에 맞지 않는 경우가 많다고 하여 오례는 주례周禮에 의거하여 시행하도록 조를 내렸다. 이때부터 예를 주관하는 부서는 더욱 근거할 기준이 없어 대사를 치를 때마다 고금의 예문을 모아 참조하면서 그때그때 형편에 맞춰 예의 조문을 지어 확정하였다. 그러나 「정관례」와 「현경례」 모두 함께 시행하여 그 어느 하나도 폐하지 않았다. 당시 태상경太常卿 배명례裴明禮, 태상소경太常少卿 위만석韋萬石이 서로 이어서 이 일을 담당하였고 또 앞뒤로 박사 하애賀敳·하기賀紀·위숙하韋叔夏[55]·배수진裴守眞 등이 논의하여 정한 것이 많았다.

에 임명되었다. 고종의 동궁 시절 太子舍人이 되어 왕황후를 폐하고 무후를 황후로 세우는 데 앞장 서 중서시랑에까지 승진하였고, 측천무후가 황제가 되었을 때에는 심복으로서 재상의 자리까지 올랐다. 그러나 출신이 미천하여 士類에 끼지 못하자 여러 차례 『氏族志』 개편을 주청하기도 하였다. 龍朔 3년(663) 術士의 望氣로 인하여 巂州로 유배되었고 乾封 원년(666)에 시름 속에 분사하였다. 향년 53세였다.

55) 위숙하韋叔夏(미상~707) : 당 京兆 萬年 사람. 韋安石이 형이다. 明經으로 발탁되었고, 三禮에 정통했다. 高宗 調露 연간에 太常博士를 지냈다. 황제가 죽자 山陵에 대한 옛 의례가 많이 결손되어 賈大隱, 裴守眞 등과 함께 초안을 纂定했고, 春官員外郎에 올랐다. 고종과 측천무후 때 많은 예의제도가 그의 손을 거쳐 개정되었다. 長安 4년(704) 成均司業과 春宮侍郎을 역임했다. 中宗이 복위하자 太常少卿으로 옮겼고, 國子祭酒까지 올랐다. 저서에 『五禮要記』가 있다.

則天時, 以禮官不甚詳明, 特詔國子博士祝欽明及叔夏, 每有儀注, 皆令參定. 叔夏卒後, 博士唐紹專知禮儀, 博學詳練舊事, 議者以爲稱職. 先天二年, 紹爲給事中, 以講武失儀, 得罪被誅. 其後禮官張星·王琇又以元日儀注乖失, 詔免官歸家學問.

측천무후則天武后 때에는 예관禮官이 (예에 대해) 상세하게 알지 못했기 때문에 특별히 국자박사國子博士 축흠명祝欽明56)과 위숙하에게 조를 내려 의주儀注를 만들 때마다 참여하여 제정하도록 하였다. 위숙하가 죽은 뒤에는 박사 당소唐紹57)가 예의를 전담하였는데, 박학할 뿐만 아니라 구제도를 잘 알아 의론에 참가한 자들이 직무에 걸맞는 인물이라고 하였다. (현종) 선천先天 2년(713)에 당소는 급사

---

56) 축흠명祝欽明(미상) : 唐 京兆 始平 사람. 明經으로 천거를 받았고, 武周 長安 원년(701) 太子率更令이 되어 崇文館學士를 겸했다. 中宗이 복위하자 國子祭酒에 발탁되었다. 景龍 3년(709) 황제가 郊祭를 지내려 할 때 郭山惲과 함께 몰래 韋后의 뜻에 영합하여 위후에게 천지에 교제사를 지내는 전례가 있다고 말하자 황제가 그 말을 받아들였다. 중종의 비위를 맞추어 群臣이 연회하는 자리에 손을 땅에 짚고서 八風舞를 추자, 盧藏用이 "五經을 흔적도 없이 만들었다."고 탄식했다. 睿宗 景雲 초에 탄핵을 받아 饒州刺史로 쫓겨났다. 나중에 洪州都督으로 옮겼다가 숭문관학사로 들어왔는데, 얼마 뒤 죽었다.

57) 당소唐紹(?~713) : 唐 京兆 長安 사람이다. 貞觀 연간의 吏部尙書 唐臨의 손자이며, 박학다재한데다가 특히 三禮에 능하였다. 中宗 神龍 연간에 太常博士에 제수되었고 얼마 후 左台侍御史·度支員外郎이 되었다. 睿宗 때에는 자주 정치의 득실에 관해 상소하여 給事中 兼太常少卿에까지 올랐다. 현종 先天 2년에 본문에서와 같이 講武에 실례를 범하여 참수를 당하였는데, 당시 金吾將軍 李邈이 너무 빨리 황제의 명을 전달하는 바람에 참수당했다고 하여 민간에서는 이막 때문에 죽었다고 전한다.

중給事中이 되었는데, 강무講武에서 군례에 어긋난 것으로 죄를 받아 참수되었다.[58] 그 뒤 예관禮官 장성張星과 왕수王琇가 다시 원일의주 元日儀注[59]가 어긋난 것으로 파직되어 귀가 후 학문에 종사하였다.

開元十年, 詔國子司業韋綬爲禮儀使, 專掌五禮. 十四年, 通事 舍人王嵒上疏, 請改撰禮記, 削去舊文, 而以今事編之. 詔付集賢 院學士詳議. 右丞相張說奏曰[四][60] : 「禮記漢朝所編, 遂爲歷代

---

58) 그 구체적인 사정은 『舊唐書』권8 「玄宗紀」에 "(선천) 겨울 11월 갑신일, 신풍의 온양 땅에 행차하였다. 계묘일에 여산에서 강무하였다. 이때 병부 상서 대국공 곽원진은 군용을 무너뜨린 죄로 신주에 유배되었고 급사중 섭태상소경 당소는 군례에 과실을 범하여 독 아래에서 참수되었다.冬十 一月甲申, 幸新豊之溫湯. 癸卯, 講武於驪山. 兵部尙書·代國公郭元振 坐虧失軍容, 配流新州 ; 給事中·攝太常少卿唐紹以軍禮有失, 斬於纛 下."라고 되어 있다.

59) 원일의주元日儀注 : 정월 초하루 태극전에서 행해지는 신년 의례를 말한 다. 흔히 朝會라고 말하는 모임은 朝儀와 會儀라는 두 가지 형태의 의례 로 이루어진다. 한대에는 전반부의 朝儀에서는 西周시대 이래 지속되어 온 제후의 왕에 대한 臣從의례의 일종인 委贄의례가 중심이 되고 후반부 의 회의는 이에 대한 답례로서 賀詞와 연회가 베풀어진다. 여기에서 郡國 으로부터의 공납은 上計吏가 원일 의례에 참가함으로써 진행되었는데, 황제는 이들 상계리 알현을 통해서 5條 詔書와 같은 칙계를 하사하여 중앙정부 대 지방의 공납 - 종속관계를 원회의례 속에서 상징적으로 시연 하였다. 이러한 의례는 西晉 咸寧儀註에서 명문화되고 그이후로도 지속 되다가 수대에 이르러 근본적으로 변화하여, 원회의례에서도 위지의례와 칙계의례가 폐지되고 그대신 황제에 대한 일원적인 신종관계의 표현으로 서 舞踏禮와 朝集使 제도로 대체되어갔다. 와타나베 신이치로 저, 임대 희·문정희 공역, 『天空의 玉座』, 신서원, 2003.

不刊之典. 今去聖久遠, 恐難改易. 今之五禮儀注, 貞觀·顯慶兩
度所修, 前後頗有不同, 其中或未折衷. 望與學士等更討論古今,
删改行用.」制從之. 初令學士右散騎常侍徐堅及左拾遺李銳·太
常博士施敬本等檢撰, 歷年不就. 說卒後, 蕭嵩代爲集賢院學士,
始奏起居舍人王仲丘撰成一百五十卷, 名曰大唐開元禮. 二十年
九月, 頒所司行用焉.

　개원開元 10년(722)에 국자사업國子司業[61] 위도韋縚를 예의사禮儀
使[62]에 임명하고 오례五禮를 전담하도록 하였다. (개원) 14년(726)

---

60) [교감기 4] "右丞相張說奏曰"의 '相'자는 여러 판본에는 원래 없는데,
『唐會要』 권37, 『冊府元龜』 권564에 의거하여 보충하였다. 張森楷의 『校
勘記』에, "丞 아래에는 相자가 있어야 한다. 이것은 「張說傳」과 「宰相
表」로 증명할 수 있다. (예종) 景雲 연간(710~712)에 좌승이 되었다고 하
니 우승은 아니다. 丞下當有相字, 說傳及宰相表可證. 說於景雲中爲左
丞, 未嘗爲右丞也."라고 하였다.

61) 국자사업國子司業 : 隋煬帝 大業 3년(607)에 國子監에 처음 설치하였다.
국자감의 次官으로 1명을 두었고 종4품이다. 唐 高祖 武德(618~626)초에
폐지했다가 太宗 貞觀 6년(632)에 다시 설치하였는데, 종4품이다. 高宗
龍朔 2년(662)에 少司成으로 개명하였고 咸亨 원년(670)에 다시 복구하
였다. 武則天 垂拱 원년(685)에 成均司業으로 개명하였다가 中宗 神龍
원년(705)에 다시 원래대로 복구하였다. 睿宗 太極 원년(712)에 정원을
늘려 2명으로 하였다. 北宋初에 四品寄祿官을 설치하여 品階俸祿만 표
시하고 직장은 없었는데, 神宗 元豐(1078~1085) 연간의 개제로 다시 職事
官 1명 정6품을 두고 國子監 및 각종 학교의 敎法과 政令을 담당하여
祭酒의 부관으로서 지위는 七寺少卿 아래이자 여러 寺監의 위였다. 南宋
高宗 建炎 3년(1129)에 없앴다가 高宗 紹興 12년(1142)에 복구하였다.

62) 예의사禮儀使 : 開元 11년(722)에 관직에 몸담고 있으면서 禮儀와 관련된
업무를 담당하는 자를 禮儀使라고 하여 五禮를 담당하도록 하였다. 天寶

에 통사사인通事舍人 왕엽王嵒이 상소를 올려 구문舊文을 삭제하고 당대의 일을 중심으로 『예기禮記』를 개정 편찬할 것을 요청하였다. 집현원集賢院63) 학사學士들에게 상의해보도록 조를 내렸다. 우승상右丞相 장열張說이 상주하여 말하기를, "『예기』는 한대에 편찬된 이래 대대로 개정되지 않은 경전입니다. 현재 성현의 시대와 너무 멀리 떨어져 있어 고치기가 어려울 듯합니다. 현재의 오례의주五禮儀注는 정관貞觀 연간과 현경顯慶 연간에 두 번에 걸쳐 수정되면서 앞뒤로 조목이 동일하지 않는 곳이 있고 그중에는 간혹 절충되지 않은 채 그냥 둔 것도 있습니다. 학사 등과 함께 다시 한 번 고금의 사례를 검토하여 수정해서 시행될 수 있도록 하기를 바랍니다"라고 하였다. 그렇게 하도록 허락하였다. 처음에 학사 우산기상시右散騎常侍 서견徐堅과 좌습유左拾遺 이예李銳, 태상박사太常博士 시경본施敬本 등에게 검토하여 개정하도록 명하였지만 수년이 흘러도 완성하지 못하였다. 장열이 죽고 난 뒤 소숭蕭嵩이 그를 대신하여 집현원 학

9년(750)에 정식 관으로 설치하면서 禮儀祠祭使라고도 하였다. 대개 太常卿, 六部尙書 혹은 侍郞이 임명되었다. 建中 원년(780) 이후에는 설치하지 않고 大禮가 있을 때마다 임시로 임명하였다가 大禮가 끝난 뒤 그만두게 하였다. 宋代에도 설치하였는데, 大禮五使 중 하나로 초기에는 太常卿이 임명되었다가 결원일 경우 學士, 尙書丞, 尙書郞 등이 임명되었다. 元豐 연간의 改制 후에는 禮部尙書, 禮部侍郞으로 충임되었다.

63) 집현원集賢院 : 集賢書院을 말한다. 漢·隋·唐 이래 天祿閣·文德殿·文林館·麟趾殿·觀文殿 등으로 전해져내려 왔다. 唐代 開元 13년(725) 4월 '麗正殿'을 集賢院으로 개명하라는 조서와 함께 學士·直學士·侍講學士 등 18인을 두었다. 集賢院은 唐代 최대 圖書典藏 기구로 修撰·侍讀의 기능도 병행하였다. 宋代에는 史館·昭文館·集賢書院을 창립하여 이것을 합쳐 '三館'이라고 하였다.

사가 되고나서야 비로소 기거사인起居舍人 왕중구王仲丘[64])가 150권을 편찬하였다고 상주하니, 이름하여 『대당개원례大唐開元禮』라고 하였다. (개원) 20년(732) 9월 반포하여 해당 부서에서 시행하였다.

昊天上帝·五方帝·皇地祇·神州及宗廟爲大祀, 社稷·日月星辰·先代帝王·岳鎭海瀆·帝社·先蠶·釋奠爲中祀, 司中·司命·風伯·雨師·諸星·山林川澤之屬爲小祀. 大祀, 所司每年預定日奏下. 小祀, 但移牒所由. 若天子不親祭享, 則三公行事; 若官缺, 則職事三品已上攝三公行事. 大祀散齋四日, 致齋三日. 中祀散齋三日, 致齋二日. 小祀散齋二日, 致齋一日. 散齋之日, 晝理事如舊, 夜宿於家正寢, 不得弔喪問疾, 不判署刑殺文書, 不決罰罪人, 不作樂, 不預穢惡之事. 致齋惟爲祀事得行, 其餘悉斷. 若大祀, 齋官皆於散齋之日, 集於尚書省受誓戒, 太尉讀誓文. 致齋之日, 三公於尚書省安置; 餘官各於本司, 若皇城內無本司, 於太常郊社·太廟署安置. 皆日未出前至齋所. 至祀前一日, 各從齋所晝漏上水五刻向祠所. 接神之官, 皆沐浴給明衣. 若天子親祠, 則於正殿行致齋之禮. 文武官服褲褶, 陪位於殿庭.

64) 왕중구王仲丘(미상) : 당대 예악제도 제정에 주도적 역할을 했던 인물이다. 琅邪 사람이다. 開元 연간에 左補闕內供奉·集賢修撰·起居舍人 등을 역임하였다. 당시 전장제도가 미처 정비되지 않은 상태에서 「정관례」와 「현경례」를 절충하여 『大唐開元禮』를 편찬하였다고 전한다. 『新唐書』권200 「王仲丘傳」에 「개원례」와 「현경례」의 호천상제와 오방상제 제사에 대한 그의 논의가 상세히 실려 있다. 후에 그 공로를 인정받아 禮部員外郞으로 승진하였고 죽은 뒤에 秘書少監으로 추증되었다.

車駕及齋官赴祠祭之所, 州縣及金吾清所行之路, 不得見諸
凶穢及縗絰者, 哭泣之聲聞於祭所者權斷, 訖事依舊. 齋官
至祠所, 太官惟設食. 祭訖, 依班序餕, 訖, 均胙, 貴者不重,
賤者不虛. 中祀已下, 惟不受誓戒, 自餘皆同大祀之禮.

호천상제昊天上帝, 오방제五方帝, 황지기皇地祇, 신주神州 및
종묘宗廟 제사는 대사大祀이고, 사직社稷, 일월성신日月星辰, 선
대제왕先代帝王, 악진해독岳鎮海瀆, 제사帝社, 선잠先蠶, 석전釋
奠은 중사中祀이며, 사중司中, 사명司命, 풍백風伯, 우사雨師, 제
성諸星, 산림천택山林川澤 등속은 소사小祀이다. 대사大祀는 해
당 관서에서 매년 제사 예정일을 상주한다. 소사의 경우는 관련
부서에 문서만 보낸다. 천자가 직접 제향에 참여하지 않을 경우
에는 삼공三公이 대행한다. 삼공의 자리가 결석일 경우에는 삼
품三品 이상의 직사관職事官이 삼공의 임무를 대행한다. 대사大
祀는 산재散齋가 4일, 치재致齋가 3일이다. 중사中祀는 산재가
3일, 치재가 2일이다. 소사는 산재가 2일, 치재가 1일이다. 산재
가 있는 날 낮에는 옛날대로 일을 처리하되 밤에는 집의 정침
에 머문다. 조문弔問이나 문상問喪은 하지 못하고 사형에 관계
된 일을 심판하거나 문서를 처리해서도 안 되고 죄인의 처벌을
결정해서도 안 되며 음악을 연주해서도 안 되고 불결하거나 험
악한 일에 참여해서도 안 된다. 치재 일에는 오직 제사와 관련
된 일만을 할 수 있고 그 밖의 일들은 모두 중단한다.

대사의 경우 재관은 모두 산재 일에 상서성尙書省에 모여 서
계誓戒를 받고 태위太尉가 서문誓文을 낭독한다. 치재 일에 삼
공은 상서성尙書省에 자리를 마련해두고 나머지 관들은 각자

부서에서 대기한다. 만약 황성 안에 해당 본사가 없으면 태상시太常寺의 교사서郊社署와 태묘서太廟署65)에 자리를 마련해둔다. 모두 해뜨기 전 재계 장소에 당도한다. 제사 하루 전날이 되면 각자 재계 장소에서 주루晝漏 상수 5각부터 제사 장소로 향한다. 신을 영접하는 관리는 모두 목욕재계하고 명의明衣66)를 입는다. 천자가 직접 제사를 지낼 경우 정식으로 치재의 예를 행한다. 문무관은 고습袴褶을 착용하고 전정殿庭에 배위한다. 어가와 재관이 제사를 지낼 장소로 갈 때, 해당 주현州縣과 (집)금오金吾67)는 행행할 도로를 깨끗이 정리하여 흉사凶事나 상喪을 당한 자들이 보이지 않게 하며, 곡성哭聲이 제사 장소에 들리지 않도록 잠시 중단케 하고 일을 마친 뒤에 원래대로 진

---

65) 『舊唐書』 권44 「職官志」3 ‘太常寺’조, “太常卿之職, 掌邦國禮樂·郊廟·社稷之事, 以八署分而理之：一曰郊社, 二曰太廟, 三曰諸陵, 四曰太樂, 五曰鼓吹, 六曰太醫, 七曰太卜, 八曰廩犧.” 이것을 보면 太常寺는 국가의 禮樂, 郊廟, 社稷과 관련된 일들을 8부서로 나누어 관리하였다. 여기에서 말하는 太常 郊社와 太廟署는 바로 太常寺의 郊社署와 太廟署를 말한다.

66) 명의明衣 : 明은 깨끗하다는 의미다. 평상시 齋戒할 때 입는 정결한 옷을 말한다. 상례에서는 시신을 목욕시킨 후 안에 입히는 옷을 가리키는데, 시신의 몸과 닿기 때문에 정결한 옷을 사용하기 때문이다.

67) 금오金吾 : 『漢書』 권19상 「百官公卿表」제7上의 “中尉, 秦官, 掌徼循京師, 有兩丞·候·司馬·千人. 武帝太初元年更名執金吾”에 대한 顔師古 注는 “金吾, 鳥名也, 主辟不祥. 天子出行, 職主先導, 以禦非常, 故執此鳥之象, 因以名官”라고 하였다. 진나라 때 수도 감찰을 업무로 하였던 중위를 무제 초에 집금오로 개명하였다. 顔師古 注에서 설명하였듯이, 천자가 출행할 때 선도에 서서 비상사태에 대비하는 역할을 담당하였다. 금오는 전설 속의 삼족오를 형상화한 것으로 벽사의 의미를 가졌다.

행하도록 한다. 재관이 제사 장소에 도착하면 태관太官이 오직 음식을 진설한다. 제사를 마친 뒤 서열에 따라 제사 음식[대궁 준餕]을 나누어 먹고 이를 다 마친 뒤에는 공평하게 제사고기 [조胙]를 나눈다. 존귀한 자라고 많이 주거나 신분이 낮다고 해서 빈손으로 보내지 않는다. 중사中祀 이하는 서계를 받지 않을 뿐 그 밖의 나머지 의식은 모두 대사大祀의 제례와 같다.[68]

수당 대사·중사·소사 체계(高明士, 『中國中古禮律綜論』)

출전	대사	중사	소사
『수서』 권6 「예의지」1	호천상제·오방상제·일월·황지기·신주·사직·종묘	성신·오사·사망(선농·선잠·선대왕공·석전)	사중·사명·풍사·우사·제성·산천(제주현사직·제주석전)
『당육전』 권4	호천상제·오방상제·황지기·신주·사직·종묘	일월·성신·사직·선대황제·악진·해독·황사·선잠·공선보·제태공·제태자묘	사중·사명·풍사·우사·중성·산림·주택·오룡사·주현사직·석전
『대당개원례』 권1	(위와 같음)	(위와 같음)	(위와 같음) 및 제신사
『구당서』 권21 「예의지」1	(위와 같음)	선잠 이전은 위와 같고, 공선보 이후는 석전이라고 부름	오룡사 이후는 없고, 풍사는 풍백이라고 부름
『신당서』 권11 「예악지」1	천·지·종묘·오제·추존지황후	(위와 같음)	사중·사명·사인·사록·풍백우사·영성·산림천택·사한·마조·선목·마사·마보·주현사직·석전

68) 수대부터 당 「개원례」까지 국가 제사를 大祀, 中祀, 小祀 3등급으로 체계화하였다. 각 등급에 해당하는 예는 시대마다 약간씩 변화하는데, 이것을 도표로 정리하면 [수당 대사·중사·소사 체계]와 같다.(高明士, 『中國中古禮律綜論』, 北京 : 商務印書館, 2017 참조. 이하 『中國中古禮律綜論』로 약칭)

武德初, 定令：69)

(고조) 무덕武德 연간(618~626) 초에 다음과 같이 법령을 제정하
였다.70)

　　每歲冬至, 祀昊天上帝於圓丘, 以景帝配. 其壇在京城明
德門外道東二里. 壇制四成, 各高八尺一寸, 下成廣二十丈,
再成廣十五丈, 三成廣十丈, 四成廣五丈. 每祀則昊天上帝
及配帝設位于平座, 藉用稿秸, 器用陶匏. 五方上帝・日月・
內官・中官・外官及衆星, 並皆從祀. 其五方帝及日月七座,
在壇之第二等 ； 內五星已下官五十五座［五］,71) 在壇之第
三等 ； 二十八宿已下中官一百三十五座, 在壇之第四等 ；
外官百十二座, 在壇下外壝之內 ； 衆星三百六十座, 在外壝
之外. 其牲, 上帝及配帝用蒼犢二, 五方帝及日月用方色犢各
一, 內官已下加羊豕各九.

---

69) 이전 단락까지는 당나라가 건국된 후 고조부터 태종, 고종, 측천무후, 현
　　종 때까지 예악 제정과 개정의 연혁을 서술하고 『대당개원례』로 수렴된
　　사실을 언급하였다. 이 단락부터 당대 남북교 교사에 관한 서술이므로
　　편의상 쪽수를 나누어 구분하였다.

70) 이른바 「武德令」 혹은 「武德禮」를 말한다. 高祖 武德 연간에는 개국 초
　　라 율령과 예를 개정하지 못했고 수대 大業令이 아닌 開皇令에 따라 武
　　德 7년(624)에 「祀令」 「喪葬令」 「衣服令」 등 이른바 「武德令」을 제정하
　　였고 한다. 이중 「사령」은 예를 율령에 편재한 경우이다. 高明士, 『中國中
　　古禮律宗論』, 287-88쪽 참조.

71) [교감기 5] "內五星已下官" 이 문장은 착오가 있는 듯하다. 『合鈔』 권25
　　「禮志」에는 "內官五星以下"로 되어 있고 『大唐開元禮』 권4에는 "五星
　　十二辰河漢及內官五十五座"로 되어 있다.

해마다[72] 동지冬至에 호천상제昊天上帝를 원구圜丘에서 제사지내는데, 경제景帝[73]를 배사配祀[74]한다.[75] 제단祭壇은 경성京城 명덕문明德門 외도外道 동쪽 2리에 있다. 제단은 4단으로 되어 있다. 단의 높이는 각각 8척 1촌이며, 맨 아랫단의 넓이는 20장丈이고, (아래로부터) 두 번째 단은 15장, 세 번째 단은 10장, 네 번째 단은 5장이다. 제사 때마다 호천상제와 배사제는 평좌平座[76]에 신위를 설치한다. 그 깔개는 볏짚[稿秸]을 사용하며 제기祭器는 질그릇과 박[陶匏]으로 된 것을 사용한다. 오방상제五方上帝·일日·월月·내관內官·중관中官·외관外官[77]

---

72) 수대는 2년마다 지냈다.

73) 경제景帝 : 당 태조 이호李虎(?~551)의 시호이다. 당나라의 초대 황제인 李淵의 할아버지이자 李昞의 아버지로 사후 唐襄公에 추존되었다. 손자 이연이 황위에 오른 뒤에는 당나라를 세운 최초의 당국공이였기에 太祖란 묘호를 받아 太祖 景皇帝에 추존되었다.

74) 배사配祀 : 제사를 지낼 때 주신과 상대되는 대상을 짝하여 제사하는 것을 '配祀'라고 하고, 주신과 관련된 하위 개념의 신들 혹은 부속된 신령들을 제사하는 것을 '從祀'라고 한다. 이하에서는 '짝하여 제사하는' 것을 모두 '配祀'라고 표기하고, 따라 제사하는 것을 '從祀'라고 표기하도록 한다.

75) 「정관례」는 정현의 육천설에 따라 동지 원구와 정월 상신 남교 제사를 구분하여 지냈다. 반면 「현경례」는 왕숙의 일천설에 따라 호천상제와 오방제를 합쳐 호천상제로 단일화하여 동지 원구와 정월 남교의 제사 모두 호천상제에 제사를 지냈다.

76) 평좌平坐 : 고대 건축에서 평좌는 高臺나 다층의 樓에서 두공, 가로목, 널판 등의 건축 부속물을 설치하여 조망할 수 있도록 만든 구조물을 말한다. 복도 혹은 각도라고도 한다. 여기에서는 최상층의 제단에는 따로 제단을 설치하지 않고 평평한 신좌에 호천상제와 배사되는 선조를 모신다는 의미로 사용되었다.

및 중성衆星들을 모두 함께 종사從祀한다. 오방상제五方上帝와 일, 월 등 7개의 신좌는 (위로부터) 제단의 두 번째 단에 둔다. 오성五星[78] 이하 내관內官 55개[79]의 신좌는 제단의 세 번째 단에 둔다. 28수宿 이하 중관中官의 135개[80]의 신좌는 제단의 네 번째 단에 둔다. 외관外官 112개의 신좌는 제단의 맨 아래 단 외유外壝 안쪽에 둔다. 중성衆星 360개의 신좌는 외유 바깥에 둔다. 희생犧牲은 상제上帝와 배사제配祀帝의 경우 잿빛 송아지[蒼犢] 2마리를 쓰며, 오방(상)제와 일, 월의 경우 방위 색깔에 따라 각각 한 마리를 사용하며 내관內官 이하의 경우는 양과 돼지 각각 9마리를 쓴다.

---

77) 여기에서 말하는 내관, 중관, 외관은 별자리를 말한다. 錢大昕의 『廿二史考異』 「宋史·天文志」편에, "案『晉書』「天文志」, 天文經星, 分爲三段 : 一爲中官, 一爲二十八舍, 一爲星官 … 其中官之星, 以北極紫宮爲首, 而北斗次之"라고 해서 中官을 별자리로 보고 있다. 이러한 관념의 유래는 『史記索隱』 「天官書」에, "天文有五官. 官者, 星官也. 星座有尊卑, 若人之官曹列位, 故曰天官"라고 하였듯이, 「천관서」의 '中宮'의 '宮'은 '官'으로 별자리를 의미한다. 별자리로서 중관과 외관의 용례는 『漢書』 권26 「天文志」에 "凡天文在圖籍昭昭可知者, 經星常宿中外官凡百一十八名"라고 하여 중관과 외관을 별자리로 언급한 사례를 찾을 수 있다.

78) 오성五星 : 東方 歲星(木星)·南方 熒惑(火星)·中央 鎭星(土星)·西方 太白(金星)·北方 辰星(水星)을 말한다. 『史記』 「天官書論」에 "水·火·金·木·塡星, 此五星者, 天之五佐"라고 하였고, 劉向의 『說苑』 「辨物」에는 "所謂五星者, 一曰歲星, 二曰熒惑, 三曰鎭星, 四曰太白, 五曰辰星"이라고 하였다.

79) 수대는 42좌. 『隋書』 권6 「禮儀志」1.

80) 수대는 136좌. 『隋書』 권6 「禮儀志」1.

夏至, 祭皇地祇于方丘, 亦以景帝配. 其壇在宮城之北十
四里. 壇制再成, 下成方十丈, 上成五丈. 每祀則地祇及配
帝設位於壇上, 神州及五嶽・四鎭・四瀆・四海・五方・山林
・川澤・丘陵・墳衍・原隰, 並皆從祀. 神州在壇之第二等. 五
嶽已下三十七座, 在壇下外壝之內. 丘陵等三十座, 在壇外.
其牲, 地祇及配帝用犢二, 神州用黝犢一, 岳鎭已下加羊豕
各五.

하지夏至에 황지기皇地祇를 방구方丘에서 제사지내며 이 경
우에도 경제景帝를 배사한다. 제단은 궁성 북쪽 14리에 있다.
제단은 2단으로 구성되며, 하단은 사방 10장이며 상단은 5장이
다.[81] 제사 때마다 지기地祇와 배사제配祀帝는 제단 위에 신위
를 설치한다. 신주神州 및 오악五嶽・사진四鎭・사독四瀆・사해
四海・오방五方[82]・산림山林・천택川澤・구릉丘陵・분연墳衍[83]・
원습原隰[84]의 신을 모두 함께 종사한다. 신주(의 신좌)는 제단
의 두 번째 단(하단)에 있다. 오악 이하 37개의 신좌는 제단

---

81) 수대에는 "成高五尺"이라 하여 단의 높이가 5척이라고 되어 있다. 『隋
書』 권6 「禮儀志」1.

82) 오방五方 : 여기에서 오방은 오방제가 아닌 동서남북 사방과 중국을 합친
오방을 의미한다. 황지기의 하위 신으로 신주 등과 종사되는 신이다.

83) 분연墳衍 : 물가나 낮고 평평한 토지를 일컫는다. 출처는 『周禮』 「夏官・
邊師」의 "掌四方之地名, 辨其丘陵・墳衍・邊隰之名"에 대한 賈公彦疏
에, "水涯曰墳, 下平曰衍"이다.

84) 원습原隰 : 넓고 평평한 곳과 낮고 습한 진펄을 가리킨다. 출처는 『尙書』
「禹貢」의 "原隰厎績, 至於豬野"이며, 『國語』 「周語上」의 "猶其原隰之
有衍沃也"에 대한 韋昭注에, "廣平曰原, 下濕曰隰"이다.

아래 외유外壝 안쪽에 둔다. 구릉丘陵 등 30개의 신좌는 (외)유 바깥에 둔다. 희생은 지기와 배사제에게는 송아지 2마리를 쓰고, 신주神州는 검은 송아지[유독黝犢] 한 마리를 쓰며 오악과 사진 이하에는 양과 돼지 각각 5마리를 쓴다.

孟春辛日, 祈穀, 祀感帝于南郊, 元帝配, 牲用蒼犢二.

맹춘孟春 신일辛日에 풍년을 기원하는 제사[기곡祈穀]를 지내는데, 남교南郊에서 감생제感生帝를 제사하면서 원제元帝[85]를 배사하며 희생은 잿빛 송아지 2마리를 쓴다.

孟夏之月, 雩祀昊天上帝於圓丘, 景帝配, 牲用蒼犢二. 五方上帝·五人帝·五官並從祀, 用方色犢十.

맹하孟夏에 원구圓丘에서 호천상제昊天上帝에 우사雩祀를 지내면서 경제景帝를 배사한다. 희생은 잿빛 송아지[蒼犢] 2마리를 사용한다. 오방상제五方上帝, 오인제五人帝, 오관五官(신)은 모두 함께 종사從祀하는데, 방위 색깔에 따라 송아지 10마리를 사용한다.

季秋, 祀五方上帝於明堂[六],[86] 元帝配, 牲用蒼犢二.

---

85) 원제元帝 : 唐世祖 李昞(?~573)을 말한다. 당 고조 이연의 부친으로 사후에 唐仁公의 시호를 받았으나, 장남 이연이 당나라를 건국하고 황제가 되자, 世祖 元皇帝로 추존되었다.
86) [교감기 6] "祀五方上帝於明堂"의 '方'자 뒤에는 여러 판본에 원래 '天'

五人帝·五官並從祀, 用方色犢十.

계추季秋에 오방상제五方上帝를 명당明堂에서 제사지내면서 원제元帝를 배사配祀하고 희생은 잿빛 송아지 2마리를 사용한다. 오인제五人帝, 오관(신)을 모두 함께 종사從祀하며 방위 색깔에 따라 송아지 10마리를 사용한다.[87]

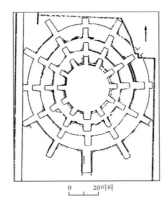

출토 당대 원구단과 평면도

자가 있었으나, 『通典』 권44·『合鈔』 권25 「禮志」에는 모두 없어서 『校勘記』 권11에 閣本을 考證하여 '天'은 연문으로 보아 삭제하였다.

87) 宋代 鄭樵에 의하면(『通志』 「藝文略」제2) "당나라 사람들은 그것(「開元禮」「顯慶禮」)을 미리 만들어 장차 쓰일 데를 대비한 것이지 실제로 실행한 것은 아니다. 실제로 실행하지 않았기에 그 대략만을 서술하고 실제 일을 행할 때마다 덜거나 보태었다.唐人豫爲之, 以待他日之用, 其實未嘗行也. 惟其未經行, 故僅述大略, 俟其臨事而損益之."라고 하였으니, 여기에 규정된 명당 제사는 ' … 해야 한다'는 규정 원칙이지 실제 명당 제사를 지낸 역사적 기록은 아니다.

孟冬, 祭神州於北郊, 景帝配, 牲用黝犢二.

맹동孟冬에 신주神州를 북교北郊에서 제사지내면서 경제景帝를 배사하고 희생은 검은 송아지[黝犢] 2마리를 사용한다.

貞觀初, 詔奉高祖配圓丘及明堂北郊之祀, 元帝專配感帝, 自餘悉依武德. 永徽二年, 又奉太宗配祀于明堂, 有司遂以高祖配五天帝, 太宗配五人帝.

정관貞觀 초에 고조高祖를 받들어 원구圓丘 및 명당明堂, 북교北郊에서 배사하도록 하고 원제元帝는 오로지 감생제感生帝에만 배사하며 그 밖의 나머지는 모두 무덕례武德禮를 따르도록 조를 내렸다. (고종) 영휘永徽 2년(651)에 또한 태종太宗을 받들어 명당明堂에서 배사하자 유사有司가 드디어 고조를 오천제五天帝[88])에 배사하고 태종은 오인제五人帝[89])에 배사하였다.

顯慶元年, 太尉長孫無忌與禮官等奏議曰:

(고종) 현경顯慶 원년(656), 태위太尉 장손무기長孫無忌와 예관禮官 등이 의론하여 다음과 같이 상주하였다.

臣等謹尋方册, 歷考前規, 宗祀明堂, 必配天帝, 而伏羲

---

88) 오천제五天帝 : 오방제를 말한다. 청제 영위앙, 적제 적표노, 황제 함추뉴, 백제 백초거, 흑제 즙광기이다.

89) 오인제五人帝 : 태호, 염제, 헌원, 소호, 전욱이다. 『通典』「郊天」下, "太昊配青帝, 炎帝配赤帝, 軒轅配黃帝, 少昊配白帝, 顓頊配黑帝."

五代, 本配五郊[七],90) 預入明堂, 自緣從祀. 今以太宗作
配, 理有未安. 伏見永徽二年七月, 詔建明堂, 伏惟陛下天
縱聖德, 追奉太宗, 已遵嚴配. 時高祖先在明堂, 禮司致
惑, 竟未遷祀, 率意定儀, 遂便著令. 乃以太宗皇帝降配五
人帝, 雖復亦在明堂, 不得對越天帝, 深乖明詔之意, 又與
先典不同.

신 등이 경전과 전적을 두루 찾아보고 선대의 예전을 살펴
보니, 명당明堂에서의 종사宗祀91)는 반드시 천제天帝에 배사합
니다. 그런데 복희伏羲 이하 오제五帝[오대 제왕(五代)]는 본래
오교五郊92)에 배사되고 명당 제사에 들어갈 때에는 자연스럽

---

90) [교감기 7] "天帝而伏羲五代本配"가 여러 판본에는 원래 없지만, 『通
典』 권44, 『唐會要』 권12, 『冊府元龜』 권586에 의거하여 보충하였다.

91) 종사宗祀 : 자신의 선조 중 공이 높고 업적이 뛰어난 자를 '宗'으로 삼아
제사를 지내는 것을 말한다. 그 공적이 뛰어남을 드러내기 위해 天神에
배사하는데, 다만 제사 장소가 종묘나 남교가 아닌 明堂에서 제사지내는
것을 '宗祀'라고 한다. 어원은 『孝經』 「聖治章」의 "周公郊祀后稷以配
天, 宗祀文王於明堂以配上帝"이다. 그러므로 이후에 명당에서의 제사
를 '明堂 宗祀'라고 하였다.

92) 오교五郊 : 東郊, 西郊, 中兆, 南郊, 北郊 등 도성 사방의 교외에 설치된
제단을 말한다. 前漢 元始 연간 이래 四立日(입춘·입하·입추·입동)에
四時의 기운을 맞이하는 의례를 행한다. 이를 '五郊迎氣(례)'라고 하는데
『後漢書』 「祭祀志」中, "迎時氣, 五郊之兆. 自永平中, 以禮讖及月令有
五郊迎氣服色, 因采元始中故事, 兆五郊于雒陽四方. 中兆在未, 壇皆三
尺, 階無等." 수대에는 '五時迎氣'라고 하고 옥로에 대구복을 입으며, 제
사 대상인 오제는 靈威仰 등 감생제이며, 太皞 등 五人帝를 배사하였다.
『隋書』 권7 「禮儀志」2, "「禮, 天子每以四立之日及季夏, 乘玉輅, 建大

게 그에 따라 종사從祀하였던 것입니다. 지금 태종을 (명당에서) 배사하는 것은 이치에 맞지 않는 부분이 있습니다. 삼가 살피건대 영휘永徽 2년(651) 7월에 조[93]를 내려 명당을 건설하도록 하였는데, 생각건대 폐하께서 하늘이 내리신 성덕聖德으로 태종太宗을 추봉하였으니 엄숙히 하늘에 배사[嚴配]하는 예를 이미 따른 것입니다. 당시에 고조의 신위가 먼저 명당에 있었기에 예사禮司에서 어떻게 처리할지 몰라 의혹을 가졌고 끝내 신위를 옮기기 전에 경솔한 판단으로 의식儀式을 결정하고 마침내 법령으로 확정하게 되었습니다. 그리하여 태종황제太宗皇帝의 신위를 내려 오인제五人帝에 배사하게 되었습니다.[94] 비록 다시 명당에 모셨기는 하지만 천제天帝에는 짝하여 높일

旀, 服大裘, 各於其方之近郊爲兆, 迎其帝而祭之 … 梁·陳·後齊·後周及隋, 制度相循, 皆以其時之日, 各於其郊迎, 而以太皥之屬五人帝配祭. 並以五官·三辰·七宿於其方從祀焉."

93) 조문은 『舊唐書』 「高宗本紀」에는 보이지 않고 『舊唐書』 권22 「禮儀志」2(명당)에 칙문의 내용과 명당 조성과 관련해서 예관들과 학사들의 논의가 실려 있다. 太常博士 柳宣은 鄭玄의 설을 따라 명당 5실을 주장, 內直丞 孔志約은 蔡邕 등의 설에 따라 명당 9실을 주장하였고, 趙慈皓·秘書郞 薛文思 등이 각각 明堂圖를 제작하여 진상하였다고 전한다. 고종은 처음에 9실제에 힘을 실어주었으나 고구려와의 전쟁으로 명당 논의는 멈춰야 했다.

94) 『通典』 권44 「禮志」4 '大享明堂'조에는, "영휘 2년에 태종을 명당에서 배사하였는데, 유사가 고조를 오천제에, 태종을 오인제에 배사하였다. 조를 내려 명당을 지으라 하고 9실의 형태로 하도록 하였다.永徽二年, 又奉太宗配祠明堂, 有司遂以高祖配五天帝, 太宗配五人帝. 下詔造明堂, 內出九室樣"라고 하였다.

수 없는 상황이니 명철하신 성상의 뜻에도 심히 어긋나고 또 전대의 사전祀典과도 같지 않습니다.

　謹案孝經云:「孝莫大於嚴父, 嚴父莫大於配天. 昔者周公宗祀文王於明堂, 以配上帝.」伏惟詔意, 義在於斯. 今所司行令, 殊爲失旨. 又尋漢·魏·晉·宋歷代禮儀, 並無父子同配明堂之義. 唯祭法云:「周人禘嚳而郊稷, 祖文王而宗武王.」鄭玄注云:「禘·郊·祖·宗, 謂祭祀以配食也. 禘謂祭昊天於圓丘, 郊謂祭上帝於南郊, 祖·宗謂祭五帝·五神於明堂也.」尋鄭此注, 乃以祖·宗合爲一祭, 又以文·武共在明堂, 連祖配祀, 良爲謬矣. 故王肅駁曰:「古者祖有功而宗有德, 祖·宗自是不毁之名, 非謂配食於明堂者也. 審如鄭義, 則孝經當言祖祀文王於明堂, 不得言宗祀也. 凡宗者, 尊也. 周人旣祖其廟, 又尊其祀, 孰謂祖於明堂者乎?」鄭引孝經以解祭法, 而不曉周公本意, 殊非仲尼之義旨也. 又解「宗武王」云:「配勾芒之類, 是謂五神, 位在堂下.」武王降位, 失君敍矣.

　『효경孝經』을 보면, "효도는 부모를 존엄하게 하는[嚴父] 것보다 큰 일이 없고 부모를 존엄하게 하는 것으로는 하늘에 배사하는[配天] 것보다 큰 일이 없다. 옛날 주공周公은 명당明堂에서 문왕文王을 종宗으로 삼아 상제上帝에 배사하였다"[95]라고

---

95) 『孝經』「聖治章」이다. 원문은 "孝莫大於嚴父. 嚴父莫大於配天. 則周公其人也. 昔者周公郊祀后稷以配天. 宗祀文王於明堂. 以配上帝"인데, '明堂'을 설명하는 부분이므로 周公이 天에 郊祀하면서 后稷을 配祀한

하였습니다. 삼가 생각건대 성상의 뜻도 여기에 있다고 봅니다. 지금 예사禮司에서 실행한 예의법령은 그러한 취지에서 매우 어긋나 있습니다. 또한 한나라, 위나라, 진나라, 송나라 역대 예의 법식을 살펴보아도 모두 부자父子가 함께 명당에서 배사되는 경우는 없습니다. 다만 「제법祭法」에서 "주나라 사람은 곡嚳에 체禘제사를, 후직后稷에 교사를, 문왕文王을 조祖로 제사하고 무왕武王을 종宗으로 삼아 제사를 지냈다"라고 하였으며, 이에 대해 정현鄭玄[96]은 주注에서 "(여기에서 말한) 체禘

다는 구절은 생략하고 있다.

96) 정현鄭玄(127~200) : 後漢 北海 高密(현재 山東省 高密) 사람. 금문과 고문을 집대성하고 『의례』 『예기』 『주례』 삼례에 주석을 한 경학의 대성자이다. 자는 康成이라 '鄭康成'이라고 한다. 注疏에서 지칭하는 '鄭司農'은 정현이 아니라 鄭衆(?~83)을 말하며, 정현보다 연배가 앞서기 때문에 先鄭이라고 한다. 『京氏易』과 『公羊春秋』를 第五元先에게 배웠고 張恭祖에게 『周禮』와 『左氏春秋』, 『古文尙書』를 배웠으며, 馬融에게서도 『주역』 『상서』 『춘추』 등을 배웠다. 죽을 때까지 벼슬길에 오르지 않고 연구와 후학 양성에만 힘썼다. 현존하는 저서는 『毛詩箋』과 『周禮』 『儀禮』 『禮記』 三禮에 대한 주해뿐이고, 나머지는 단편적으로 남아 있다. 고문경학을 위주로 하면서 금문경설도 아울러 이른바 鄭學이라고 하는 독보적인 입지를 확보하였다. 특히 예제상 하늘에 호천상제와 오제가 있다고 하는 六天說과 緯書에 기초한 태미오제의 감생제설을 주장하였다. 역대 왕조에서 천지 남북교와 명당, 우사 등의 제사의 主神을 설정하는 데 결정적 역할을 하였다. 후에 왕숙이 이를 비판하여 一天說을 주장하면서 정현설과 왕숙설로 대립하는 형세가 이루어졌다. 북조에서는 정현설이, 남조에서는 왕숙설이 주로 채택되다가 隋唐대 초기에는 鄭玄說을 따랐고 「顯慶禮」부터 王肅說을 따르면서 제례 과정에서 정현설과 왕숙설에 입각한 대립 양상이 전개되었다. 「開元禮」에서는 왕중구의 건의로 두

·교교郊·조조祖·종宗은 제사 때 배식配食하는 것을 말한다. 체체禘
는 원구圓丘에서 호천昊天에 제사지내는 것을 말하고, 교교郊는
남교南郊에서 상제上帝에게 제사지내는 것을 말하며, 조조祖와
종宗은 명당에서 오제五帝와 오신五神을 제사지내는 것을 말한
다"라고 하였습니다.

정현의 이 주에 따르면, 곧 조조祖와 종宗을 합쳐 하나의 제사
로 삼고 문왕과 무왕을 명당에 같이 모셔놓고 나란히 배사하는
것이니 진실로 잘못이 아닐 수 없습니다. 그러므로 왕숙王肅[97]
은 반박하여 "옛날에는 공 있는 자를 조조祖로 삼고 덕 있는 자
를 종宗으로 삼았으니, 이것을 보면 조와 종은 훼천毀遷하지
않음을 일컬은 것이지 명당에서 배식되는 것을 말한 것이 아니
다. 정현의 해석대로 한다면 『효경』에서 명당에서 문왕을 조사

설이 병행되기도 하는 등(『新唐書』 권200 「王仲丘傳」) 당대 예의 제도
제정에 큰 영향을 끼쳤다.

97) 왕숙王肅(195~256) : 삼국 魏 東海 郯(현재 山東省 郯城) 사람. 자는 子
雍이다. 司馬昭의 장인이다. 魏文帝 때 散騎黃門侍郎을 시작으로 侍中
과 太常, 中領軍 등의 벼슬을 지냈다. 賈逵, 馬融과 사귀면서 그들의 고
문경학을 존숭했고, 鄭玄에 대해서는 古文을 세운 점은 인정했지만 今文
說을 채용했다 하여 『聖證論』을 지어 논박했다. 특히 예제면에서 天을
昊天上帝와 五方帝 등 六天으로 보는 정현의 육천설에 대해 王肅은 호
천상제만을 인정하는 一天설을 주장하였다. 魏晉南北朝 이후 唐代까지
역대 왕조의 예의제도 개제 논의에서 이 둘의 논의가 막대한 영향을 끼쳤
다. 『隋書』 「經籍志」에 실린 그의 저술은 대부분 없어졌고 玉函山房輯
佚書에 집록된 15종 20권만 전한다. 그 밖의 저서에 『孔子家語』와 『馬王
易義』 『周易注』 『尙書王氏注』 『毛詩王氏注』 『禮記王氏注』 『論語王氏
注』 『國語章句』 『王子正論』 등이 있다.

祖祀한다고 해야 하지 종사宗祀한다고 말할 수는 없다. 무릇 종宗이란 존귀함[尊]이다. 주나라 사람은 그 묘를 조祖로 삼았고 또 그 제사를 받들었으니, 어느 누가 명당에서 조祖로 삼아 제사를 지낸다고 말하겠는가?"라고 하였습니다.

정현은 『효경』을 인용하여 「제법」을 해석하였지만 주공의 본래 의도를 알지 못했으며, 이는 더욱이 공자의 취지도 아닙니다. 또한 "무왕을 종宗으로 삼다"에 대해서는, "구망勾芒과 같은 신들에 배사하는 것을 말한다. 즉 이들을 오신五神이라 하며, 그 신위는 당하堂下에 둔다"라고 하였습니다. 무왕의 신위를 내려잡은 것은 군왕君王의 차서次序를 잃은 것입니다.

又案六韜曰:「武王伐紂, 雪深丈餘, 五車二馬, 行無轍跡, 詣營求謁. 武王怪而問焉, 太公對曰:『此必五方之神, 來受事耳.』遂以其名召入, 各以其職命焉. 旣而克殷, 風調雨順.」豈有生來受職, 歿則配之, 降尊敵卑, 理不然矣. 故春秋外傳曰[八]98)「禘·郊·祖·宗·報五者, 國之典祀也.」傳言五者, 故知各是一事, 非謂祖·宗合祀於明堂也.

또한 『육도六韜』99)를 살펴보면 "무왕武王이 주紂를 칠 때, 눈이 한 장丈이 넘게 내렸는데 두 마리 말이 끄는 수레 다섯이 수레 자국 흔적도 남기지 않은 채 본영에 와서 뵙기를 청하였

98) [교감기 8] "故春秋外傳曰"에서 '外'와 '曰'자는 여러 판본에는 원래 없지만, 『唐會要』 권12, 『文苑英華』 권764, 『冊府元龜』 권586에 의해 보충하였다.
99) 일반적으로 『太公兵法』 또는 『太公六韜』라고도 한다. 先秦시대 黃老道家의 서책인 『太公』의 병법 중의 일부분이다.

다. 무왕이 괴이히 여겨 태공太公에 물으니, 태공이 대답하기를, '이는 필시 오방의 신일 겁니다, 와서 해야 할 일이 무엇인지 물어보는 것일 뿐입니다'라고 하였다. 그리하여 (오방 신) 그 이름을 하나하나 불러 안으로 들여 각각에 맞는 직무를 명하였다. 얼마 후 은나라를 치니 바람은 잦아들고 비는 때에 맞게 내렸다"라고 하였습니다. 그러니 살았을 때 와서 직무를 받다가 죽어서는 배사한 셈이니, 어찌 존귀한 신분을 끌어내려 (그보다) 낮은 자에게 상대하게 할 수가 있겠습니까? 도리에 맞지 않습니다. 그러므로 『춘추외전春秋外傳』[100]에 이르기를, "체禘·교郊·조祖·종宗·보報 이 다섯 가지(제사)는 나라에서 규정한 제사[典祀]이다"라고 하였던 것입니다. 『춘추외전』에서 다섯 가지(제사)라고 하였으니 각각 한 가지 일이지, 조와 종을 합해 명당에서 제사지내는 것이 아님을 알 수 있습니다.

臣謹上考殷·周, 下洎貞觀, 並無一代兩帝同配於明堂. 南齊蕭氏以武·明昆季並於明堂配食, 事乃不經, 未足援據. 又檢武德時令, 以元皇帝配於明堂, 兼配感帝. 至貞觀初緣情革禮, 奉祀高祖配於明堂, 奉遷世祖專配感帝. 此卽聖朝故事已有遞遷之典, 取法宗廟, 古之制焉.

신臣이 삼가 상고하건대, 저 은殷·주周 시대에서부터 정관貞觀 연간에 이르기까지 하나의 왕조에서 두 명의 제왕을 명당

---

100) 춘추외전春秋外傳:『國語』를 말한다. 혹은 左丘明이 지었다고 해서 『左氏外傳』이라고도 한다.

에서 동시에 배사한 경우는 없었습니다. 남제南齊의 소씨蕭氏 정권이 무제武帝[101]와 명제明帝[102] 사촌 형제를 함께 명당에서 배사한 적은 있지만[103] 이 일은 경전에 근거가 없으니 족히 증거로 삼을 만하지 못합니다. 또 무덕武德 연간에 내린 조령을 살펴보면, 원황제元皇帝를 명당에서 배사하였을 뿐만 아니라 감생제[感帝]에도 배사하도록 하였습니다. 정관貞觀 연간 초에 인정에 따라 이 예를 바꾸어 고조高祖(이연)를 받들어 명당에서 제사하고 세조世祖(원황제)를 체천遞遷하여 단지 감생제感生帝에만 배사하였습니다. 이처럼 선대 우리 조정의 사례에서

101) 南齊 世祖 武皇帝 蕭賾(440~493)을 말한다. 남제의 제2대 황제이며, 高帝 蕭道成의 맏아들이다.

102) 南齊 高宗 明皇帝 蕭鸞(452~498)을 말한다. 남제의 제5대 황제이며, 高帝의 아우 蕭道生의 아들이다. 고제와 무제의 아들 20여 명을 살해한 후 왕위를 차지하였다.

103) 『南齊書』권9 「禮志」上에 남제 後廢帝 永元 2년(500)에 예 전문가였던 하동지의 상주문을 보면, 정현설에 따라 명당에서 祖宗을 함께 並祀해야 하며, 따라서 명제와 세조를 병사할 것을 건의하였다. "至永元二年, 佟之又建議曰：「案祭法『有虞氏禘黃帝而郊嚳, 祖顓頊而宗堯』.『周人禘嚳而郊稷, 祖文王而宗武王』. 鄭玄云『禘郊祖宗, 謂祭祀以配食也.〔此〕禘謂祀昊天於圜丘也. 祭上帝於南郊曰〔郊〕, 祭(祀)五帝五神於明堂曰祖宗』.『郊祭一帝, 而明堂祭五帝, 小德配寡, 大德配衆』. 王肅云『祖宗是廟不毀之名』. 果如肅言, 殷有三祖三宗, 並應不毀, 何故止稱湯·契?且王者之後存焉, 舜寧立堯·頊之廟, 傳世祀之乎? 漢文以高祖配泰時, 至武帝立明堂, 復以高祖配食, 一人兩配, 有乖聖典. 自漢明以來, 未能反者. 故明堂無兼配之祀. 竊謂先皇宜列二帝於文祖, 尊新廟爲高宗, 並世祖而泛配, 以申聖主嚴父之義. 先皇於武皇, 倫則第爲季, 義則經爲臣, 設配饗之坐, 應在世祖之下, 並列, 俱西向."

는 체천에 관한 일정한 규정이 있습니다. 종묘에서의 예법을 취함은 고대의 제도입니다.

伏惟太祖景皇帝構室有周, 建絶代之丕業 ; 啓祚汾 · 晉, 創歷聖之洪基. 德邁發生, 道符立極. 又世祖元皇帝潛鱗韞慶, 屈道事周, 導濬發之靈源, 肇光宅之垂裕. 稱祖淸廟, 萬代不遷. 請停配祀, 以符古義. 伏惟高祖太武皇帝躬受天命, 奄有神州, 創制改物, 體元居正, 爲國始祖, 抑有舊章. 昔者炎漢高帝 · 當塗太祖, 皆以受命, 例並配天. 請遵故實, 奉祀高祖於圓丘, 以配昊天上帝. 伏惟太宗文皇帝道格上元, 功淸下瀆, 拯率土之塗炭, 協大造於生靈, 請準詔書, 宗祀於明堂, 以配上帝. 又請依武德故事, 兼配感帝作主. 斯乃二祖德隆, 永不遷廟 ; 兩聖功大, 各得配天. 遠協孝經, 近申詔意.

삼가 생각건대 태조太祖 경황제景皇帝(이호)[104]께서는 북주北周에서 (당의) 기초를 세웠으며 공전절후의 크나큰 업적을

----

104) 태조太祖 경황제景皇帝 : 李虎(?~551)를 말한다. 李虎는 서위 때 각지에서 공을 세워 開府儀同三司로 임명되었으며 농서군공隴西郡公으로 봉해졌다. 548년에는 右軍大都督 · 少師로 임명되었고, 550년에는 太尉 · 柱國大將軍으로 임명되었다. 당시 우문태와 李弼, 元欣, 獨孤信 등 8명과 함께 '八大柱國'이라고 불렸다. 551년에 사망했을 당시 서위 조정은 그에게 鮮卑族의 大野氏라는 성을 내렸으며, 서위의 뒤를 이어 北周가 건국된 뒤인 564년에는 唐國公으로 봉해져 襄公이라는 시호를 받았다. 때문에 '북주에서 기초를 마련하였다'는 말은 당국공에 봉해져 후에 손자인 이연이 나라를 세워 당이라고 한 근원이 여기에 있음을 말한 것이다.

세우셨습니다. 분진汾晉지역105)에서 (창업의) 천운을 열어, 역
대 성왕이 그랬듯이 크나큰 제업의 단초를 마련하였습니다. 그
덕은 저 멀리 후대까지 미치고 그 도는 제국의 기초[立極]를
세울 만하였습니다. 또한 세조世祖 원황제元皇帝(이병)께서는
창업의 복운을 저 깊은 곳에 감추시고 자신을 낮추어 (북)주周
를 섬기면서 위대한 제국의 명운이 끊이지 않고 이어지도록 이
끌었으며 성덕을 멀리까지 드러내어 천하를 잘 다스릴 수 있도
록 후손에게 길을 열어주셨습니다.106) 그리하여 청묘淸廟(명
당)107)에서 조祖로 받들어 제사하는 것은 영구히 체천하지 않

105) 분진汾晉지역 : 분수 지역을 말한다. 山西省 太原일대를 말한다. 당왕조
가 일어나게 된 근거지인 태원을 일컫는다.

106) 李炳은 고조 이연의 아버지로, 이병의 부친인 이호가 西魏의 팔주국 중
의 하나였기에 어렸을 때부터 북주 우문태에게 예우를 받았다. 부친이
이호가 죽은 뒤에는 농서군공의 작위를 세습받았다. 북주 건국 후에 자
신의 아버지인 이호를 당국공에 추봉하였고 얼마 후 자신이 당국공의
작위를 세습하였다. 그러므로 본문에서 북주를 섬기면서도 '唐'이라는
국호가 이호부터 시작하여 이어져 내려와 고조 이연이 건국하기까지 이
르렀음을 말한 것이다.

107) 청묘淸廟 : 청묘 명칭에는 3가지가 있다. 첫째, 조상을 제사지내는 太廟
이다.(『毛詩註疏』권26「淸廟之什·序」에 "淸廟, 祀文王也.") 둘째, 명
당의 대칭으로 종종 사용되었다. 셋째, 천자의 궁전을 의미한다. 본문에
서 청묘는 명당을 말하며, 『구당서』에는 명당의 대칭으로 사용하는 경우
가 많다. 그 기원을 張一兵은 주례의 『明堂月令』과 蔡邕의 「明堂論」에
서 찾고 있다.(장일병, 『명당제도연구』, 140쪽) 채옹은 「明堂論」에서 "그
러므로 명당은 매우 중요한 일이며 그 의미가 깊다. 종사의 정결한 모양
을 취하여 청묘라 하고 정실의 모양을 취하여 태묘라 하며 그 존귀함을
취하여 태실이라 한다. 그 당이 밝음을 향해 있기에 명당이라 한다. 사문

는 것입니다. 청컨대 (명당에서 태조 경황제와 세조 원황제의) 배사를 중지하여 고례에 부합하게 하십시오. 삼가 생각건대 고조 태무황제太武皇帝는 몸소 천명天命을 받아, 신주神州를 옹유하시어 새로운 왕조를 개창하고 천자의 위에 올라 나라의 시조가 되셨으니, 또한 이에 맞는 선례가 있습니다. 그 옛날 한나라[炎漢] 고제高帝와 당도當塗(삼국시대 위)[108]의 태조太祖(조조)는 모두 천명을 받아 전례에 따라 모두 천에 배사하였습니다. 이와 같은 이전의 사례에 따라 고조를 받들어 원구圓丘에

의 학에서 취하여 태학이라 한다.故言明堂, 事之大, 義之深也. 取其宗祀之淸貌, 則曰淸廟. 取其正室之貌, 則曰太廟. 取其尊崇(矣), 則曰太室. 取其(堂)[向明], 則曰明堂. 取其四門之學, 則曰太學."라고 하여 기능에 따라 명당, 청묘, 태실, 태학으로 불려지고 있음을 밝히고 있다.

108) 당도當塗 : 현재 安徽省 馬鞍市에 위치해 있으며, 秦代 丹陽縣이 설치된 이후 몇 번에 걸쳐 변경되다가 隋 開皇 9년(589)에 當塗로 확정되었다. 지명인 당도는 삼국시대 曹魏를 지칭하기도 한다. 이렇게 된 이유는 전한말 혼란기에 '代漢者' 즉 한을 대신할 왕조에 대한 참언이 유행하면서 公孫述이 『春秋讖』에 "代漢者, 當塗高"라고 한 것을 자신을 두고 한 예언으로 해석한 이후, 후한말 원술도 이 참언을 가지고 자신이 한을 대신할 제왕으로 해석하기도 하였다. 그러다가 周羣의 아버지인 周舒가 "當塗高者, 魏也."(『三國志』 권42「蜀書·周羣傳」)라고 한 이후 당도는 위를 대신하는 말이 되었다. 또한 그 의미에 대해서는, "당도고는 위를 말한다. 상위는 두 개의 궐문을 말한다. 길을 마주보고 높이 솟아 있는 것을 위라고 하니, 위가 한을 대신함이 마땅하다.當塗高者, 魏也 ; 象魏者, 兩觀闕是也 ; 當道而高大者魏. 魏當代漢."(『三國志·魏書』 권2「文帝紀」 裴松之注)라고 풀이하고 있다. 이처럼 지명인 당도가 상위라는 건축물에 빗대어 도참의 의미로 해석되면서 '代漢者, 魏'의 정당성을 설명하였고, 이후 당도는 위를 대신하는 말이 되었다.

서 호천상제昊天上帝에 배사하기를 청하옵니다. 삼가 생각건대 태종太宗 문황제文皇帝께서는 그 도는 위로 하늘에 이르렀고 그 공은 하늘 아래 온갖 더러움을 모두 씻어내어 도탄에 빠진 천하를 구제하시어 백성들에게 큰 은덕을 베푸셨습니다. 청컨대 조서에 따라 명당에서 종사宗祀하며 상제에 배사하십시오. 또한 무덕武德 연간의 고사에 따라 겸하여 감생제感生帝에 배사하십시오. 이와 같이 하면 고조와 태종의 덕은 높아지고 영원토록 체천하지 않습니다. 두 분 성왕의 공이 위대하여 각기 천에 배사함을 얻었으니 멀게는 『효경』의 취지에 맞고 가깝게는 조서의 뜻을 천명한 것입니다.

二年七月, 禮部尙書許敬宗與禮官等又奏議.

(현경) 2년(657) 7월에 예부상서禮部尙書 허경종許敬宗과 예관禮官 등이 다시 논의하여 다음과 같이 상주하였다.

據祠令及新禮, 並用鄭玄六天之議, 圓丘祀昊天上帝, 南郊祭太微感帝, 明堂祭太微五帝. 謹按鄭玄此義, 唯據緯書, 所說六天, 皆謂星象, 而昊天上帝, 不屬穹蒼. 故注月令及周官, 皆謂圓丘所祭昊天上帝爲北辰星曜魄寶. 又說孝經「郊祀后稷以配天」及明堂嚴父配天, 皆爲太微五帝. 考其所說, 舛謬特深. 按周易云:「日月麗於天, 百穀草木麗於地」又云:「在天成象, 在地成形.」足明辰象非天, 草木非地. 毛詩傳云:「元氣昊大, 則稱昊天. 遠視蒼蒼, 則稱蒼天.」此則蒼昊爲體, 不入星辰之例. 且天地各一, 是曰兩儀. 天尙無二, 焉

得有六? 是以王肅群儒, 咸駁此義[九].109) 又檢太史圓丘
圖, 昊天上帝座外, 別有北辰座, 與鄭義不同. 得太史令李
淳風等狀, 昊天上帝圖位自在壇上, 北辰自在第二等, 與北
斗並列, 爲星官內座之首, 不同鄭玄據緯書所說. 此乃羲和
所掌, 觀象制圖, 推步有徵, 相沿不謬.

사령祠令과 신례新禮110)에서 모두 정현鄭玄의 육천六天설을
채용한 것에 따르면, 원구圓丘에서 호천상제昊天上帝를 제사
지내고, 남교南郊에서 태미太微 감생제[感帝]에 제사지내며,
명당明堂에서 태미太微 오제五帝에 제사지내게 됩니다. 삼가
정현의 이 해석을 살펴보면 오직 위서緯書에만 나와 있고 거
기에서 말한 육천六天은 모두 별[星象]을 말하여 호천상제는
하늘[궁창穹蒼]에 해당되지 않습니다. 그러므로 정현은 「월령
月令」111)과 『주관周官』의 주注112)에서 모두 원구에서 제사지
내는 호천상제를 북신성北辰星인 요백보曜魄寶라고 하였습니
다. 또한 『효경』에서 "후직后稷을 교郊에서 제사하여 천天에
배사한다"라고 한 것과 명당明堂에서 부친을 추존하여 천天에

---

109) [교감기 9] "咸駁此義"의 '義'자는 원래 '議'로 되어 있으나, 『通典』 권
43, 『冊府元龜』 권585에 의거하여 고쳤다.

110) 「玄慶禮」를 말한다.

111) 『禮記』 「月令·季夏之月」 "以共皇天上帝, 名山大川, 四方之神"에 대
해 정현은 "皇天, 北辰耀魄寶, 冬至所祭於圜丘也. 上帝, 大微五帝"라
고 하였다.

112) 『周禮』 「春官·大宗伯」의 "以禋祀祀昊天上帝"에 대해 "玄謂昊天上
帝, 冬至於圜丘所祀天皇大帝"라고 하여 동지 원구에 제사지내는 天皇
大帝라고 하였다.

배사한다고 할 때의 천天을 모두 태미太微 오제五帝라고 하였습니다.

이러한 해석을 살펴보면 그 잘못됨이 매우 심합니다.『주역周易』을 살펴보면, "해와 달은 하늘에 걸려 있고 곡식과 초목은 땅에 달려 있다"라고 하였습니다.[113) 또한 "하늘에서는 상象을 이루고 땅에서는 형形을 이룬다"[114)라고 하였습니다. 이것을 보면 별들이 곧 하늘이 아니며 초목이 곧 땅이 아님을 알 수 있습니다.『모시전毛詩傳』에 "원기元氣가 넓고 크니 호천昊天이라 일컫는다. 멀리서 쳐다보면 푸르고 푸르니 창천蒼天이라 일컫는다"라고 하였습니다.[115) 이것을 보면 창천과 호천은 그 본체[體]이지 별들의 부류에 속하지 않습니다. 또한 하늘과 땅은 각각 하나이며 이것을 양의兩儀라고 합니다. 하늘은 유일무이한 것인데 어찌 여섯이 있을 수가 있겠습니까? 이 때문에 왕숙王肅 이하 여러 유자들이 (정현의) 이 해석[義]을 반박하였습니다.

아울러 태사太史의「원구도圓丘圖」를 검토해보니, 호천상제의 신좌 외에 별도로 북신좌北辰座가 있어 정현鄭玄의 해석과도 다릅니다. 태사령太史令 이순풍李淳風[116) 등이 올린 장계

---

113)『周易』「離」卦「象傳」"離, 麗也. 日月麗乎天. 百穀草木麗乎土."

114)『周易』「繫辭」上의 말이다.

115)『尙書』「堯典」"乃命羲和欽若昊天"조의 孔穎達疏에 인용된『毛詩傳』 원문은 다음과 같다. "尊而君之則稱皇天, 元氣廣大則稱昊天, 仁覆閔下則稱旻天, 自上降監則稱上天, 據遠視之蒼蒼然則稱蒼天."

116) 이순풍李淳風(602~670) : 唐代 道士이며 號는 黃冠子이고 岐州 雍縣

[狀]를 얻어 보니, 호천상제는 그림에서 그 신좌가 단 위에 놓여 있고 북신北辰은 두 번째 단에 북두北斗와 병렬되어 성관星官의 내좌內座 중 우두머리로 되어 있어, 정현이 위서緯書에 근거하여 주장한 설과는 맞지 않습니다. 이것은 희화관羲和官(천문 담당) 소관으로 천문의 별자리를 보고 천문도를 제작하였으니, 관측과 측량에는 유효한 증거가 있으며 대대로 이어져 내려오는 것으로 오류가 없습니다.

又按史記天官書等, 太微宮有五帝者, 自是五精之神, 五星所奉. 以其是人主之象, 故況之曰帝. 亦如房心爲天王之象, 豈是天乎! 周禮云:「兆五帝於四郊.」又云:「祀五帝則掌百官之誓戒.」惟稱五帝, 皆不言天. 此自太微之神〔一〇〕,[117]

(현재 陝西省 鳳翔縣) 사람. 天文學家이자 數學家이며 易學家로 天文, 曆算, 陰陽, 道家의 설에 정통하였고『推背圖』의 작자 중 한 명으로 알려져 있다. 高祖 武德 2년(619)에 推薦으로 秦王 李世民의 記室參軍이 되었다. 太宗 貞觀 元年(627) 25세의 나이에 상서하여 道士 員外散騎郎 傅仁均이 지은 『戊寅元曆』에 대해 18조항의 의견을 제시, 이중 7개 조를 태종이 가납하고 이순풍을 將仕郎에 임명하니, 太史局에 들어가 일하며 혼천의를 제작하여 별을 관측하였다. 『法象志』 7권을 지어 올리니 承務郎이 더해지고 태상박사를 거쳐 태사령이 되었다. 「麟德曆」을 편찬했고 五曹, 孫子 등의 옛 算書를 주해했으며, 『晉書』와 『五代史』의 「律曆志」를 편찬했다. 저서에 『典章文物志』와 『乙巳占』, 『秘閣錄』 등이 있다.

117) [교감기 10] "此自太微之神"의 '此自'는 聞本에는 '自'로, 殿本·懼盈齋本·局本·廣本에는 '此'로 되어 있어, 『通典』권43, 『新舊唐書 合鈔』권25 「禮志」에 의거하여 보충하였다.

本非旻昊之祭. 又孝經惟云「郊祀后稷」, 無別祀圓丘之文.
王肅等以爲郊卽圓丘, 圓丘卽郊, 猶王城·京師, 異名同實.
符合經典, 其義甚明. 而今從鄭說, 分爲兩祭, 圓丘之外, 別
有南郊, 違棄正經, 理深未允. 且檢吏部式, 惟有南郊陪位,
更不別載圓丘. 式文旣遵王肅, 祠令仍行鄭義, 令·式相乖,
理宜改革.

또한 『사기史記』 「천관서天官書」 등을 살펴보면 태미궁太微
宮에는 오제五帝가 있으며, 이것이 바로 오정五精의 신神으로
오성五星이 받들고 있습니다. 이것이 인주人主의 상象이기 때
문에 제帝에 비유하고 있습니다. 또한 방수房宿와 심수心宿가
천왕天王의 상이 되는 것과 같으니,[118] 이것이 어찌 천天이겠
습니까? 『주례周禮』에 "사교四郊에 오제의 조역兆域[119]을 만든
다"라고 하였습니다.[120] 또 "오제를 제사할 때 백관의 서계誓

118) 『史記』 권27 「天官書」 '心爲明堂'에 대한 『史記索隱』에 인용된 『春秋
    說題辭』에, "房·心爲明堂, 天王布政之宮"이라고 한 것을 말한다.

119) 조역兆域 : 출처는 『周禮』 「春官·小宗伯」이며, 鄭玄은 "조는 제단을 설
    치한 영역兆, 爲壇之營域."이라고 하였다. 일반적으로 묘와 제단을 일정
    한 영역에 설치하는 것을 兆라고 하고 그 공간을 兆域이라 한다.

120) 출처는 『周禮』 「春官·小宗伯」이다. 이에 대한 鄭玄注는 "조는 제단을
    설치한 영역이다. 오제의 경우 창제는 영위앙으로 태호가 배식한다. 적
    제는 적표노이며 염제가 배식한다. 황제는 함추뉴이며 황제가 배식한다.
    백제는 백초거로 소호가 배식한다. 흑제는 즙광기이며 전욱이 배식한다.
    황제는 또한 남교에 있다.兆, 爲壇之營域. 五帝, 蒼曰靈威仰, 太昊食
    焉. 赤曰赤熛怒, 炎帝食焉. 黃曰含樞紐, 黃帝食焉. 白曰白招拒, 少昊
    食焉. 黑曰汁光紀, 顓頊食焉. 黃帝亦於南郊."라고 하였다.

戒를 담당한다"라고 하였습니다.121) 이때 오제五帝라고만 하였지, 모두 천天이라고 하지 않았습니다. 여기에서 말하는 태미太微의 신神은 원래 천공에 있는 호천昊天에 지내는 제사가 아닙니다.

또 『효경孝經』은 "후직을 교에서 제사한다"고 했지, 별도로 원구에서 제사지낸다는 명문은 없습니다. 왕숙王肅 등은 교郊가 곧 원구圓丘이고 원구가 곧 교로 왕성王城과 경사京師가 이름은 달라도 실제로는 하나인 것과 같다고 하였습니다. (왕숙의 이러한 해석은) 경전에도 부합되니, 그 뜻이 매우 분명합니다. 그런데 지금 정현鄭玄의 설을 따라 교와 원구를 분리하여 두 가지 제사로 삼고 원구 이외에 별도로 남교南郊를 두었으니 경전에 위배될 뿐만 아니라 이치로도 타당하지 않습니다. 그리고 이부吏部의 식式을 검토해보니, 남교의 배위陪位만 있고 별도로 원구를 싣지 않았습니다. (이부) 식122)의 조문은 이미 왕숙의 설을 따르고 있는데, 사령祠令에는 그대로 정현의 해설에 따르고 있어 영令과 식式이 서로 어긋나고 있으니 마땅히 고쳐야 합니다.

---

121) 출처는 『周禮』「天官·太宰」 "祀五帝則掌百官之誓戒"이다. 이에 대해 鄭玄注는 "오제에 제사한다는 것은 사교와 명당 제사를 말한다. 서계란 예에 어긋날 경우 형벌을 중히 한다는 말을 요약한 것이다. 「명당위」에서 각각 그 직책을 다하고 백관이 직책을 폐했을 때에는 대형에 처한다고 하였는데, 이 말을 요약한 것이다. 祀五帝, 謂四郊及明堂. 誓戒, 要之以刑重失禮也. 「明堂位」所謂各揚其職百官廢職服大刑, 是其辭之略也."라고 하였다.

122) 「吏部式」을 말한다. 吳麗娛, 앞의 책, 47쪽.

又孝經云「嚴父莫大於配天」, 下文卽云 :「周公宗祀文王於明堂, 以配上帝.」則是明堂所祀[一一],[123] 正在配天, 而以爲但祭星官, 反違明義. 又按月令 :「孟春之月, 祈穀於上帝.」左傳亦云 :「凡祀, 啓蟄而郊, 郊而後耕. 故郊祀后稷, 以祈農事.」然則啓蟄郊天, 自以祈穀, 謂爲感帝之祭, 事甚不經. 今請憲章姬・孔, 考取王・鄭, 四郊迎氣, 存太微五帝之祀 ; 南郊明堂, 廢緯書六天之義. 其方丘祭地之外, 別有神州, 謂之北郊, 分地爲二, 旣無典據, 理又不通, 亦請合爲一祀, 以符古義. 仍並條附式令, 永垂後則.

또한 『효경』에 "아버지를 존엄하게 하는 것으로 하늘에 배사하는 것보다 큰일은 없다"라고 하고, 그 다음 문장에 "주공周公은 명당에서 문왕文王을 종으로 제사[宗祀]하여 상제上帝에 배사하였다"라고 하였습니다. 그런즉 명당에서 제사하는 것은 바로 천天에 배사하는 데 있는데도 단지 성관星官에 제사지내는 것으로 보는 것은 명백히 경전의 취지에 위반되는 것입니다. 또한 「월령月令」에 "맹춘의 달에 상제에게 기곡祈穀의 제사를 지낸다"라고 하였고, 『좌전左傳』에도 "무릇 제사는 계칩啓蟄[124]에 교郊 제사를 지내고 교 제사를 지낸 뒤에

---

123) [교감기 11] "則是明堂所祀"의 '則是' 아래에 여러 판본에는 원래 '上帝卽是' 이 4글자가 있었는데, 『通典』 권43, 『冊府元龜』 권585에 의하여 삭제하였다.

124) 계칩啓蟄 : 驚蟄을 말한다. 24절기 중의 하나로 우수와 춘분 사이에 있으며, 이 무렵에 동면하던 벌레들이 깨어나는 시기이다. 이때부터 농사를 시작하는 지점으로 삼아 예부터 풍년을 기원하는 의식을 행하였다.

농사를 시작한다. 그러므로 후직后稷에게 교사郊祀를 지내 농사의 풍년을 기원한다"라고 하였습니다.[125] 그러므로 계칩에 천에 교사하는 것을 기곡祈穀(풍년의 기원)의 제사로 보았는데, 이것을 감생제感生帝를 위한 제사라고 하는 것은 심히 경전의 뜻과는 맞지 않습니다.

이제 주공[姬]과 공자[孔] 때의 제도를 밝히고 왕숙과 정현의 설을 꼼꼼히 살펴서 사교四郊에서 지내는 영기迎氣 제사[126]에는 태미太微 오제五帝의 제사를 그대로 존치하고 남교南郊와 명당明堂에서는 위서緯書에서 말한 육천설六天說을 폐기하기를 청하옵니다. 방구方丘와 지地 제사 이외에 별도로 신주神州를 두고 이것을 북교北郊라고 하며 지地 제사를 둘로 나누는 것은 전거가 없고 이치상 통하지도 않으니 이 역시 하나의 제사로 합쳐 고전의 의의에 부합하게 하옵소서. 그리고 이것을 함께 식式과 영令의 조문으로 명문화하여 영원히 후세의 법칙이 되도록 하옵소서.

敬宗等又議籩·豆之數曰:「按今光祿式, 祭天地·日月·岳鎮·海瀆·先蠶等, 籩·豆各四. 祭宗廟, 籩·豆各十二. 祭社稷·先農

---

125) 『左傳』「桓公 5年」조이다.
126) 사교四郊 영기迎氣 : 앞의 주에서 말한 '五郊迎氣(禮)'를 말한다. 수대까지도 '五時迎氣'라고 하여 玉輅에 대구복을 입으며, 靈威仰 등 感生 오제에 제사를 지냈다. 제사 대상이 태미 오제라고 하였으니, 사교라고 하였지만 오제마다 제단과 조역이 설정되었지만 방위상 사교만을 언급했을 것이다.

等, 籩·豆各九. 祭風師·雨師, 籩·豆各二. 尋此式文, 事深乖謬.
社稷多於天地, 似不貴多. 風雨少於日月, 又不貴少. 且先農·先
蠶, 俱爲中祭, 或六或四, 理不可通. 又先農之神, 尊於釋奠, 籩
·豆之數, 先農乃少, 理旣差舛, 難以因循. 謹按禮記郊特牲云:
『籩·豆之薦, 水土之品, 不敢用褻味而貴多品, 所以交於神明之
義也.』此卽祭祀籩·豆, 以多爲貴. 宗廟之數, 不可踰郊. 今請大
祀同爲十二, 中祀同爲十, 小祀同爲八, 釋奠準中祀. 自餘從座,
並請依舊式.」詔並可之, 遂附于禮令.

허경종 등은 또 변籩·두豆의 수에 관해 논의하여 다음과 같이 말
하였다.

지금 「광록식光祿式」을 살펴보니, 천지天地·일월日月·악진
岳鎭·해독海瀆·선잠先蠶 등의 제사에는 변·두를 각각 4개를
씁니다. 종묘 제사에는 변·두를 각각 12개를 씁니다. 사직社稷
·선농先農 등 제사에는 변·두를 각각 9개를 씁니다. 풍사風師
·우사雨師 제사에는 변·두를 각각 2개를 씁니다. 이러한 식문
을 자세히 살펴보면 사안이 대단히 잘못되어 있습니다. 사직
(의 제기)가 천지보다 많으니 많음[多]을 귀중하게 여기는 것
같지 않습니다. 풍사와 우사의 제기가 일월보다 적으니 적음
[少]을 귀히 여기는 것 같지도 않습니다. 게다가 선농先農과 선
잠先蠶의 경우 모두 중제(中祭127))인데, 어떤 것은 6개이고 어떤

<hr>

127) 당의 大祀·中祀·小祀의 체계 중 中祀를 말한다. 앞에서 언급한 「개원
례」에 의하면, 社稷·日月星辰·先代帝王·岳鎭海瀆·帝社·先蠶·釋
奠이 中祀에 해당한다. 수당 시대 삼사 체계에 대해서는 표 [隋唐 大祀

것은 4개이니, 이치에 맞지 않습니다. 그리고 선농의 신은 석전釋奠보다 존귀한데, 변·두의 숫자는 선농이 더 적으니 이치에 어긋나 그대로 따르기가 어렵습니다. 『예기禮記』 「교특생郊特牲」에 "변·두에 담아 바치는 제물은 땅에서 나는 물품들이니 감히 가미하여 맛을 내지 않으며 물품이 많은 것을 귀하게 여긴다. 이것은 신명神明과 교류한다는 의미이다"라고 하였습니다. 이처럼 제사 때 사용되는 변과 두는 많은 것을 귀하게 여깁니다. 종묘의 제기 수는 교사보다 많아서는 안 됩니다. 이제 대사大祀는 모두 12개로 하고 중사中祀는 10개, 소사小祀는 8개로 하며 석전釋奠 예의 경우 중사中祀에 준하도록 청하옵니다. 그 밖의 나머지는 신좌에 따라 이전 식式대로 하기를 청하옵니다.

조를 내려 윤허하였고 마침내 예령禮令에 부가하였다.

乾封初, 高宗東封迴, 又詔依舊祀感帝及神州. 司禮少常伯郝處俊等奏曰:

(고종) 건봉乾封 연간(666~668) 초에 고종高宗이 동쪽 태산 봉선 후 돌아와 다시 조를 내려 옛날처럼 감생제感生帝와 신주神州에 제사하도록 하였다. 사례소상백司禮少常伯 학처준郝處俊 등이 상주하여 다음과 같이 말하였다.

· 中祀·小祀 체계]를 참조. 高明士, 『中國中古禮律綜論』, 北京 : 商務印書館, 2017, 293쪽.

顯慶新禮, 廢感帝之祀, 改爲祈穀. 昊天上帝, 以高祖太武皇帝配. 檢舊禮, 感帝以世祖元皇帝配. 今旣奉敕依舊復祈穀爲感帝, 以高祖太武皇帝配神州, 又高祖依新禮見配圜丘昊天上帝及方丘皇地祇, 若更配感帝神州, 便恐有乖古禮. 按禮記祭法云:「有虞氏禘黃帝而郊嚳, 夏后氏亦禘黃帝而郊鯀, 殷人禘嚳而郊冥, 周人禘嚳而郊稷.」 鄭玄注云:「禘謂祭昊天於圜丘也. 祭上帝於南郊曰郊」. [一二]128) 又按三禮義宗云, 「夏正郊天者, 王者各祭所出帝於南郊」, 卽大傳所謂「王者禘其祖之所自出, 以其祖配之」是也. 此則禘須遠祖, 郊須始祖. 今若禘郊同用一祖, 恐於典禮無所據. 其神州十月祭者, 十月以陰用事, 故以此時祭之, 依檢更無故實. 按春秋「啓蟄而郊」, 鄭玄注禮云:「三王之郊, 一用夏正.」 又三禮義宗云「祭神州法, 正月祀於北郊.」 請依典禮, 以正月祭者. 請集奉常博士及司成博士等總議定奏聞. 其靈臺·明堂, 檢舊禮用鄭玄義, 仍祭五方帝, 新禮用王肅義.

현경顯慶 연간에 제정한 신례新禮에서는 감생제 제사를 폐하고 기곡祈穀 제사로 바꾸었습니다. 호천상제의 경우 고조高祖 태무황제太武皇帝를 배사하였습니다. 구례舊禮를 검토해보니, 감생제의 경우 세조世祖 원황제元皇帝를 배사하였습니다. 이제 명을 받들어 구례에 따라 다시 기곡 제사를 감생제를 위한 제사로 복구하면 고조 태무황제는 신주神州(제사)에 배사配祀되고, 뿐만 아니라 신례에 따라 원구에서의 호천상제와 방구

---

128) [교감기 12] 여러 판본에는 원래 "禘謂祭上帝於南郊"로 되어 있었으나, 『禮記』「祭法」 鄭玄注의 原文을 참조하여 보충하였다.

方丘에서의 황지기皇地祇에 배사됩니다. 그러므로 만약 감생제에게 제사하면서 신주에 배사하는 것으로 개정한다면, 고례에 어긋남이 있을 것입니다.

『예기禮記』「제법祭法」에 "유우씨有虞氏는 황제黃帝에게 체禘 제사를 하고 곡嚳에게 교 제사하며, 하후씨夏后氏 또한 황제黃帝에게 체 제사를 하고 곤鯀에게 교 제사를 하며, 은殷나라 사람은 곡嚳에게 체 제사를 하고 명冥에게 교 제사를 하며, 주周나라 사람은 곡嚳에게 체 제사를 하고 후직에게 교 제사를 한다"라고 하였습니다. 이에 대해 정현주鄭玄注는 "체禘란 원구에서 호천에 제사지내는 것을 말한다. 상제上帝를 남교南郊에서 제사지내는 것을 교郊라고 한다"라고 하였습니다. 또한 『삼례의종三禮義宗』[129]에 의하면 "하정夏正에 천에 교사하는 것은 왕이 된 자가 자신이 비롯된 천제天帝를 남교南郊에서 제사지내는 것을 말한다"라고 하였습니다. 그러므로 이것은 바로 (『예기』)「대전大傳」에서 "왕이 된 자는 자신의 선조가 비롯된 하늘에 체 제사를 지내면서 그 선조를 배사한다"라고 한 말입니다. 이에 의하면 체 제사는 원조遠祖[130]여야 하고 교 제사는 시조始祖[131]여야 합니다. 그런데 만약 지금과 같이 체와 교 제

---

129) 『삼례의종三禮義宗』: 남조 梁나라 때 太常博士를 지낸 崔靈恩이 지은 三禮에 관한 책이다. 현재는 남아 있지 않고 목록만 전한다.

130) 원조遠祖 : 여기에서 말하는 遠祖는 왕조를 연 시조의 기원이 되는 조상을 말한다. 「祭法」에 따르면 黃帝나 帝嚳과 같은 부류이다.

131) 시조始祖 : 여기에서 말하는 始祖는 왕조를 연 조상의 所自出, 즉 기원이 되는 건국신화의 주인공이 되는 조상을 말한다. 「祭法」에 따르면 주

사에 동일한 선조를 배사한다면, 전례를 찾아 볼 수 없는 일일 것입니다.

　신주에 10월에 제사하는 것은 10월이 음陰이 주가 되는 계절이므로 이때 제사한다는 것인데, 조사에 의하면 그러한 선례를 찾을 수 없었습니다. 『춘추』에 "계칩啓蟄에 교郊 제사를 지낸다"라고 하였고,[132] 정현鄭玄의 『예禮』 주에는 "삼왕三王의 교사郊祀는 모두 하정夏正을 사용한다"라고 하였으며,[133] 또한 『삼례의종三禮義宗』에는 "신주神州에 제사지내는 법은 정월正月에 북교北郊에서 제사하는 것이다"라고 하였습니다. 청컨대 전례에 따라 정월에 제사지내도록 하십시오. 청컨대 봉상박사奉常博士[134]와 사성박사司成博士[135] 등을 소집하여 논의가 확

　나라의 경우 后稷이 始祖에 해당되고 후직의 뿌리가 되는 조상, 즉 遠祖는 帝嚳이 된다.

132) 모두 『春秋左傳』에 보이는데, 하나는 「桓公 5년」조 "凡祀, 啓蟄而郊, 龍見而雩, 始殺而嘗, 閉蟄而烝"이고, 또 하나는 「襄公 7년」조 "孟獻子曰 … 夫郊祀后稷, 以祈農事也. 是故啓蟄而郊. 郊而後耕"이다. 여기에서 啓蟄은 驚蟄을 말하며, 24절기 중의 하나로 우수와 춘분 사이 양력 3월 5일 경에 해당한다. 『左傳』의 郊祀는 祈穀, 즉 풍년의 기원을 목적으로 하고 있다.

133) 『禮記』 「郊特牲」의 "郊之祭也, 迎長日之至也"에 대한 정현주를 말한다. 정현은 "易說曰, 三王之郊, 一用夏正. 夏正, 建寅之月也. 此言迎長日者, 建卯而晝夜分, 分而日長也"라고 하여 緯書 『易緯』를 인용하고 있다.

134) 봉상박사奉常博士: 太常博士를 말한다. 당대 龍朔 2년(662) 奉常으로 고쳤고 咸亨 원년(670)에 복구하였다. 光宅 원년(684) 司禮(경)으로 고쳤다가 神龍 원년(705)에 復古하였다. 태상박사는 4인이며 종7품상으로, 그 직분은 "太常博士掌辨五禮之儀式, 奉先王之法制; 適變隨時而損

정된 것을 정리하여 보고하도록 하십시오. 영대靈臺와 명당明堂의 경우 구례舊禮에서는 정현의 설을 따라 오방제에 제사지냈는데, 신례에서는 왕숙王肅의 설을 따랐습니다.

又下詔依鄭玄義祭五天帝, 其雩及明堂, 並準敕祭祀. 於是奉常博士陸遵楷·張統師·權無二·許子儒等議稱:「北郊之月, 古無明文. 漢光武正月辛未, 始建北郊. 咸和中議, 北郊同用正月, 然皆無指據. 武德來禮令卽用十月, 爲是陰用事, 故於時祭之. 請依舊十月致祭.」

또 다시 조를 내려 정현鄭玄의 설에 따라 오천제五天帝에 제사하도록 하고, 우우제사와 명당明堂에서의 (오천제) 제사도 함께 칙령에 따라 제사하도록 하였다. 그러자 봉상박사奉常博士 육준해陸遵楷·장통사張統師·권무이權無二·허자유許子儒 등이 다음과 같이 말하

益焉. 凡大祭祀及有大禮, 則與太常卿以導贊其儀. 凡王公已上擬諡, 皆跡其功德而爲之褒貶"이라 하여 오례의 의식을 변별하고 대제사와 대례 때 태상경을 돕는 일을 한다. 『譯註唐六典』 권제14 「太常寺」.

135) 사성박사司成博士: 司成은 國子監을 말하고, 司成博士는 國子監 祭酒를 말한다. 隋초에 國子寺의 좨주는 太常(시)에 속하며 종3품이었는데, 開皇 13년(593)에 다시 국자학을 설치하였다. 仁壽 원년(601)에 國子(학)을 폐지하고 太學만 두었다가, 大業 3년(607)에 (태학을) 國子監으로 바꾸고, 예전과 같이 (국자)좨주 1인을 두었다. 당대에는 龍朔 2년(662)에 국자감을 司成館으로 바꾸고, 국자좨주를 大司成이라고 하였다. 사성박사라고 함은 『漢官儀』에 "漢置博士祭酒一人, 秩六百石"라고 하여 박사 중에 뛰어난 자를 좨주에 임명하였던 까닭에 좨주를 흔히 좨주박사라고 하였고, 좨주를 사성으로 개명하였기 때문에 사성박사라고 칭하였던 것이다. 『譯註唐六典』 권제21 「門下省·國子監」.

였다.

　북교北郊에서의 제사 시일은 고례에는 명문이 없습니다. 후한 광무제 때 정월 신미辛未일에 처음으로 북교 제사를 세웠습니다. (동진 성제) 함화咸和 연간(326~334)에 행해진 논의에서는 북교도 똑같이 정월에 제사하도록 하였는데,[136] 모두 근거가 없습니다. 무덕武德 연간에 와서 예령禮令에서는 10월을 제사월로 하였는데, 이는 음이 주도하는 계절이므로 이때에 제사지낸 것입니다. 청컨대 구례에 따라 10월에 제사지내도록 하십시오.

---

[136] (동진) 康帝 建元 元年 正月에 北郊에 제사를 지내려고 할 때 太常 顧和가 다음과 같이 상주한 데에서 그 자세한 사정을 알 수 있다. "태시 연간에 동지와 하지의 예를 남교와 북교에서 합하여 지냈습니다. 북교에서 지내는 달은 고대에 명문이 없으니, 어떤 때에는 하지에 어떤 때에는 동지와 똑같이 지냈습니다. 광무제 정월 신미에 처음으로 북교 제사를 지냈는데, 이는 남교 제사와 같은 날입니다. … (동진 성제) 함화 연간에 북교를 별도로 세울 것을 논의하였으나 똑같이 정월에 지내도록 하였습니다. 위는 후한을 계승하여 정월에 제천하며 지를 배사하였습니다. 당시 고당륭 등이 제천할 때 지를 배사하는 것은 예에 맞지 않다고 하고 주례에 의하면 삼왕의 교는 모두 하나같이 하정을 사용했다고 합니다." 그리하여 고화의 의견을 따랐다. (그해) 정월 신미일에 남교에 제사하고 신사일에 북교에서 황제가 친히 제사를 지냈다. "泰始中, 合二至之禮於二郊. 北郊之月, 古無明文, 或以夏至, 或同用陽復. 漢光武正月辛未, 始建北郊, 此則與南郊同月. … 至咸和中, 議別立北郊, 同用正月. 魏承後漢, 正月祭天以地配. 時高堂隆等以爲禮祭天不以地配, 而稱周禮三王之郊一用夏正." 於是從和議. 是月辛未南郊, 辛巳北郊, 帝皆親奉. 『晉書』권19「禮志」上.

乾封二年十二月, 詔曰 :

(고종) 건봉乾封 2년(667) 12월에 조를 내려 다음과 같이 말하였다.

夫受命承天, 崇至敬於明祀 ; 膺圖纂籙, 昭大孝於嚴配. 是
以薦鰷鱨於淸廟, 集振鷺於西雍, 宣雅頌於太師, 明肅恭於
考室. 用能紀配天之盛業, 嗣積德之鴻休, 永播英聲, 長爲
稱首. 周京道喪, 秦室政乖, 禮樂淪亡, 典經殘滅. 遂使漢朝
博士, 空說六宗之文 ; 晉代鴻儒, 爭陳七祀之議. 或同昊天
於五帝, 分感帝於五行. 自茲以降, 遞相祖述, 異論紛紜, 是
非莫定.

무릇 천명을 받아 하늘을 이으면 고귀한 제사[明祀][137]로 지
극한 존경을 바치고 하늘이 도록을 내려 제위에 오르면 하늘
에 선조를 배사함으로써 대효를 밝히는 법이다. 이 때문에 청
묘淸廟(종묘)에서 제물[鰷鱨]을 천신하고[138] 서옹西雍(벽옹)에
서 현명한 학자들을 불러들이며,[139] 태사太師에게 「아雅」와

---

137) 여기에서 明祀는 중요한 제사를 가리키는 미칭이다. 『左傳』「僖公 21
년」의 "公曰崇明祀, 保小寡, 周禮也"에 사례가 보인다.

138) 『詩』「周頌·淸廟之什」序에, "「淸廟」장은 문왕을 제사한 것을 노래한
것이다. 주공이 낙읍을 조성한 뒤 제후들을 조견하고 다함께 문왕에 제
사한 것이다.淸廟, 祀文王也. 周公旣成洛邑, 朝諸侯. 率以祀文王焉."
이라고 한 것을 가리킨다. '鰷鱨'은 제사에 올리는 제물로, 『詩』「周頌
·潛」 "猗與漆沮. 潛有多魚. 有鱣有鮪. 鰷鱨鰋鯉. 以享以祀. 以介景
福"에 보인다. 즉 이 구절은 「周頌·淸廟」와 「周頌·潛」장을 합쳐 주공
이 낙읍을 조성한 후 문왕에 제사한 일을 말한다.

139) 여기에서 西雍은 文王의 辟雍을 말하며, 이 구절의 출처는 『詩』「周頌

「송頌」을 펼치게 하며,140) 고실考室(의 예)로 엄숙하고 공경하
는 예를 밝혔다.141) 이렇게 하여 배천의 위대한 대업을 기록하

·振鷺」 "振鷺于飛, 于彼西雝我客戻止"이다. 여기서 西雝은 西雍이다.
『詩』「序」에 의하면, 이 시는 "이왕의 후예가 와서 제사를 도운 일二王
之後來助祭也"을 노래한 것이다. 후대에는 이왕후가 아닌 고결한 선비
들이 벽옹에 몰려들었다는 의미로 사용되었다. 출처는 『後漢書』 권80下
「文苑列傳·邊讓」下에 蔡邕이 何進을 추천하는 말 가운데, "雖振鷺之
集西雝, 濟濟之在周庭"의 주에 인용된 "(… 薛君章句曰 : 「鷺, 絜白之
鳥也.) 西雝, 文王(之)〔辟〕雍也. 言文王之時, 辟雍學士皆絜白之人也"
이다.

140) 『周禮』「春官·太師」에 "教六詩 : 曰風, 曰賦, 曰比, 曰興, 曰雅, 曰頌"
라고 하였다. 태사는 여섯 가지 시를 瞽矇에게 가르치는데, 다섯 번째가
아, 여섯 번째가 송이다. 그 정현주에, "雅, 正也, 言今之正者, 以爲後世
法. 頌之言誦也, 容也, 誦今之德, 廣以美之"라고 하였다. 여기에서의
태사는 관직이지만 본문에서는 중의적으로 『주례』 태사직의 이 기사를
염두에 두고 태사가 「아」 「송」으로 선왕의 공덕을 노래했음을 말한 것이
다. 『禮記』「王制」의 "命太師陳詩觀民風"는 태사에게 명하여 민간에
떠도는 노래를 채집하여 풍속을 엿본다고 하였고, 鄭玄注에 "陳詩謂采
其詩而示之"라고 하였다. 이 때문에 『後漢書』 권24上 「食貨志」上에
"맹춘월에 행인이 목탁을 길에서 두드리며 다니면서 시를 채집하여 이
것을 태사에게 바친다.孟春之月, 羣居者將散, 行人振木鐸徇于路, 以
采詩, 獻之大師, 比其音律, 以聞於天子."의 顔師古注에 "大師, 掌音
律之官, 教六詩以六律爲之音者. 比謂次之也"라고 하였다.

141) 「小雅·斯干」序에 "「斯干」, 宣王考室也"이라 하였고, 정현주에 "考,
成也. 德行國富, 人民殷衆, 而皆佼好, 骨肉和親, 宣王於是築宮廟群
寢, 既成而釁之, 歌「斯干」之詩以落之. 此之謂成室. 宗廟成, 則又祭祀
先祖"라고 하여 궁실, 묘침 등을 축성한 뒤 완성을 노래한 것이라고 하
였다. 그러므로 고실은 궁실이 완성된 후 희생의 피를 바르는 의식을
가리키는 말이 되었는데, 정현은 말미에 종묘가 완성되면 선조를 제사한

고 대대로 쌓아올린 공덕의 대통을 이어 아름다운 이름을 널리 알려서 오랜 동안 으뜸으로 칭해질 수 있었던 것이다.[142] 주 왕실의 도가 무너지고 진나라가 실정하면서 예악이 무너지고 경전은 손상되어 없어졌다. 그리하여 한나라 때 박사들이 육종六宗에 관해 쓸데없는 말을 하게 만들었고[143] 진晉나라 대유들이 경쟁적으로 칠사七祀에 대해 쟁론하기에 이르렀다.[144] 어떤 이는 호천昊天을 오제五帝와 같은 것으로 보거

다고 주석하였다. 「예의지」 본문에서 이 구절을 인용한 것은 『詩』 「斯干」 장의 '考室'을 출처로 하여 정현이 선조에 제사지낸다고 주석한 것을 염두에 둔 표현이다.

142) 여기까지 配天의 의의와 구체적 사례를 『詩』 「周頌」을 중심으로 설명하고 있다.

143) 논란이 되는 것은 『尙書』의 "類於上帝, 禋于六宗"에서 말한 六宗이 무엇인가 하는 데 있다. 육종에 대해서는 여러 가지 설이 있는데, 본문에서 말한 漢儒들의 육종설은 첫째, 天·地·春·夏·秋·冬(伏勝·馬融), 둘째, 天地 四方 사이 음양의 변화를 돕는 그 무엇(歐陽·大小夏侯·王充), 셋째, 『易』의 乾坤六卦인 水·火·雷·風·山·澤(孔光·劉歆), 넷째, 天宗(日·月·星)과 地宗(河·海·岱) 賈逵설, 다섯째 星·辰·司中·司命·風師·雨師(鄭玄)이다. 이외에도 王肅은 四時·寒暑·日·月·星·水旱이라 하였으며, 晉의 張髦는 祖考의 三昭三穆이라 하였다. 晉의 司馬彪는 天宗·地宗 및 四方之宗이라 하였으며, 北魏 孝文帝는 皇天大帝와 五帝를 六宗이라 하였다.

144) 七祀는 司命·中霤·國門·國行·大厲·戶·竈를 말한다. 『禮記』 「祭法」의 "王爲羣姓立七祀, 王自爲立七祀"가 그 출처이다. 晉 太康 9년 "종묘를 다시 세우고 사직단과 묘를 함께 이전하면서改建宗廟, 而社稷壇與廟俱徙" 당시 太社와 帝社 두 社 제사를 하나로 통합하는 문제를 둘러싸고 車騎司馬 傅咸을 비롯하여 摯虞가 쟁론한 내용이 『晉書』 권

나 어떤 이는 감생제感生帝를 오행五行에 나누어 배정하기도 하였다. 이때부터 번갈아 (두 설을) 주장하여 이론이 분분하여 시비를 결정하지 못하였다.

朕以寡薄, 嗣膺丕緖, 肅承禋祀, 明發載懷, 虔奉宗祧, 寤寐興感. 每惟宗廟之重尊配之儀, 思革舊章, 以申誠敬. 高祖太武皇帝撫運膺期, 創業垂統, 拯庶類於塗炭, 寔懷生於仁壽. 太宗文皇帝德光齊聖, 道極幾神, 執銳被堅, 櫛風沐雨, 勞形以安百姓, 屈己而濟四方, 澤被區中, 恩覃海外. 乾坤所以交泰, 品物於是咸亨. 掩玄闕而開疆, 指靑丘而作鎭. 巍巍蕩蕩, 無得名焉. 禮曰: 「化人之道, 莫急於禮. 禮有五經, 莫重於祭. 祭者, 非物自外至也, 自內生於心也. 是以惟賢者乃能盡祭之義.」 況祖功宗德, 道冠百王; 盡聖窮神, 業高千古. 自今以後, 祭圓丘·五方·明堂·感帝·神州等祠, 高祖太武皇帝·太宗文皇帝崇配, 仍總祭昊天上帝及五帝於明堂. 庶因心致敬, 獲展虔誠, 宗祀配天, 永光鴻烈.

짐은 공이 적고 덕이 박한데도 대업을 이어 공손히 하늘 제사를 받들면서 날이 새도록 선조 생각에 잠 못 들었고 경건하게 조상의 제사를 받들어 자나 깨나 선조를 생각해왔다.[145] 그

---

19 「禮」上에 실려 있다.

145) 이 구절은 『詩』「小雅·節南山之什·小宛」장의 "明發不寐, 有懷二人"과 "我日斯邁, 而月斯征. 夙興夜寐, 毋忝爾所生"에서 취한 것이다. '小宛'장은 『毛詩正義』에 의하면, 날개가 작은 새가 하늘 높이 날 수 없듯이 幽王이 스스로 재주가 적어 德治를 행하려고 해도 능력 밖이라 선조의

리하여 매번 종묘의 막중함과 배사의 마땅함[尊配之儀][146]을 생각할 때마다 이전 예 규정을 개혁하여 정성과 존경을 다하고 싶었다. 고조高祖 태무황제太武皇帝는 천운을 맞이하여 그 때를 놓치지 않고 부응하여 창업하여 대통을 후세에 전하셨고 도탄에 빠진 뭇 백성들을 구하시고 인의의 마음으로 모든 백성들을 품에 끌어안으셨다.

태종太宗 문황제文皇帝는 그 덕이 성인에 견주어 같을 정도로 뛰어나고 그 도는 거의 신과 같아, 무기를 쥐고 철갑을 두른 채 비바람을 맞으면서 몸을 혹사하여 백성들을 편안케 하였으며, 자신을 굽혀 사방을 구제하니 그 은택이 중국뿐만 아니라 해외에까지 미쳤다. 이에 천지의 기운이 서로 화합하여 평안하니 천하 만물이 이에 모두 형통하였다. 북방[玄闕]을 감싸 안아[147] 영토를 확장하고 동방[青丘]으로 창끝을 돌려 번진藩鎭으로 삼았

대업이 무너지는 것을 마음 아파하며 문왕과 무왕을 추념하는 시이다. 言宛然翅小者, 是彼鳴鳩之鳥也. 而欲使之高飛至天, 必不可得也. 興才智小者, 幽王身也. 而欲使之行化致治, 亦不可得也. 王既才智褊小, 將顛覆祖業, 故我心爲之憂傷, 追念在昔之先人文王·武王也. 以文·武創業垂統, 有此天下. 今將亡滅, 故憂之也. 又言憂念之狀, 我從夕至明開發以來, 不能寢寐. 有所思者, 唯此文·武二人. 將喪其業, 故思念之甚. '有懷二人'의 2인은 바로 문왕과 무왕을 말하며, 이후 '明發載懷'는 밤새도록 잠 못 들며 선조를 생각한다는 상투어로 사용되고 있다.

146) 『唐大詔令集』 권67 「祭圓丘明堂並以高祖太宗配詔」에는 '尊配之儀' 의 '儀'가 '宜'로 되어 있다. 문맥상 '마땅함[宜]'이 더 타당해 보여 '宜'로 고쳐 번역하였다.

147) 玄闕은 북극에 있는 산이다. 당태종이 돌궐 세력을 진압하여 회유한 일을 말한다.

다.148) 그 공은 크고도 높아 뭐라 이름할 수도 없을 정도이다.

『예禮』에 이르기를 "백성을 다스리는 도리[化人之道]149) 중 예보다 시급한 것은 없다. 예에는 다섯 가지 경례[五經]150)가 있으며, 그중에서 제사祭祀보다 중요한 것은 없다. 제사란 사물의 밖에서 이르는 것이 아니라 안으로부터 마음속에서 생겨나는 것이다. 이 때문에 오직 현자만이 제사의 의의를 다할 수 있다"라고 하였다.151) 더군다나 조종의 공덕을 정하는[祖功宗德]152)의 도리로 보면 백왕의 으뜸이고 성심을 다하고 신묘함을 궁구한 업적은 천고에 기릴 만큼 크다.

지금부터 원구圓丘·오방五方·명당明堂·감생제感生帝·신주神州 등의 제사에서 고조高祖 태무황제太武皇帝와 태종太宗 문황제文皇帝를 받들어 배사하고 호천상제昊天上帝와 오제五帝를 명당明堂에서 그대로 제사한다. 그리하여 마음속에서 우러나오는 존경을 다하여 경건함과 정성을 펼쳐 (명당에서) 종사宗祀하고 (남교에서) 천에 배사하여 영원토록 위대한 업적을 빛나게 하길 바란다.

148) 3차에 걸친 고구려 원정을 말하는데, "번진으로 삼다", 즉 고구려 멸망은 태종 때가 아닌 고종 때이지만 그 공을 태종에게 돌리고 있다.

149) 『舊唐書』 원문은 '化人之道'로 되어 있으나, 『禮記』 「祭統」 원문은 '治人之道'로 되어 있다. 고종의 본명인 '治'를 기휘하여 '化'로 고쳤다.

150) 吉·凶·賓·嘉·軍의 五禮를 말한다.

151) 출처는 『禮記』 「祭統」

152) 有功者를 祖로 삼고 그 뒤를 계승한 有德者를 宗으로 삼는다는 고대 왕조의 존호를 정하는 법을 말한다. 『孔子家語』 「廟制」에 "古者祖有功而宗有德, 謂之祖宗者, 其廟皆不毀"라고 하였다.

儀鳳二年七月, 太常少卿韋萬石奏曰:「明堂大享, 准古禮鄭玄義[一三],153) 祀五天帝, 王肅義, 祀五行帝. 貞觀禮依鄭玄義祀五天帝, 顯慶已來新修禮祀昊天上帝. 奉乾封二年敕祀五帝, 又奉制兼祀昊天上帝. 伏奉上元三年三月敕, 五禮並依貞觀年禮爲定. 又奉去年敕, 並依周禮行事. 今用樂須定所祀之神, 未審依古禮及貞觀禮, 爲復依見行之禮?」時高宗及宰臣並不能斷, 依違久而不決. 尋又詔尚書省及學者詳議, 事仍不定. 自此明堂大享, 兼用貞觀·顯慶二禮.

(고종) 의봉儀鳳 2년(677) 7월, 태상소경太常少卿 위만석韋萬石154) 이 다음과 같이 상주하였다. "명당明堂 대향大享은 고례에 있어 정현鄭玄의 해석에 따르면 오천제五天帝에 제사하고, 왕숙王肅의 설에 따르면 오행제五行帝에 제사합니다. 「정관례貞觀禮」는 정현설에 따라 오천제에 제사하였고 현경顯慶 연간 이후에 개정한 예에서는 호천상제에 제사하였습니다. 건봉乾封 2년(667)의 칙령을 받들어 오제에 제사하면서 아울러 다시 내려진 명을 받들어 호천상제도 함께 제사하였습니다. 삼가 상원上元 3년(675) 3월 칙령을 받들어 오례는 모두 「정관례」를 기준으로 하기로 정하였습니다. 또한 지난해 칙령을 받들어 동시에 주례周禮에 의거하여 제사를 지내기로 하였습니다. 그런데 이제 음악을 사용하는 데에는 반드시 제사 대상이 되는

---

153) [교감기 13] "准古禮鄭玄義"의 '准'字는 여러 판본에는 '惟'로 되어 있으나 『唐會要』 권12, 『冊府元龜』 권586에 따라 수정하였다.

154) 위만석韋萬石(미상) : 당 京兆 萬年(현재 陝西省 西安) 사람. 韋挺의 아들이다. 학문에 뛰어났고 특히 音律에 뛰어났다. (고종) 上元 연간에 이르러 太常少卿이 되었다. 뒤에는 吏部에서 관리 선발 임무를 맡기도 하였다.

신을 결정해야 하는데, 고례를 따를지, 「정관례」를 따를지, 다시 기존에 시행한 예를 따를지 알지 못하겠습니다." 이때 고종과 재신들도 모두 어느 쪽으로 단정할 수가 없어 오랜 시일이 지나도록 결정하지 못하였다. 얼마 후 다시 상서성尙書省과 학자들에게 자세히 논의하도록 하였으나 어느 쪽으로든 결정되지 못하였다. 이 때문에 명당 대향은 정관례와 현경례를 겸하여 사용하도록 하였다.

則天臨朝, 垂拱元年七月, 有司議圓丘·方丘及南郊·明堂嚴配之禮. 成均助敎孔玄義奏議曰:

측천무후가 임조臨朝한 뒤 수공垂拱 원년(685) 7월에 담당관들이 원구圓丘·방구方丘 및 남교南郊·명당明堂에서 배사配祀하는 예에 관해 논의하였다. 성균조교成均助敎인 공현의孔玄義가 상주하여 다음과 같이 논의하였다.

謹按孝經云:「孝莫大於嚴父, 嚴父莫大於配天.」明配尊大, 昊天是也. 物之大者, 莫若於天, 推父比天, 與之相配, 行孝之大, 莫過於此, 以明尊配之極也. 又易云:「先王以作樂崇德, 殷薦之上帝, 以配祖考.」鄭玄注:「上帝, 天帝也.」故知昊天之祭, 合祖考並配. 請奉太宗文武聖皇帝·高宗天皇大帝配昊天上帝於圓丘, 義符孝經·周易之文也. 神堯皇帝肇基王業, 應天順人, 請配感帝於南郊, 義符大傳之文. 又祭法云:「祖文王而宗武王.」祖, 始也; 宗, 尊也. 所以名祭爲尊始者, 明一祭之中, 有此二義. 又孝經云:「宗祀文王於明堂.」文王言祖, 而云宗者, 亦是通武王之義. 故明堂之

祭, 配以祖考. 請奉太宗文武聖皇帝·高宗天皇大帝配祭於
明堂, 義符周易及祭法之文也.

　　삼가 살펴보건대,『효경孝經』에 "효도는 아버지를 존엄하게
하는 것보다 큰일은 없으며, 아버지를 존엄하게 하는 일은 하
늘에 배사하는 것보다 큰일이 없다"라고 하였습니다. 배사의
최고 존재는 호천昊天입니다. 만물 중 천보다 더 위대한 것은
없으며 아버지를 추숭하여 천과 나란히 하고 배사하니, 효를
행하는 것 중 이보다 더 큰일은 없으며, 이로써 배사의 지극한
의미를 밝히는 바입니다. 또한『역易』에 "선왕先王께서 음악을
연주하여 덕을 받들고 상제에게 성대히 제물을 올리면서 조고
祖考를 배사하였다"라고 하였고, 정현은 그 주에서 "상제上帝
는 천제天帝이다"라고 하였습니다.[155] 그러므로 호천의 제사는
조고를 함께 배사하는 것을 알 수 있습니다. 청컨대 태종 문무
성황제文武聖皇帝와 고종 천황대제天皇大帝를 원구圜丘에서 호

---

155)『易』「豫」괘의 구절이다.『後漢書』권30下「郎顗列傳」에 인용된『易』
「豫」괘 구절에 대한 李賢注에, "上帝, 天帝也. 靁動於地, 萬物喜豫, 作
樂之象"라고 되어 있다. 다만 '上帝, 天帝也'라는 설명이 정현주라고 언
급되어 있지는 않다. 현재 전하는『周易』에 관한 鄭玄注는『周易鄭康成
注』1권(宋 王應麟 편)이 사고전서에 남아 있는데,『四庫全書總目提
要』에 의하면,『隋書』「經籍志」에『鄭玄周易注』9권라고 하였으며,『新
唐書』에도 10권으로 기록되어 있어 唐代까지는 존재했던 것으로 파악
하였다. 수대부터 왕필주가 유행하면서 정현주는 점차 학자들에게 잊혀
져 산일되다가 宋代 이르면 언급하는 자가 거의 없게 되었고 王應麟이
처음으로 여러 유문들을 수집하여 현재의『주역정강성주』1권으로 남아
있게 되었다고 하였다.

천상제昊天上帝에 제사지낼 때 배사하여 『효경』과 『주역』의 명문의 취지에 부합하게 하소서.

　(고조) 신요황제神堯皇帝께서는 왕업의 기초를 여셨고 천명에 응하여 만백성의 요청에 따르셨습니다. 청컨대 남교에서 감생제 제사를 지낼 때 배사하여 『예기』「대전大傳」의 명문의 취지에 부합하게 하소서. 또한 「제법」에서 "문왕文王에게 조祖 제사를 지내고 무왕武王에게 종宗 제사를 지낸다"고 하였으니, 조祖는 시始이며, 종宗은 존尊입니다. 이것으로 제사의 이름을 존尊과 시始로 삼은 것은 제사 하나에 이 두 가지 의미가 있음을 나타낸 것입니다. 또한 『효경』에서는 "문왕을 명당에서 종사宗祀한다"고 하였으니, 문왕을 조祖라고 하면서 또한 종宗이라고 말한 것은 무왕을 종으로 하는 것과도 통합니다. 그러므로 명당 제사에는 조고를 배사합니다. 청컨대 태종 문무성황제와 고종 천황대제를 명당에서 배사하여 『주역』과 「제법」의 명문의 취지에도 부합하게 하소서.

太子右諭德沈伯儀曰 :

태자우유덕太子右諭德[156] 심백의沈伯儀가 말하였다.

　　謹按禮 :「有虞氏禘黃帝而郊嚳, 祖顓頊而宗堯. 夏后氏

---

156) 태자우유덕太子右諭德 : 右諭德은 官名이다. 高宗 龍朔 3년(663)에 처음으로 太子右諭德 1인을 두었으며, 관품은 正四品下로 勞問하고 贊導하는 일을 담당하였다.

禘黃帝而郊鯀, 祖顓頊而宗禹. 殷人禘嚳而郊冥, 祖契而宗湯. 周人禘嚳而郊稷, 祖文王而宗武王.」鄭玄注云：「禘·郊·祖·宗, 謂祭祀以配食也. 禘謂祭昊天於圓丘, 祭上帝於南郊曰郊, 祭五帝·五神於明堂曰祖·宗.」伏尋嚴配之文, 於此最爲詳備. 虞·夏則退顓頊而郊嚳, 殷人則捨契而郊冥. 去取旣多, 前後乖次. 得禮之序, 莫尙於周. 禘嚳郊稷, 不間[157)]於二王；明堂宗祀, 始兼於兩配. 咸以文王·武王父子殊別[一四],[158)] 文王爲父, 上主五帝；武王對父, 下配五神. 孝經曰：「嚴父莫大於配天, 則周公其人也. 昔者周公宗祀文王於明堂, 以配上帝.」不言嚴武王以配天[一五],[159)] 則武王雖在明堂, 理未齊於配祭；旣稱宗祀, 義獨主於尊嚴. 雖同兩祭, 終爲一主. 故孝經緯曰：「后稷爲天地主, 文王爲五帝宗」也. 必若一神兩祭便, 則五祭十祠, 薦獻頻繁, 禮虧於數. 此則神無二主之道, 禮崇一配之義. 竊尋貞觀·永徽, 共尊專配；顯慶之後, 始創兼尊. 必以順古而行, 實謂從周爲美. 高祖神堯皇帝請配圓丘·方澤, 太宗文武聖皇帝請配南郊·北郊. 高宗天皇大帝德邁九皇, 功開萬宇, 制禮作樂, 告禪升中, 率土共休, 普天同賴, 竊惟莫大之孝, 理當總配五天.

　삼가 자세히 살펴보건대, 『예』에 "유우씨有虞氏는 황제黃帝

---

157)　『冊府元龜』 권 586 「奏議」 14에는 '間'이 '聞'으로 되어 있다. 문맥상 '聞'이 합당하다.

158)　[교감기 14] "文王武王"의 '武王'은 여러 판본에는 없는데, 『通典』 권43 과 『冊府元龜』 권56에 의거하여 보충하였다.

159)　[교감기 15] "嚴武王"의 '嚴'자 뒤에 여러 판본에는 원래 '父'자 있었는 데, 『通典』 권44와 『冊府元龜』 권586에 의거하여 삭제하였다.

에게 체禘 제사를 곡嚳에게 교 제사를 지냈으며, 전욱顓頊에게
조祖 제사를 요堯에게 종宗 제사를 지냈다.160) 하후씨夏后氏는
황제黃帝에게 체禘 제사를 곤鯀에게 교 제사를 지냈으며, 전욱
顓頊에게 조 제사를 우禹에게 종 제사를 지냈다.161) 은殷나라
사람은 곡嚳에게 체 제사를 (현)명冥에게 교 제사를 지냈으며,
설契에게 조 제사를 탕湯에게 종 제사를 지냈다.162) 주周나라

---

160) 유우씨有虞氏는 虞舜을 말한다. 이른바 '요순시대'의 순임금을 말한다.
『史記』「五帝本紀」에 따르면, 虞舜은 이름이 重華(눈동자가 둘이라는
뜻)이며, 瞽叟가 아버지이다. 그 위로 橋牛 ― 句望 ― 敬康 ― 窮蟬로
소급되며 끝으로 궁선의 아버지는 顓頊이다. 전욱의 아버지가 昌意이
니, 순에 이르기까지 7대가 된다. 전욱은 또한 황제의 손자이니, 순임금
은 (체)黃帝 ― (교)帝嚳 ― (조)顓頊 ― (종)堯의 제사를 지낸다고 한
것이다. 제곡은 또한 「오제본기」에 따르면, 황제의 증손으로 高辛이라
하며 전욱의 집안사람이라고 하였다.
161) 夏后氏는 夏나라를 말하는데, 씨족으로 나라를 대신하고 있다. 『史記』
권2「夏本紀」는 夏禹부터 시작하는데, 하우의 이름은 文命, 그 아버지는
鯀 ― 昌意 ― 黃帝로 기술하고 있다. 그러므로 하나라는 (체)황제(1대) ―
(교)곤(3대) ― (조)전욱(2대) ― (종)우(개국, 太祖)의 제사체계가 된다.
162) 은나라부터는 殷人이라 하고 있다. 은나라는 (체)제곡(1대) ― (교)玄冥(6
대) ― (조)契(2대) ― (종)湯(개국, 태조)의 제사체계가 된다. 은나라의 기
원(소자출)을 제곡이라 함은 은의 시조인 설의 어머니 간적이 제곡의 둘
째 비이기 때문이다. 교사 대상인 冥은 흔히 玄冥으로 더 잘 알려진 인물
인데, 『史記』권3「殷本紀」에 의하면, 6대 군주로 아버지 조어가 죽자
즉위한 것으로 되어 있다. 『史記集解』에는 漢代 宋忠의 말을 인용해서
冥은 夏나라 少康 때 司空을 지냈고 맡은 바 임무에 충실했으므로 치수
하다 강물에 빠져 죽자 은인들이 그를 교사지냈다(宋忠曰 : 冥爲司空,
勤其官事, 死於水中, 殷人郊之)고 하였다. 그리하여 冥은 후대 水神으
로 이해되고 여기에서 겨울 또는 북방의 신, 즉 玄冥으로 인식되었다.

사람은 곡곡嚳에게 체 제사를 후직后稷에게 교 제사를 지냈으며, 문왕文王에게 조 제사를 무왕武王에게 종 제사를 지냈다[163)"라고 하였습니다. 이에 대해 정현은 그 주에서 "체禘·교郊·조祖·종宗은 제사하며 (선조를) 배사하는 것을 말한다. 체禘는 원구에서 호천에 제사하는 것을 말하며, 남교에서 상제上帝를 제사하는 것을 교郊라고 하고, 오제五帝와 오신五神을 명당明堂에서 제사하는 것을 조祖·종宗이라 한다"라고 하였습니다.[164) 삼가 배사의 예에 관한 명문 중 이보다 자세한 것은 없습니다. 유우씨와 하나라의 경우 전욱이 아니라 곡에게 교 제사를 지냈으며, 은나라의 경우 설을 나두고 현명玄冥에게 교 제사를 지냈습니다. 취하고 버리는 일이 너무 많아 앞뒤로 순서에 혼란이 생겼습니다.[165)

---

163) 주나라의 기원(소자출)을 제곡이라 함은 은나라와 마찬가지로 주의 시조인 后稷의 어머니 姜嫄이 帝嚳의 正妃였기 때문이다. 주나라는 (체)곡(1대) — (교)후직(2대) — (조)문왕(수명제) — (종)무왕(개국, 태조)의 제사체계를 가진다.

164) 출처는 『禮記』 「祭法」이다. 「제법」에서 말한 禘·郊·祖·宗 4가지 제사는 모두 配天하는 예를 말한다. 정현에 의하면, 체는 원구에서 호천상제에 지내는 제사, 교는 남교에서 상제에 지내는 제사, 조와 종은 오제와 오신을 명당에서 지내는 제사이다. 이 네 가지 제사는 왕조별로 소자출이 되는 遠祖와 개국의 실질적인 시조를 누구로 정하느냐의 문제로 집중되어 교사, 명당 제사에서의 배사 대상 문제와 종묘 제사에서 不毀遷의 묘를 누구로 할 것인가의 문제에 자주 인용되고 있다. 정현은 특히 조와 종을 합해 명당에서 지내는 제사로 설명함으로써 후대 경학상에 많은 논란을 제공하였다.

165) 하나라는 (체)황제(1대) (교)곤(3대) — (조)전욱(2대) — (종)우(개국, 태

제례의 차서가 온전함은 주나라보다 나은 나라가 없습니다만, 곡에게 체 제사를, 후직에게 교 제사를 지냈고 문왕과 무왕에 대해서는 들리는 바가 없습니다. 명당에서 종사를 지낼 때 비로소 두 분을 함께 배사하였는데, 모두 문왕文王과 무왕武王을 부자관계로 완전히 구별하여 문왕은 아버지이기 때문에 위에서 오제五帝에 배사하고 무왕은 아버지에 대응하여 아래에서 오신五神에 배사하였습니다. 『효경』에 "아버지를 존엄하게 하는 것은 하늘에 배사하는 것보다 큰일은 없다고 했으니, 주공이 그렇게 하였다. 옛날 주공은 명당에서 문왕을 종사하고 상제에 배사하였다"라고 하였습니다. (이것을 보면) 무왕을 높여 하늘에 배사하였다고 말하지 않았으니, 무왕은 비록 명당에 있지만 도리상 (아버지와) 나란히 하늘에 배사하지 못하기 때문입니다. 종사宗祀라고 칭하였으니, 의리상 추존하여 위엄 있게 하는 대상[尊嚴]은 오로지 하나의 신주입니다. 나란히 제사를 함께 지내도 결국 신주는 하나입니다. 그러므로 『효경위孝經緯』에서 "후직后稷은 천지天地의 주主요, 문왕文王은 오제五帝의 종宗이다"라고 하였습니다. 만약 하나의 신에게 나란히 함께 배사한다면 오제의 경우 10개의 제사가 되므로 제물의 헌상도 지나치게 번다하고 제례의 수에 있어서도 예에 어긋납

조)의 체계이며, 교사 대상인 곤이 명당 제사 대상인 전욱보다 앞에 있으며, 은나라는 (체)제곡(1대) — (교)玄冥(6대) — (조)契(2대) — (종)湯(14대)의 체계로 역시 교사 대상인 현명이 명당 제사 대상인 설보다 앞에 있는 것을 말한다. 주나라의 (체)곡(1대) — (교)후직(2대) — (조)문왕(수명제) — (종)무왕(개국 1대)와는 비교된다.

니다. 그러므로 신에게는 두 개의 신주가 없는 법이며, 예에서는 한 명만 배사하는 뜻을 존중합니다.

생각건대 정관貞觀 연간과 영휘永徽 연간의 사례를 살펴보니, 모두 한 분만 배사하는 원칙을 따르고 있었습니다. 그런데 현경顯慶 이후에 비로소 두 분을 같이 배사하기 시작하였습니다. 반드시 고례에 따라 행해야 한다면 이른바 주의 제도를 따르는 것[從周]이 타당합니다. 고조 신요황제神堯皇帝는 청컨대 원구圓丘와 방택方澤에서 배사하도록 하고, 태종 문무성황제文武聖皇帝는 남교南郊와 북교北郊에서 배사하도록 하십시오. 고종 천황대제天皇大帝는 그 덕이 구황九皇보다 높고 그 공이 만천하를 덮을 만하며 예악 제도를 제정하고 태산에 올라 봉선하여 하늘에 고하셨고, 천하가 함께 복록을 누리고 하늘 아래 모두 함께 의지하니, 생각건대 이보다 더 큰 효는 없습니다. 이치상 오천五天[166)]에 함께 배사함이 마땅하옵니다.

鳳閣舍人元萬頃·范履冰等議曰：

봉각사인鳳閣舍人[167)] 원만경元萬頃[168)]과 범리빙范履冰[169)] 등이

---

166) 五天은 五天帝를 말하며 문맥상 명당종사에 배사하는 것을 말한다.

167) 봉각사인鳳閣舍人 : 일반적으로 中書舍人이라 한다. 魏晉시대 中書省 내에 中書通事舍人을 두어 황제의 조령을 관장하였다. 양대에 이르러 '通事' 두 글자를 없애 中書舍人이라 하였고 隋唐대에는 中書省에서 制誥를 담당하였다. 隋煬帝 때 內書舍人이라 한 적이 있고 측천무후 때 바로 鳳閣舍人이라 고쳤으며, 약칭하여 舍人이라고도 한다.

168) 원만경元萬頃(?~689경) : 唐 洛陽 사람. 생년은 미상이고 사망은 대략

논의하여 다음과 같이 말하였다.

伏惟高祖神堯皇帝鑿乾構象, 闢土開基. 太宗文武聖皇帝
紹統披元, 循機闡極. 高宗天皇大帝弘祖宗之大業, 廓文武
之宏規. 三聖重光, 千年接旦. 神功叡德, 鑿圖牒而難稱 ;
盛烈鴻猷, 超古今而莫擬. 豈徒錙銖堯·舜, 糠秕殷·周而已
哉! 謹案見行禮, 昊天上帝等祠五所, 咸奉高祖神堯皇帝·
太宗文武聖皇帝兼配. 今議者引祭法·周易·孝經之文, 雖近
稽古之辭, 殊失因心之旨. 但子之事父, 臣之事君, 孝以成
志, 忠而順美. 竊以兼配之禮, 特稟先聖之懷, 爰取訓於前
規, 遂申情於大孝. 詩云 :「昊天有成命, 二后受之.」易曰 :
「殷薦之上帝, 以配祖考.」敬尋厥旨, 本合斯義. 今若遠摭
遺文, 近乖成典, 拘常不變, 守滯莫通, 便是臣黜於君, 遽易
郊丘之位, 下非於上, 靡遵弓劍之心. 豈所以申太后哀感之
誠, 徇皇帝孝思之德! 愼終追遠, 良謂非宜. 嚴父配天, 寧當
若是?伏據見行禮, 高祖神堯皇帝·太宗文武聖皇帝, 今旣先

측천무후 永昌 원년(689)이다. 乾封 연간에 李積을 따라 고구려 원정을
나가 遼東總管記室이 된 적이 있었고, 측천무후 때 鳳閣舍人을 거쳐
鳳閣侍郎에 발탁되는 등 당시 측천무후의 '北門學士' 중의 한 명이었
다. 후에 徐敬業 형제와 친하게 지내다가 혹리의 모함을 받고 영남에
유배된 중에 사망하였다. 저서에 『樂書要論』 1권이 있다.

169) 범리빙范履冰(?~689) : 唐 邠州(현재 陝西省 彬州) 사람. 이 역시 측천
무후의 '북문학사' 중의 한 명이다. 垂拱 연간(685~688)에 난대시랑과
천관시랑을 역임하였고, 얼마 후 春官尙書와 同鳳閣鸞臺平章事(이른
바 '同中書門下平章事' 즉 宰相)兼修國史를 지내는 등 측천무후의 총
애를 받았다.

配五祠, 理當依舊無改. 高宗天皇大帝齊尊曜魄, 等邃含樞,
闡三葉之宏基, 開萬代之鴻業. 重規疊矩, 在功烈而無差 ;
享帝郊天, 豈祀配之有別. 請奉高宗天皇大帝歷配五祠.

　　삼가 생각건대 고조 신요황제神堯皇帝께서는 천명을 받아
개국하고, 강역을 넓혀 왕조의 기초를 다지셨습니다. 태종 문
무성황제는 대통을 이어 제업을 계승하고 신기원을 이루며 변
화에 순응하여 제업을 개척하셨습니다. 고종 천황대제는 고조
와 태종의 대업大業을 넓히고 문무文武의 위대한 제도를 확장
하셨습니다. 세 분 성왕의 업적이 연이어 빛나 그 빛이 천년
동안 이어질 것입니다. 신묘한 공과 밝으신 덕은 도첩으로도
다 표현할 수 없으며, 위대한 업적과 원대한 계획은 고금을 통
틀어 비할 데 없습니다. 공은 신묘하고 덕은 밝아졌습니다. 요
와 순도 그와 비교하면 치수錙銖(아주 미세한 양)처럼 미미할
뿐이며, 은殷과 주周도 좁쌀 알갱이만큼 작을 뿐입니다! 기왕
의 전례를 자세히 살펴보니, 호천상제 등 5곳 제사에서는 모두
고조 신요황제와 태종 문무성황제를 함께 배사하였습니다. 지
금 이 문제를 논의하는 사람들이 『예기』「제법」, 『주역』, 『효
경』의 명문을 인용한 것은 고례를 상고하는 말에 가깝지만 성
심을 다하려는 취지에는 어긋나 있습니다. 자식이 부모를 섬기
고 신하가 군주를 섬기는 데에는 다만 효도로 그 뜻을 이루고
충성을 다하여 최선을 이룰 뿐입니다.

　　생각건대 겸해서 배사하는 예는 단지 선성의 품은 뜻을 이
어받은 것으로 이에 이전의 규정을 본받아 대효의 정을 펼치는
것입니다. 『시』에서 "호천이 명을 이룸이 있으니, 두 왕이 이를

받으셨네.昊天有成命, 二后受之."라고 하였으며,[170] 『역』에서
"상제에게 큰 제사를 올리며 조고를 배사하였다.殷薦之上帝, 以
配祖考."라고 하였습니다.[171] 그 뜻을 살펴보면, 본래 이러한
취지에 부합합니다.

지금 옛날 명문에 따라 최근에 정해진 전례를 어기며 상규
에 구애되어 시의에 따르지 않으면서 옛것만 고집하며 불통하
다면, 이는 곧 신하로서 군주의 뜻을 어기며 갑작스럽게 교구
의 위치를 바꾸는 것이고, 아랫사람이 윗사람에게 비난받으며
선왕을 애도하는 마음[弓劍之心][172]을 따르지 않는 것입니다.
그리한다면 무엇으로 태후太后의 애통한 마음을 다 표현하고
효성을 생각하는 황제의 덕을 드러내 보일 수 있단 말입니까?
부모의 상을 신중하게 행하고 선조의 제사를 정성껏 지내는[愼
終追遠][173] 취지에는 마땅하지 않다고 말합니다. 부모를 추존
하여 하늘에 배사하는 것이 차라리 여기에 합당한 것이 아니겠
습니까?

생각건대 현행의 예법에 의거하여 고조 신요황제와 태종 문
무성황제는 이미 먼저 다섯 가지 제사에 배사하고 있으니, 이치

---

170) 『詩』 「周頌·淸廟之十·昊天有成命」장이다.

171) 『周易』 「豫」괘의 경문이다.

172) 黃帝가 죽고 橋山에 장사를 지냈는데, 산이 무너져 보니 관은 텅 비어
있고 오직 검만이 남아 있었다. 『史記』 「封禪書」와 劉向의 『列仙傳』
「黃帝」편에 고사가 보인다. 뒤에 '弓劍'은 죽은 제왕을 생각하며 추모하
는 말이 되었다.

173) 『論語』 「學而」편 曾子의 말에 나온다. "曾子曰, 愼終追遠, 民德歸厚矣."

상 구례에 따라 고칠 필요가 없습니다. 고종 천황대제는 요백曜
魄(요백보)174)과 같이 존엄하고 동시에 (오제 중) 함추含樞(함추
뉴)175)와 같이 위대하며, 삼대의 위대한 제업을 빛내시고 만대
의 대업을 개창하셨습니다. 예의 전장제도를 다시 세워 그 공으
로 말하면 매우 높아 선대 왕과 차이가 없습니다. 그러니 명당에
서의 상제 제사와 남교에서의 호천 제사에 어찌 배사의 차이를
둘 수 있겠습니까? 청컨대 고종 천황대제를 다섯 가지 제사[五
祀, 남교·명당·방택·사교·위]에 두루 배사하도록 하십시오.

制從萬頃議. 自是郊丘諸祠皆以三祖配.

제制를 내려 원만경의 논의대로 하도록 하였다. 이때부터 교郊와
구丘 등 여러 제사에 3명의 선조를 함께 배사하도록 하였다.

及則天革命, 天冊萬歲元年, 加號爲天冊金輪大聖皇帝, 親享南
郊, 合祭天地. 以武氏始祖周文王追尊爲始祖文皇帝, 后考應國公
追尊爲無上孝明高皇帝, 亦以二祖同配, 如乾封之禮. 其後長安
年, 又親享南郊, 合祭天地及諸郊丘, 並以配焉.

측천무후가 왕조를 바꾸면서 천책만세天冊萬歲 원년(695)에 천
책금륜대성황제天冊金輪大聖皇帝라는 칭호를 더하고 친히 남교에
서 제향을 올리며 천지를 합하여 제사를 지냈다. 무씨武氏의 시조

---

174) 정현의 육천설 중 天皇大帝 曜魄寶를 말한다.
175) 정현의 육천설의 오제 중 黃帝 含樞紐를 말한다.

始祖인 주문왕周文王을 시조문황제始祖文皇帝로 추존하고 무후의 아버지 응국공應國公[176]을 무상효명고황제無上孝明高皇帝라고 추존하였고 건봉 연간의 예禮처럼 이 둘을 함께 배사하였다. 그 뒤 장안長安 연간(701~705)에 또다시 친히 남교에서 제향을 올리며 천지를 함께 제사지냈으며, 여러 교와 구에서의 제사에 모두 함께 배사하였다.

  中宗卽位, 神龍元年九月, 親享昊天上帝于東都之明堂, 以高宗天皇大帝崇配, 其儀亦依乾封故事. 至景龍三年十一月, 親祀南郊, 初將定儀注, 國子祭酒祝欽明希旨上言后亦合助祭, 遂奏議曰:「謹按周禮:『天神曰祀, 地祇曰祭, 宗廟曰享.』又內司服:『職掌王后之六服, 凡祭祀, 供后之衣服.』又祭統曰:『夫祭也者, 必夫婦親之.』據此諸文, 卽知皇后合助皇帝祀天神祭地祇明矣. 望請別修助祭儀注同進.」上令宰相與禮官議詳其事. 太常博士唐紹 · 蔣欽緖建議云:「皇后南郊助祭, 於禮不合. 但欽明所執, 是祭宗廟禮, 非祭天地禮. 按漢 · 魏 · 晉 · 宋及後魏 · 齊 · 梁 · 隋等歷代史籍, 興王令主, 郊天祀地, 代有其禮, 史不闕書, 並不見皇后助祭之事. 又高祖神堯皇帝 · 太宗文武聖皇帝 · 高宗天皇大帝南郊祀天, 並無皇后助祭之禮.」尚書右僕射韋巨源又協同欽明

---

176) 무후의 아버지 응국공應國公 : 측천무후의 아버지 武士彠(577~645)을 말한다. 唐 幷州 文水(현재 山西省 文水) 사람이다. 隋나라 말에 李淵이 太原留守가 되었을 때 行軍司鎧에 임명되었고 이연이 경성을 평정할 때 공을 세워 당 건국 후 光祿大夫에 임명되었다가 太原郡公에 봉해졌다. 이후 工部尙書에 올라 應國公에 進封되었다. 측천무후가 황제에 즉위한 뒤에 무상효명고황제로 추존된 것이다.

之議, 上遂以皇后爲亞獻, 仍補大臣李嶠等女爲齋娘, 執籩豆焉.

중종中宗은 즉위하고 나서 신룡神龍 원년(705) 9월, 친히 동도東都 (낙양)의 명당明堂에서 호천상제昊天上帝에게 제향을 올리며 고종高宗 천황대제天皇大帝를 배사하였는데, 그 의례 절차 역시 건봉 연간의 예를 따랐다. 경룡景龍 3년(709) 11월, (중종은) 친히 남교에서 제사하였다. 당초 의주를 확정하려고 할 즈음 국자좨주國子祭酒 축흠명祝欽明은 황후 역시 제사에 참여해야[助祭] 한다는 주상의 뜻을 받들어 마침내 다음과 같이 논의하여 상주하였다.

『주례』에 "천신에게 지내는 제사를 사祀라고 하고, 지기地祇에게 지내는 제사를 제祭라고 하며, 종묘宗廟에 지내는 제사를 향享이라 한다"[177]라고 하였고, 「내사복內司服」에서는 "왕후王后의 육복六服을 관장한다. 제사祭祀 때 입는 후后의 의복을 제공한다"라고 하였으며,[178] 「제통祭統」에서는 "무릇 제사란 반

---

177) 『周禮』「春官·大宗伯」의 원문은 "大宗伯之職, 掌建邦之天神人鬼地示之禮. 以佐王建保邦國, 以吉禮事邦國之鬼神示. 以禋祀祀昊天上帝, … 以血祭祭社稷五祀五嶽 … 以肆獻祼享先王"이다. 천신·지기·인귀 제사의 제사명을 '祀·祭·享'이라고 한 것을 인용한 것이다.

178) 『周禮』「天官·內司服」의 원문은 "掌王后之六服. 褘衣·揄狄·闕狄·鞠衣·展衣·緣衣 … 凡祭祀賓客, 共后之衣服"이다. 六服은 위의 褘衣·유적揄狄·궐적闕狄·국의鞠衣·전의展衣·연의緣衣를 말한다. 가공언의 疏는 이 구절에 대해 "왕의 제복은 6가지인데, 후의 제복은 단지 3가지의 翟만 있는 것은 천지·산천·사직 등의 제사에 후부인은 참여하지 않기 때문에 3가지 복만 있을 뿐이다. 이를 통해 외신(의 제사)에 후부인은 참여하지 않는 것임을 알 수 있다.但王之祭服有六, 后祭服唯有

드시 부부가 직접 지내야 한다"라고 하였습니다. 이러한 명문에 의하면, 황후가 황제를 도와 천신天神에 제사하고 지기地祇에 제사하였음이 분명합니다. 바라건대 조제助祭의 의주儀注를 별도로 제정하여 같이 진행하기를 청하옵니다.

주상(중종)이 재상宰相과 예관禮官에게 명하여 이 안건을 상세히 논의하도록 하였다. 태상박사 당소唐紹와 장흠서蔣欽緒[179]가 의론을 내세워 다음과 같이 말하였다.

황후皇后가 남교南郊에서 제사에 참여[조제]함은 예에 맞지 않습니다. 축흠명이 주장하는 바는 종묘 제사의 경우이지 천지 제사의 예는 아닙니다. 한漢·위魏·진晉·송宋 그리고 後魏(북위)·제齊·양梁·수隋 등 역대 사적을 보아도 공업을 이룬 제왕들은 천지에 교사하였으며, 그 예는 대대로 남아 사서에서 빠뜨리고 쓰지 않은 경우가 없는데, 황후가 제사에 참여한 사례는 발견할 수가 없습니다. 또한 고조 신요황제와 태종 문무

三翟者, 天地山川社稷之等, 后夫人不與, 故三服而已. 必知外神后夫人不與者."라고 하여 부인은 천지 제사에 참여하지 않는다고 하고 있다.

179) 장흠서蔣欽緒(660경~745경) : 당 萊州 膠水縣(현재 山東省 平度) 사람. 高宗 때 進士科로 벼슬길에 올라 大理寺卿, 吏部侍郎 등을 역임하였고 禮部尙書에 추증되었다. 본문에서와 같이 중종 때 황후의 제사 참여에 대해 반대 입장을 표명하는 등, 강직한 성품으로 칭찬을 받았다. 玄宗 開元 연간에는 오랜 기간 동안 吏部의 員外郎과 侍郎을 역임하여 인재 선발에 개인의 은원을 개입시키지 않은 공평함으로 사람들의 칭송을 받았다. 만년에는 汴州와 魏州刺史를 역임하면서 좋은 평가를 받았다.

성황제 그리고 고종 천황대제께서 남교에서 천에 제사할 때에
도 모두 황후가 제사에 참여하는 예는 없었습니다.

상서우복야尙書右僕射 위거원韋巨源[180]이 나서서 축흠명의 주장
에 동의를 표하자, 주상은 마침내 황후를 아헌亞獻으로 삼았으며, 대
신大臣 이교李嶠[181] 등의 여식을 재랑齋娘으로 삼아 변두籩豆 등 제
기를 담당하도록 하였다.[182]

---

180) 위거원韋巨源(631~710) : 당 京兆 萬年(현재 陝西省 西安) 사람. 문음
   으로 벼슬길에 올라 則天武后와 中宗 때 전후 4차례에 걸쳐 재상을 역
   임하였으며, 尙書右僕射까지 지냈다. 위황후와 종친인 까닭에 결탁하여
   위황후가 전횡을 휘두르는 데 일조하였다. 본문에서 황후의 제사 참여를
   도운 사례가 대표적이다. 이융기가 쿠데타를 일으켜 위황후를 살해한 뒤
   위거원도 병사들에게 살해당하였다.
181) 이교李嶠(645~714) : 당 趙州 贊皇(현재 河北省 石家庄) 사람. 자는 巨
   山이다. 20살 때 진사에 급제하고, 制策에 갑과로 합격했다. 측천무후
   때 來俊臣이 狄仁傑의 옥사를 일으켰을 때 그의 무죄를 변론해 눈 밖에
   나 潤州司馬로 쫓겨났다. 얼마 뒤 입조하여 鳳閣舍人이 되었는데, 국가
   의 중요한 문서들은 대개 그가 주관했다. (측천무후) 聖曆(698~700) 초
   에 姚崇과 함께 同鳳閣鸞臺平章事로 옮겼다가 얼마 뒤 난대시랑으로
   전직하고 監修國史가 되었다. 정치문화 양면으로 중용되었지만 측천무
   후가 죽은 뒤 실각했다. 中宗 神龍 초에 通州刺史로 폄적되었지만 몇
   달 뒤 소환되어 재상에 올랐다. 본문에서 대신이라 함은 그가 재상이었
   을 때를 말한다. 睿宗이 즉위하자 다시 폄적되었고, 얼마 뒤 나이를 이유
   로 致仕했다. 玄宗 때 廬州別駕로 쫓겨났다가 죽었다. 나이 일흔이었다.
   詩文에 뛰어났고, 蘇味道와 이름을 나란히 해 '蘇李'로 불렸다. 또 소미
   도·崔融·杜審言과 함께 '文章四友'로도 불렸다. 당시 궁정시인의 거두
   로, 저서에 『李嶠雜詠』이 전해진다.

時十一月十三日乙丑冬至, 陰陽人盧雅·侯藝等奏請促冬至就十二日甲子以爲吉會. 時右臺侍御史唐紹奏曰:「禮所以冬至祀圓丘於南郊, 夏至祭方澤於北郊者, 以其日行躔次, 極於南北之際也. 日北極當晷度循半, 日南極當晷度環周. 是日一陽爻生, 爲天地交際之始. 故易曰:『復, 其見天地之心乎!』即冬至卦象也. 一歲之內, 吉莫大焉. 甲子但爲六旬之首, 一年之內, 隔月常遇, 旣非大會, 晷運未周, 唯總六甲之辰, 助四時而成歲. 今欲避環周以取甲子, 是背大吉而就小吉也.」太史令傅孝忠奏曰:「準漏刻經〔一六〕,183) 南陸北陸並日校一分, 若用十二日, 即欠一分. 未南極, 即不得爲至.」上曰:「俗諺云,『冬至長於歲』, 亦不可改.」竟依紹議以十三日乙丑祀圓丘.

이때(신룡 원년) 11월 13일 을축일이 동지冬至였는데, 음양인陰陽人 노아盧雅와 후예侯藝 등이 주청하여 12일 갑자일이 길일이라 하여 동지를 앞당길 것을 제안하였다. 당시 우대시어사右臺侍御史인

---

182) 황후가 교사에 참여하는 문제에 대해 『舊唐書』 권51 「后妃列傳·中宗韋庶人」에 축흠명 등이 황후의 제사 참여를 건의하고 이에 당소와 장흠서 등이 반대하자 이때 상서우복야인 위거원이 의주를 제정하여 축흠명 손을 들어주어 황후의 제사 참여가 실현되었다. 황후가 아헌을 담당하고 재상의 딸이 재랑이 되어 제기를 담당하였다. 여기에 안락공주를 종헌으로 삼으려 했는데, 제사에 임박해서 실현되지 못했다고 전한다. "三年冬, 帝將親祠南郊, 國子祭酒祝欽明·司業郭山惲建議云:「皇后亦合助祭.」太常博士唐紹·蔣欽緒上疏爭之. 尙書右僕射韋巨源詳定儀注, 遂希旨協同欽明之議. 帝納其言, 以后爲亞獻, 仍以宰相女爲齊娘, 以執籩豆. 欽明又欲請安樂公主爲終獻, 迫於時議而止."

183) [교감기 16] "準漏刻經"의 '刻'자는 여러 판본에는 원래 없는데, 『隋書』 권34 「經籍志」와 『冊府元龜』 권587에 의거해 보충하였다.

당소가 상주하여 다음과 같이 말하였다.

　　예에 동지冬至에 남교의 원구에서 제사하고 하지夏至에 북
교北郊에서 방택方澤에 제사를 지내는 것은 태양이 궤도를 따
라 돌다가 남극과 북극에 머무는 날이기 때문입니다. 태양이
북극에 도달했을 때는 해시계의 각도는 반을 돌고 태양이 남극
에 도달했을 때에는 해시계의 각도는 한 바퀴 순환을 합니다.
이날(동지일)에 일양一陽이 생겨나며 천지가 교차하는 시작점
이 됩니다. 그러므로 『역易』에서 '복復 괘䷗에서 천지의 마음을
본다'라고 한 것은 바로 동지의 괘상卦象입니다. 1년 중 이보다
길한 날이 없습니다. 그런데 갑자甲子는 육십일 중 맨 첫날이
며 1년 중 격월로 만나게 되므로 큰 회기라고 할 수 없으며
해시계의 운행도 완주한 것이 아닙니다. 단지 여섯 개의 갑일
을 모두 합쳐야 사계절을 보조하고 1년을 이루게 됩니다. 지금
1년 주기를 피하고 갑자일을 선택하려는 것은 대길大吉을 뒤
로 하고 소길小吉을 취하는 것입니다.

　　태사령太史令 부효충傅孝忠이 상주하여 말하였다. "『누각경漏刻
經』[184]을 기준으로 하면, 남륙南陸과 북륙北陸 모두 매일 1분分씩 교
정하는데, 만약 12일 자로 한다면 1분이 부족합니다. 그러면 남극에

---

184) 漏刻은 물동이에서 새는 물의 양으로 고대 시간을 측정하는 도구이며,
　　유래와 연혁에 대해서는 『隋書』 「天文志」上 '漏刻'조에 전한다. 또한
　　『漏刻經』은 『隋書』 「經籍志」에 後漢 何承天, 祖㫚, 梁 中書舍人 朱史,
　　陳 太史令 宋景 撰으로 전하고 있다.

이르지 도달하지 못하니, 즉 지至가 될 수 없습니다."

주상이 말하였다. "속담에 '동지가 설날보다 낫다'고 하였으니, 날짜를 바꿀 수 없다." 결국 13일 을축일에 원구에서 제사를 지냈다.

睿宗太極元年正月, 初將有事南郊, 有司立議, 惟祭昊天上帝而
不設皇地祇位. 諫議大夫賈曾上表曰：

예종睿宗이 태극太極 원년(712)[185] 정월, 당초 남교에 제사를 지내려고 할 때 담당관이 논의를 제기하여 호천상제만을 제사하고 황지기皇地祇의 신위를 설치하지 말도록 하였다. 간의대부諫議大夫 가증賈曾[186]이 표를 올려 다음과 같이 말했다.

　　微臣詳據典禮, 謂宜天地合祭. 謹按禮祭法曰：「有虞氏
禘黃帝而郊嚳, 夏后氏禘黃帝而郊鯀.」 傳曰：大祭曰禘. 然
則郊之與廟, 俱有禘祭. 禘廟, 則祖宗之主俱合於太祖之
廟；禘郊, 則地祇群望俱合於圓丘, 以始祖配享. 皆有事而
大祭, 異於常祀之義. 禮大傳曰：「不王不禘.」 故知王者受
命, 必行禘禮. 虞書曰：「月正元日, 舜格于文祖, 肆類于上

---

185) 당 예종이 복위한 해의 연호

186) 가증賈曾(?~727) : 당 河南 洛陽 사람. 賈言忠의 아들이다. 睿宗 景雲
　　(710~711) 연간에 吏部員外郎을 지냈다. 현종의 동궁 시절 太子舍人이
　　되었으며, 開元 초에 中書舍人에 올랐다. 蘇晉과 함께 制誥를 관장했는
　　데, 둘 다 문장으로 칭송을 들어 '蘇賈'로 불렸다. 나중에 일에 연좌되어
　　洋州刺史로 쫓겨났다. 이어 慶州와 鄭州 등지의 刺史를 지내고 조정으
　　로 돌아와 光祿少卿이 되었다. 마지막 관직은 禮部侍郎이었다.

帝, 禋于六宗, 望于山川, 遍于群神.」此則受命而行禘禮者
也. 言「格于文祖」, 則餘廟之享可知矣. 言「類于上帝」, 則地
祇之合可知矣. 且山川之祀, 皆屬于地, 群望尚遍, 況地祇
乎! 周官「以六律·六呂·五聲·八音·六舞·大合樂, 以致神
祇, 以和邦國, 以諧萬人」. 又「凡六樂者, 六變而致象物及
天神」, 此則禘郊合天神·地祇·人鬼而祭之樂也.

보잘것없는 신이 전례에 의거하여 자세히 살펴본 결과 천신
과 지기를 함께 제사해야 마땅합니다. 살펴보건대, 『예기』「제
법祭法」에 "유우씨有虞氏는 황제黃帝에게 체 제사를 지내고 곡
嚳에게 교 제사를 지냈으며, 하후씨夏后氏는 황제黃帝에게 체
제사를 지내고 곤鯀에게 교 제사를 지냈다"라고 하였고, 「전
傳」에서 "대제大祭를 체禘라 한다"[187]라고 하였습니다. 그러므
로 교사와 종묘 제사에 모두 체 제사가 있습니다. 종묘에서 체
제사를 지낸다는 것은 조종의 신주를 모두 모아 태조의 묘에서
함께 제사하는 것입니다. 교에서 체 제사를 지낸다는 것은 지
기地祇와 사망四望 등을 모두 함께 원구圓丘에서 제사하며 시
조를 배사하는 것입니다. 이 모두 유사시 지내는 대제로서 정
규 제사와는 다른 의미입니다.

『예기』「대전大傳」에 "왕이 아니면 체 제사를 지내지 못한
다"라고 하였으니, 왕이 된 자는 천명을 받으면 반드시 체 제
례를 행함을 알 수 있습니다. 「우서虞書」[188]에 "정월 원일에

---

187) 『禮記』「大傳」의 "禮, 不王不禘"에 대한 鄭玄注에 "凡大祭曰禘"라고
한 것을 말한다.
188) 『尙書』「虞書·舜典」이다.

순舜 임금이 문조文祖 사당[189])에 나아갔으며, 상제에 유 제사를 올리고[肆類于上帝], 육종에 제사를 지냈으며[禋于六宗], 산천에 망望 제사를 지내고 여러 신들에게 두루 제사를 지냈다"라고 하였습니다. 이는 곧 천명을 받아 즉위한 후에 체례를 행하였던 것입니다. '문조 사당에 나아갔다[格于文祖]'고 하였으니, 나머지 묘에도 제향을 올렸음을 알 수 있습니다. '상제에 유 제사를 올렸다[類于上帝]'라고 말했으니, 지기地祇도 함께 제사했음을 알 수 있습니다.[190])

또한 산천 제사는 모두 지地 제사에 속하며 사망 등에 대해서도 두루 제사지냈다고 하였으니, 하물며 지기地祇는 더 말할 것도 없습니다. 『주관周官』[191])에서 "육율六律·육려六呂·오성五聲·팔음八音·육무六舞·대합악大合樂으로 천신天神과 지기地祇에 제사하여 방국을 화평케 하고 만민이 화합하도록 한다"고 하였고, 또 "무릇 육악六樂이란 여섯 번 바꾸어 연주하여 신령[象物][192])과 천신을 부르는 것"이라고 하였으니, 이는 교

---

189) 문조文祖 : 鄭玄에 의하면, "文祖者, 堯文德之祖廟", 즉 요임금의 종묘에 해당되는 사당을 말한다.

190) '類'는 제사명이다. 鄭玄注에 의하면, 요임금을 대신하여 순임금이 '왕과 같이[類]' 천의 상제에 고하며 제사지냈다고 하였다. "類謂攝位事類, 既知攝當天心, 遂以攝位事類告天帝也." 이것을 보면 지기에도 제사낸 사실을 알 수 있는 근거는 어디에도 보이지 않는다. 천지 합제의 근거로 내세우기 위해 정현의 해석을 무시한 것으로 보인다.

191) 『周禮』「春官·大司樂」을 말한다.

192) 상물象物 : 정현의 해석에 의하면, 봉황·기린·거북·용 四靈을 말한다. 『周禮』「春官·大司樂」鄭玄注에 "鄭玄云, 象物, 有象在天. 所謂

郊에서 체체禘 제사를 지내며 천신天神·지기地祇·인귀人鬼를 모두 합사할 때 사용하는 음악임을 알 수 있습니다.

三輔故事漢祭圓丘儀 ; 昊天上帝位正南面, 后土位兆亦南面而少東. 又東觀漢記云:「光武卽位, 爲壇於鄗之陽, 祭告天地, 採用元始故事. 二年正月, 於洛陽城南依鄗爲圓壇, 天地位其上, 皆南向西上.」按兩漢時自有后土及北郊祀, 而此已於圓丘設地位, 明是禘祭之儀. 又春秋說云:「王者一歲七祭, 天地合食於四孟, 別於分·至.」此復天地自常有同祭之義. 王肅云:「孔子言兆圓丘於南郊, 南郊卽圓丘, 圓丘卽南郊也.」又云:「祭天而地配.」此亦郊祀合祭之明說. 惟鄭康成不論禘當合祭, 而分昊天上帝爲二神, 專憑緯文, 事匪經見. 又其注大傳「不王不禘」義, 則云:「正歲之首, 祭感帝之精, 以其祖配.」注周官大司樂圓丘, 則引大傳之禘以爲冬至之祭[一七].193) 遞相矛盾, 未足可依.

『삼보고사三輔故事』194)에는 한나라 때 원구의圓丘儀(원구제사 의례)가 실려 있는데, 호천상제의 신위는 정면으로 남면하고 있고 후토后土의 신위와 조역兆域 역시 남면하되 약간

四靈者. 彼謂大蜡之祭, 作樂以致其神. 此謂鳳皇身至, 故九奏也."

193) [교감기 17] "大傳之禘"의 '之'자는 여러 판본에는 '五'로 되어 있으나, 『冊府元龜』 권588에 의거하여 수정하였다.

194) 『삼보고사三輔故事』: 古書로 長安과 그 부근의 궁전, 누대, 정원 등에 관련된 자료를 보존하고 있으며, 진한시대 역사 관련 내용도 포함하고 있다. 원서는 이미 망실되었고 청대 張澍의 집록본이 남아 있다.

동쪽을 향해 있습니다. 또한『동관한기東觀漢記』에는 "광무제
가 즉위한 뒤 학鄗(안사고 설)[195]의 남쪽에 제단을 만들어 천
지에 고告하며 제사하였는데,[196] (전한 평제) 원시元始 연간의
고사故事를 채용하였다. 2년 정월에 낙양성洛陽城 남쪽에 학
鄗의 제단처럼 원구단을 만들었는데,[197] 천天과 지地의 신위
는 그 위에 두었으며 모두 남쪽을 향하고 오른쪽으로 오르도
록 하였다"고 하였습니다.[198] 양한 시대 후토后土와 북교北郊

---

195) 학鄗 : 地名이며, 현재 河北省 高邑縣이다. 음은 "鄗音火各反", 즉 학이
다.(顏師古注) 후한 광무제가 즉위 직전 학을 지날 때 彊華가 올린 赤伏
符를 수명의 부서로 확신하고 이곳에 제단과 제장을 조성하여 제사를
지내게 하였고(『後漢書』권1「光武帝紀」建武 2년조, "光武於是命有
司設壇場於鄗南千秋亭五成陌") 즉위 후에 告天의 의식을 거행한 뒤
鄗을 高邑이라 개명하였다.

196) 『後漢書』「祭祀志」上에는 학에서 즉위하며 천지에 고하는[告天] 제사를
지냈다고 하였다. "建武元年, 光武即位于鄗, 爲壇營於鄗之陽. 祭告天地,
采用元始中郊祭故事. 六宗羣神皆從, 未以祖配. 天地共犢, 餘牲尙約".

197) 鄗의 제단에 대해서는『後漢書』권1「光武帝紀」李賢注에 "단이란 흙
을 쌓아 만든 것이며, 장이란 땅을 정돈하여 만든 것이다. 진나라 법에
십리를 1정이라 한다. 남북이 천, 동서가 맥이 된다. 『수경주』에 이르기
를 정에 석단이 있으며 석단에 규두비가 있다. … 제단 동쪽 침도에 두
개의 옹중이 남북으로 마주 서 있다.壇謂築土, 場謂除地. 秦法, 十里一
亭. 南北爲阡, 東西爲陌. 其地在今趙州柏鄕縣. 水經注曰, 亭有石壇,
壇有圭頭碑, … 壇(廟)之東, 枕道有兩石翁仲, 南北相對焉."라고 하여
『水經注』에 석단과 침도, 옹중의 묘사가 전해지고 있다.

198) 『後漢書』「祭祀志」上에 이에 대해 상세히 기술되어 있다. "二年正月,
初制郊兆於雒陽城南七里, 依鄗. 采元始中故事. 爲圓壇八陛, 中又爲
重壇, 天地位其上, 皆南鄕, 西上. 其外壇上爲五帝位. 青帝位在甲寅之

제사가 있었던 것을 고려한다면, 여기에서 원구에 지기의 신위를 설치한 것은 체제의 의식임이 분명합니다.

또한 "천신에 제사하면서 지기를 배사한다"고 하였습니다. 이 역시 교사에 천지를 합사한다는 뜻을 분명히 말하고 있습니다. 다만 정강성鄭康成(정현)은 체禘제사를 합제合祭라 하지 않고 호천상제를 두 신으로 나누었으니, 이는 오로지 위서緯書의 문장에만 의거한 것으로 경전에는 그 사례가 보이지 않습니다. 또한「대전大傳」의 "왕이 아니면 체 제사를 지내지 못한다"에 대해 주를 달기를, "정월 초에 감생제感生帝에게 제사하며 선조를 배사한다"고 하였습니다. 그런데『주관』「춘관 · 대사악」의 '원구圓丘'에 대해 주를 달 때에는「대전」의 체 제사

地, 赤帝位在丙巳之地, 黃帝位在丁未之地, 白帝位在庚申之地, 黑帝位在壬亥之地. 其外爲壇, 重營皆紫, 以像紫宮 ; 有四通道以爲門. 日月在中營內南道, 日在東, 月在西, 北斗在北道之西, 皆別位, 不在群神列中. 八陛, 陛五十八醊, 合四百六十四醊. 五帝陛郭, 帝七十二醊, 合三百六十醊. 中營四門, 門五十四神, 合二百一十六神. 外營四門, 門百八神, 合四百三十二神. 皆背營內鄕. 中營四門, 門封神四, 外營四門, 門封神四, 合三十二神. 凡千五百一十四神. 營卽壇也. 封, 封土築也. 背中營神, 五星也, 及中(宮)[官]宿五官神及五嶽之屬也. 背外營神, 二十八宿外(宮)[官]星, 雷公 · 先農 · 風伯 · 雨師 · 四海 · 四瀆 · 名山 · 大川之屬也"라고 하여, 8층 계단으로 구성된 원단, 그 가운데 다시 천지 신위가 놓인 제단이 있고 천지 신위는 모두 남향이며, 오른쪽으로 오르도록 한다고 되어 있다. 이외 오제단 각각의 제단 위치, 형태, 구조 등에 대해 상세히 묘사하고 있다. 후한 낙양 남교 제단의 구조와 배치에 대해서는 目黑杏子,「後漢郊祀制と元始故事」,『九州大學東洋史論集』36, 2008-03)의 그림 [후한 낙양 남교 제단도]를 참조.

를 끌어다가 동지 제사로 해석하였으니 서로 모순되어 의거할
바가 못 됩니다.

伏惟陛下膺籙居尊, 繼文在曆, 自臨宸極, 未親郊祭. 今
之南郊, 正當禘禮, 固宜合祀天地, 咸秩百神, 答受命之符,
彰致敬之道. 豈可不崇盛禮, 同彼常郊, 使地祇無位, 未從禘
享! 今請備設皇地祇幷從祀等座, 則禮得稽古, 義合緣情.
然郊丘之祀, 國之大事, 或失其情, 精禋將闕. 臣術不通經,
識慚博古, 徒以昔謬禮職, 今忝諫曹, 正議是司, 敢陳忠讜.

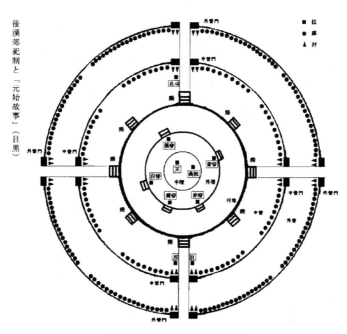

후한 낙양 남교 제단도(目黑杏子)

事有可採, 惟斷之聖慮.

엎드려 생각건대 폐하께서는 천명을 받아 선왕으로부터 왕위를 계승하여199) 천자의 위에 등극하였음에도 불구하고 아직 친히 교에서 제사를 지내지 않았습니다. 현재 남교에서는 체례禘禮를 지냄이 마땅합니다. 진실로 천지를 합사하고 백신百神에게 차례대로 제사하여 수명受命의 부서符瑞에 응답하여 예의를 다하는 도리를 현창해야 마땅합니다. 어찌 성대한 예전을 거행하지 않고 저 정기 교사와 같이 지내 지기地祇의 신위가 없이 체향禘享에 종사하지 않게 할 수 있겠습니까?

이제 청컨대 황지기皇地祇의 신위와 종사되는 신들의 신좌를 설치하여 고례에 맞도록 하고 그 의의도 인정에 부합하게 하시옵소서. 교구郊丘의 제사는 나라의 대사大事로서 만약 인정을 간과한다면 완벽한 제사[精禋]가 되지 않을까 우려됩니다. 신은 경전에 정통하지도 못하고 고대에 관한 지식도 부끄러울 정도이지만 다만 과거 죄송하게도 예관禮官의 직책에 몸담고 있었을 뿐만 아니라 현재에 간관諫官의 부서에 몸을 담고 있는데 마침 이 방면의 일에 관하여 논의 중이라 감히 마음속에 있던 진심을 진술하고자 합니다. 만일 (제 말을) 채택할 만한 바가 있다면, 성상의 의지대로 결단하시기 바랍니다.

----

199) 원문의 "繼文在曆"이란 구절은 『春秋左傳』「文公 9年」조에 "문왕의 체통을 계승하고, 문왕의 법도를 지킨다.繼文王之體, 守文王之法度."라고 한 데에서 유래하였다. 문왕의 법도를 준수하는 것을 말하는 데에서 일반적으로 선왕의 법도를 준수하는 것을 의미하는데, 여기에서는 계승 서열상 법도에 따라 정상적으로 왕위를 계승하였음을 말한다.

制令宰臣召禮官詳議可否. 禮官國子祭酒褚无量·國子司業郭
山惲等咸請依曾所奏. 時又將親享北郊, 竟寢曾之表.

황제는 제서를 내려 재신宰臣에게 예관들을 소집하여 시행 가능
여부를 철저히 논의하도록 명하였다. 예관 국자좨주國子祭酒 저무
량褚無量[200]과 국자사업國子司業 곽산운郭山惲 등은 모두 가증賈
曾이 상주한 대로 할 것을 청하였다. 그런데 때마침 당시에 북교
에 친히 제사할 예정이어서 가증의 제안은 마침내 묻히고 말았다.

玄宗卽位, 開元十一年十一月, 親享圓丘. 時中書令張說爲禮儀
使, 衛尉少卿韋縚爲副, 說建議請以高祖神堯皇帝配祭, 始罷三祖
同配之禮.

현종玄宗이 즉위하고 개원開元 11년(724) 11월에 친히 원구圓丘에
서 제사를 지냈다. 이때 중서령中書令 장열張說이 예의사禮儀使가
되고 위위소경衛尉少卿 위도韋縚가 부사가 되었는데, 장열이 건의하
여 고조 신요황제를 배사하도록 하니, 처음으로 3명의 선조를 동시
에 배사하는 예를 그만두었다.

---

200) 저무량褚無量(645~719) : 唐 杭州 鹽官(현재 浙江省 海寧市) 사람. 자
　　는 홍도弘度다. 어릴 때 아버지를 잃고 가난했지만 학문에 힘썼다. 明經
　　으로 발탁되어 國子司業과 修文館學士를 지냈다. 國子博士도 역임했
　　다. 玄宗이 태자가 되자 侍讀을 겸하면서 『翼善記』를 편찬해 바쳤다.
　　沈子正에게 수학했으며, 三禮에 정통했다. 현종이 즉위하자 左散騎常
　　侍 겸 國子祭酒가 되고 舒國公에 봉해졌다. 內府의 舊書를 간행하여
　　經籍을 널리 반포하자고 상소를 올리기도 했다.

至二十年, 蕭嵩爲中書令, 改撰新禮. 祀天一歲有四, 祀地有二. 冬至, 祀昊天上帝於圓丘, 高祖神堯皇帝配, 中官加爲一百五十九座, 外官減爲一百四座. 其昊天上帝及配帝二座, 每座籩·豆各用十二, 簋·簠·甒·俎各一. 上帝則太樽·著樽·犧樽·象樽·壺樽各二, 山罍六. 配帝則不設太樽及壺樽, 減山罍之四, 餘同上帝. 五方帝座則籩·豆各十, 簋·簠·甒·俎各一, 太樽二. 大明·夜明, 籩·豆各八, 餘同五方帝. 內官每座籩·豆二, 簋·俎各一. 內官已上設樽於十二階之間. 內官每道間著樽二, 中官犧樽二, 外官著樽二, 眾星壺樽二. 正月上辛, 祈穀, 祀昊天上帝於圓丘, 以高祖配, 五方帝從祀. 其上帝·配帝, 籩·豆等同冬至之數. 五方帝, 太樽·著樽·犧樽·山罍各一, 籩·豆等亦同冬至之數. 孟夏, 雩祀昊天上帝於圓丘, 以太宗配, 五方帝及太昊等五帝·勾芒等五官從祀. 其上帝·配帝·五方帝, 籩·豆各八, 簋·簠·甒·俎各一. 五官每座籩·豆各二, 簋·簠及俎各一. 季秋, 大享于明堂, 祀昊天上帝, 以睿宗配, 其五方帝·五人帝·五官從祀. 籩·豆之數, 同于雩祀. 夏至, 禮皇地祇于方丘, 以高祖配, 其從祀神州已下六十八座, 同貞觀之禮. 地祇·配帝, 籩·豆如圓丘之數. 神州, 籩·豆各四, 簋·簠·甒·俎各一. 五岳·四鎭·四海·四瀆·五方·山林·川澤等三十七座, 每座籩·豆各二, 簋·簠各一. 五方五帝·丘陵·墳衍·原隰等三十座, 籩·豆·簋·簠·甒·俎各一. 立冬, 祭神州于北郊, 以太宗配. 二座籩·豆各十二, 簋·簠·甒·俎各一. 自冬至圓丘已下, 餘同貞觀之禮.

(개원) 20년(733)에 이르러 소숭蕭嵩[201]이 중서령中書令이 되어

---

201) 소숭蕭嵩(?~749) : 당 蘭陵(현재 江蘇省 丹陽市 訪仙鎭) 사람이다. 字는 喬甫이다. 梁武帝 蕭衍의 후예이다. 처음에 洺州參軍이 되었다가 宰相 陸象先의 추천과 姚崇과의 친연으로 인해 尙書左丞, 兵部侍郎

신례新禮202)를 개찬改撰하였다.

천天 제사는 1년에 4번 있고 지地 제사는 1년에 2번 있다. 동지冬至에 호천상제昊天上帝를 원구圜丘에서 제사하며 고조 신요황제를 배사하고 중관中官의 신좌神坐는 (기존보다) 추가하여 159개가 되었으며, 외관外官의 신좌는 줄여 104개로 하였다. 호천상제와 배사되는 선제先帝, 즉 배사제[配帝] 두 신좌에는 변籩·두豆를 각각 12개 사용하고, 궤簋·보簠·등䁈·조俎는 각각 1개씩 사용한다.

(호천)상제의 경우 태준太樽·착준著樽·희준犧樽·상준象樽·호준壺尊을 각각 2개씩, 산뢰山罍 6개를 사용한다. 배사제의 경우 태준太樽과 호준壺樽은 놓지 않고 산뢰山罍는 줄여 4개만 쓰되 나머지는 (호천)상제와 같게 한다. 오방제五方帝의 신좌는 변·두를 각각 10개씩 쓰며 궤簋·보簠·등䁈·조俎는 각각 1개씩 쓰고 태준 2개를 쓴다. 대명大明과 야명夜明에게는 변·두를 각각 8개를 사용하고 나머지는 오방제와 같게 한다. 내관內官의 각 신좌에는 변·두를 각각 2개씩, 궤·조를 각각 1개씩 사용한다. 내관內官 이상은 12개의 계단 사이에 술동이[樽]을 진설한다. 내관內官은 각 도道 사이에 착준 2개를 두고 중관中官은 희준犧樽 2개를, 외관外官은 착준 2개를, 중성衆星은 호준壺樽 2개를 진설한다.

정월正月 상신일上辛일에 풍년을 기원하며[기곡祈穀] 호천상제를 원구에서 제사하고 고조를 배사하며 오방제를 종사從祀한다. 그 호

등을 역임하였다. 吐蕃을 대패한 뒤에 조정에 들어와 宰相이 되고 中書令, 徐國公에 진봉되었다. 현종의 명을 받아 「정관례」와 「현경례」를 절충 통합하여 「개원례」를 개찬하는 데 중추적 역할을 담당하였다.

202) 「대당개원례」를 말한다.

천상제와 배사제의 변·두 등의 개수는 동지 제사와 같다. 오방제五方帝의 경우, 태준太樽·착준著樽·희준犧樽·산뢰를 각각 1개씩 쓰고, 변·두 등의 개수 역시 동지 때와 같다.

맹하孟夏에 호천상제에게 원구에서 우雩 제사를 지내고 태종太宗을 배사하며, 오방제와 태호太昊 등 오(인)제五帝와 구망勾芒 등 오관五官을 종사從祀한다. 호천상제, 배사제, 오방제에게는 변·두 각각 8개씩 사용하고 궤·보·등甑·조俎 각각 1개씩 사용한다. 오관의 신좌마다 변·두 각각 2개씩, 궤簋·보簠 그리고 조俎 각각 1개씩 사용한다.

계추季秋에 명당明堂에서 대향大享을 올리는데, 호천상제를 제사하며 예종睿宗을 배사하고 오방제五方帝·오인제五人帝·오관五官을 종사從祀한다. 변·두의 개수는 우사雩祀와 같다.

하지夏至에 황지기皇地祇를 방구方丘에서 제사하고 고조를 배사하며, 그 종사從祀로서 신주神州 이하 68개의 신좌를 두는 것은 「정관례貞觀禮」와 같다. (황)지기地祇와 배사제의 경우 변·두는 원구(제사)에서의 개수와 같다. 신주神州에는 변·두 각각 4개, 궤·보·등甑·조 각각 1개를 사용한다. 오악五岳·사진四鎭·사해四海·사독四瀆·오방五方·산림山林·천택川澤 등 37개의 신좌에는 각각 변·두 2개씩, 궤·보 1개씩을 사용한다. 오방오제五方五帝·구릉丘陵·분연墳衍·원습原隰 등 30개의 신좌에는 변·두·궤·보·등甑·조를 각각 1개씩 사용한다.

입동立冬에 신주神州를 북교北郊에서 제사하며 태종을 배사한다. 두 신좌(신주와 태종)의 변·두는 각각 12개, 궤·보·등甑·조는 각각 1개씩 사용한다. 동지冬至 원구圓丘 제사 이하 나머지는 모두 「정관례」와 같다.

「개원례」(개원20년) 제사대상과 희생제물(『구당서』「예의지」1)

제사(장소)		제사대상	변·두	궤·보·등·조	준·뢰
동지 (원구)	주신	호천상제	12	1	각 준 2·산뢰6
	배사제	고조 신요황제	12	1	태준·호준 제외 산뢰4
	종사	오방제	10	1	태준2
		대명·야명	8	1	태준2
		내관· 중관· 외관	2	1	내관(준2) 중관(희준2) 외관(착준2) 중성(호준2)
정월 상신 기곡 (원구)	주신	호천상제	동지와 같음	동지와 같음	
	배사제	고조	동지와 같음	동지와 같음	
	종사	오방제	동지와 같음	동지와 같음	태준·착준· 희준 각1, 산뢰 각1
맹하 우사 (원구)	주신	호천상제	8	1	
	배사제	태종	8	1	
	종사	오방제 오인제 오관	오방제(8) 오관(2)	1	
계추 대향 (명당)	주신	호천상제	8	1	
	배사제	예종	8	1	
	종사	오방제 오인제 오관	오방제(8) 오관(2)	오관(1)	
지 제사					
하지 (방구)	주신	황지기	원구 동	1	
	배사제	고조	원구 동	1	
	종사	신주 이하 68좌	신주(4) 오악·사진 등 37좌(2) 오방오제·구릉 등 30좌(1)	신주(1) 오악·사진 등 37좌(1) 오방오제·구릉 등 30좌(1)	
입동 (북교)	주신	신주	12	1	
	배사제	태종	12	1	
	종사				

時起居舍人王仲丘旣掌知修撰, 乃建議曰：

당시 기거사인起居舍人 왕중구王仲丘가 예전禮典 편찬의 실무를
담당하였는데, 다음과 같이 건의하였다.

按貞觀禮, 正月上辛, 祀感帝於南郊, 顯慶禮, 祀昊天上
帝於圓丘以祈穀. 左傳曰：「郊而後耕.」詩曰：「噫嘻, 春夏
祈穀于上帝.」禮記亦曰：「上辛祈穀于上帝.」則祈穀之文,
傳於歷代, 上帝之號, 允屬昊天. 而鄭康成云：「天之五帝遞
王, 王者之興, 必感其一, 因其所感, 別祭尊之. 故夏正之
月, 祭其所生之帝於南郊, 以其祖配之. 故周祭靈威仰, 以
后稷配之, 因以祈穀.」據所說祀感帝之意, 本非祈穀. 先儒
所說, 事恐難憑. 今祈穀之禮, 請準禮修之. 且感帝之祀, 行
之自久. 記曰：「有其舉之, 莫可廢世.」請於祈穀之壇, 遍祭
五方帝. 夫五帝者, 五行之精. 五行者, 九穀之宗也. 今請二
禮並行, 六神咸祀.

「정관례貞觀禮」에 의하면, 정월正月 상신上辛일에 감생제에
게 남교에서 제사를 지내고 「현경례顯慶禮」에 의하면, 호천상제
昊天上帝에게 원구圓丘에서 제사지내며 풍년을 기원[기곡祈穀]
합니다. 『좌전左傳』에 "교 제사를 지낸 뒤 농사를 시작한다"고
하였고, 『시詩』에서 "〈희희噫嘻〉장은 봄과 여름에 상제에게 기
곡 제사를 지낼 때 부르는 노래"라고 하였으며, 『예기禮記』에도
"상신上辛일에 상제에 기곡 제사를 지낸다"라고 하였습니다.
그런즉 기곡에 관한 기록은 대대로 전해져 내려왔으며, 상제란
칭호는 호천에 속한 것이 마땅합니다. 그러나 정강성鄭康成(정

현)은 "하늘의 오제는 서로 번갈아가며 왕이 되며 왕이 될 자가 생기면 반드시 (하늘의 오제) 중 하나에 감응하므로 감응한 바에 따라 별도로 제사하여 존숭한다. 그러므로 하정의 정월에 감응한 상제에게 남교에서 제사하고 그 조상을 배사하는 것이다. 그러므로 주대에는 영위앙靈威仰에게 제사하고 후직后稷을 배사하였으며, 이로 인해 풍년을 기원한 것이다"라고 하였습니다. 정현이 말한 바대로라면 감생제에 제사하는 취지는 원래 기곡이 아닙니다. 선유가 말한 제사 사례도 근거로 삼기가 어려울 듯합니다. 현재 기곡의 예는 예에 준하여 고치길 바랍니다. 또한 감생제 제사는 오랫동안 행해져왔습니다. 『예기』에 "거행된 적이 있는 예는 함부로 폐할 수 없다"[203]고 하였습니다. 청컨대 기곡의 제단에서 오방제에 두루 제사하도록 하십시오. 무릇 오제란 오행五行의 정수입니다. 오행이란 구곡九穀의 근원[宗]입니다. 이제 이 두 예(정관례, 현경례)를 병행하여 여섯 신들(호천상제+오방제)에게 모두 제사하도록 하십시오.

又按貞觀禮, 孟夏雩祀五方上帝·五人帝·五官於南郊, 顯慶禮, 則雩祀昊天上帝於圓丘. 且雩祀上帝, 蓋爲百穀祈甘雨. 故月令云:「命有司大雩帝, 用盛樂, 以祈穀實.」鄭玄云:「雩上帝者, 天之別號, 允屬昊天, 祀於圓丘, 尊天位也.」然雩祀五帝旣久, 亦請二禮並行, 以成大雩帝之義.

　그리고 「정관례貞觀禮」에 의하면 맹하孟夏에 남교南郊에서

---

203) 『禮記』 「曲禮」 下에 나온다.

오방상제五方上帝·오인제五人帝·오관五官에게 우사雩祀(기우
제사)를 지내고,「현경례顯慶禮」에 의하면 원구圓丘에서 호천
상제昊天上帝에게 우사雩祀를 지냅니다. 또한 상제에 우사를
지내는 것은 대개 백곡을 위해 단 비를 기원하는 것입니다. 그
러므로「월령月令」에서 "유사에게 명하여 상제에 크게 우雩 제
사를 지내면서 성대한 음악을 사용하여 곡식이 여물기를 기원
한다"라고 하였고, 정현은 이에 대해 "상제에 우사를 지낸다고
할 때(의 상제)는 천의 별호이며, 마땅히 호천에 속한다. 원구
에서 제사하며, (원구는) 천을 존숭하는 자리이다"라고 하였습
니다. 그러나 오제에게 우사를 지낸 역사는 오래되었으니, 이
또한 두 예를 병행하여 천제에게 우사를 성대히 지내는 의미를
이루도록 하십시오.

　又貞觀禮, 季秋祀五方帝·五官於明堂, 顯慶禮, 祀昊天
上帝於明堂. 準孝經曰:「郊祀后稷以配天, 宗祀文王於明
堂, 以配上帝.」先儒以爲天是感精之帝, 卽太微五帝, 此卽
皆是星辰之例. 且上帝之號, 皆屬昊天, 鄭玄所引, 皆云五
帝. 周禮曰:「王將旅上帝, 張氈案, 設皇邸. 祀五帝, 張大
次小次.」由此言之, 上帝之與五帝, 自有差等, 豈可混而爲
一乎! 孝經云:「嚴父莫大於配天.」其下文卽云:「宗祀文王
於明堂, 以配上帝.」鄭玄注云:「上帝者, 天之別名. 神無二
主, 故異其處.」孔安國云:「帝, 亦天也.」然則禋享上帝, 有
合經義. 而五方皆祀, 行之已久, 有其擧之, 難於卽廢. 亦請
二禮並行, 以成月令大享帝之義.

또한 「정관례」에 의하면 계추季秋에 오방제五方帝·오관五官을 명당明堂에서 제사하고, 「현경례」에 의하면 호천상제昊天上帝를 명당에서 제사합니다. 『효경孝經』의 "후직을 교사하여 천에 배사하고 문왕을 명당에서 종사하여 상제에 배사한다"라는 구절에 근거하여 선유先儒(정현)는 여기에서의 천을 감생제, 즉 태미太微 오제五帝로 보았는데, 이들은 모두 성신星辰 계통입니다. 그리고 상제란 호칭은 모두 호천昊天에 속하는 것이며, 정현이 인용한 것은 모두 오제五帝입니다. 『주례周禮』에 "왕이 상제에 려旅[204] 제사를 지낼 경우에는 모로 짠 방석[氈案]을 펼쳐 황저皇邸를 설치한다. 오제에 제사할 때에는 대차大次와 소차小次를 펼쳐 설치한다"[205]라고 하였습니다. 이것을 보면 상제와 오제에는 각각 차등이 있는데, 어찌 합쳐 하나라고 할 수 있겠습니까?

---

204) 려旅 : 상제와 사망에 지내는 제사이다. 『論語』 「八佾」에 "季氏旅於泰山"이라고 하여 사망에 대한 제사의 예가 보인다. 본문에 인용된 『周禮』 「天官·掌次」의 상제에 대한 제사의 사례가 대표적이다. 경문으로는 『周禮』 「春官·大宗伯」에 "國有大故, 則旅上帝及四望"이라고 하여 유고시 上帝와 四望에 려 제사를 지내는데, 常祭와 같이 제물과 희생 등을 완비하지 않고 약식으로 지내는 제사를 말한다.

205) 『周禮』 「天官·掌次」에 나오는 말이다. 원문은 "王大旅上帝, 則張氈案, 設皇邸. 朝日·祀五帝, 則張大次小次"으로 '朝日'의 의례는 생략하였다. 이에 대해 정현은 "大旅上帝, 祭天於圓丘. 國有故而祭亦曰旅, 此以旅見祀也"라고 하여 이때의 '旅上帝'의 上帝는 동지에 원구에서 지내는 昊天上帝로 보았고 '祀五帝'의 오제에 대해서는 "祀五帝於四郊"라고 하여 사맹일에 사교에서 지내는 五帝로 해석하였다.

『효경』에 "아버지를 존엄하게 하는 것은 하늘에 배사하는 것보다 큰일은 없다"라고 하였고, 그 아래 구절에 곧이어 말하기를 "문왕을 명당에서 종사하여 상제에 배사한다"라고 하였습니다. 정현은 이에 대해 주를 달기를, "상제란 천의 별명이다. 신에는 두 개의 (신)주主가 없으니 그러므로 그 제사 장소를 달리한 것이다"라고 하였습니다. 공안국孔安國은 "제帝 또한 천天이다"라고 하였습니다. 따라서 상제에 제사를 지내는 것은 경전의 뜻에 합당합니다. 그런데 오방에 모두 제사하는 관행은 오래되었으니, 행한 선례가 있기 때문에 그만두기가 어렵습니다. 이 또한 두 예를 병행하여 「월령」에서 말한 상제에게 성대히 제사하는 취지를 이루도록 하십시오.[206]

---

206) 왕중구의 상소문에 들어 있는 고종부터 현종 시기까지 배사제 방안을 간략히 표로 정리하면 다음과 같다. 小島毅, 「郊祀制度の變遷」, 『東洋文化研究所紀要』108, 1988 참조.

高宗~玄宗 시기 配祀帝 방안

	황제	冬至圓丘	正月上辛	季秋明堂	夏至方丘	北郊神州	『舊唐書』	『通典』	『册府元龜』
長孫無忌	고종	고조	태종				○	○	○
許敬宗	고종	고조	고조				○	○	
郝處俊	고종	고조	태종?				○	○	
孔玄義	중종	태종·고종	고조				○	○	○
沈伯儀	중종	고조	태종	고종	고조	태종	○	○	○
元萬頃	중종	고조·태종·고종 3조 並配							○
張說	현종	고조			고조?		○	○	○
開元禮	현종	고조	고조	예종	고조	태종			

天寶十載五月已前, 郊祭天地, 以高祖神堯皇帝配座, 故將祭郊廟, 告高祖神堯皇帝室. 寶應元年, 杜鴻漸爲太常卿禮儀使, 員外郎薛頎·歸崇敬等議: 以神堯爲受命之主, 非始封之君, 不得爲太祖以配天地. 太祖景皇帝始受封於唐, 卽殷之契, 周之后稷也. 請以太祖景皇帝郊祀配天地, 告請宗廟, 亦太祖景皇帝酌獻. 諫議大夫黎幹議, 以太祖景皇帝非受命之君, 不合配享天地. 二年五月, 幹進議狀爲十詰十難, 曰:

(현종) 천보天寶 10년(752) 5월 이전에 천지에 교 제사를 지내면서 고조高祖 신요황제神堯皇帝를 배사하였는데, 이 때문에 교사와 종묘에서 제사할 때는 고조 신요황제의 묘실에 고하였다. (숙종) 보응寶應 원년(762), 두홍점杜鴻漸이 태상경예의사太常卿禮儀使가 되어 원외랑員外郎 설기薛頎와 귀숭경歸崇敬[207] 등과 논의하여 다음과 같이 말하였다. "신요황제(고조 이연)는 수명受命의 군주이지 처음 봉건된[始封] 군주가 아니니 태조太祖로서 천지天地에 배사할 수가 없습니다. 태조 경황제景皇帝(이호)가 당에 처음 봉건되었으니, 이는 곧 은나라의 설契이요, 주周나라의 후직后稷입니다. 청컨대 태조 경황제를 천지에 짝하여 교사하고 종묘에 고하여 제사할 때에도 역시

---

207) 귀숭경歸崇敬(712~799) : 당 吳 땅 사람. 자는 正禮. 玄宗 天寶 연간에 博通墳典科에 올라 對策이 제일로 뽑혀 左拾遺에 임명되었다. 主客員外郎까지 올랐다. 代宗이 陝州로 行幸했을 때 불러 정치의 득실을 물으니 피폐한 민생의 현실을 피력하면서 儉素함으로 천하를 교화해야 한다고 주장했다. 大曆 초에 倉部郎中에 임명되어 弔祭와 冊立新羅使 등의 일을 했다. 德宗 때 관직이 工部尙書에 올랐고, 병부상서로 致仕했다.

태조 경황제에게 헌작하도록 하십시오." 간의대부諫議大夫 여간黎幹208)이 이 안건에 대해 이의를 제기하여, 태조 경황제는 수명을 한 군주가 아니니 천지에 배향하는 것은 합당하지 않다고 하였다. (보응) 2년 5월209)에 여간은 (이 문제에 대해) 장계를 올려 「10가지 힐문과 10가지 합당치 않음[十詰十難]」을 다음과 같이 말하였다.

　　集賢校理潤州別駕歸崇敬議狀及禮儀使判官水部員外郎薛頎等稱 : 禘謂冬至祭天於圓丘, 周人則以遠祖帝嚳配, 今欲以景皇帝爲始祖, 配昊天於圓丘.

　　집현교리集賢校理 윤주별가潤州別駕 귀숭경歸崇敬의 논의 장계와 예의사禮儀使 판관判官 수부水部 원외랑員外郎 설기薛頎 등은 체禘는 동지冬至에 원구에서 천에 제사하는 것을 말하며

---

208) 여간黎幹(미상) : 당 戎州(현재 四川省 宜賓) 사람이다. 字는 貞固이며, 원래 壽春 출신으로 관직은 銀靑光祿大夫·兵部侍郎·壽春郡開國公에까지 올랐다. 緯書와 術數 계통의 지식에 뛰어나 代宗의 총애를 받았으며, 환관 劉忠翼과 결탁하여 권력을 농단하다가 藍田에서 사사당하였다. 『舊唐書』 권145 「黎幹列傳」에는 「十詰十難」이 들어 있지 않고 「예의지」1에 수록되어 있으며, 『신당서』는 열전에 「十詰十難」을 전재하고 있다.

209) (숙종) 寶應 2년(763)은 代宗 光祿 元年에 해당한다. 763년 태상황으로 물러났던 현종 이융기가 5월에 사망하였고 현종을 대신하였던 숙종 李亨도 숙환으로 앓던 중 황후 장씨가 태자 李豫 대신 자신의 소생인 월왕 이계를 추대하려다가 발각되어 환관 이보국에 의해 시해당했다. 숙종도 얼마 안 있어 사망하고 태자인 이예가 대종으로 즉위하였다. 『新唐書』에는 「十詰十難」의 건의를 가납하지 않은 황제는 代宗으로 나온다.

주나라 사람은 원조인 제곡帝嚳을 배사하였으니 이제 경황제를 시조로 하여 원구에서 호천에 배사해야 한다고 하였습니다.

臣幹詰曰：國語曰「有虞氏·夏后氏俱禘黃帝, 商人禘舜, 周人禘嚳.」俱不言祭昊天於圓丘, 一也. 詩商頌曰「長發, 大禘也.」又不言祭昊天於圓丘, 二也. 詩周頌曰「雝, 禘太祖也.」又不言祭昊天於圓丘, 三也. 禮記祭法曰「有虞氏·夏后氏俱禘黃帝, 殷人·周人俱禘嚳.」又不言祭昊天於圓丘, 四也. 禮記大傳曰「不王不禘. 王者禘其祖之所自出, 以其祖配之.」又不言祭昊天於圓丘, 五也. 爾雅釋天曰「禘, 大祭也.」又不言祭昊天於圓丘, 六也. 家語云「凡四代帝王之所郊, 皆以配天也. 其所謂禘者, 皆五年大祭也.」又不言祭昊天於圓丘, 七也. 盧植云「禘, 祭名. 禘者諦也, 事尊明諦, 故曰禘.」又不言祭昊天於圓丘, 八也. 王肅云「禘謂於五年大祭之時.」又不言祭昊天於圓丘, 九也. 郭璞云「禘, 五年之大祭.」又不言祭昊天於圓丘, 十也.

신 여간黎幹은 이에 대해 다음과 같이 비판하여 되묻겠습니다. 『국어國語』에 "유우씨有虞氏와 하후씨夏后氏는 다 같이 황제黃帝에게 체 제사를 지냈고, 상商나라 사람은 순舜에게 체 제사를, 주周나라 사람은 곡嚳에게 체 제사를 지냈다"라고 하였지,[210] 원구에서 호천에게 제사한다고 말하지 않은 것이 그

---

210) 『國語』「魯語」上에 실려 있는 구절이다. 원문은 "故有虞氏禘黃帝而祖顓頊, 郊堯而宗舜；夏后氏禘黃帝而祖顓頊, 郊鯀而宗禹；商人禘舜而祖契, 郊冥而宗湯；周人禘嚳而郊稷, 祖文王而宗武王"으로 禘·郊

첫번째 이유입니다. 『시詩』 「상송商頌」에 "〈장발長發〉장은 대체大禘이다"라고 하였지,211) 이 또한 원구에서 호천에게 제사한다고 말하지 않은 것이 그 두 번째입니다. 『시』 「주송周頌」에 "〈옹雍〉장은 태조에게 체 제사를 지낸 것이다"라고 하였지,212) 이 또한 원구에서 호천에게 제사한다고 말하지 않은 것이 그 세 번째입니다. 『예기禮記』 「제법祭法」에 "유우씨와 하후씨는 다 같이 황제에게 체 제사를 지냈고, 은殷나라 사람과 주나라 사람은 곡嚳에게 체 제사를 지냈다"라고 하였지, 이 또한 원구에서 호천에게 제사한다고 말하지 않은 것이 그 네 번째입니다. 『예기禮記』 「대전大傳」에 "왕이 아니면 체 제사를 지낼 수 없다. 왕이 된 자는 그 조상이 유래된 근본에 체 제사를 지내면서 조상을 배사한다"라고 하였지, 이 또한 원구에서 호천에게 제사한다고 말하지 않은 것이 그 다섯 번째입니다.

『이아爾雅』 「석천釋天」에 "체禘는 대제大祭이다"라고 하였지, 이 또한 원구에서 호천에게 제사한다고 말하지 않은 것이 그 여섯 번째입니다. 『공자가어孔子家語』에 "무릇 4대 제왕이 교 제사를 지낼 때에는 모두 천에 배사하였다. 이른바 체禘라는 것은 5년마다 행하는 큰 제사이다"213)라고 하였지, 이 또한

·祖·宗 제사 대상을 언급하고 있는데, 이중 체 제사에 해당되는 구절만 언급한 것이다.

211) 은나라 선왕을 찬미한 노래로 "〈長發〉장은 大禘"라고 설명한 것은 『毛詩序』의 서술이다.

212) 『詩』 「周頌·臣工之什」의 〈雝〉장을 말한다.

213) 『孔子家語』 「廟制」편에는 "凡四代帝王之所謂郊者, 皆以配天 ; 其所

원구에서 호천에게 제사한다고 말하지 않은 것이 그 일곱 번째
입니다. 노식盧植[214]은 "체禘는 제사 이름이다. 체란 체諦이다.
존엄한 이에게 제사하면서 (그 차서를 분명히) 밝히므로 체라
고 한다"[215]라고 하여, 또한 원구에서 호천에 제사한다고 말하

謂禘者, 皆五年大祭之所及也"으로 되어 있다.

214) 노식盧植(159경~192) : 後漢 涿郡 涿縣(현재 河北省 涿州市) 사람. 자
가 子幹이다. 젊어서 鄭玄과 함께 馬融에게 경전을 배웠으며, 古文經學
을 숭상하여 學官에 세울 것을 주장했다. 저서로『尙書章句』와『三禮解
詁』가 있었지만 전하지 않고,『小戴禮記注』만 淸代 王謨의『漢魏遺書
鈔』에 전한다. 注疏에는 흔히 '盧植注禮記'로 표기하고 있다.『舊唐書』
권46「經籍志」上에는 "『禮記』二十卷 盧植注"가 보인다.

215)『新唐書』권145「黎幹列傳」에는 "禘, 祭名. 禘, 諦也, 事取明諦, 故云."
라고 하여 '事尊明諦'가 '事取明諦'로 되어 있다. 또한『唐會要』권9下
와『全唐文』권446에는 "盧植云, 禘祭名, 禘者, 帝也. 事尊明禘, 故曰
禘"라고 하여 '諦'가 '帝'로 되어 있다. '諦'자는『說文』에 의하면 '자세
히 살피다(審)'란 의미이다.『白虎通』에서 제왕의 개념을 해석하면서 천
지의 덕에 부합되는 것을 제라고 하며 또한 그것을 諦라고 하여 하늘을
계승할 만한 덕을 상징한다고 보았다. "帝王者何? 號也. 號者, 功之表
也, 所以表功明德, 號令臣下者也. 德合天地者稱帝, 仁義合者稱王, 別
優劣也. … 帝者, 諦也, 像可承也 ; 王者, 往也, 天下所歸往." 또『說苑』
에서는 체를 종묘에서의 합제로 해석하며 그 의미에 대해서는 조상의
덕을 살펴 차서를 정하는 것으로 해석하고 있다. "三歲一祫, 五年一禘 ;
祫者, 合也 ; 禘者, 諦也. 祫者大合祭於祖廟也, 禘者諦其德而差優劣
也."『獨斷』권上에도 황제의 호칭을 설명하면서 帝는 諦라고 하며 천
도를 행하며 천을 받들며 천의 뜻을 살필 수 있는 존재라고 해석하고
있다. "皇帝, 至尊之稱. … 帝者, 諦也. 能行天道, 事天審諦, 故稱皇帝."
그러므로『唐會要』와『全唐文』에 인용된 노식의 주에서 "禘者, 帝也.
事尊明禘, 故曰禘"라고 한 '帝'는 '諦'와 같은 의미로 사용되었음을 알

지 않은 것이 그 여덟 번째입니다. 왕숙王肅은 "체禘란 오년마다 큰 제사를 지내는 때를 말한다"[216]라고 하여 이 또한 원구에서 호천을 제사한다고 말하지 않은 것이 그 아홉 번째입니다. 곽박郭璞은 "체禘는 오년마다 지내는 큰 제사"[217]라고 하여 또한 원구에서 호천에 제사한다고 말하지 않은 것이 그 열 번째입니다.

臣幹謂禘是五年宗廟之大祭, 詩禮經傳, 文義昭然. 今略擧十詰以明之. 臣惟見禮記祭法及禮記大傳·商頌長發等三處鄭玄注, 或稱祭昊天, 或云祭靈威仰. 臣精詳典籍, 更無以禘爲祭昊天於圓丘及郊祭天者. 審如禘是祭之最大, 則孔子說孝經爲萬代百王法, 稱周公大孝, 何不言禘祀帝嚳於圓丘以配天, 而反言「郊祀后稷以配天」? 是以五經俱無其說, 聖人所以不言. 輕議大典, 亦何容易. 猶恐不悟, 今更作十難.

신 여간은 생각건대 체禘는 오년마다 지내는 종묘의 대제입

수 있다. 이후 梁代 崔靈恩은 아예 禘를 昭穆의 차서를 살핀다는 의미로 해석하여 '차례[第]'라고까지 하였다. 『通典』 「禮」9 '禘祫'上, "崔靈恩云 : 禘以夏者, 以審諦昭穆, 序列尊卑, 夏時陽在上, 陰在下, 尊卑有序, 故大次第而祭之, 故禘者諦也, 第也."

216) 『新唐書』 「黎幹列傳」에는 "禘, 五年大祭"라고만 되어 있다. 여기에서 말한 王肅의 주장은 『聖證論』에 나오는 구절이다. 『聖證論』 원문에는 "禘是五年大祭先祖, 非圓丘及郊也"라고 되어 있어 원구 제사가 아닐 뿐만 아니라 종묘 제사로 설명하고 있다.

217) 곽박의 『爾雅注疏』 권6 원문에는 '大祭也'에 대한 주석에서 "五年一大祭"라고 하고 있다.

니다. 『시』와 『예』의 경전에서 말한 문장의 의미는 명백합니다. 지금까지 10가지 반박을 들어 이점을 분명히 하였습니다. 신이 『예기』 「제법祭法」과 『예기』 「대전大傳」, 『시』 「상송商頌·장발長發」 등 3곳의 정현주를 살펴본 결과, 어떤 경우는 호천昊天에 제사한 것이라고 하고 어떤 경우는 영위앙靈威仰에 제사한 것이라고 하였습니다. 신이 전적을 꼼꼼히 살펴본 결과, 어디에도 체禘를 원구에서 호천을 제사한 것이라고 하거나 교에서 천에 제사한 것이라고 한 곳은 없었습니다. 만일 체가 제사 중 가장 큰 제사라고 한다면, 공자가 『효경』은 만대의 백왕이 본받는 법이며 주공의 대효를 칭송한 것이라고 하였는데, 어째서 제곡을 원구에서 체 제사하여 천에 배사한다고 말하지 않고, 도리어 "후직을 교사하여 천에 배사한다"고 말했겠습니까? 이 때문에 오경에서 모두 그러한 설이 없으며 성인도 말하지 않은 것입니다. 대전大典을 경솔히 논의하는 것 또한 어찌 쉬운 일이겠습니까만, 그래도 그 참 의미를 깨닫지 못할까 염려되어 이제 다시 열 가지 (근거를) 들어 반박합니다.

其一難曰:周頌:「雍, 禘祭太祖也.」鄭玄箋云:「禘, 大祭. 太祖, 文王也.」商頌云:「長發, 大禘也.」玄又箋云「太禘, 祭天也.」夫商·周之頌, 其文互說. 或云禘太祖, 或云大禘, 俱是五年宗廟之大祭, 詳覽典籍, 更無異同. 惟鄭玄箋長發, 乃稱是郊祭天. 詳玄之意, 因此商頌禘如大傳云大祭〔一八〕,218) 如春秋「大事于太廟」, 爾雅「禘大祭」, 雖云大祭, 亦是宗廟之祭, 可得便稱祭天乎?若如所說, 大禘卽云郊祭天, 稱禘卽是祭宗廟. 又祭法說虞·夏·商·周禘黃帝與嚳,

大傳「不王不禘」, 禘上俱無大字, 玄何因復稱祭天乎?又長
發文亦不歌嚳與感生帝, 故知長發之禘, 而非禘嚳及郊祭天
明矣. 殷·周五帝之大祭[一九],[219] 群經眾史及鴻儒碩學,
自古立言著論, 序之詳矣, 俱無以禘爲祭天. 何棄周·孔之
法言, 獨取康成之小注, 便欲違經非聖, 誣亂祀典, 謬哉!

그 첫 번째 반박은 이렇습니다. 『시』「주송周頌」에 "〈옹雍〉
장은 태조에게 체 제사를 지내는 것을 노래한 것이다"라고 하
였고, 정현鄭玄은 「전箋」에서 "체禘는 대제大祭이다. 태조太祖
는 문왕文王이다"라고 하였습니다. 「상송商頌」에 "〈장발長發〉
장은 대체大禘이다"라고 하였고, 정현도 「전」에서 "대체太
禘[220]는 천 제사이다"라고 하였습니다. 「상송」과 「주송」의 문
장은 서로 보충 설명하고 있습니다. 혹은 태조를 체 제사했다
고 하고 혹은 대체大禘라고도 하는데, 모두 5년마다 지내는 종
묘의 대제를 말하며, 다른 전적을 자세히 살펴보아도 별다른
차이점이 없습니다.

그런데 정현의 〈장발〉장 주에는 교郊에서의 천天 제사라고
하고 있습니다. 정현의 의도를 살펴보면, 이 「상송」의 '체禘'를
「대전大傳」에서 말한 '대제大祭'와 같은 성질의 제사로 본 듯

---

218) [교감기 18] "如大傳云大祭"는 『冊府元龜』 권590에는 "대 자를 추가하
여 곧 제천이라고 하였다.加大字便云祭天."로 되어 있고, 『新唐書』 권
145 「黎幹列傳」에는 "대 자를 추가한 까닭에 제천이라고 한다.加大因
曰祭天."로 되어 있다.
219) [교감기 19] "五帝"는 '五年'이 되어야 한다.
220) 『구당서』에는 太禘로 되어 있으나 大禘를 말한다.

합니다. 예를 들어 『춘추春秋』에서 "태묘太廟에서 대사大事(큰
제사)를 지낸다"라고 하였고[221] 『이아爾雅』에서 "체禘는 대제
大祭이다"라고 하여 모두 대제大祭라고 하였지만, 역시 종묘
제사입니다. 이것을 어찌 천 제사라고 할 수 있겠습니까? 만약
정현의 설에 따르면 대체大禘는 곧 교에서의 천 제사이고, 체
라고 한 것은 곧 종묘 제사가 됩니다. 또 「제법」에서 순[虞]
·하夏·상商·주周는 황제黃帝와 곡嚳에게 체 제사를 지냈다
고 하였고 「대전」에서는 "왕이 아니면 체 제사를 지내지 못
한다"고 하였는데, 이때 '체' 앞에 모두 '대大' 자가 없습니다.
그런데 정현은 무엇을 근거로 또다시 천 제사라고 하는지 모르
겠습니다.

　또한 〈장발〉장 역시 제곡과 감생제感生帝를 노래한 시가 아
니니, 〈장발〉장의 '체' 역시 제곡에게 체 제사를 지내고 교에서
천 제사를 지내는 것이 아님이 분명합니다. 은殷·주周 때 오년
[五帝][222]의 대제大祭에 대해서 경서와 사서 그리고 대유학자
들이 옛날부터 논의하고 저술하여 그 서술이 상세한데, 모두
체를 천 제사로 보지 않았습니다. 어찌하여 주공과 공자의 정
통 주장[法言]을 버리고 정현의 소소한 주注만을 채택하여 경
전을 위반하고 성현을 잘못이라고 하며 사전祀典을 기만하고
어지럽히고자 하는 것입니까? 잘못입니다.

---

221) 『春秋』「文公 2년」조의 경문이다.
222) 원문의 '五帝'는 교감기에 의하면 5년이 되어야 한다. 五帝가 아닌 五年
　　이 맞다.

其二難曰：大傳稱「禮，不王不禘，王者禘其祖之所自出，以其祖配之，諸侯及其太祖」者，此說王者則當禘．其謂祭法，虞·夏·殷·周禘黃帝及嚳，「不王則不禘，所當禘其祖之所自出」，謂虞·夏出黃帝，殷·周出帝嚳，以近祖配而祭之．自出之祖，旣無宗廟，卽是自外至者，故同之天地神祇，以祖配而祀之．自出之說，非但於父，在母亦然．左傳子產云：「陳則我周之自出．」此可得稱出於太微五帝乎？故曰「不王不禘，王者禘其祖之所自出，以其祖配之」，此之謂也[二〇].223) 及諸侯之禘，則降於王者，不得祭自出之祖，只及太祖而已．故曰「諸侯及其太祖」，此之謂也．鄭玄錯亂，分禘爲三：注祭法云「禘謂祭昊天於圜丘」，一也．注大傳稱「郊祭天[二一],224)以后稷配靈威仰」，箋商頌又稱「郊祭天」，二也．注周頌云「禘大祭，大於四時之祭，而小於祫，太祖謂文王」，三也．禘是一祭，玄析之爲三，顚倒錯亂，皆率胸臆，曾無典據，何足可憑．

　그 두 번째 반박은 이렇습니다. 「대전大傳」에서 "예禮에 왕이 아니면 체 제사를 지내지 못한다. 왕이 된 자는 그 조상이 유래된 근본에 대해서 체 제사를 지내면서 그 조상을 배사한다. 제후는 그 태조까지만 미친다(제사할 수 있다)"라고 하였는데, 이 설에 의하면 왕이 된 자는 체 제사를 지내야 합니다. 그것은 「제법祭法」에서 순[虞]·하夏·은殷·주周가 황제黃帝와 제곡帝嚳에게 체 제사를 지낸 것을 말하며, "왕이 아니면 체

---

223) [교감기 20] "此之謂也"의 '此之'는 여러 판본에는 없는데, 『冊府元龜』권590에 의거하여 보충하였다.

224) [교감기 21] 이 "大傳"은 여러 판본에는 '左傳'으로 되어 있는데, 『禮記』「大傳」鄭注에 의거하여 수정하였다.

제사를 지낼 수 없고 그 조상이 유래된 근본에 체 제사를 지내야 한다"라고 한 것은 순과 하는 황제에게서 나왔고 은과 주는 제곡에서 나왔으므로 (감생제 등 원조가 아닌) 근조近祖를 배향하여 제사지냈음을 말한 것입니다. 스스로 근본이 되는 조상은 종묘가 없으므로 이는 곧 밖에서 유래된 자이며, 따라서 천지 신과 같이 그 조상을 배향하여 제사지내는 것입니다.

나의 뿌리가 어디에서 유래되었는가하는 문제[自出之說]는 아버지 쪽만 아니라 어머니 쪽 역시 마찬가지입니다. 『좌전左傳』에서 자산子産은 "진陳나라는 우리 주周나라에서 비롯된 나라입니다"[225]라고 하였는데, 이것이 어떻게 태미太微 오제五帝라고 할 수 있겠습니까? 그러므로 "왕이 아니면 체 제사를 지낼 수 없으며, 왕이 된 자는 그 조상이 비롯된 근본에 제사를 지내면서 그 조상을 배향하여 제사한다"고 한 것은 바로 이것을 일컬은 것입니다. 제후의 체 제사에 있어서는 왕보다 한 등급 내려서 그 제후가 비롯된 조상을 제사할 수 없으며 단지 태조에만 미칠 뿐입니다. 그러므로 "제후는 그 태조에 미친다 (제사 지낸다)"고 한 것은 이를 두고 한 말입니다.

정현은 혼동하여 체를 3가지로 나누었습니다. 「제법」의 주에서 "체는 호천을 원구에서 제사지내는 것"이라고 한 것이 그 첫 번째입니다. 「대전」의 주에서 "교에서 천에 제사하며 후직

---

225) 『左傳』 「襄公 25년」조 子産의 말이다. 周 武王이 舜 임금의 후손인 虞閼父가 도정으로 일을 잘한데다 순임금의 후손인 까닭에 우알보의 아들 胡公에게 장녀 태희를 시집을 보내고 호공을 陳侯에 봉한 일을 말한다. 여기에서 이 구절을 인용한 까닭은 '所自出'의 의미를 해석하기 위해서이다.

을 영위앙靈威仰에 배사한다"고 하였고 또 「상송」의 주에서는 "교에서 천에 제사하는 것"이라고 한 것이 그 두 번째입니다. 「주송」의 주에서는 "체는 대제大祭이며 사시四時 제사보다 크고 협祫 제사보다는 작다. 태조는 문왕文王을 말한다"라고 한 것이 그 세 번째입니다. 체는 하나의 제사인데, 정현은 이것을 3가지로 나누고 뒤섞어 혼란스러우니, 모두 억측에 지나지 않으며 경전적 근거도 없습니다. 어찌 증거로 삼을 수 있겠습니까?

其三難曰 : 虞‧夏‧殷‧周已前, 禘祖之所自出, 其義昭然. 自漢‧魏‧晉已還千餘歲, 其禮遂闕. 又鄭玄所說, 其言不經, 先儒棄之, 未曾行用. 愚以爲錯亂之義, 廢棄之注, 不足以正大典.

그 세 번째 반박은 이렇습니다. 순[虞]‧하夏‧은殷‧주周 이전에 그 선조가 비롯된 근본에 체 제사를 지냈는데, 그 의미는 분명합니다. 한漢‧위魏‧진晉대에 이르면 이미 천여 년이 흐른 뒤라 그 예가 마침내 행해지지 않게 되었습니다. 또한 정현이 해설한 것은 경전에 부합하지 않아 선유先儒(왕숙 등)가 폐기하여 이 설에 따라 거행된 적이 없습니다. 제가 생각하기에 혼란스러운 해설과 (선유 등이) 폐기한 주를 가지고 대전大典을 바로잡기에는 역부족입니다.

其四難曰 : 所稱今三禮行於代者, 皆是鄭玄之學, 請據鄭學以明之. 曰雖云據鄭學[二二],226) 今欲以景皇帝爲始祖之廟以配天, 復與鄭義相乖. 何者?王制云:「天子七廟.」玄云:「此周禮也.」七廟者, 太祖及文·武之祧與親廟四也. 殷則六廟, 契及湯與二昭二穆也. 據鄭學, 夏不以鯀及顓頊·昌意爲始祖, 昭然可知也. 而欲引稷·契爲例, 其義又異是. 爰稽邃古泊今, 無以人臣爲始祖者, 惟殷以契, 周以稷. 夫稷·契者, 皆天子元妃之子, 感神而生. 昔帝嚳次妃簡狄, 有娀氏之女, 呑玄鳥之卵, 因生契. 契長而佐禹治水, 有大功. 舜乃命契作司徒, 百姓旣和, 遂封於商. 故詩曰:「天命玄鳥, 降而生商, 宅殷土芒芒.」此之謂也. 后稷者, 其母有邰氏之女曰姜嫄, 爲帝嚳妃, 出野履巨跡, 歆然有孕, 生稷. 稷長而勤於稼穡, 堯聞, 擧爲農師, 天下得其利, 有大功, 舜封於邰, 號曰后稷. 唐·虞·夏之際, 皆有令德. 故詩曰:「履帝武敏歆, 居然生子, 卽有邰家室.」此之謂也. 舜·禹有天下, 稷·契在其間, 量功比德, 抑其次也. 舜授職, 則播百穀, 敷五敎. 禹讓功, 則平水土, 宅百揆. 故國語曰:「聖人之制祀也, 功施於人則祀之, 以死勤事則祀之.」能捍大肆患則祀之契爲司徒而人輯睦, 稷勤百穀而死, 皆居前代祀典, 子孫有天下, 得不尊而祖之乎?

　　그 네 번째 반박은 이렇습니다. 이른바 지금 세상에 통용되는『삼례三禮』는 모두 정현의 학설이니, 청컨대 정현의 학설에 근거하여 이 점을 밝히겠습니다. (제례 담당자들이) 정현의 학설에 근거하여, 이제 경황제景皇帝를 시조始祖의 묘묘廟로 하여 천에 배사한다고 말하는데, 이 또한 정현의 설과 어긋납니다.

---

226) [교감기 22] "曰雖云據鄭學"의 '曰'자는『冊府元龜』권590에는 '議'로 되어 있다.

왜 그럴까요? 「왕제王制」에서 "천자는 칠묘七廟이다"라고 하였고, 정현은 이에 대해 "이것은 주례周禮이다"라고 하였습니다. 칠묘란 태조太祖와 文王과 武王의 조묘祧廟 그리고 친묘親廟 4묘를 말합니다. 은殷나라의 경우는 6묘로 설契과 탕湯 그리고 2昭 2穆입니다. 정현의 설에 의하면, 하夏나라는 곤鯀과 전욱顓頊 그리고 창의昌意를 시조로 삼지 않았음을 분명하게 알 수 있습니다. 후직과 설을 예로 들어 인용하려고 해도 그 의미는 또한 이와 다릅니다. 이에 저 먼 고대부터 지금까지 살펴보아도 왕의 신하를 시조로 삼은 예는 없으며, 오직 은나라가 설을, 주나라가 후직을 시조로 삼았습니다.

후직과 설은 모두 천자의 원비元妃의 아들로서 신에 감응하여 태어났습니다.[227] 옛날 제곡帝嚳의 차비次妃인 간적簡狄은 유융씨有娀氏의 딸이었는데, 제비의 알을 삼키고 그로 인해 설을 낳았습니다. 설은 자라서 우禹를 도와 치수를 하며 큰 공을 세웠습니다. 순舜은 이에 설에게 사도司徒의 직을 맡겼는데, 백성들이 모두 화목하니 마침내 상商 땅에 봉하였던 것입니다. 그리하여 『시詩』에서 "하늘이 현조에게 명하여 내려가 상을 낳게 하고 넓디넓은 은殷 땅에 자리 잡게 하셨네.天命玄鳥, 降而生商, 宅殷土芒芒."[228]라고 하였으니 이것을 말합니다. 후직

---

227) 은의 시조인 설은 제곡의 차비인 간적의 소생이고 주의 시조인 후직은 제곡의 정비인 강원의 소생이니, 엄밀히 말하면 설은 원비의 아들이 아니지만, 신화적 탄생 설화를 가지고 있으며 건국의 시조로 추앙받는 점에서는 공통적이라고 할 수 있다.

228) 『詩』「商頌·玄鳥」

은 그 어머니가 유태씨有邰氏의 딸로서 강원姜嫄이라고 하였으며 제곡의 정비가 되었는데, 어느 날 야외에 나가 거대한 발자국을 밟고 감응하여 잉태한 후에 후직을 낳았습니다. 후직은 자라서 농사에 부지런히 힘쓰니 요임금이 알고 농사農師에 임명하였습니다. 천하가 모두 그 혜택을 누려 크나큰 공을 세우니 순 임금이 태邰 땅에 봉하고 후직이라고 불렀습니다. 요[唐]·순[虞]·하夏나라 때 모두 큰 공덕을 쌓았습니다. 그러므로 『시』에서 "상제의 발자국 중 엄지발가락을 밟으시고 흠동하여, 거하여 아들을 낳으니 이가 곧 유태씨의 집안"229)이라고 한 것이 이것을 말합니다.

순 임금과 우 임금이 천하를 다스릴 때 후직과 설은 그 당시에 있었으며 그들의 공과 덕을 헤아려보면, 오히려 순과 우 임금보다 아래입니다. 순임금이 (이 둘에게) 직무를 주니 (후직은) 백곡을 심고 (설은) 오교를 베풀었습니다.230) 우 임금이 공을 양보하니[讓功]231) 수토水土를 다스리고 백관을 임명하는 자리에 서게 되었습니다.232) 그러므로 『국어國語』에서 "성인聖

---

229) 『詩』「周頌·生民」〈生民〉장을 부분 발췌한 것이다.

230) 『尚書』「舜典」의 "帝曰 : 棄, 黎民阻饑, 汝后稷, 播時百穀"와 "帝曰 : 契, 百姓不親, 五品不遜, 汝作司徒, 敬敷五教, 在寬"을 말한다. 여기에서 오교는 곧 오품을 가르치는 것을 말하는데, 五品은 五常, 즉 父義·母慈·兄友·弟恭·子孝를 말한다.

231) 이 역시 『尚書』「舜典」의 "帝曰俞, 咨禹. 汝平水土, 惟時懋哉. 禹拜稽首, 讓于稷·契暨皐陶"라고 하여 순임금이 우에게 수토를 다스리도록 명하자 우가 머리를 조아려 후직과 설, 고요에게 그 공을 돌렸다는 말이다.

人이 제사 규정을 정할 때 사람들을 위해 공을 세웠으면 제사하고 부지런히 일을 하다가 죽으면 제사한다"고 하였습니다.[233] 설이 사도司徒가 되어 다스리니 사람들이 모두 하나 되어 화목했고 후직은 농사에 힘쓰다가 죽었으므로 모두 이전 시대 사전祀典에 들어 있었던 것입니다. 그 자손들이 천하를 호령하였으니 어찌 추존하여 시조로 삼지 않을 수 있겠습니까?

其五難曰：旣遵鄭說, 小德配寡, 遂以后稷只配一帝, 尚不得全配五帝. 今以景皇帝特配昊天, 於鄭義可乎?

다섯 번째 반박은 이렇습니다. 정현의 설을 따르면, 덕이 적은 자는 적음에 짝하는 것이니(배사 대상이 적으니),[234] 후직의 경우 하나의 제에만 배사하지 오제 전체에 배사할 수 없습니다. 그런데 지금 경황제를 단독으로 호천에 배사하는 것이 정현의 설에서 가능한 것입니까?

其六難曰：眾難臣云：上帝與五帝, 一也. 所引春官：祀

---

232) 舜 임금이 四岳의 추천을 받아 禹에게 水土를 다스리고 百官을 호령하는 자리에 서도록 명하였는데, 우가 설, 후직, 고요에게 그 공을 돌리고 양보하였으나, 순 임금이 허락하지 않고 우가 그 일을 맡도록 하였다는 말이다. 이 역시 『尚書』「舜典」에 나온다.

233) 『國語』「魯語」上에 나오는 말이다. 『國語』 원문에는 "夫聖王之制祀也, 法施于民則祀之, 以死勤事則祀之, 以勞定國則祀之, 能御大災則祀之"라고 하여 '功施於人則祀之'이 '法施于民則祀之'으로 되어 있다.

234) 『禮記』「祭法」의 '禘·郊·祖·宗'에 대한 정현의 주석인 "郊祭一帝, 而明堂祭五帝, 小德配寡, 大德配眾, 亦禮之殺也"를 말한다.

天旅上帝, 祀地旅四望. 旅訓衆, 則上帝是五帝. 臣曰, 不然. 旅雖訓衆, 出於爾雅, 及爲祭名, 春官訓陳, 注有明文. 若如所言, 旅上帝便成五帝, 則季氏旅於泰山, 可得便是四鎭耶?

여섯 번째 반박은 이렇습니다. 많은 사람들이 신을 비난하여 말하기를, "상제上帝와 오제五帝는 하나이다.「춘관春官」에서 '천天에 제사하고 상제上帝에 여旅 제사하며, 지地에 제사하고 사망四望에 여 제사한다'235)라고 한 것을 인용하여, 여旅는 많음[衆]으로 풀이되니 (여기에서의) 상제上帝가 곧 오제五帝이다"라고 합니다.236) 신은 그렇지 않다고 봅니다. 여旅는 많음[衆]으로 풀이되는 것이『이아爾雅』에 나오지만,237) 제사 명칭이 될 때에는『주례』「춘관春官」에서 '진설하다[陳]'로 풀이하였으니 주에 명문이 있습니다.238) 만약 저들이 말한 대로 '여상제'의 상제가 곧 오제라고 한다면, 계씨季氏가 태산泰山에서 여旅제사를 지낸 대상이 바로 사진四鎭239)이라고 할 수 있겠습니까?

235) 『周禮』「春官·典瑞」의 "사규유저로 천에 제사하고 상제에 려 제사를 지내며 양규유저로 지에 제사하며 사망에 려 제사를 지낸다.四圭有邸, 以祀天, 旅上帝. 兩圭有邸, 以祀地, 旅四望."는 구절을 말한다.

236) 『周禮』「春官·典瑞」"四圭有邸, 以祀天·旅上帝"에 대해 정현이 '旅上帝'의 上帝는 五帝라고 주석한 것을 말한다."玄謂祀天, 夏正郊天也. 上帝, 五帝, 所郊亦猶五帝, 殊言天者, 尊異之也."

237) 『爾雅』「釋詁」의 "旅, 衆也"이다.

238) 『周禮』「春官·大宗伯」"國有大故, 則旅上帝及四望"의 鄭玄注에 "旅, 陳也"라고 하였다. 그리고『詩』「小雅·賓之初筵」의 "籩豆有楚, 殽核維旅" 구절에 대한 注에도 "旅, 陳也"라고 하였다.

239) 四鎭은 네 방위의 큰 산을 말한다.『周禮』「春官·大司樂」의 "凡日月

其七難曰：所云據鄭學，則景皇帝親盡，廟主合祧，卻欲
配祭天地，錯亂祖宗．夫始祖者，經綸草昧，體大則天，所以
正元氣廣大，萬物之宗尊，以長至陽氣萌動之始日，俱祀於
南郊也．夫萬物之始，天也．人之始，祖也．日之始，至也．掃
地而祭，質也．器用陶匏，性也．牲用犢，誠也．兆於南郊，就
陽位也．至尊至質，不敢同於先祖，禮也．故白虎通曰：「祭
天歲一，何？天至尊至質，事之不敢褻黷，故因歲之陽氣始達
而祭之．」今國家一歲四祭之，黷莫大焉．上帝·五帝，其祀
遂闕，怠亦甚矣．黷與怠，皆禮之失，不可不知．夫親有限，
祖有常，聖人制禮，君子不以情變易．國家重光累聖，歷祀
百數，豈不知景皇帝始封于唐．當時通儒議功度德，尊神堯
克配彼天，宗太宗以配上帝．神有定主，爲日已久．今欲黜
神堯配含樞紐，以太宗配上帝，則紫微五精，上帝佐也，以
子先父，豈禮意乎！非止神祇錯位，亦以祖宗乖序，何以上
稱皇天祖宗之意哉！若夫神堯之功，太宗之德，格于皇天上
帝，臣以爲郊祀宗祀，無以加焉．

일곱 번째 반박은 이렇습니다. 이른바 정현의 학설에 근거하
여 말하자면, 경황제景皇帝의 신위는 (소목의 순서상) 친진親盡
했으므로 신주는 조묘祧廟에 합사되어야 마땅하거늘, 도리어
천지에 배사하려고 하니 조종祖宗의 위상을 어지럽히고 있습
니다. 무릇 시조始祖란 개국의 단초를 연 분으로, 위대한 하늘
을 근간으로 삼아 본받음으로써 광대한 하늘의 기운을 갖추어

食, 四鎮五嶽崩"에 대한 鄭玄 注에 "四鎮, 山之重大者, 謂揚州之會稽
山, 青州之沂山, 幽州之醫無閭, 冀州之霍山"이라고 하였다.

만물이 대종으로 받드는 분이기에240) 양기가 싹트기 시작하여
활동하기 시작하는 날에241) (천과) 함께 남교에서 제사지내는
것입니다. 무릇 만물의 근원은 하늘입니다. 사람의 근원은 조
상입니다. 해[日]의 시작은 지至입니다. 땅을 깨끗이 청소하여
제사지내는 것은 질박함[質]입니다. 흙으로 빚은 그릇과 박으
로 만든 것을 제기로 사용하는 것은 본바탕[性]입니다. 희생으
로 어린 송아지를 쓰는 것은 정성[誠]입니다. 남교에 제사 조역
을 만드는 것은 양위陽位를 따른 것입니다. (이와 같이) 지극히
존귀하면서도 지극히 질박하여 감히 선조와 같게 할 수 없는
것이 바로 예입니다. 그러므로 『백호통白虎通』에서는 "천 제사
는 1년에 한번 지내는데, 왜 그런가? 천은 지극히 존귀하면서
도 지극히 질박하기 때문에 번다한 일로 감히 신성을 더럽히거
나 욕되게 해서는 안 된다. 그러므로 1년 중 양기가 처음 이르
렀을 때 제사한다"라고 하였습니다.242)

---

240) 이 구절이 『新唐書』권145「黎幹列傳」에는, "夫所謂始祖者, 經綸草昧,
功普體大, 以比元氣含覆廣大者"라고 하여 시조의 공업의 체대함이 마
치 천의 원기가 광대무변함과 같다고 하였다.

241) 冬至를 말한다. 태양이 夏至에 북위 23도 5분에 이르렀다가 다시 동지
에 남위 23도 5분에 이르는[至] 데서 '日南至'라고 하며 흔히 동지라고
한다. 여기에서 '日'은 태양을 말하며 '태양이 처음 다다르다'는 말은 흔
히 한 해의 시작을 동지로 보는 데 따른 말이다.

242) 현행본 『백호통』에는 해당 구절이 보이지 않는다. 여간의 「십힐십난」
『구당서』본을 그대로 전재하고 있는 『全唐文』에는 "祭天歲一何, 天至
尊至質, 事之不敢褻顯"으로 되어 있다. 『新唐書』권145「黎幹列傳」에
인용된 「十詰十難」에는 『白虎通』인용문이 "祭天歲一, 何? 天至尊至

지금 나라에서는 1년에 4번 제사하니 불경스러움이 막대합니다.[243] 상제上帝와 오제五帝 제사는 폐지되었으니 태만함 또한 심합니다. 불경함과 태만함 모두 예에 어긋난 것임을 알지 않으면 안 됩니다. 무릇 소목에는 차서가 있고 시조를 정하는 일[祖]에는 일정한 법도가 있으니, 성인이 예의를 제정한 것을 군자가 인정으로 쉽게 바꾸어서는 안 될 일입니다. 국가에 연속해서 성군이 출현하여 대대로 제사지내온 것이 백여 차례인데, 어찌 경황제가 처음 당唐에 봉해진 사실을 알지 못했겠습니까? 당시 박학다식한 유자들이 공덕을 가늠하여 신요 황제(고조 이연)를 추존하여 저 천에 배사하고 태종(이세민)을 종으로 삼아 상제에 배사하였습니다. 신에게 정해진 신주가 있은 지는 오래되었습니다.

그런데 지금 신요 황제를 끌어내려 함추뉴含樞紐[244]에 배사하고 태종을 상제上帝에 배사하려 하고 있습니다. 이렇게 하면 자미紫微 오정五精은 상제上帝의 보좌인데, 아들이 아버지보다 위의 자리에 있게 되니, 어찌 예의에 걸맞다고 하겠습니까? 천지 신위를 어지럽힐 뿐만 아니라 조종의 순서에도 어긋나니 어

質, 事之不敢褻黷"까지 표시되어 있다. 현행 『白虎通』에 이와 관련된 구절은 권2 「五祀」편에 인용된 "『禮』曰 : 「天子祭天地, 諸侯祭山川, 卿大夫祭五祀, 士祭其祖.」 「曲禮」曰 : 「[天子祭]天地 · 四時 · 山川 · 五祀, 歲遍"의 '歲遍' 정도이다.

243) 1년에 4번 제사한다는 것은 앞뒤 문맥으로 보아 제천을 의미한다. 당대 祭天은 冬至 圓丘(호천상제), 孟春 南郊(感生帝), 南郊 雩壇의 雩祀(오방상제), 季秋 明堂 宗祀(오방상제)를 말한다.

244) 五精帝 중 중앙 土德에 해당하는 感生帝를 말한다.

찌 위로 황천皇天과 조종祖宗의 뜻에 걸맞다고 할 수 있겠습니까? 신요 황제의 공과 태종의 덕은 황천상제皇天上帝에 이를 정도이니, 신은 교사와 (명당) 종사에 다른 신위를 더할 필요는 없다고 봅니다.

其八難曰 : 欲以景皇帝爲始祖, 旣非造我區宇, 經綸草昧之主, 故非夏始祖禹‧殷始祖契‧周始祖稷‧漢始祖高帝‧魏始祖武皇帝‧晉始祖宣帝‧國家始祖神堯皇帝同功比德, 而忽升于宗祀圜丘之上, 爲昊天匹, 曾謂圜丘不如林放乎?

여덟 번째 반박은 이렇습니다. 지금 경황제景皇帝를 시조始祖로 삼으려고 하는데, (경황제는) 우리 당나라의 기초를 다져 천하를 경략할 단초를 마련한 군주가 아닙니다. 그러므로 하夏의 시조인 우禹, 은殷의 시조인 설契, 주周의 시조인 후직后稷, 한漢의 시조인 고제高帝, (조)위魏의 시조인 무황제武皇帝(조조), 진晉의 시조인 선제宣帝(사마의), 우리 당나라 시조인 신요황제와 공덕을 비교할 바가 못 되는데, 갑자기 명당의 종사와 원구 제사에 올라 호천昊天의 짝이 되었으니, 원구의 신이 임방林放만도 못하다는 말입니까?[245]

其九難曰 : 昨所言魏文帝丕以武帝操爲始祖, 晉武帝炎以宣帝懿爲始祖者. 夫孟德‧仲達者, 皆人傑也. 擁天下之強兵,

---

245) 『論語』「八佾」의 "일찍이 태산의 신이 예의 근본을 물었던 임방만도 못한가.曾謂泰山不如林放乎."의 '泰山'을 '圜丘'로 바꾸어 원구에서의 배사 건이 예의를 모르는 처사라고 반박한 것이다.

挾漢・魏之微主, 專制海內, 令行草偃, 服袞冕, 陳軒懸, 天子
決事於私第, 公卿列拜於道左, 名雖爲臣, 勢實凌君. 後主因
之而業帝, 前王由之而禪代, 子孫尊而祖之, 不亦可乎?

　아홉 번째 반박은 이렇습니다. 일전에 말한 위문제魏文帝 조
비曹丕는 무제武帝인 조조曹操를 시조로 삼았으며, 진무제晉武
帝 사마염司馬炎은 선제宣帝 사마의司馬懿를 시조로 삼았습니
다. 맹덕孟德(조조)과 중달仲達(사마의)은 모두 천하 인재입니
다. 천하의 강력한 군대를 옹유하고 한・위의 미약한 군주를 옆
에 끼고서 해내를 주름잡았습니다. 그 명령은 풀이 바람에 쓰
러지듯 행해지고 곤면복을 입고 헌현軒懸을 진설하며,[246] 천자
가 처리해야 일들을 자신의 저택에서 결행하고 공경은 도로 왼
쪽에서 줄지어 재배하니, 이름은 신하라 하지만 실세는 군주를
능가하였습니다. 그 후계자들은 이 때문에 창업군주가 되었고
선대의 군왕은 이로 인해 선양하여 왕조를 교체하게 되었으니,
자손들이 추존하여 시조로 삼은 것은 당연하지 않습니까?

---

246) 헌현軒懸 : 신분에 따른 악대 편성 중 제후에 해당하는 편성방법이다.
‘軒’은 글자그대로 ‘처마’ ‘집’을 의미하며 천자의 악대가 宮懸인 데 비추
어 보아, 宮보다 한 등급 아래로 인식하였다. 예를 들어 당대에는 태자의
궁정에서 헌현을 진설한 것이 그 한 예이다. 『舊唐書』 권44 「職官志」
‘太常寺’ 注, “太子之廷, 陳軒懸, 去其南面鎛鐘・編鐘・編磬各三”. 궁
현은 사방에 종과 경을 매달아[懸] 설치하는 방식이며, 헌현은 사방 중
남쪽만 제외하고 3면에 편종과 편경 각 세틀씩 아홉 틀을 편성하여 진설
하는 방식이다. 여기에서 ‘헌현을 진설하였다’는 말은 조조가 위왕을 칭
하며 섭정하였음을 말한다.

其十難曰：所引商·周·魏·晉, 旣不當矣, 則景皇帝不爲
始祖明矣. 我神堯拔出群雄之中, 廓清隋室, 拯生人於塗炭,
則夏禹之勳不足多；成帝業於數年之間, 則漢祖之功不足
比. 夏以大禹爲始祖, 漢以高帝爲始祖, 則我唐以神堯爲始
祖, 法夏則漢, 於義何嫌? 今欲革皇天之祀, 易太祖之廟, 事
之大者, 莫大於斯, 曾無按據, 一何寡陋, 不愧于心, 不畏于
天乎！

열 번째 반박은 이렇습니다. 앞에서 인용한 상商·주周·위魏
·진晉의 경우에 해당하지 않으니, 경황제는 시조가 아님이 분
명합니다. 우리 당나라 신요황제는 군웅 중 일어나 수나라를
쓸어버리고 백성들을 도탄에서 구하셨으니, 하夏나라 우禹왕
의 공도 이보다 크지 않으며, 수년의 세월 동안 제업을 이루었
으니, 한 고조의 공도 여기에 비할 바 못됩니다. 그런데 하나라
는 대우를 시조로 하고 한나라는 고조를 시조로 하였으며, 우
리 당나라가 신요황제를 시조로 한 것은 하나라와 한나라를 본
받은 셈이니, 이치상 무슨 꺼리길 바가 있겠습니까? 지금 황천
皇天의 제사를 개혁하여 태조의 묘를 바꾸려고 하는데, 사안
중에 이보다 큰일이 없습니다. 그런데 그 어떤 근거도 없고 어
쩌면 그렇게 하나같이 고루하고 견문이 좁은지, 마음에 부끄럽
지 않고 하늘이 두렵지 않습니까?

以前奉詔, 令諸司各據禮經定議者. 臣幹忝竊朝列, 官以
諫爲名, 以直見知, 以學見達, 不敢不罄竭以裨萬一. 昨十
四日, 具以議狀呈宰相, 宰相令朝臣與臣論難. 所難臣者,
以臣所見獨異, 莫不騰辭飛辯, 競欲碎臣理, 鉗臣口. 剖析

毫釐, 分別異同, 序墳典之凝滯, 指子傳之乖謬, 事皆歸根, 觸物不礙. 但臣言有宗爾, 豈辯者之流也. 又歸崇敬·薛頎 等援引鄭學, 欲蕪祀典, 臣爲明辯, 迷而不復. 臣輒作十詰 十難, 援據墳籍, 昭然可知. 庶郊禘事得其眞, 嚴配不失其 序, 皇靈降祉, 天下蒙賴. 臣亦何顧不蹈鼎鑊?謹敢聞達, 伏 增悚越.

일전에 황제께서 명하시어 관련된 각 부문에 예경에 근거하여 이 문제를 논의하라 하셨습니다. 신 여간黎幹은 황송하옵게도 조정의 반열에 발을 들여놓아 명색이 간관諫官으로서 간언을 임무로 하고 있고[247] 정직하다고 알려져 있고 학문으로 직임에 올랐으니 저의 역량을 다해서 만분의 일이라도 보탬이 되게 하지 않을 수 없습니다. 지난 14일에 의론의 장계를 갖추어 재상에게 올리니, 재상이 조정의 대신들에게 신과 이 문제에 대해 논의하도록 하였습니다. 신의 견해에 대해 비판하는 사람들은 신의 견해가 독선적이고 기이하다 하며 모두들 벌떼 같이 달려들어 공격하여 신의 주장을 깨부수고 신의 입을 다물게 하려고 하였습니다. 작은 것 하나라도 밝히고 그 차이를 분별하며 경전의 이해되지 않았던 부분을 소통시키고 학자들이 전하는 설의 오류를 지적하면서 사안마다 모두 그 근원에 이르러

---

247) 黎幹이 맡고 있던 직책이 諫議大夫임을 말한다. 隋唐代 諫議大夫는 左·右諫議大夫를 각각 4인을 두어 門下省과 中書省에 분치하였으며, 별도로 補闕과 拾遺를 두었다. 諫議大夫는 위계는 비록 높지 않고 唐代에는 正五品에 불과했지만 조정의 득실을 논하고 황제의 잘잘못을 간하는 중요한 임무를 맡았다. 당 태종 때의 위징이 대표적인 사례이다.

다루는 것마다 막힘이 없었습니다. 그러나 신의 말에는 근원이 있을 뿐입니다. 제가 어찌 변사의 부류이겠습니까? 그리고 귀숭경歸崇敬과 설기薛頎 등이 정현의 학설을 끌어들여 사전을 어지럽히려 하여 신이 명명백백하게 밝혀주었지만, 여전히 미혹되어 깨닫지 못하였습니다. 그리하여 신은 10가지 책문과 10가지 반박의 글을 지었으니 경전과 전적에 의거한 것을 명백히 알 수 있습니다. 교사郊祀와 체제禘祭의 건이 모두 제자리를 잡아 엄부배천嚴父配天이 그 질서를 잃지 않도록 해서 위대한 신령이 복을 내리시어 천하가 그 은택을 입을 수 있기를 바랍니다. 신 또한 어찌 (죄를 피하여) 가마솥에 뛰어 들어가길 주저하겠습니까? 감히 제 의견을 주상께 이렇게 알리니 송구스럽기 그지없습니다.

議奏, 不報.

이상과 같이 논의를 상주하였으나 그에 대한 비답을 듣지 못하였다.

至二年春夏旱. 言事者云：太祖景皇帝追封於唐, 高祖實受命之祖, 百神受職, 合依高祖. 今不得配享天地, 所以神不降福, 以致愆陽. 代宗疑之, 詔百僚會議. 太常博士獨孤及獻議曰：

(보응) 2년 봄 여름에 가뭄이 들었다.[248] 이 일에 대해 "태조 경황제는 당唐에서 추봉追封되었으며, 고조가 실제로 천명을 받은 선조

----

248) 숙종 보응 2년(763)이며, 같은 해 대종은 廣德元年으로 개원하였다.

이니 백신의 제사에는 고조를 기준으로 해야 한다. 현재 (고조가) 천지 제사에 배사되지 않기 때문에 신들이 복을 내리지 않아 건양愆陽 (지나치게 왕성한 양기, 여기에선 가뭄을 뜻함)의 피해가 생기게 되었다"라고 말하는 자가 있었다. 대종代宗이 이에 의문을 제기하고 백관들에게 조를 내려 논의토록 하였다. 태상박사 독고급獨孤及[249]이 의론 장계를 올려 다음과 같이 말하였다.

> 禮, 王者禘其祖之所自出, 以其祖配之. 凡受命始封之君, 皆爲太祖. 繼太祖已下六廟, 則以親盡迭毁. 而太祖之廟, 雖百代不遷. 此五帝·三王所以尊祖敬宗也. 故受命于神宗, 禹也, 而夏后氏祖顓頊而郊鯀. 纘禹黜夏, 湯也, 而殷人郊冥而祖契. 革命作周, 武王也, 而周人郊稷而祖文王. 則明自古必以首封之君, 配昊天上帝. 唯漢氏崛起豐沛, 豐公太公, 皆無位無功, 不可以爲祖宗, 故漢以高皇帝爲太祖, 其先細微也. 非足爲後代法.

예에 왕자는 그 선조가 기원한 데에 체 제사를 지내면서 그

---

249) 독고급獨孤及(725~777) : 당 河南 洛陽 사람. 자는 至之이다. 玄宗 天寶 13년(754) 道擧에 응시하여 장원으로 급제하여 華陰尉에 올랐다. 代宗 때 左拾遺로 벽소되어 太常博士를 지내고, 禮部員外郎을 거쳐 濠州와 舒州의 刺史에까지 역임하였다. 치적이 좋아 檢校司封郎中이 더해졌다. 얼마후 常州刺史로 승진했다가 재직중에 죽어 세간에서는 獨孤常州라 부른다. 李華, 蕭穎士 등과 이름을 나란히 했으며, 저서에 『毘陵集』 20권이 있다. 『全唐詩』에서 시를 2권으로 편집했고, 『全唐文』에서 문장을 10권으로 편집했다. 고문을 잘 지었고 의론에 뛰어나 병려체에 반대했으며 韓愈와 柳宗元의 고문운동의 선구자 가운데 한 사람이다.

선조를 배사한다고 하였습니다. 천명을 받고 처음 봉해진 군주
는 모두 태조가 됩니다. 태조 뒤를 이은 6묘는 친진親盡하면
차례대로 거두어들입니다. 하지만 태조의 묘는 100대 후라도
옮기지 않는 법입니다. 이는 오제五帝와 삼왕三王이 조종을 추
존하고 공경한 이유입니다. 신종神宗(종묘)에서 천명을 수수한
것은 우禹인데, 하후씨夏后氏는 전욱顓頊에게 조祖 제사를 지
내고 곤鯀에게 교 제사를 지냈습니다. 하나라를 몰아내고 우禹
의 세상을 계승한 것은 탕湯인데, 은나라 사람은 명冥에게 교
제사를 지내고 설契에게 조祖 제사를 지냈습니다. 천명을 바꾸
어 주나라를 세운 사람은 무왕武王인데, 주周나라 사람은 후직
에게 교 제사를 지내고 문왕에게 조 제사를 지냈습니다. 이것
을 보면 예부터 제일 먼저 봉건을 받은 군주로 하여금 호천상
제에 배사하는 것이 분명합니다. 다만 한漢 나라는 풍豐 땅 패
沛 현에서 기의하였고 풍공豐公과 태공太公250)은 모두 지위도
공도 없어 조종으로 삼을 수가 없었기에 한나라의 경우는 고황
제高皇帝를 태조로 하였던 것이니, 그 선조의 신분이 보잘것없
기 때문입니다. 후대의 모범이 되기에는 부족합니다.

250) 풍공豐公과 태공太公 : 풍공은 한고조의 할아버지, 태공은 아버지를 말
    한다. 『舊唐書』 권71 「宰相世系表」상에 劉氏의 家系에 대해 언급한 것
    중에, "秦滅魏, 徙大梁, 生淸, 徙居沛. 生仁, 號豐公"라고 하여 劉仁을
    豐公이라 하고 있다. 한고조 유방의 할아버지에 대해서 『史記』에는 다
    만 유방의 아버지를 태공이라 하고 그를 높여 태상황이라고 한 것만 보
    이며, 『漢書』에 '太上皇父'를 '豐公'이라 언급한 것이 처음 나온다. 『舊
    唐書』에 보이는 劉仁은 후대 만들어진 이름일 가능성이 크다.

伏惟太祖景皇帝以柱國之任, 翼周弼魏, 肇啓王業, 建封
于唐. 高祖因之, 以爲有天下之號, 天所命也. 亦如契之封
商, 后稷之封邰. 禘郊祖宗之位, 宜在百代不遷之典. 郊祀
太祖, 宗祀高祖, 猶周之祖文王而宗武王也. 今若以高祖創
業, 當躋其祀, 是棄三代之令典, 尊漢氏之末制, 黜景皇帝
之大業, 同豐公太公之不祀, 反古違道, 失孰大焉?夫追尊景
皇, 廟號太祖, 高祖・太宗所以崇尊之禮也. 若配天之位旣
異, 則太祖之號宜廢, 祀之不修, 廟亦當毀. 尊祖報本之道,
其墜于地乎! 漢制, 擅議宗廟, 以大不敬論. 今武德・貞觀
憲章未改, 國家方將敬祀事, 和神人, 禘郊之間, 恐非所宜.
臣謹稽禮文, 參諸往制, 請仍舊典.

생각건대 태조 경황제는 주국柱國의 임무로 북주北周(557~
581)와 서위西魏(535~557)를 보필하였고[251] 왕업의 기초를 열
어 당에 처음으로 봉건되었습니다. 고조는 이로 인하여 천하를
보유하는 칭호로 삼았으니, 하늘이 명한 것입니다. 이것은 또
한 설契이 상商 땅에 봉건되고 후직后稷이 태邰 땅에 봉해진
것과 같습니다. 체禘, 교郊, 조祖, 종宗의 제사에서 배사되는 신
위는 마땅히 100대 이후라도 옮기지 않는 법에 해당합니다. 태
조를 교사에서 배사하고 (명당에서) 고조를 종사하며 상제에

---

251) 이호가 西魏 文帝 大統 16년(550)년에 宇文泰, 太保 李弼, 大司馬
獨孤信 등과 함께 이른바 八柱國의 하나로 隴西郡公에 임명된 것을
말한다. 李虎는 北魏와 西魏에서 벼슬살이를 하였는데, 여기에서 북
주를 말한 것은 北周 武帝 保定 4년(564)에 唐國公에 추봉되었기 때
문이다.

배사하는 것은 주나라가 문왕을 조祖로 삼아 배사하고 무왕을 종宗으로 삼아 배사하는 것과 같습니다. 이제 고조가 창업하였다고 보고 교 제사의 배사 대상에 올린다면 이는 삼대의 위대한 법전을 위배하고 한대의 지엽적인 제도를 추종한 것이며, 경황제의 대업을 무시하고 풍공과 태공처럼 제사하지 않는 것이니, 옛 법도를 위반하는 것이 이보다 더 크지 않을 겁니다.

경황제로 추존하고 태조라는 묘호를 올린 것은 고조高祖와 태종太宗이 경황제를 추숭해서 한 일입니다. 만약 배천의 신위가 다르다면 태조라는 묘호도 내려야 하고 제사를 지내지 않는다면 묘 역시 없애야 마땅합니다. (그렇게 되면) 조종을 받들고 그 근본에 보답하는 도리가 땅에 떨어질 것입니다. 한나라 제도는 종묘제도를 함부로 논의하여 불경하기 그지없습니다. 현재 (고조) 무덕武德 연간과 (태종) 정관貞觀 연간의 헌장이 아직 고쳐지지 않은 때, 나라에서 경건히 제사를 지내 신과 사람을 화목하게 하려는 이때, 체 제사와 교 제사가 도리에 맞지 않을까 두렵습니다. 신 삼가 예문을 자세히 살펴보고 과거의 제도를 참고한 결과 구전舊典대로 시행할 것을 청하옵니다.

竟依歸崇敬等議, 以太祖配享天地.

결국 귀숭경 등의 논의대로 태조(경황제)를 천지 제사에 배향하였다.

廣德二年正月十六日, 禮儀使杜鴻漸奏:「郊·太廟, 大禮, 其祝文自今已後, 請依唐禮, 板上墨書. 其玉簡金字者, 一切停廢. 如允臣所奏, 望編爲常式.」敕曰:「宜行用竹簡.」

(대종) 광덕廣德 2년(764) 정월 16일 예의사禮儀使 두홍점杜鴻漸
이 상주하여 말하였다. "교사郊祀와 태묘太廟 제사는 대례大禮입니
다. 그 축문은 지금부터 당례唐禮에 따라 축판 위에 묵서하기를 청
하옵니다. 옥간玉簡에 금으로 글자를 새기는 것은 모두 정지시키십
시오. 만일 신이 상주한 것을 윤허하신다면, 식령式令에 넣어 편찬하
기를 바랍니다." 칙勅을 내려 말하기를, "마땅히 죽간을 사용해야 한
다"고 하였다.

貞元元年十一月十一日, 德宗親祀南郊. 有司進圖, 敕付禮官詳
酌. 博士柳冕奏曰:「開元定禮, 垂之不刊. 天寶改作, 起自權制.
此皆方士謬妄之說, 非禮典之文, 請一準開元禮.」從之.

(덕종) 정원貞元 원년(785) 11월 11일, 덕종德宗이 친히 남교에서
제사를 지냈다. 담당관이 도圖를 진상하자 예관에게 칙을 내려 자세
히 살펴보도록 하였다. 박사博士인 유면柳冕[252]이 상주하여 말하였
다. "개원開元 연간에 확정된 예는 계속 행해지며 바뀌지 않았습니

---

252) 유면柳冕(730~804경) : 당 河東 解(현재 山西省 永濟) 사람. 자는 敬叔
이고, 柳芳의 아들이다. 박학했고 文辭가 풍부했다. 父子가 나란히 集賢
院에 있었다. 평생 史官을 지냈으며 右補闕과 史館修撰을 역임했고 나
중에 巴州 司戶參軍으로 貶謫되었다. 德宗 貞元 연간 초에 太常博士
가 되었다. 이때 덕종이 직접 남교에 행차하여 제사를 지내며 祀典 진행
에 신중했는데, 예에 맞게 대답하고 본말이 일사분란해서 황제가 칭찬했
다. 얼마 뒤 언사가 너무 강직했기 때문에 집정자들에게 용납되지 못해
婺州刺史로 내쫓겼다. 당대 문인 유종원과 동족으로 유종원, 한유 등과
함께 당대 고문부흥운동을 이끈 선구이다. 저서에 『筆語』가 있는데 이미
산실되었다. 『全唐文』에 문장 10편이 실려 있다.

다. 천보天寶 연간의 개정은 임시방편의 조치였습니다. 이는 모두 방사들의 허망한 설이지 예전禮典의 명문이 아니니, 청컨대 모두 「개원례」를 따르도록 하십시오." 그 건의대로 따랐다.

其年十月二十七日, 詔:「郊祀之義, 本於至誠. 制禮定名, 合從事實, 使名實相副, 則尊卑有倫. 五方配帝, 上古哲王, 道濟烝人, 禮著明祀. 論善計功, 則朕德不類, 統天御極, 朕位攸同. 而於祝文稱臣以祭, 既無益於誠敬, 徒有瀆於等威. 前京兆府司錄參軍高佩上疏陳請, 其理精詳. 朕重變舊儀, 訪于卿士, 申明大義, 是用釋然. 宜從改正, 以敦至禮. 自今已後, 祀五方配帝祝文, 並不須稱臣. 其餘禮數如舊.」

그해(정원 원년, 785) 10월 27일에 조를 내려 다음과 같이 말하였다.[253]

교사郊祀의 의의는 본래 지극한 정성[至誠]에 있다. 예의를 제정하고 이름을 정하는 것은 사실에 근거해서 명분과 실질이 서로 맞아야 존비의 질서가 갖추어지는 법이다. 오방五方의 배제配帝와 상고上古의 철왕哲王은 백성들을 도탄에서 구해 바른 길로 이끌었으므로 예에 분명하게 그 제사를 규정하였다. 업적과 공과를 따져본다면, 짐의 덕은 비교할 바가 못 되지만, 천자의 자리에 올라 천하를 다스림에 있어서는 짐의 위상 또한 같

---

253) 덕종은 貞元 원년 11월 11일에 남교에서 친히 교사를 지냈다. 같은 해 10월 27일에 11월에 있을 남교 제사를 대비하여 축문에서 稱臣하는 제도를 개정한다는 조이다.

다. 그런데 축문에서 신하를 칭하며 제사하는 것은 정성과 존경에 보탬이 되지도 않으면서 동등한 위엄의 자리에 욕되기만 한다. 일전에 경조부京兆府 사록참군司錄參軍 고패高佩가 상주하여 간청하였는데, 그의 주장이 상세하였다.[254] 짐은 다시 구의舊儀를 변경하면서 경사卿士들에게 두루 의견을 물었고 대의를 펼쳐 밝히니, 이로써 모든 의혹을 말끔하게 풀 수가 있었다. 마땅히 (구례를) 개정하여 지성을 다해 예를 돈독히 해야 한다. 지금부터 이후로는 오방제 제사 때 축문에는 모두 신하를 칭하지 않기로 한다. 나머지 예절은 구례대로 한다.

六年十一月八日, 有事于南郊. 詔以皇太子爲亞獻, 親王爲終獻. 上問禮官:「亞獻·終獻合受誓誠否?」 吏部郎中柳冕曰:「準開元禮, 獻官前七日於內受誓誠. 辭云:『各揚其職, 不供其事, 國有常刑.』 今以皇太子爲亞獻, 請改舊辭, 云『各揚其職, 肅奉常儀』.」 從之.

(정원) 6년(790) 11월 8일 남교에서 제사를 지냈다. 조를 내려 황태자皇太子를 아헌亞獻에 임명하고 친왕親王을 종헌終獻에 임명하였다. 천자가 예관에게 물었다. "아헌과 종헌은 다함께 서계誓誠를 받는가 안 받는가?" 이부낭중吏部郎中 유면柳冕이 답하였다. "「개원례

---

254) 高佩의 상주문은 기록에 남아 있지 않다. 京兆府 司錄參軍이란 벼슬은 『舊唐書』 권42 「職官志」上을 보면, 開元 원년에 雍州를 京兆府로, 錄事參軍을 司錄參軍으로 개정하였다고 하였다. "開元元年十二月, 改尚書左右僕射爲左右丞相, 中書省爲紫微省, 門下省爲黃門省, 侍中爲監. 雍州爲京兆府, 洛州爲河南府. 長史爲尹, 司馬爲少尹, 錄事參軍爲司錄參軍, 餘司改司爲曹."

開元禮」에 따르면 헌관獻官은 7일 전에 안에서 서계를 받습니다. 그
(서계의) 말에, '각자 자신의 직책을 받들되, 그 일을 제대로 하지 못
하면 나라에는 그에 상응하는 법이 있다.[各揚其職, 不供其事, 國有常
刑.]'라고 합니다. 지금 황태자께서 아헌이 되셨으니, 청컨대 옛 (서
계의) 말을 꾸어 '각자 자신의 직책을 받들어 엄숙히 의례를 봉행한
다[各揚其職, 肅奉常儀.]'라고 하십시오." 그 말대로 하였다.

　十五年四月, 術士匡彭祖上言:「大唐土德, 千年合符, 請每於
四季月郊祀天地.」詔禮官儒者議. 歸崇敬曰:「準禮, 立春日迎春
於東郊, 祭青帝. 立夏日迎夏於南郊, 祭赤帝. 立秋後十八日[二
三],255) 迎黃靈於中地, 祭黃帝. 秋·冬各於其方. 黃帝於五行爲
土, 王在四季, 土生於火, 用事於木, 而祭於秋[二四],256) 三季則
否. 漢·魏·周·隋, 共行此禮. 國家土德乘時, 亦以每歲六月土王
之日, 祀黃帝於南郊, 以后土配, 合於典禮. 彭祖憑候緯之說, 據
陰陽之書, 事涉不經, 恐難行用.」乃寢.

　(정원) 15년(799) 4월, 술사術士 광팽조匡彭祖257)가 상주하여 말하

---

255) [교감기 23] "立秋後十八日"은 聞本·殿本·懼盈齋本·廣本이 모두 똑
　　같고, 『舊唐書』 권149 「歸崇敬傳」에는 "先立秋十八日"로 되어 있다.
　　『後漢書』 「祭祀志」中에는 "先立秋十八日, 迎黃靈於中兆, 祭黃帝后
　　土"로 되어 있다. 『大唐開元禮』 권16·17에는 모두 "季夏土王日祀黃帝
　　於南郊"라고 하였다.
256) [교감기 24] "用事於木而祭於秋"는 『舊唐書』 권149 「歸崇敬傳」에는 "故
　　火用事之末而祭之"라고 되어 있다. "火用事之末"은 여름 끝을 가리키며
　　"先立秋十八日"을 말한다. 이 조와 위의 조 모두 「歸崇敬傳」이 맞다.
257) 『舊唐書』 권149 「歸崇敬傳」에는 '方士匡彭祖'로 되어 있다.

였다. "대당제국은 토덕土德으로 천년의 부서에 부합되니, 사계월四季月(계춘·계하·계추·계동)마다 천지에 교사를 지내십시오." 예관과 유자들에게 조를 내려 이 문제를 검토해보라고 하였다. 귀숭경이 말하였다.

예에 의하면, 입춘일立春日에 동교東郊에서 봄을 맞이하여 청제青帝에 제사지냅니다. 입하일立夏日에 남교南郊에서 여름을 맞이하여 적제赤帝에 제사냅니다. 입추立秋 후(전) 18일258)에 황령黃靈을 중지中地에서 맞이하여 황제黃帝에 제사지냅니다. 가을과 겨울에 각각 방위에 따라 제사지냅니다. 황제黃帝는 오행 중 토土가 되며, 4계절의 왕이 됩니다. 토는 화火에서 생겨나고, 목에 의해 작용을 받으므로 가을에 제사지내며,259) 세 계절은 제사지내지 않습니다. 한漢·위魏·주周·수隋나라는 모두 이와 같이 예를 행하였습니다. 우리 당나라는 토덕이 상승한 때로 이 때문에 매년 6월 토왕土王의 날에 황제를 남교에서 제사지내며 후토后土를 배사하여 전례를 따르고 있습니다.

---

258) 『舊唐書』권149「歸崇敬傳」에는 "先立秋十八日"로 되어 있고, 『後漢書』「祭祀志」中에도 "先立秋十八日, 迎黃靈於中兆, 祭黃帝后土"로 되어 있으며 『大唐開元禮』권16·17에는 모두 "계하 토왕일에 황제를 남교에서 제사지내다.季夏土王日祀黃帝於南郊."라고 되어 있다. '입추 전 18일'이 옳다.

259) 토덕이 季夏 토왕일에 제사지내는 것이고 '입추 전 18일'에 해당한다면, 가을에 제사한다는 구절은 문맥상 맞지 않다. 『舊唐書』권149「歸崇敬傳」에 "故火用事之末而祭之"로 되어 있으니, 화가 작동하는 계절 끝, 즉 季夏에 제사지낸다고 하는 것이 옳다.

팽조가 위서緯書와 음양서陰陽書에 기대어 불경을 범하고 있으니, 시행하기 어렵다고 생각합니다.

이에 (팽조의 건의를) 받아들이지 않았다.

元和十五年十二月, 將有事於南郊. 穆宗問禮官:「南郊卜日否?」禮院奏:「伏準禮令, 祠祭皆卜. 自天寶已後, 凡欲郊祀, 必先朝太清宮, 次日饗太廟, 又次日祀南郊. 相循至今, 並不卜日.」從之. 及明年正月, 南郊禮畢, 有司不設御榻, 上立受群臣慶賀. 及御樓仗退, 百僚復不於樓前賀, 乃受賀於興慶宮. 二者闕禮, 有司之過也.

(헌종) 원화元和 15년(820)[260] 12월에 남교에서 제사를 지내려고 하였다. 목종穆宗이 예관에게 물었다. "남교에서 제사지낼 때 날짜를 점치는가?" 예원禮院[261]에서 다음과 같이 상주하였다. "삼가 예령禮令에 따르면 신사에서의 제사에는 모두 점을 칩니다. 그런데 천보天寶 연간 이후에 교사를 지내려면 반드시 먼저 태청궁太清宮에

---

260) 元和는 憲宗(재위 805~820)의 연호로 헌종이 원화 15년에 환관에게 피살되어 셋째 아들 李宥인 목종이 즉위하였는데, 해를 넘기지 않아 헌종의 연호를 그대로 사용하였기 때문이다. 목종의 연호는 長慶이다.

261) 예원禮院 : 太常禮院을 말한다. 당 현종 개원 19년에 경성에 예원을 설치하였다고 하며(『舊唐書』 권8 「玄宗本紀」 "夏四月壬午, 於京城置禮院") 그 관직의 운용과 실체에 대한 정확한 기록은 없으나 태상시 소속이며 다만 그 장관인 태상박사가 일을 결정하고 태상시에 보고하지 않는 점에서 태상시와는 독립적으로 운영되었다고 한다. 張文昌, 『制禮以教天下 : 唐宋禮書與國家社會』, 臺灣大學出版, 2012, 258~259쪽 참조.

가서 아뢰고[朝], 다음 날 태묘太廟에 향사를 올리며 그 다음날 남교에서 제사를 지냈습니다. 이러기를 지금까지 계속해오면서 모두 날짜를 점치지 않았습니다." 그 말대로 따랐다. 다음해(목종 장경長慶 원년) 정월 남교에서 예를 마친 뒤 담당관이 어탑御榻(상탑, 용탑)을 설치하지 않아, 천자는 서서 군신들의 하례를 받았다. 황제의 의장 행렬이 물러갈 즈음에 백관들은 다시 황제 앞에서 경하를 드리지 않았고 이에 흥경궁興慶宮262)에서 경하를 받았다. 이 두 가지 일은 모두 실례失禮로서 담당관의 잘못이다.

---

262) 흥경궁興慶宮 : 唐代 長安城 3대 궁전(太極宮·大明宮·興慶宮) 중 하나로 '南內'라고도 하였다. 위치는 장안 외곽 동성 춘명문 안에 있다.(그림 [당 예제 건축 위치도] 참조) 흥경궁은 玄宗이 즉위 전 藩王이었던 시절 저택으로, 즉위 이후에 대대적으로 보수하여 정사는 물론 각종 연례 행사도 이곳에 머물며 진행하였을 정도로 당 중후반기 정치의 중심지이기도 하였다. 안사의 난 이후 장안성이 많이 파손되면서 흥경궁 또한 손상되었는데, 이후 주로 왕태자와 후비들에게 하사되면서 쇠락의 길을 걸었다. 목종이 흥경궁에서 경하를 받았던 것은 황태후인 곽씨가 흥경궁으로 이전하였기 때문에 남교에서의 예를 마친 뒤 흥경궁에 있는 황태후를 뵈러 갔기 때문에 여기에서 개원 기념의 경하를 받은 것으로 보인다. 『舊唐書』 권16 「穆宗本紀」 長慶 元年조에 "長慶元年正月己亥朔, 上親薦獻太清宮·太廟. 是日, 法駕赴南郊. … 辛丑, 祀昊天上帝於圜丘, 即日還宮, 御丹鳳樓, 大赦天下. 改元長慶. … 禮畢, 羣臣於樓前稱賀. 仗退, 上朝太后於興慶宮"라고 하였다. 又『宋會要輯稿』 「皇后皇太后雜錄」 眞宗 咸平 2년조에는 "又唐穆宗郭太后居興慶宮, 號興慶太后"라고 하여 목종의 모후인 곽태후가 흥경궁에 거하였기 때문에 흥경태후라 한 것을 보아도 흥경궁에서 경하를 받았다 함은 흥경궁에서 모후와 함께 대신들의 경하를 받았고 이것을 예에 어긋나는 것으로 「禮儀志」는 기술한 것이다.

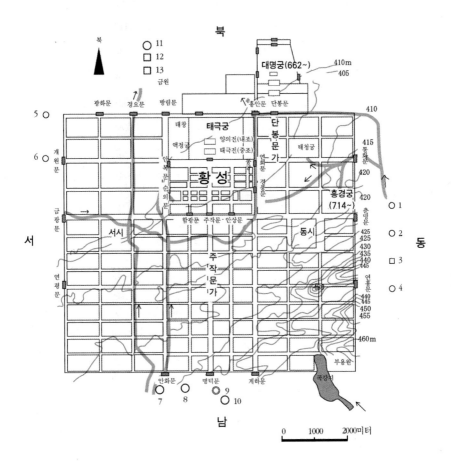

북

11
12
13
금원

광화문 경요문 방림문

대명궁(662~)

410m
405

홍안문 단봉문

5 ○

태창
액정궁

태극궁
양의전(내조)
태극전(중조)

단봉문가

태청궁

410

415

6 ○

개원문

황성

연희문
경휘문

통화문

420

금광문

→

함광문 주작문·안상문

흥경궁
(714~)

420

1 ○

춘명문

서

서시

동시

서

동

425
425
430
435
440
445

2 ○

3 □

주작문가

연평문

연흥문

4 ○

440
445
450
455

460m

부용원

안화문 명덕문 계하문

곡강지

7 ○ 8 ○ 9 ○ 10 ○

남

0   1000   2000미터

당 예제 건축 위치도
(『장안은 어떻게 세계의 수도가 되었나』)

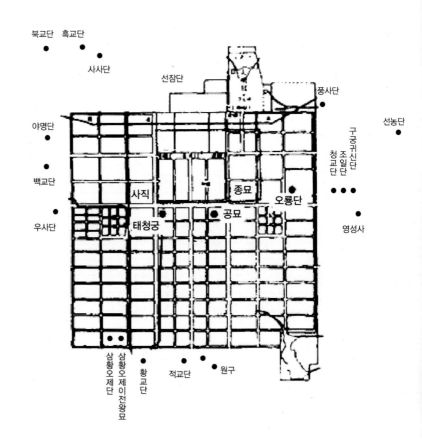

방구

북교단　흑교단

사사단

선잠단

풍사단

야명단

선농단

구궁귀신단
조일단
청교단

백교단

사직

종묘

오룡단

마조단

우사단

태청궁

공묘

영성사

삼황오제단
삼황오제이전왕묘

황교단

적교단

원구

당 장안성 예제건축분포 표시도
(姜波, 『漢唐都城禮制建築硏究』)

禮儀二
예의 2

隋文帝開皇中, 將作大匠宇文愷依月令造明堂木樣以獻. 帝令
有司於京城安業里內規兆其地, 方欲崇建, 而諸儒爭論不定, 竟議
罷之. 煬帝時, 愷復獻明堂木樣幷議狀, 屬遷都興役, 事又不就. 終
於隋代, 季秋大享, 恆在雩壇設祀.

수문제隋文帝 개황開皇 연간(581~600)에 장작대장將作大匠 우문
개宇文愷[1]는 「월령月令」에 의거하여 목제 명당明堂 모형을 만들어
헌상하였다. 문제는 담당관에게 수도 안업리安業里 내에서 (명당을
세울) 자리를 찾아보도록 명하고 바야흐로 대대적으로 건축하려고
하였으나, 유자들의 쟁론으로 결론이 나지 않자 마침내 그만두게 하
였다. 양제煬帝 때 우문개가 다시 목제 명당 모형과 의론 장계를 헌
상하면서 천도遷都하여 역사를 일으킬 것을 촉구하였으나 결국 이
루어지지 못하였다. 수나라가 끝나기까지 계추季秋의 대향大享은 언

---

1) 우문개宇文愷(555~612) : 隋 代郡 武川(현재 陝西省 靖邊縣) 출신 선비
족 宇文氏로, 아버지는 北周 大司馬許國公을 지냈다. 중국의 건축대사
로 불릴 정도로 隋唐代 주요 토목공사를 주관하였다. 隋代에는 文帝(재
위 581~604) 때 宗廟 신영의 부감, 開皇 2년(582)에는 大興城(唐代 長安
城) 건설에 종사하였고, 開皇 13년(593)에는 仁壽宮을 岐州로 옮기고 또
한 文獻皇后의 陵을 쌓았다. 煬帝(재위 604~617) 즉위 후 工部尙書로
승진하였다. 『隋書』「宇文愷列傳」에 그의 전기가 있다. 저서로는 『東都
記圖』, 『明堂圖議』, 『釋疑』가 있었다고 하나 전하지 않는다. 2012년 그
의 탄신 1400주년 기념 학술대회가 개최되었는데, 중국사회과학원고고
연구소 양홍훈楊鴻勛의 「宇文愷承前啓後的明堂方案」(『文物』, 2012年
第12期)은 우문개의 明堂案에 대해서 특히 건축학 방면에서 매우 유용한
자료를 제시하고 있어 참고할 만하다. 당대 고종의 명당안과 측천무후의
명당도에 실질적인 모델이 되었다. 이외 이하 양홍훈의 그림자료는 楊鴻
勛, 『宮殿考古通論』(紫禁城出版社, 2007)를 주로 참조하였다.

제나 우단雩壇에서 제사를 지냈다.[2]

高祖受禪, 不遑創儀. 太宗平定天下, 命儒官議其制. 貞觀五年, 太子中允孔穎達以諸儒立議違古, 上言曰:「臣伏尋前敕, 依禮部尙書盧寬·國子助敎劉伯莊等議[一],[3] 以爲『從崑崙道上層祭

---

2) 계추 대향은 … 지냈다 : 『隋書』 권6 「禮儀志」1에는, "수대까지 오방상제 제사는 명당에서만 지내고 언제나 계추에 우단 위에서 제사를 지냈다. 폐백은 각각의 방위대로 사용하였다. 오인제는 천제의 왼쪽에 두었다. 태조 무원황제는 태호 남쪽에 두었으며 서쪽을 향하게 하였다. 오관은 정에 두었으며 역시 방위에 따라 배치하였다. 희생은 송아지 12마리를 썼다. 황제·태위·사농이 청제와 태조에게 삼헌례를 행하였다. 나머지는 유사가 제물을 바쳤다. 오관은 당 아래에서 제사지내며 일헌례를 행하였다. 불태우는 의식(燎)이 있었다. 희생 살피기와 희생 올리기는 남교의 의식과 같게 하였다.終隋代, 祀五方上帝, 止於明堂, 恒以季秋在雩壇上而祀. 其用幣各於其方. 人帝各在天帝之左. 太祖武元皇帝在太昊南, 西向. 五官在庭, 亦各依其方. 牲用犢十二. 皇帝·太尉·司農行三獻禮于青帝及太祖. 自餘有司助奠. 祀五官於堂下, 行一獻禮. 有燎. 其省牲進熟, 如南郊儀."라고 하여, 제사 대상은 오방상제와 오인제이고 배사대상은 태조 무원황제였으며, 황제·태위·사농이 삼헌례를 행하고 희생과 제물 등은 남교의 예에 준해 진헌한 것으로 되어 있다.

3) [교감기 1] "依禮部尙書盧寬國子助敎劉伯莊等議"에서 '盧寬國子助敎'는 여러 판본에는 없는데, 『唐會要』 권11·『冊府元龜』 권585에 의거하여 보충하였다. 『新舊唐書合鈔補正』 권2는 "유백장은 『구당서』 『신당서』 모두 「儒學傳」에 실려 있는데, 홍문관학사로 여러 차례 국자조교에 제수되었고 국자박사로 승진하였으나 예부상서가 된 적은 없다. 이것은 두 사람을 합하여 한 사람으로 잘못 쓴 것이다.劉伯莊, 兩書皆在儒學傳, 以弘文館學士累除國子助敎, 遷國子博士, 未嘗爲禮部尙書. 此訛合兩人爲一人."라고 하였다.

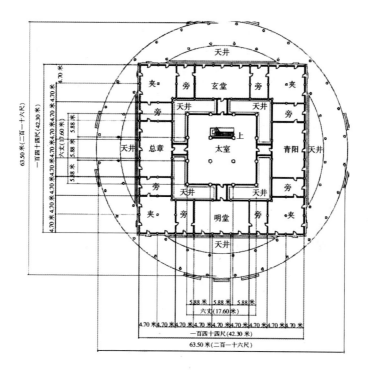

우문개의 명당안 평면도(楊鴻勛, 2012, 65쪽)

명당 복원 모형(楊鴻勛, 2012, 67쪽)

天』. 又尋後敕云：『爲左右閣道, 登樓設祭』 臣檢六藝群書百家諸史, 皆名基上曰堂, 樓上曰觀, 未聞重樓之上而有堂名. 孝經云：『宗祀文王於明堂』 不云明樓·明觀, 其義一也. 又明堂法天, 聖王示儉, 或有翦蒿爲柱, 茸茅作蓋. 雖復古今異制, 不可恆然, 猶依大典, 惟在朴素. 是以席惟稿秸, 器尚陶匏, 用籩栗以貴誠, 服大裘以訓儉. 今若飛樓架道, 綺閣凌雲, 考古之文, 實堪疑慮. 按郊祀志：漢武明堂之制, 四面無壁, 上覆以茅. 祭五帝於上座, 祀后土於下防. 臣以上座正爲基上, 下防惟是基下. 旣云無四壁, 未審伯莊以何知上層祭神[二],4) 下有五室? 且漢武所爲, 多用方士之說, 違經背正, 不可師祖. 又盧寬等議云：『上層祭天, 下堂布政, 欲使人神位別, 事不相干』 臣以古者敬重大事, 與接神相似, 是以朝覲祭祀[三],5) 皆在廟堂, 豈有樓上祭祖, 樓下視朝? 閣道升樓, 路便窄隘, 乘輦則接神不敬[四],6) 步往則勞勤聖躬. 侍衛在旁, 百司供奉. 求之典誥, 全無此理. 臣非敢固執愚見, 以求己長. 伏以國之大典, 不可不慎. 乞以臣言下群臣詳議』

　　고조高祖가 선양으로 즉위한 뒤 예의를 제정할 겨를이 없었다. 태종太宗이 천하를 평정하고 나서 유관儒官에게 명하여 예의 제도를 논의토록 하였다. 정관貞觀 5년(631), 태자중윤太子中允7) 공영달孔穎

---

4) [교감기 2] "以何知" 여러 판본에는 원래 '如何'로 되어 있는데, 『唐會要』 권11·『冊府元龜』 권585에 의거하여 수정하였다.

5) [교감기 3] "是以朝覲祭祀"의 '是'자는 여러 판본에는 원래 없는데, 『唐會要』 권11·『冊府元龜』 권585에 의해 수정하였다.

6) [교감기 4] "乘輦則接神不敬"의 '則'자는 여러 판본에는 원래 '相儀'로 되어 있는데, 『唐會要』 권11·『冊府元龜』 권585에 의해 수정하였다.

7) 태자중윤太子中允: 東宮의 官名이다. 後漢 太子屬官 중에 中允을 두었

達이 여러 유자들이 제시한 논의가 고례古禮에 위배된다고 보고 다음과 같이 상주하였다.

　　신臣 삼가 이전 칙령을 살펴보니, 예부상서禮部尚書 노관盧寬,[8] 국자조교國子助教 유백장劉伯莊 등은 "곤륜도崑崙道[9]로

────────────────

다가 그후 설치하지 않았다. 唐 太宗 貞觀(627~649)초 太子中舍人이라 명칭을 고쳐서 설치하였고, 高宗 永徽 3年(652)에 內允으로 고쳤다가 얼마 후 원상 복구시켰다. 龍朔 2年(662)에 다시 左贊善大夫라 고쳤다. 咸亨 元年(670)에 다시 복구하였다. 정원은 2명이고 정5품하이며, 태자중윤의 직무는 조정의 황문시랑에 비견되며, 좌서자를 보필하는 임무를 담당하였다.

8) 『新唐書』 권13 「禮樂志」3에는 '豆盧寬'으로 되어 있다.

9) 곤륜도崑崙道 : 『史記』 권12 「孝武本紀」 元年 『史記索隱』에, "공옥대가 바친 명당도에는 복도가 있고 누가 있어 서남쪽으로 진입하는데 그 길을 곤륜이라 하였다. 곤륜산에 5성과 12루가 있는 것 같다고 하여 그렇게 이름을 달았다. 王帶明堂圖中爲複道, 有樓從西南入, 名其道曰崑崙. 言其似崑崙山之五城十二樓, 故名之也."라고 한 것을 보면, 서남쪽에서 위로 올라간다는 의미이다.

공옥대의 명당 상상도(楊鴻勛, 『궁전고고통론』)

올라 상층上層에서 천天에 제사한다"고 보았습니다. 또한 이후 칙령을 살펴보니, "좌우左右 각도閣道를 만들어 누樓에 올라가 제사를 진설한다"고 하였습니다.

신이 육예六藝의 여러 책들과 백가百家의 역사서들을 살펴본 결과, 모두 기단基壇 위를 당堂이라 하고 누樓 위를 관觀이라 하지, 누각 위에 당이란 명칭이 있다는 말을 들어보지 못했습니다. 『효경孝經』에 "문왕文王을 명당明堂에서 宗祀한다"고 했지,10) 명루明樓, 명관明觀이라 하지 않은 것이 그 첫 번째 이유입니다.

그리고 명당은 천을 본받으므로 성왕聖王은 검소함[儉]을 보이기 위해 자른 볏짚[翦蒿]으로 기둥을 삼고 띠를 이은 것[葺茅]으로 지붕을 삼았습니다.11) 비록 고금의 제도가 다르고 항상 같을 수는 없지만 그래도 대전大典에 따라 질박 검소해야 한다고 봅니다. 이 때문에 돗자리는 단지 짚[稿秸]으로 만든 것만을 쓰고,12) 제기祭器는 흙으로 빚은 것과 박으로 만든 것[陶

---

10) 『孝經』「聖治章」에 "昔者周公郊祀后稷以配天, 宗祀文王於明堂, 以配上帝"라고 한 구절을 말한다. 이 구절은 역대 예론에서 교사와 명당 제사에 관한 경전적 근거로 제시되었다. 여기에서 언급 天과 上帝의 이동성, 后稷과 文王의 位相, 宗祀 제사 개념 등에 대해 鄭玄과 王肅의 六天說과 一天說, 그리고 唐代 孔穎達을 비롯한 顏師古 등의 논의가 바로 『舊唐書』「禮儀志」2의 주요 내용이다.

11) 이 구절의 출처는 『呂氏春秋』「恃君覽·召類」 "周明堂茅茨蒿柱, 土階三等, 以見儉節也"이다. 이후 명당제사에서 부르는 明堂歌에서는 명당을 '蒿宮'이라고 칭하였다. 예를 들어 『宋書』 권20「樂志·宋明堂歌」2에 "蒿宮仰蓋"라는 구절이 보인다.

匏]을 중용하며,13) 희생은 (뿔이) 밤톨만한[繭栗] 송아지를 사용하여 순수함을 귀히 여기며,14) (제복은) 대구大裘를 착용하여15) (사람들에게) 검소함을 깨우치는 것입니다. 지금처럼 하늘을 찌를 듯한 고루와 가도[飛樓架道], 아름답게 장식한 누각이 구름 위로 솟아 있는 것은 옛 문서를 살펴볼 때 실로 의심스럽지 않을 수 없습니다.

「교사지郊祀志」를 살펴보니, 한무제 때 명당 제도는 사면이 벽이 없고 위에는 띠 풀로 지붕을 만들어 얹었습니다. 상좌上座에서 오제五帝를 제사하고 하방下防에서 후토后土를 제사하였습니다.16) 신은 상좌가 바로 기단 위이며, 하방은 단지 기단

---

12) 이 구절의 출처는 『禮記』「禮器」의 "莞簟之安, 而稿鞂之設"에서 '고갈稿鞂(볏짚으로 짠 자리)'을 말한다. 예에서 검소함을 말할 때 자주 인용되는 용어이다.

13) 이 구절의 출처는 『禮記』「郊特牲」의 "器用陶匏, 以象天地之性也"이다. 여기에서 '陶'는 흙으로 빚은 그릇의 총칭이며 '匏'는 바가지를 말하며 모두 질박함을 상징한다.

14) 이 구절의 출처는 『禮記』「王制」의 "祭天地之牛角繭栗"이다. 천지에 제사지낼 희생으로 바치는 소는 그 뿔이 누에고치나 밤톨[繭栗]만한 어린 송아지를 쓴다는 말로, 그 순수함을 취한다는 의미이다.

15) 『周禮』「春官·司服」에 "왕의 吉服. 昊天上帝를 제사지낼 때에는 대구를 입고 면류관을 쓰고 오제五帝를 제사지낼 때에도 그와 같이 한다. 先王에게 제사지낼 때에는 衮冕을 쓰고, 先公을 제사지내고 鄕射禮를 행할 때에는 鷩冕을 쓰고, 사방으로 山川에 望祭를 지낼 때에는 毳冕을 쓰고, 사직과 오사에 제사지낼 때에는 希冕을 쓰고, 소사에 제사지낼 때에는 玄冕을 쓴다.王之吉服. 祀昊天上帝, 則服大裘而冕, 祀五帝亦如之, 享先王則衮冕, 享先公饗射則鷩冕, 祀四望山川則毳冕, 祭社稷五祀則希冕, 祭群小祀則玄冕."고 하였다.

아래라고 봅니다. 사면의 벽이 없다고 했는데, 유백장은 어떻게 상층에서 신에 제사하고, 그 아래에 오실五室이 있다고 했는지 잘 모르겠습니다.

또한 한무제가 실행한 제사는 방사方士의 설을 많이 채용하여 경전에 위배되고 정도에서 벗어나서 모범으로 삼을 수 없습니다. 그리고 노관盧寬 등은 "상층上層에서 천에 제사하고 하당下堂에서 포정布政[17]하는 것은 인간과 신의 지위를 구별하여 인간의 세계와 천상의 세계가 서로 간섭하지 못하도록 하기 위함이다"라고 하였습니다.

신은 생각건대 고대 대사大事를 공경하여 중히 여김은 신을 접하는 일과 비슷하였습니다. 이 때문에 (제후와의) 조근朝覲이나 제사는 모두 묘당廟堂에서 행해졌는데, 어떻게 누각 위에서 조상에게 제사하고 누각 아래에서 조회를 보겠습니까? 각도閣道로 누각을 오르다보면, 길은 곧 협소해져 가마를 탄다면 신을 접하는 데 불경스럽고 도보로 걸어간다면 성상의 육신을 피로케 합니다. 시위가 곁에서 시중들고 백관이 보좌를 합니

---

16) 『漢書』권25下「郊祀志」下에 "明堂中有一殿, 四面無壁, 以茅蓋, 通水, 水圜宮垣, 爲復道, 上有樓, 從西南入, 名曰昆侖, 天子從之入, 以拜祀上帝焉. 於是上令奉高作明堂汶上, 如帶圖. 及是歲修封, 則祠泰一·五帝於明堂上坐, 合高皇帝祠坐對之. 祠后土於下房, 以二十太牢"라고 하여 '上座'는 '上坐'로, '下防'은 '下房'으로 되어 있다.

17) 포정布政 : 명당에서의 행사 중 布政이란 12개월의 政令, 즉 月令을 반포하는 것을 말하며, 그리하여 명당을 '布政之宮'이라고 한다. 이 해석에 따라 4계절에 해당되는 12개실을 두어 천자는 해당 월에 해당되는 정령을 반포하도록 되어 있다.

다. 전고를 뒤져보아도 이러한 도리는 없습니다. 신은 감히 어리석은 의견을 고집하여 제 의견이 옳다고 주장하는 것이 아닙니다. 삼가 국가의 대전은 신중하지 않을 수 없습니다. 바라건대 신의 의견을 신하들에게 넘겨 상의하도록 해주십시오.

侍中魏徵議曰:「稽諸古訓, 參以舊圖, 其上圓下方, 複廟重屋, 百慮一致, 異軫同歸. 洎當塗膺籙, 未遑斯禮; 典午聿興, 無所取則. 裴頠以諸儒持論, 異端蜂起, 是非舛互, 靡所適從, 遂乃以人廢言, 止爲一殿. 宋·齊卽仍其舊, 梁·陳遵而不改. 雖嚴配有所, 祭享不匱, 求之典則, 道實未弘. 夫孝因心生, 禮緣情立. 心不可極, 故備物以表其誠; 情無以盡, 故飾宮以廣其敬. 宣尼美意, 其在玆乎! 臣等親奉德音, 令參大議, 思竭塵露, 微增山海. 凡聖人有作, 義重隨時, 萬物斯睹, 事資通變. 若據蔡邕之說, 則至理失於文繁; 若依裴頠所爲, 則又傷於質略. 求之情理, 未允厥中. 今之所議, 非無用捨. 請爲五室重屋, 上圓下方, 旣體有則象, 又事多故實. 下室備布政之居, 上堂爲祭天之所, 人神不雜, 禮亦宜之. 其高下廣袤之規, 几筵尺丈之制, 則並隨時立法, 因事制宜. 自我而作, 何必師古. 廓千載之疑議, 爲百王之懿範. 不使泰山之下, 惟聞黃帝之法; 汶水之上, 獨稱漢武之圖. 則通乎神明, 庶幾可俟, 子來經始, 成之不日.」議猶未決.

시중侍中 위징魏徵이 논의하여 다음과 같이 말하였다.

여러 고훈古訓을 살펴보고 구도舊圖를 참조해보면, (명당의 형태는) 위는 둥글고 아래는 네모나며 위아래 이중으로 지붕을 하는[複廟重屋][18] 것에 대해서는 대다수 사람들의 생각이 일치

하며, 방법은 다르나 결론은 같습니다. 위魏(당도當塗)19)가 수

---

18) 複廟는 『禮記』「明堂位」에 "復廟重檐"이라 한 데에서 나왔다. 이에 대해 鄭玄注는 "復廟는 重屋"이라고 하였다. 『禮記集說』은 "복묘는 위 아래 지붕을 겹으로 하는 것(復廟, 上下重屋也)"이라고 하였다.

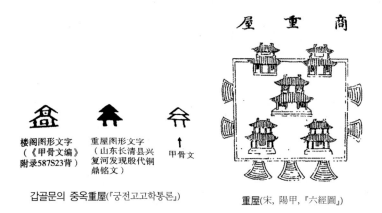

楼阁图形文字
(《甲骨文编》
附录587S23背)

重屋图形文字
(山东长清县兴
复河发现殷代铜
鼎铭文)

甲骨文

갑골문의 중옥重屋(『궁전고고학통론』)

重屋(宋, 陽甲, 『六經圖』)

19) 당도當塗 : 현재 地名로 현재 安徽省 馬鞍市에 위치해 있으며, 秦代 丹陽縣이 설치된 이후 몇 번에 걸쳐 변경되다가 隋 開皇 9년(589)에 當塗로 확정되었다. 당도가 삼국시대 曹魏를 지칭하게 된 이유는 다음과 같다. 전한말 혼란기에 '代漢者' 즉 한을 대신할 왕조에 대한 참언이 유행하면서 公孫述이 『春秋讖』에 "代漢者, 當塗高"라고 한 것을 자신을 두고 한 예언으로 해석한 이후, 후한 말 원술도 이 참언을 가지고 자신이 한을 대신할 제왕으로 해석하기도 하였다. 그러다가 周羣의 아버지인 周舒가 "當塗高者, 魏也"(『三國志』 권42 「蜀書·周羣傳」)라고 한 이후 當塗는 魏를 대신하는 말이 되었다. 또한 그 의미에 대해서는, "당도고는 위를 말하며, 상위는 두 개의 궐문을 말한다. 길을 마주보고 높이 솟아 있는 것을 위라고 하니, 위가 한을 대신함이 마땅하다.當塗高者, 魏也 ; 象魏者, 兩觀闕是也 ; 當道而高大者魏. 魏當代漢."(『三國志·魏書』 권2 「文帝紀」 裴松之注)라고 풀이하고 있다. 이처럼 지명인 당도가

명한 이래 이 (명당의) 예를 시행할 겨를이 없었고,20) 사마씨司
馬氏의 진晉나라(전오典午)21)가 일어났으나 모범을 삼을 만한
예가 없었습니다. 배외裴頠22)는 여러 유자들이 각자 자신의 주
장을 고집하고 이론이 분분한데다가 시비가 뒤섞여 있어 따를
만한 것이 없다고 여겨 마침내 사람들의 입을 막고자 단지
전殿 하나만을 만들었습니다.23) 송宋·제齊나라는 구제도를 그

象魏라는 건축물에 빗대어 도참의 의미로 해석되면서 '代漢者, 魏'의 정
당성을 뒷받침하면서 이후 당도는 위를 대신하는 말이 되었다.
20) 『通典』「禮」4에는 "魏明帝太和元年正月丁未, 宗祀文帝於明堂, 以配
上帝. 祝稱天子臣某"라고 하여 明帝 太和 원년 정월 丁未일에 명당에서
문제를 종사한 기록이 있으니, 여기에서는 문맥상 예제에 맞추어 명당
건축물을 짓지 않았다고 본 듯하다.
21) 典午는 司馬의 은어로, 司馬氏의 晉나라를 가리킨다.
22) 배외裴頠(267~300) : 西晉 河東 聞喜(현재 山西省 聞喜縣) 사람. 자는
逸民이다. 박학다식하여 처음에 太子中庶子로 부친의 작위를 이어 散騎
常侍, 國子祭酒兼右軍將軍, 侍中·光祿大夫·尚書左僕射 등의 직을 맡
았다. 永康 元年(300)에 趙王 司馬倫에게 34세의 나이로 살해당하였다.
王弼과 何晏의 '貴無論'에 반대하여 '崇有論'을 제창하였다. 예악제도
방면으로는 裴頠가 侍中이었을 때 국학을 건설하고 석경 제작을 건의하
였다. 황태자 강독과 공자와 선성 제사에 술과 음식을 진설할 것, 향연례,
사례, 제사 등 각종 예의제도를 기획하였으며, 郊廟와 朝會 때 필요한
예악제도를 정비하는 데 큰 역할을 하였다.
23) 배외는 … 만들었습니다 : 『宋書』권16 「禮志」3에 의하면, 배외는 석학으
로 이전 명당제도를 자세히 연구하였으나 예의제도를 확정하지는 못했다.
존조배천의 의미는 명확하나 명당 건축 제도는 불분명하다 여겨 전을 만
들어 제사를 지내되, 나머지 잡다한 예는 모두 없애버렸다. "晉侍中裴頠,
西都碩學, 考詳前載, 未能制定. 以爲尊祖配天, 其義明著, 廟宇之制,
理據未分, 直可爲殿, 以崇嚴祀. 其餘雜碎, 一皆除之."

대로 따랐고 양梁·진陳나라도 그대로 준수하여 개정하지 않았습니다.[24] 비록 선조를 천에 배사하는 장소로서 (명당이) 있었고 제향도 끊어지지 않았으며, 경전에서 모범을 찾았지만 그 도는 사실 크게 넓혀지지 않았습니다. 무릇 효는 사람의 마음에서 생기고 예는 인정에 근거하여 세워지는 법입니다. 마음은 한계를 지을 수 없으니, 그러므로 제물을 갖추어 정성을 표현합니다. 정情은 다함이 있을 수 없으니, 그러므로 궁전을 장식하여 공경함을 드높이는 것입니다. 공자[宣尼][25]께서 그 뜻을 아름답게 여긴 이유가 여기에 있지 않겠습니까!

신 등이 직접 성상의 명령[德音]을 받들어 공경회의[大議][26]에 참여하여 미력한 능력이나마 다 쏟아 분분한 논의에 다시

---

24) 劉宋 때에는 孝武帝 大明 5년에 漢代 汶上의 명당의례에 준하여 五帝의 신위를 설치하고 太祖, 文帝와 마주보게 하였고, 제사는 太廟의 예에 준하였다. 명당의 형태는 大殿에 12칸을 설치하되, 36戶72牖 제도는 없었다고 전한다. 南齊의 경우 高帝 建元 원년 7월에 명당에서 五帝를 제사하며 공덕이 있는 군주를 배사하였고 명당의 형태는 五室制였다. 梁代에는 오제를 제사하며 大裘冕服을 입었고 제사희생과 제기 등은 二郊에 준하여 예를 행하였다. 12년에 宋의 太極殿을 부수어 그 자재로 명당 12칸을 만들었는데 太廟에 준하였다. 陳대에는 전 하나에 12칸을 설치하고 중앙에 6칸을 두었으며 오제의 배치와 배향 방향 등은 양대의 방식대로 따랐다고 한다. 『通典』 「禮」4 '大享明堂'조 참조.

25) 前漢 平帝 元始 원년(1)에 공자를 褒成宣尼公에 추증하였기 때문에 후대에 공자를 宣尼라고 하였다.

26) 공경대신들이 주체가 되어 행하는 조정에서의 회의이다. 회의는 주체와 성격에 따라 博議, 公卿議 등으로 구분, 2~3명의 소의에서부터 3만 명에 이르는 大議까지 조정에서 행해지는 다양한 회의가 존재한다.

일말의 의견을 더하게 되었습니다. 무릇 성인이 일어나면서[聖人有作],[27] (그) 뜻이 시의에 따르는 것을 중시하였으니 이에 만물이 모두 우러러 보고, 만사가 의지하여 변통하였습니다. 만약 채옹蔡邕[28]의 설에 의거한다면, 이론적으로는 타당하지만 문식이 과다하다는 잘못을 저지르게 됩니다. 배외裴頠가 말한 대로 한다면, 그 또한 지나치게 질박 간략함으로 인해 의미가 훼손됩니다. 인정과 의리상 (채옹과 배외) 모두 적합하지 않습니다. 다만 현재 논의에서는 취사선택할 여지가 없지 않습니다.

청컨대 오실五室에 지붕을 이중으로 하고[重屋], 위는 둥글고

---

27) 무릇 성인이 일어나면서 … : 『古文眞寶前集』 제7권 〈七德舞〉에, "聖人有作垂無極"라는 구절이 보인다. 이 시는 太宗의 업적을 노래한 시이므로 「禮儀志」2의 이 구절은 "태종이 즉위한 뒤"라는 중의적인 의미를 담고 있다.

28) 채옹蔡邕 : 後漢 말기 陳留 圉縣(현재 河南省 杞縣) 사람. 자는 伯喈. 박학다식하여 문장과 數術, 천문, 음률에 뛰어나 이름을 날렸다. 靈帝 때 司徒 橋玄 밑에서 기가하여 建寧 3년(170) 郞中이 되고, 東觀에서 교정을 보다가 議郞으로 옮겼다. 熹平 4년(175) 堂溪典 등과 六經의 文字平定을 주청하여 스스로 碑에 써서 새긴 뒤 太學의 문 밖에 세웠는데, 이것이 '熹平石經'이다. 글을 올려 조정의 득실을 논하다가 中常侍 程璜의 모함으로 朔方으로 쫓겨났다. 中平 6년(189) 董卓 집권 후 祭酒가 되고 尙書를 거쳐 左中郞將까지 올라 高陽鄕侯에 봉해지기도 하였다. 이 때문에 司徒 王允에게 체포된 후 자청하여 黥刑과 刖刑을 받아 『漢史』를 마칠 것을 요청했지만 불허되고 옥사했다. 저서에 조정의 제도와 칭호에 대하여 기록한 『獨斷』과 시문집 『蔡中郞集』이 있다. 司馬彪의 『後漢書』 중 「禮儀志」와 「祭祀志」는 채옹의 志를 참조하여 만든 것으로 알려져 있으며, 특히 채옹의 「明堂論」의 근간이 되는 月令을 모델로 하여 胡廣(91~172)이 후한 예의제도의 기틀로 삼을 정도로 漢代 예의제도에 관한 그의 영향력은 막대하였다.

아래는 네모나게 만드십시오. 이것은 체제가 (천지를) 본받음이 있는 것이요, 일 또한 이전의 전고가 많습니다. 하실下室에 포정布政의 거처를 두고 상당上堂을 제천의 장소로 하면 사람과 신이 서로 뒤섞이지 않으니 예 또한 마땅합니다. (명당의) 높이 [高下]와 면적[廣袤], 영좌靈座 등 기물[几筵]29)의 규모에 관한 제도는 모두 시의에 맞게 법규를 정하여 일의 형편에 따라 합당하게 제정하고 자신의 형편에 맞추어 제정하면 됩니다. 하필 옛것을 본받을 필요가 있겠습니까? 천년 동안 의문으로 남았던 논의를 청산하여 백왕이 따를 수 있는 모범이 되십시오. 그리하여 태산泰山 아래 오직 황제黃帝의 제도만 알거나 문수汶水가에 오로지 한무제의 명당도만 얘기하지 않도록 하십시오. 그렇게 한다면 신명과 통하는 일을 기대할 수 있으며, 백성들이 달려와 도와서[子來經始]30) 금새 지을 수 있을 것입니다.

논의는 여전히 결정되지 못하였다.

---

29) 궤연几筵 : 원래 죽은 이의 혼령을 위하여 차려놓은 '几'와 그에 딸린 器物을 총칭한다. '几席'이라고도 한다. 『周禮』「春官·司几筵」에 의하면, 五几와 五席의 명칭과 종류를 구분하고 그 용도와 진설할 위치 등을 주관한다고 하였다. 궤석은 바로 제사 대상의 좌석을 말하기 때문에 후대에는 이것을 靈座라고도 하였다. 여기에서 '几筵'은 신좌뿐만 아니라 명당 제사에 소용되는 器物 등속을 총칭한다.

30) 『詩』「大雅·文王之什·靈臺」에 "뭇 백성들이 다 같이 일을 하는지라 하루가 되지 않아 완성되도다. 빨리 짓지 말라고 하여도 뭇 백성들이 자식처럼 달려오도다(庶民攻之, 不日成之. 經始勿亟, 庶民子來)"라고 한 구절을 인용한 것이다. 백성들 스스로 기꺼이 자식이 어버이 일에 달려오듯이 하여 부르지 않아도 스스로 온 것을 말한다.

十七年五月, 秘書監顔師古議曰:

(정관) 17년(643) 5월 비서감秘書監 안사고顔師古[31]가 논의하여
말하였다.

> 明堂之制, 爰自古昔, 求之簡牘, 全文莫睹. 始之黃帝, 降
> 及有虞, 彌歷夏·殷, 迄于周代, 各立名號, 別創規模. 衆說
> 舛駁, 互執所見, 巨儒碩學, 莫有詳通, 裴然成章, 不知裁
> 斷. 究其指要, 實布政之宮也. 徒以戰國縱橫, 典籍廢棄 ;
> 暴秦酷烈, 經禮湮亡. 今之所存, 傳記雜說, 用爲準的, 理實
> 蕪昧.

명당明堂 제도는 고대부터 있었으나 전적[簡牘]에서 그 사례
를 찾아보아도 (명당제도에 관한) 완전한 문장을 볼 수 없습니

---

31) 안사고顔師古(581~645) : 唐 京兆 萬年 사람. 그의 집안은 대대로 학문으
로 이름을 날렸는데, 『顔氏家訓』의 저자 顔之推가 할아버지이며, 古訓에
뛰어났던 顔思魯가 그의 부친이다. 이름은 주籀인데, 자인 師古로 행세했
다. 자는 思古로도 쓴다. 高祖 武德 연간에 中書舍人이 되어 機密을 전
담, 대부분의 詔令이 그의 손을 거쳤다. 태종 때 일찍이 황명을 받아 秘書
省에서 五經의 文字를 考定하여 『五經定本』을 편찬하였고 孔穎達 등과
함께 『五經正義』를 찬정했다. 貞觀 7년(633) 秘書少監으로 옮겨 출판물
에 있는 奇書難字를 교정하는 일을 전담하였고, 秘書監을 거쳐 弘文館學
士까지 올랐다. 『大唐儀禮』의 수찬에 참여하고, 그 후 이전의 여러 주석을
집대성하여 『漢書』에 주석을 가하였다. 그의 『漢書』의 주석은 후대 문자
학과 역사학 방면에 큰 영향을 주었으며 지금까지도 『한서』 해석에 없어
서는 안될 중요한 자료이다. 그의 『漢書』注가 너무 유명하다고 보니 그가
당대 의례를 편찬하는 데 중요한 역할을 했다는 점이 가려졌는데, 저서에
『五禮』, 『匡謬正俗』 등이 있을 정도로 예악제도에도 해박했다고 전한다.

다. 황제黃帝 때부터 시작하여 유우씨有虞氏에 이르고 하夏·은
殷을 거쳐 주대周代에 이르기까지 각기 명호名號를 세우고 별
도로 규모를 달리하였습니다. (그리하여) 중설이 난무하고 각자
의 견해만을 고집하니, 대 유학자들도 자세히 아는 이가 없어,
기본적으로 제도를 이루고 있지만 어떻게 편제할지를 모릅니
다. 그 요지를 궁구해보면, 사실 (명당은) 포정布政의 궁입니다.
다만 전국시대 합종연횡의 전란으로 인해 전적들이 폐기되었고
잔혹한 진나라의 폭정으로 인해 경전은 불타고 예의(제도)는
사라졌습니다. 현재 남아 있는 것은 전기傳記의 잡설雜說로 그
것을 표준으로 삼는다면 실로 이치에 합당하지 않습니다.

然周書之敍明堂, 紀其四面, 則有應門·雉門, 據此一堂
[五],[32] 固是王者之常居耳. 其靑陽·總章·玄堂·太廟及左
个·右个, 與四時之次相同, 則路寢之義, 足爲明證. 又文王
居明堂之篇:「帶以弓韣, 祠于高禖. 下九門磔禳以禦疾疫, 置
梁除道以利農夫, 令國有酒以合三族.」[33] 凡此等事, 皆合
月令之文. 觀其所爲, 皆在路寢者也. 戴禮:「昔周公朝諸侯
于明堂之位, 天子負斧扆南向而立. 明堂也者, 明諸侯之尊

---

32) [교감기 5] "據此一堂"의 '堂'字는 여러 판본에 원래는 '塗'로 되어 있
    다. 『唐會要』 권11·『文苑英華』 권762·『唐文粹』 권40에 의거하여 수정
    하였다.
33) 현행 『禮記集說』에 의하면 『舊唐書』에서 인용한 『禮記』의 "帶以弓韣,
    祠于高禖. 下"의 표점은 "帶以弓韣, 祠于高禖下"가 되어야 한다. 또한
    『王居明堂禮』로 인용된 이 구절은 『禮記』 「月令」의 월마다의 행사에 대
    한 정현 주에 각각 나뉘어 있는 것을 한데 모은 것이다.

卑也.」: 周官又云[六]34) :「周人明堂, 度九尺之筵, 東西九
筵, 堂一筵.[七]35)」據其制度, 卽大寢也. 尸子亦曰 : [八]36)
「黃帝曰合宮, 有虞氏曰總章, 殷曰陽館, 周曰明堂.」斯皆路
寢之徵, 知非別處. 大戴所說, 初有近郊之言, 復稱文王之
廟, 進退無據, 自爲矛盾. 原夫負扆受朝, 常居出入, 旣在阜
庫之內, 亦何云於郊野哉? 孝經傳云「在國之陽」, 又無里數.

　　그런데『주서周書』가 서술한 명당明堂에는 (명당의) 사면四
面에 대해 기록하고 있는데, 응문應門·치문雉門이 있습니다.37)
이 당堂 하나에만 의거한다면 본래 왕이 일상적으로 거주하는
곳일 뿐입니다. (명당의) 청양靑陽·총장總章·현당玄堂·태묘

---

34) [교감기 6] "周官又云"의 '周官'은 여러 판본에 원래는 없다.『唐會要』
　　권11·『文苑英華』권762·『唐文粹』권40에 의거하여 보충하였다.

35) [교감기 7] "東西九筵堂一筵"은『周禮』「考工記·匠人」을 의하면, '堂'
　　앞에 '南北七筵'이란 1句가 있고, '堂' 뒤에 '崇'字가 있다.『通典』권44
　　에는 周나라 明堂制度가「考工記」의 내용과 같다고 하였으니, 이곳에
　　탈문이 있는 것으로 의심된다.

36) [교감기 8] "尸子亦曰"에서 '尸子'는 여러 판본에는 원래 없다.『唐會要』
　　권11·『文苑英華』권762·『唐文粹』권40에 의거하여 보충하였다.

37) 주서周書가 … 있습니다 : 周書는 보통『尙書』의 편명이거나『逸周書』를
　　말한다. 여기에서 주서는『逸周書』제55「明堂解」를 말한다.「明堂解」
　　에는 (성왕) 6년에 제후들의 조회를 받는 이른바 명당에서의 '朝諸侯'
　　의식을 서술하고 있다. 천자부터 三公·諸侯·八蠻·六戎·五狄·四塞九
　　采之國에서 온 자의 위치를 지정하는 가운데 문 내외, 동문, 남문, 서문,
　　북문, 응문 등을 언급하고 있다. 이것을 그림으로 나타낸 것이 宋 陽甲의
　　『六經圖』중「周公明堂圖」이다.「고공기」의 기술에 따라 복원한 주대
　　명당 예시도는 다음과 같다. 陶潔,『堂而皇之』, 遼寧人民出版社, 2006.

太廟 및 좌개左个·우개右个를 사시四時의 순서와 서로 같은 것으로 본다면 노침路寢[38]으로서의 의미는 분명합니다. 또한 「문왕거명당文王居明堂」편[39]에 "활 전대를 차고 고매신高禖神 아래에서 예를 표하며,"[40] "구문九門에서 책양磔禳하여 질병을

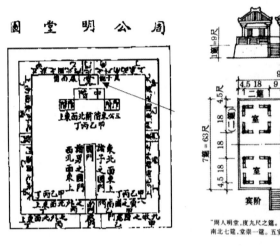

주공명당도(宋, 陽甲, 『六經圖』)

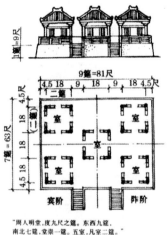

"周人明堂, 度九尺之筵, 東西九筵,
南北七筵, 堂崇一筵, 五室, 凡室二筵."

주대 명당 예시도(『堂而皇之』)

38) 노침路寢 : '寢'은 일반적으로 왕의 거처를 말하며 생전이나 사후 동일하게 적용된다. 생전에 거처하는 시설은 正寢, 燕寢, 路寢 등으로 구분하는데, 여기에서 노침은 일반적으로 正殿을 의미한다. 천자가 명당에서 정삭을 반포하고 제후의 조회를 받는 등의 행사가 정전에서의 행사와 일맥상통한다고 본 것이다.

39) 「문왕거명당文王居明堂」: 「王居明堂禮」를 말한다. 『隋書』 권49 「牛弘傳」에 "案劉向別錄及馬宮·蔡邕等所見, 當時有古文明堂禮·王居明堂禮·明堂圖·明堂大圖·明堂陰陽·太山通義·魏文侯孝經傳等, 並說古明堂之事"라고 하여 고대 명당에 관한 책으로 소개하고 있고, 『禮記』「月令」의 孔穎達의 疏에 의하면 逸禮의 편명이라고 하고 있다.

막고,"41) "교량을 설치하고 도로를 정비하여 농부에 이롭게 하며,"42) "나라에서 술을 내려 삼족이 화합하도록 하네"43)라고 하였습니다.

　이와 같은 일들은 모두 「월령月令」에 있는 문장에 부합합니다. 그곳에서 하는 바를 관찰해보면 모두 노침路寢에서 하는 일들입니다. 『소대례기小戴禮記』에 "옛날 주공周公이 명당에서 제후들의 알현을 받을 때 천자는 부의斧扆44)를 등지고 남쪽을 향해 서 있다. 명당이란 것은 제후의 존비를 밝히는 바이다"45)라고 하였습니다. 『주관周官』에서 또 말하기를, "주나라 사람

---

40) 仲春의 행사 중 고매신에게 아들 낳기를 기원하는 의식을 설명한 구절이다. 『禮記』「月令·仲春之月」에 "乃禮天子所御, 帶以弓韣, 授以弓矢, 于高禖之前"이라고 하였고 이에 대한 정현주에 인용된 「왕거명당례」는 "활집을 차고서 고매신 아래에서 예를 표하면 그 아들은 반드시 하늘의 재목을 얻는다.帶以弓韣, 禮之禖下, 其子必得天材."라고 하였다.

41) 磔攘은 개의 사지를 찢어 그 피를 문에 발라 재앙을 물리치는 의식을 말한다. 「월령」에 季春과 仲秋의 행사에 나온다. 『禮記』「月令·季春之月」에 "나라에 명하여 나제를 지내 구문에서 희생을 찢어 봄의 기운을 마치게 한다.命國難, 九門磔攘, 以畢春氣."라고 하였고, 정현주에 인용된 「왕거명당례」는 "계춘에 교에서 역병을 몰아내고 봄의 기운을 물리친다(季春出疫于郊, 以攘春氣)"라고 하였다. 또 같은 의식이 「月令·仲秋之月」에도 보이는데, 仲秋에는 陽氣를 모두 쓰게 하여 역병을 몰아내도록 한다.

42) 季秋의 행사 중 도로와 다리를 정비하는 일을 말한다. 「王居明堂禮」에는 "季秋除道致梁, 以利農也"이라 하여 '農夫'가 '農'으로 되어 있다.

43) 季冬의 행사로 연말에 술을 빚어 다 같이 즐기는 행사를 말한다. 「王居明堂禮」에는 "季冬命國爲酒, 以合三族, 君子說, 小人樂"로 되어 있다.

44) 부의斧扆 : 도끼 문양이 그려진 병풍을 말한다. '黼扆'라고도 한다. 『禮記』「明堂位」에는 '斧依'로 되어 있다.

의 명당은 길이 9척의 연筵을 기준으로 한다. 동서로 9연이고
당의 높이는 1연이다"46)라고 하였습니다. 그 제도에 의거한다
면 곧 대침大寢입니다. 『시자尸子』47) 또한 다음과 같이 말하였

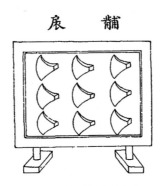

보의黼扆(淸,『欽定禮記義疏』)

45) 『禮記』「明堂位」에 있는 구절이다. 周公이 성왕을 대신하여 섭정하며 제후
　　들을 불러 모아 조회를 한 것을 말한다. 여기에서 '천자'는 周公을 말한다.
46) 『周禮』「考工記·匠人」에는 "周人明堂, 度九尺之筵, 東西九筵, 南北七
　　筵, 堂崇一筵, 五室, 凡室二筵"라고 하여 '南北七筵'이라 하고 '五室,
　　凡室二筵'이라 하여 五室制였음을 말하고 있다. 여기에서 '筵'은 깔개로
　　周나라의 길이를 재는 척도이다. 賈公彦의 疏에 의하면, 殷나라는 尋,
　　하나라는 步가 척도였다고 한다.
47) 『시자尸子』: 尸佼(기원전 390년경~기원전 330년경)가 지은 책으로 지금
　　은 전해지지 않는다. 『시자』는 隋唐代까지는 全書가 현존하여 안사고처
　　럼 자신의 논지를 증명하는 데 이용하거나 입론의 기초로 제시하기도 하
　　였다. 宋代에는 이미 약간의 단편적인 편장만 남았고, 淸代 汪繼培, 孫星
　　衍은 여러 책들에 보이는 『시자』의 편장들을 집일하였는데, 2편 1권으로
　　남아 있는 것이 현행본이다. 시교는 戰國시대 晉나라 혹은 魯나라 사람이
　　라고도 하는데, 유가의 설을 기본으로 하되 법가, 묵가의 설에 비교적 가
　　깝다고 평한다.

습니다. "황제黃帝 때에는 합궁合宮, 유우씨有虞氏 때에는 총장總章, 은殷나라 때에는 양관陽館, 주周나라 때에는 명당明堂이라 하였다." 이 모든 기술이 노침路寢이라는 증거이지 이외 별다른 곳이 아님을 알 수 있습니다. 『대대례기大戴禮記』는 처음에는 근교近郊를 말했다가 다시 문왕文王의 묘廟라고 하니,[48] 앞뒤로 근거할 바가 없어 스스로 모순이 됩니다. 원래 부의를 등지고 조회를 받고 일상적으로 거주하며 출입하는 것은 이미 고문皐門과 고문庫門[49] 안에서 행해지는데, 어찌 교야郊野에서라고 합니까? 『효경전孝經傳』[50]에 "나라 남쪽에 있다"라고 하였는데, 이 또한 몇 리인지는 말하지 않았습니다.[51]

漢武有懷創造, 詢於搢紳, 言論紛然, 終無定據, 乃立於汶水之上而宗祀焉, 明其不拘遠近, 無擇方面. 孝成之代, 表行城南, 雖有其文, 厥功靡立. 平帝元始四年, 大議營創. 孔牢等乃以爲明堂·辟雍·太學, 其實一也, 而有三名. 金褒等又稱經傳無文, 不能分別同異. 中興之後, 蔡邕作論, 復云明堂太廟, 一物二名. 鄭玄則曰:「在國之陽, 三里之外.」 淳于登又云:「三里之外, 七里之內, 丙巳之地.」 潁容釋例亦云:「明堂

---

48) 『大戴禮記』「明堂」에 "明堂者 … 在近郊, 近郊三十里"라고 하였고, "或以爲明堂者, 文王之廟也"라고 한 것을 두고 한 말이다. 그런데 『大戴禮記』 또한 "此天子之路寢也, 不齊不居其屋"이라고 하여 명당을 천자의 노침으로 본 점은 顔師古와 같은데, 이 구절은 생략하고 '或曰'로 인용한 구절을 『大戴禮記』의 주장인 것처럼 말하고 있다.

49) 천자의 五門 중 제일 바깥쪽 2개의 문을 말한다.

太廟, 凡有八名, 其體一也.」苟立同異, 競爲巧說, 並出自
胸懷, 曾無師祖.

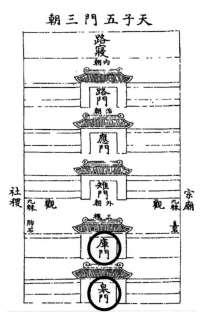

천자오문삼조(『欽定禮記義疏』)

50) 『孝經傳』: 漢代 孔安國이 『孝經』에 주를 단 것으로 흔히 古文 『孝經孔
氏傳』이라고 한다. 이외에 魏文侯(조조)가 주석을 단 『孝經傳』도 있으나
그 내용은 대부분 남아 있지 않다.

51) 『孝經』「聖治章」注疏에는 "舊說明堂在國之南, 去王城七里, 以近爲
媒 ; 南郊去王城五十里, 以遠爲嚴. 五帝卑於昊天, 所以於郊祀昊天, 於
明堂祀上帝也"라고 하여 명당은 나라의 남쪽에 있는데, 왕성에서 7리 떨
어진 곳 근교로 정한 것은 친압이라 여긴 것이고 남교는 왕성에서 50리
떨어진 곳 원교로 정한 것은 존엄으로 여긴 것이라고 하였다. 이것은 명당
에서 오제를 제사지내고 남교에서 昊天에 제사지내기 때문이다.

한무제에게는 (한나라만의 제도를) 새로 창건할 마음이 있어 사대부들[搢紳]에게 두루 물어보았으나 논의가 분분하여 끝내 결론을 내리지 못하고 문수汶水⁵²⁾ 가에 (명당을) 세워 종사宗祀 하였습니다. (이것을 보면) (도성에서) 얼마나 먼지 가까운지 구애되지 않았고 방향도 가리지 않았음이 분명합니다. 효성제 孝成帝 때 왕성 남쪽에 세우겠다고 표명하였는데, 그러한 기록 은 있으나 실제로 그 공사는 이루어지지 않았습니다. 평제平帝 원시元始 4년(4), 대대적으로 명당 건설에 관한 논의를 진행하 였습니다. 공뇌孔牢 등은 명당明堂·벽옹辟雍·태학太學은 사실 하나이며 이름이 셋이라고 하였습니다. 금포金襃 등은 또한 경 전에 기록이 없으니 그 차이를 분별할 수 없다고 하였습니다.

(광무제) 중흥中興 이후 채옹蔡邕이 글을 써서 다시 명당태 묘明堂太廟는 하나의 건물이며 이름이 둘이라고 하였습니다. 정현은 "나라의 남쪽 3리 밖에 있다.在國之陽, 三里之外."라고 하였습니다. 순우등淳于登⁵³⁾은 또한 "3리 밖 7리 안쪽에 있으

---

52) 문수汶水 : 지금의 산동성 태산 남쪽에 있는 하천 이름. 한무제 때 공옥대가 黃帝 때의 『명당도』를 바쳐 태산 근처인 문수 가에 명당을 세우고 제사를 지냈다.

53) 순우등淳于登 :『後漢書』「酷吏列傳」에 순우등에 대한 기사가 나오는데, 후한의 환관으로 中常侍를 지냈으며, 당시 환관의 우두머리였던 王甫와 결탁하여 매관매작을 일삼고 충신을 음해하여 靈帝 光和 2년(179)에 司隷校尉 陽球가 왕보 및 그 일당을 탄핵하면서 함께 연좌되어 피살된 것으로 나온다. 그런데 明堂과 관련된 기사로는 『五經異義』에 '講學大夫 淳于登'으로 나와 동일 인물인지 알 수가 없다. 「禮儀志」2에서 인용된 구절은 『五經異義』에 인용된 '講學大夫 淳于登'의 말이다.

며 병사丙巳 방향에 있다[三里之外, 七里之内, 丙巳之地]"라고
하였습니다. 영용穎容54)의 『석례釋例』55)에도 "명당태묘에는
대개 여덟 개의 이름이 있지만 그 실체는 하나이다[明堂太廟,
凡有八名, 其體一也]"라고 하였습니다. 구차하게 그 차이점을
논하면서 다투어 사설을 만드니 모두 자신들의 머릿속에서 나
온 것이지 스승으로 삼을 만한 사람은 없습니다.

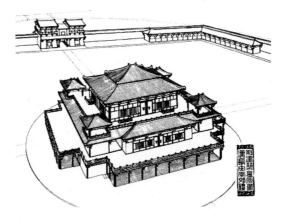

한대 장안 명당 상상도(양홍훈, 『궁전고고통론』)

54) 영용穎容 : 후한 陳國 長平(현재 河南省 淮陽) 사람. 자는 子嚴이고 박학
다식하며 『春秋左氏』에 정통하였다고 한다. 주와 군에서 여러 차례 효렴
으로 벽소되었으나 나아가지 않았다. 初平 연간에 형주로 난리를 피해
갔는데, 이끄는 무리가 천여 명에 이르렀다. 劉表가 武陵太守에 임명하
려 했으나 이 역시 나아가지 않았다. 저서에 『春秋左氏條例』 5만여 언이
있고 建安 연간에 죽었다. 『後漢書』 권79下 「儒林列傳·穎容」下.

55) 『後漢書』에서는 『春秋左氏條例』로 되어 있다. 『新唐書』 권57 「藝文志」
에는 "穎容 『釋例』 7권"으로 나와 있고 『左傳』 注疏에 인용된 서명도
『釋例』로 되어 있다.

審夫功成作樂, 理定制禮, 草創從宜, 質文遞變. 旌旗冠
冕, 古今不同, 律度權衡, 前後不一, 隨時之義, 斷可知矣. 假
如周公舊章, 猶當擇其可否 ; 宣尼彝則, 尚或補其闕漏. 況鄭
氏臆說, 淳于謏聞, 匪異守株, 何殊膠柱? 愚謂不出墉雉, 遍
接宮闈, 實允事宜, 諒無所惑. 但當上遵天旨, 祗奉德音, 作
皇代之明堂, 永貽範於來葉. 區區碎議, 皆略而不論.

무릇 공업을 이루고 악을 만들며 다스림을 확정하여 예를
제정하는 일을 살펴보면 (예악제도를) 처음 만들 때에는 시의
에 마땅함을 따르고 이후 질박함과 문식[質文]이 번갈아 변화
합니다. 정기旌旗와 같은 의장과 관면冠冕과 같은 복식은 고금
古今이 같지 않으며, 악률과 도량형은 앞 시대와 뒷시대가 같
지 않아 시의에 따르는 취지를 분명히 알 수 있습니다. 가령
주공周公의 옛 전장제도라도 가려서 선택해야 마땅하며, 공자
의 훌륭한 법칙 또한 빠지고 누락된 부분은 보충해야 합니다.
하물며 정현의 억측과 순우등의 소견은 수주대토守株待兎의
어리석음56)과 다르지 않으니 교주고슬膠柱鼓瑟57)의 고집스러
움과 무엇이 다르겠습니까? 소신이 생각하건대, 도성에서 벗

---

56) 수주대토守株待兎 : 『韓非子』「五蠹」에 나오는 고사성어이다. 어느날 송
나라 농부는 토끼가 나무 밑둥에 받혀 죽는 걸 보고 쟁기를 팽개치고 다
음 토끼를 기다렸다는 이야기이다. 『한비자』의 요지는 요순시대의 왕도정
치가 시대에 뒤떨어진 사상임을 강조하기 위해 이 고사에 비유한 것이다.
57) 교주고슬膠柱鼓瑟 : 거문고의 기둥을 아교로 붙여놓고 연주한다는 말로,
융통성이 없음을 뜻한다. 이 고사는 『史記』「藺相如列傳」에 나온다. 秦
나라가 趙나라의 병사 40만을 몰사시키는 데 결정적 패인을 제공했던 燕
王의 판단 착오에서 유래된 말이다.

어나지 않고 궁궐과 접해 있다는 것은 실제로 사체의 마땅함에
부합하여 진실로 한 점 의혹도 없습니다. 다만 위로 하늘의 뜻
을 따르고 공경히 폐하의 명을 받들어 위대한 당대唐代의 명당
을 지어 후대에 길이 모범으로 남기는 일에 대해서는 구구한
의견을 모두 생략하고 논의하지 않겠습니다.

又上表曰:「明堂之制, 陛下已發德音, 久令詳議. 但以學者專
固, 人人異言, 損益不同, 是非莫定. 臣愚以爲五帝之後, 兩漢已
前, 高下方圓, 皆不相襲. 惟在陛下聖情創造, 卽爲大唐明堂, 足
以傳於萬代, 何必論戶牖之多少〔九〕,58) 疑階庭之廣狹? 若恣儒者
互說一端, 久無斷決, 徒稽盛禮. 昔漢武欲草封禪儀, 博望諸生,
所說不同, 莫知孰是. 唯御史大夫倪寬勸上自定制度, 遂成登封之
禮. 臣之愚誠, 亦望陛下斟酌繁省, 爲其節文, 不可謙拒, 以淹大
典.」 尋以有事遼海, 未暇營創.

(안사고는) 또다시 표를 올려 다음과 같이 말하였다.

명당 제도에 관해서 폐하께서는 이미 오래전에 상세히 논의
하라 말씀하셨습니다. 그런데 학자들이 자신의 의견들을 고집
하여 사람들마다 의견이 다르고 계산이 달라 옳고 그름을 확정
하지 못했습니다. 신은 생각건대 오제五帝 이후부터 양한兩漢
이전까지는 (명당의) 높고 낮음의 규격, 방형方形과 원형圓形

---

58) [교감기 9] "何必論戶牖之多少"의 '必'字는 여러 판본에는 원래 '以'로
되어 있다. 『唐會要』 권11에 의거하여 고쳤다.

의 형태면에서 모두 계승관계에 있지 않았습니다. 폐하께서 마음속으로 새로운 제도를 창조하여 대당의 명당을 만들어 영원토록 후대에 전하면 되는 것이지 하필 문과 창의 많고 적음을 논하거나 계단과 전정前庭의 넓고 좁음을 따져서야 되겠습니까? 만일 유자들이 주고받는 주장 중 어느 한쪽의 주장에 힘을 실어준다면 오랫동안 결론을 내리지 못하고 헛되이 위대한 이 의례를 시행하지 못하고 계류시킬 것입니다. 옛날 한무제가 봉선의 의례를 기초할 때 여러 유생들에게 두루 문의하니 유생들마다 하는 말이 달라 누구의 말이 옳은지 알 수가 없었습니다. 오직 어사대부御史大夫 예관倪寬[59]만이 천자가 직접 결정해서 (예의를) 제정하도록 권하여 마침내 태산에 올라 봉선하는 예를 실행할 수 있었습니다. 신 역시 어리석으나 간절하게 폐하께서 (예의의) 번잡함과 간이함의 정도를 짐작하셔서 그에 합당한 절문節文을 만드시기를 바랍니다. 겸양으로 거절하여 대전大典을 지체시켜서는 안·됩니다.

얼마 안 있어 요동 지역에 전쟁이 있어[60] (명당을) 창건할 겨를이

---

59) 예관倪寬(미상~기원전103) : 아관兒寬이라고도 한다. 前漢 千乘(현재 山東省 廣饒縣) 사람. 歐陽生에게 『尙書』를 배우고, 나중에 孔安國의 제자가 되었다. 집안이 가난해 생계를 위해 품팔이를 했으면서도 경전을 가지고 다니며 농사를 지었다. 武帝 때 廷尉 張湯의 신임을 받고 侍御史에 오른 뒤, 중대부, 좌내사 등의 관직일 역임하면서 무제의 신임을 받았다. 어사대부에 임명된 후에 司馬遷 등과 함께 『太初曆』을 제정하였고, 무엇보다 무제 때 封禪禮를 비롯하여 각종 儀禮를 제정하는 데 중요한 역할을 하였다.

없었다.

永徽二年七月二日, 敕曰：「上玄幽贊, 處崇高而不言；皇王提
象, 代神功而理物. 是知五精降德, 爰應帝者之尊；九室垂文, 用
紀配天之業. 且合宮・靈府, 創鴻規於上代；太室・總章, 標茂範
於中葉. 雖質文殊制, 奢儉異時, 然其立天中[一〇],61) 作人極, 布
政施敎, 其歸一揆. 朕嗣膺下武, 丕承上烈, 思所以答眷上靈, 聿
遵孝享, 而法宮曠禮, 明堂寢構. 今國家四表無虞, 人和歲稔, 作
範垂訓, 今也其時, 宜令所司與禮官學士等考覈故事, 詳議得失,
務依典禮, 造立明堂. 庶曠代闕文, 獲申於茲日；因心展敬, 永垂
於後昆. 其明堂制度, 令諸曹尙書及左右丞侍郎・太常・國子秘書
官・弘文館學士同共詳議.」

(고종) 영휘永徽 2년(651) 7월 2일에 칙敕을 내려 다음과 같이 말
하였다.

상천上天은 저 멀리서 은밀하게 도와 숭고한 곳에 있으면서
말을 하지 않지만, 왕은 만상을 이끌고 (상천의) 신령스러운 힘
을 대신하여 만물을 다스린다. 이는 오정五精62)이 덕德을 내려

---

60) 顔師古의 明堂 건설 제안은 貞觀 17년(643) 5월이며, 貞觀 18년(644)년
10월에 고구려 연개소문의 시역 사건을 성토한다는 명분으로 고구려 원
정을 시작, 다음해 貞觀 19년(645)에는 당태종이 직접 원정길에 나서게
된 사정을 말한다.
61) [교감기 10] "然其立天中"의 '其'자는 여러 판본에는 '則'으로 되어 있으
나, 『太平御覽』 권533, 『冊府元龜』 권564에 의거하여 고쳤다.

제왕의 존귀함에 부응하는 것으로 알 수 있다. 구실九室에 대
해서는 남겨진 기록이 있어 배천의 공업을 기록하고 있다. 또
한 (황제의) 합궁合宮, (요 임금의) 영부靈府의 경우,[63] 상고에
대법규를 창건하였고 (주나라의) 태실太室·총장總章의 경
우,[64] 중고中古에 훌륭한 모범을 세워놓았다. 질박함과 문식의
제도는 다르고 사치함과 검소함은 시대마다 달랐지만 하늘의
기준을 세우고[65] 그것을 사람이 지켜야 할 준칙으로 삼아[66]

---

62) 五精帝인 蒼帝 靈威仰, 赤帝 赤熛怒, 黃帝 含樞紐, 白帝 白招拒, 黑帝
汁光紀를 말한다. 명당 제사 대상인 오제를 감생제로 본 정현 설을 따른
것이다.

63) 『隋書』 권49 「牛弘傳」에 의하면, (명당은) "黃帝 때에는 合宮, 堯 임금
때에는 五府, 舜 임금 때에는 총장이라고 하였다.黃帝曰合宮, 堯曰五府,
舜曰總章, 布政興治, 由來尚矣." 오부는 또한 『尙書帝命驗』에 의하면,
"五府, 五帝之廟. 蒼曰靈府, 赤曰文祖, 黃曰神斗, 白曰顯紀, 黑曰玄矩"
라고 하였고, 이중 蒼帝의 묘가 靈府이다.

64) 주나라는 명당을 "동실 청양, 남실 명당, 서실 총장, 북실 현당, 중앙의
내실을 태실周人曰明堂. 東曰青陽, 南曰明堂, 西曰總章, 北曰玄堂, 內
曰太室"(『隋書』 권49 「牛弘傳」)이라 한 것을 말한다.

65) 천중天中 : 북극성을 말하며, 북극성은 하늘의 중심으로 사계절을 주관한
다고 여겼기 때문이다. 명당에서의 행사 중에 사계절의 운행을 조율한다
는 의미를 달리 표현한 것이다. 『公羊傳』 昭公 17年 "北辰, 北極" 注疏
에 "郭氏曰 '北極, 天之中, 以正四時, 謂之北辰'是也."

66) 『漢書』 권12 「平帝紀」 元始 4년조 '安漢公奏立明堂·辟雍' 應劭注에
"명당은 사계절의 운행을 바로하고 교화를 베푸는 곳이다.明堂所以正四
時, 出敎化."라고 하는 명당의 기능을 달리 표현한 말이다. 『隋書』 권49
「牛弘傳」에도 "竊謂明堂者, 所以通神靈, 感天地, 出敎化, 崇有德"라고
하고 있다.

정치를 펼치고 교화를 베푼다는 귀결점은 같았다. 짐은 선대왕의 뒤를 이어 전대의 업적을 이어 받았으니 선왕의 영령에 보답할 길을 강구한 바, 이에 전례에 따라 제사를 올리려 하지만 법궁法宮[67])의 예의 제도가 갖추어지지 않았고 명당을 짓는 일도 중단되었다. 지금 나라의 사방에 근심이 없고 사람마다 화목하고 풍년이 들어 모범이 될 만한 제도를 만들어 후대에 교훈을 남겨야 하는데 바로 지금이야말로 그 때이다. 마땅히 담당 부서와 예관학사들에게 명을 내려 고사를 샅샅이 조사하고 그 득실을 상세히 논의해서 힘써 전례에 따라 명당을 조성해야 할 것이다. 바라건대 오랜 동안 갖추어지지 않았던 의식의 제도가 펼쳐지고, 마음에서 우러나와 공경을 바치는 일이 영원토록 후손에게 남겨질 수 있었으면 한다. 명당제도에 관해 제조상서諸曹尙書 및 좌우승시랑左右丞侍郎·태상太常·국자비서관國子秘書官·홍문관학사弘文館學士 등에게 명하노니 함께 상세히 논의하도록 하라.

於是太常博士柳宣依鄭玄義, 以爲明堂之制, 當爲五室. 內直丞孔志約據大戴禮及盧植·蔡邕等義, 以爲九室. 曹王友趙慈皓·秘書郎薛文思等各造明堂圖. 諸儒紛爭, 互有不同. 上初以九室之議爲是, 乃令所司詳定形制及辟雍門闕等.

---

67) 여기에서 법궁은 정전을 말한다.『漢書』권49「鼂錯傳」 "處于法宮之中, 明堂之上" 顔師古 注에 인용된「法宮, 路寢正殿也.」 명당에서 진행되어야 할 예를 행하지 못하였다는 의미이다.

그리하여 태상박사太常博士 유선柳宣[68]은 정현鄭玄의 설을 따라 명당 제도는 5실이 되어야 한다고 하였다. 내직승内直丞 공지약孔志約[69]은 『대대례기大戴禮』와 노식盧植·채옹蔡邕 등의 설에 따라 9실이 되어야 한다고 하였다. 조왕우曹王友[70] 조자호趙慈皓·비서랑秘書郎 설문사薛文思 등은 각각 명당도明堂圖를 제작하였다. 여러 유생들의 의견이 분분하여 서로 같지 않았다. 주상은 처음에 9실의 주장이 옳다고 여겨 담당관에게 (명당의) 형태와 벽옹辟雍, 문궐門闕 등을 자세히 살펴 제정하도록 하였다.

明年六月, 內出九室樣, 仍更令有司損益之. 有司奏言：

다음해(永徽 3년, 652) 6월에 (천자가) 9실의 양식을 제시하며 유사에게 명하여 보태거나 덜거나 하여 수정하도록 하였다. 유사가 상주하여 말하였다.

內樣：堂基三重, 每基階各十二. 上基方九雉, 八角, 高一

---

68) 유선柳宣：『新唐書』에는 柳士宣으로 되어 있다. 『新唐書』 권57 「藝文志」 '『尙書正義』二十卷' 注 "太常博士柳士宣."

69) 공지약孔志約：孔穎達의 아들로 孔子의 32대 손이다. 일찍이 禮部郎中 겸 太子洗馬 弘文館大學士의 직을 겸임하였으며, 高宗 때 「永徽五禮」 편찬에 참여하기도 하였다. 박학다식하여 경전 이외 醫術에도 뛰어나 顯慶 4년(659)에 蘇敬 등과 함께 醫書 『新修本草』를 편찬하였고 그 서문을 쓰기도 하였다. 저서에 『本草音義』 20권이 있으나 현재 전해지지 않는다.

70) 조왕우曹王友：王友는 일종의 관직명이다. 親王府 소속 1인으로 품계는 正5品下이다.

尺. 中基方三百尺, 高一筵. 下基方三百六十尺, 高一丈二
尺. 上基象黃琮, 爲八角, 四面安十二階. 請從內樣爲定. 基
高下仍請準周制高九尺, 其方共作司約準一百四十八尺. 中
基下基, 望並不用.

(제시하신 명당) 내양內樣[71]은 다음과 같습니다. "명당의 기
단은 3층이며 기단마다 계단이 각각 12개이다. 상층 기단은 사
방 9치九雉[72]이며, 팔각형八角이며 높이 1척이다.[73] 중층은 사
방 300척에, 높이는 1연筵[74]이다. 하층 기단은 사방 360척에
높이가 1장丈[75] 2척이다. 상층 기단은 황종黃琮을 본 따 팔각
형으로 만들고 사면에 12개의 계단을 설치한다." 청컨대 내양
에 따라 제정하되, 기단의 높이는 주나라 제도에 따라 높이는
9척을, 그 사방은 작사作司를 포함하여 대략 148척[76]을 기준으

----

71) 앞에서 말한 '內出九室樣'을 줄여서 한 말이다. 정사 기사를 보면, 황제
   측에서 제시한 안건에 대해 '內出'이란 표현을 사용하고 있다. 공식적으
   로 황제가 명령하는 것이 아니라 명당 건과 같이 검토가 필요한 안건
   에 대해 황제 측에서 제시할 경우, '詔'와 '制' 등이라 말하지 않고 '內
   出 …'이란 표현을 쓰고 있다. 이하에서는 '內出九室樣'을 줄여 '內樣'이
   라고 표기하고 있다. 이후 번역도 내양으로 통일하였다. 명당 추측도는
   張一兵, 『明堂制度研究』, 中華書局, 2005 참조.
72) 치雉 : 古代 성벽의 길이 3장에 높이 1丈을 1雉라고 하였는데(『禮記』「坊
   記」 鄭玄 注), 여기서는 상단의 넓이를 가리킨다. 그러므로 9치는 270척
   이다.
73) 여기에서 높이 1척은 상층 기단 팔각형의 높이를 말한다.
74) 1筵은 9尺이다.
75) 1丈은 10尺이다.
76) 『隋書』「牛弘傳」과 「宇文愷傳」에는 「考工記」와 『孝經』에 의거하여 모

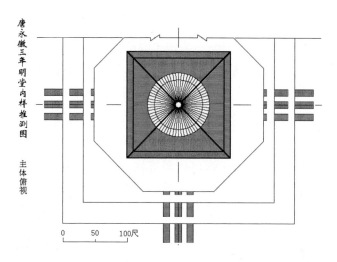

영휘 3년 명당 내양內樣 추측도(張一兵, 『明堂制度研究』)

로 삼도록 하십시오. 바라건대 중층 기단과 하층 기단은 모두
채용하지 않았으면 합니다.

又內樣[一一]77) : 室各方三筵, 開四闥·八窗. 屋圓楣徑
二百九十一尺. 按季秋大饗五帝, 各在一室, 商量不便, 請依
兩漢季秋合饗, 總於太室. 若四時迎氣之祀, 則各於其方之
室. 其安置九室之制, 增損明堂故事, 三三相重. 太室在中央,
方六丈. 其四隅之室, 謂之左右房, 各方二丈四尺. 當太室四
面, 青陽·明堂·總章·玄堂等室, 各長六丈, 以應太室 ; 闊

두 "堂方一百四十四尺", 즉 144척이라고 하였다. 현재 「考工記」와 『孝
經』에는 "堂方一百四十四尺"이라는 기사는 찾을 수 없다.
77) [교감기 11] "又內樣"의 '樣'자는 여러 판본에는 원래 없지만, 『冊府元
龜』 권585, 『文獻通考』 권73에 의거해 보충하였다.

二丈四尺, 以應左右房. 室間並通巷, 各廣一丈八尺. 其九室
幷巷在堂上, 總方一百四十四尺, 法坤之策. 屋圓楣·楯·檐,
或爲未允. 請據鄭玄·盧植等說, 以前梁爲楣, 其徑二百一十
六尺, 法乾之策. 圓柱旁出九室四隅, 各七尺, 法天以七紀. 柱
外餘基, 共作司約準面別各餘一丈一尺. 內樣[一二]78): 室別
四闥·八窗, 檢與古同, 請依爲定. 其戶依古外設而不開[一
三].79) 內樣[一四]80): 外有柱三十六, 每柱十梁. 內有七間,
柱根以上至梁高三丈, 梁以上至屋峻起, 計高八十一尺. 上
圓下方, 飛檐應規, 請依內樣爲定. 其屋蓋形制, 仍望據考工
記改爲四阿, 幷依禮加重檐, 準太廟安鴟尾. 堂四向五色, 請
依周禮白盛爲便. 其四向各隨方色. 請施四垣及四門.

내양內樣은 또 다음과 같이 말했습니다. "각 실室은 사방 3
연筵이며, 4개의 문[闥]과 8개의 창窓을 둔다. 지붕[屋]은 둥글
고[圓] 처마[楣]의 직경은 291척이다."

살펴보건대 계추季秋에 오제五帝에 대향大饗을 지낼 때 오
제마다 각각 하나의 실에서 진행한다면 불편하다 사료되오니
청컨대 양한시대 계추季秋의 합향合饗처럼 태실太室에서 총향
總饗하도록 하십시오. 사시四時의 영기迎氣 제사81)의 경우는

---

78) [교감기 12] "內樣"의 '樣'자는 여러 판본에는 원래 없는데,『冊府元龜』
   권585,『文獻通考』권73에 의거하여 보충하였다.
79) [교감기 13] "其戶依古外設而不開"의 '開'자는 聞本·殿本·懼盈齋本·
   廣本은 같은데, 局本,『通典』권44,『冊府元龜』권585에는 '閉'로 되어
   있어 어느 것이 옳은지 알 수 없다.
80) [교감기 14] "內樣"의 '樣'자는 여러 판본에는 원래 없는데, 殘宋本『冊府
   元龜』권585,『文獻通考』권73에 의거하여 보충하였다.

각 방위에 따른 실室에서 제사를 지내면 됩니다.

9실을 설치하는 제도는 이전 명당의 전례를 수정하여 세 신위를 세 실로 안치하여 서로 중첩되게 합니다. 태실이 중앙中央에 있고, 1방方이 6장丈입니다. 네 귀퉁이의 실室을 좌우방左右房이라 하고 각각의 1방은 2장 4척입니다. 태실太室 4면에 해당하는 청양青陽 · 명당明堂 · 총장總章 · 현당玄堂 등의 실은 각각 길이가 6장으로 태실에 상응하도록 합니다. 너비는 2장 4척으로 좌우방左右房에 호응하도록 합니다. 실 사이에는 모두 항巷(통로)을 두며 각각 너비가 1장 6척입니다. 9실과 항은 모두 당 위에 있고 전체 방 144척(42.30미터)이며, 이는 (『주역』의) 곤坤괘의 시책 수를 본받은 것입니다. 지붕은 원형인데, 문미[楣] · 난간[楯] · 처마[檐]는 적당치 않아 보입니다. 청컨대 정현鄭玄 · 노식盧植 등의 설에 의거하여 앞 기둥[前梁]을 문미[楣]로 하고 그 직경은 216척으로 하십시오. 이는 건乾괘의 시책 수를 본받는 것입니다. 둥근 기둥[圓柱] 옆으로 9실九室 사각을 내는데,[82] 각각 7척이며, 이는 하늘의 칠기七紀[83]를 본받은 것입니다. 기둥 바깥으로 난 나머지 기基는 모두 사司가 되어 대략 각 면을 기준으로 하되 나머지는 각각 1장 1척으로 합니다.[84]

---

81) 四立日, 즉 立春, 立夏, 立秋, 立冬에 해당되는 계절의 기운을 맞이하는 의식을 말한다.

82) 『唐會要』에는 "楣之下所施圓柱, 旁出九宮四隅"으로 되어 있다.

83) 칠기七紀 : 일월 오성을 말한다.

84) 『冊府元龜』에는 "柱外餘基, 共作司約准面別各餘一丈七尺"이라 하여 1장 7척으로 되어 있다.

내양은 또 다음과 같이 말했습니다. "실室마다 4개의 문[闥]
과 8개의 창窗을 둔다." (이에 대해서는) 옛 법과 같은지 검토
하여 그에 따라 정하도록 하십시오. 그 외짝문[戶]은 옛 법에
따라 밖에 설치하되 (문을) 열지 않습니다.

내양은 또 다음과 같이 말했습니다. "밖에 36개의 기둥[柱]
을 두는데, 기둥마다 10개의 들보[梁]를 둔다. 그 안에는 7칸이
있으며, 기둥의 뿌리에서 위로 들보까지의 높이는 3장이고, 들
보에서 위로 지붕이 고개를 쳐들기 시작하는 곳까지, 높이가
81척으로 한다." 위는 둥글고 아래는 네모나며, 나는 처마는
규격에 맞으니, 청컨대 내양에 따라 기준을 정하십시오. 지붕
의 덮개 형태는 바라건대 「고공기考工記」에 의거하여 사아四
阿85)로 바꾸고 아울러 예禮에 의거하여 중첨重檐을 더하되,86)

---

85) 사아四阿 : 지붕이 사면으로 되어 있어서 빗물이 사면으로 흘러내리게 되
어 있는 지붕 양식을 말한다. 여기에서 '阿'는 굽어진 처마를 말하며 '사아'
는 4면이 휘어진 처마를 가리킨다. 당대 정척(용마루) 1개, 수척(내림마루)
4개 그리고 지붕 전후좌우면에 경사가 있는 廡殿式 건축의 지붕을 四阿
殿頂이라고 한다. 王其鈞 主編, 『中國圖解辭典』, 機械工業出版社, 2014.

사아四阿 전정(『중국도해사전』)

태묘太廟를 기준으로 해서 치미鴟尾[87]를 올리도록 하십시오.

---

86) 중첨重檐: 두 겹 이상의 처마를 말한다. 일반적으로 중첨 대부분은 단층 건축물 위에 2층 이상의 처마를 얹힌 것이다. 경우에 따라서 다층으로 짓기도 한다. 『禮記』「明堂位」에 "(천자의) 산절, 조절, 복묘, 중첨山節·藻梲·復廟·重檐"이 제후가 설치할 수 없는 천자의 묘를 수식하는 방식이라고 하였다.

중첨重檐(『중국건축도해사전』)

87) 치미鴟尾: 용마루 양단에 장식하는 구조물이다. 그 모양이 솔개의 꼬리처럼 생겼기 때문에 치미라고 하였다. 치미에 대해서는 『唐會要』 권44 「雜災變」 開元 15년조 興教門의 치미 화재 사건에 대한 蘇冕(734~805)의 말에 그 명칭의 유래가 보인다. 즉 동해에 蚩(뿔없는 용)라는 물고기가 있는데, 그 꼬리의 생김새가 솔개처럼 생겼다 하여 치미라고 이름하였다. 그런데 蚩는 꼬리로 솔개처럼 물결을 치면 비가 내렸다고 한다. 한 무제 때 백량대에 화재가 발생하였을 때 월나라 무당이 그 압승법으로 건장궁을 대대적으로 지을 것을 건의하였는데, 이후 용마루에 그 형상을 설치하였으며, 조정의 문양을 대들보 위에 그려 넣어 화재를 진압하고자 하였다고 한다. 당나라 때에는 이를 鴟吻이라고 하였는데, 이는 잘못이라고 지적하고 있다. "蘇氏駁曰, 東海有魚, 蚩尾似鴟, 因以爲名. 以噴浪則降雨. 漢柏梁災, 越巫上厭勝之法, 乃大起建章宮. 遂設鴟魚之像於屋脊, 畫藻井之文於梁上. 用厭火祥也, 今呼爲鴟吻, 豈不誤矣哉?" 이 설명에 의하면, 한무제 때 월나라 무당의 건의로 용마루에 치미가 장식된 것으로

당堂은 사방을 오색으로 하는데, 청컨대 『주례周禮』에 의거하여 백성白盛[88]으로 하는 것이 마땅합니다. 그 사방은 방위에 따라 색을 사용합니다. 그리고 4개의 담[垣]과 4개의 문을 설치하도록 하십시오.

　辟雍, 按大戴禮及前代說, 辟雍多無水廣·內徑之數. 蔡邕云:「水廣二十四丈, 四周於外.」 三輔黃圖云「水廣四周」,

보인다. 그런데 한무제 때 월나라 무당의 건의대로 건장궁을 크게 지은 일은 사실이지만 치미를 용마루에 올려 화재를 진압하고자 했다는 설은 『史記』와 『漢書』 그리고 각각의 注들에는 보이지 않는다. 아마도 소면이 활동했던 당대에는 이러한 전설이 유행한 듯하다. 胡璩(미상, 唐代)의 『譚賓錄』에는 같은 내용이 보이는데(宋代 『營造法式』에 인용), 한무제 때 월나라 무당 일화는 없다.

치미
(『중국건축도해사전』)

당대 대명궁 출토 치미
(박물관 직접촬영)

88) 백성白盛 : 궁궐이나 중요 건축물의 벽에 악토堊土(백토)를 발라 마감하는 것을 말한다. 여기에서 말한 『주례』는 「考工記·匠人」의 "夏后氏世室, 堂脩二七, 廣四脩一, 五室三四步, 四三尺, 九階, 四旁兩夾窻. 白盛. 門堂三之二, 室三之一"라고 한 것을 말한다.

與蔡邕不異, 仍云「水外周堤」. 又張衡東京賦稱「造舟爲
梁」. 禮記明堂位·陰陽錄云:「水左旋以象天.」商量水廣
二十四丈, 恐傷於闊, 今請減爲二十四步, 垣外量取周足.
仍依故事造舟爲梁, 其外周以圓堤, 幷取陰陽「水行左旋」之
制[一五].[89]

벽옹辟雍은 『대대례기大戴禮』와 전대의 설명을 살펴보면,[90]
대개 물의 너비나 지름에 관한 치수가 적혀 있지 않습니다. 채
옹蔡邕은 "물의 너비[水廣]는 24장丈이고, 밖에서 사방을 에워
싼다"라고 하였습니다. 『삼보황도三輔黃圖』는 "물의 너비와

---

89) [교감기 15] "幷取陰陽水行左旋之制"에 대해 『校勘記』 권11은 "張本에
는 '陰陽' 아래에 '錄'자가 있다. 본래 '錄'자가 탈락되어 있지만 앞에서
말한 『禮記』 「明堂位」와 『陰陽錄』에 의거하여 보충하였다"라고 하였다.
이곳에 脫文이 있지 않을까 의심된다.

90) 辟雍은 원래 周天子가 세운 교육기관인 대학을 말한다. 後漢代에는 五
帝를 총향하는 明堂과 천상의 기운을 살펴보는 靈臺와 함께 三雍이라
하여 천자가 교화를 행하는 상징적인 장소를 의미했다. 班固의 『白虎通』
「辟雍」에는 "천자는 벽옹을 왜 세우는가? 예악을 행하고 덕화를 널리 펼
치기 위해서이다. 벽이란 (옥)벽이며 벽의 원형을 상징한다. 또한 하늘을
본뜬 것으로 주변에 물이 있는 것은 교화가 널리 흘러 다니는 것을 본뜬
것이다.天子立辟雍何? 所以行禮樂宣德化也. 辟者, 璧也, 象璧圓, 又以
法天, 於雍水側, 象教化流行也."라고 하였다. 본문에서 말한 『大戴禮
記』에는 「明堂」편이 있으며, "明堂者, 所以明諸侯尊卑. 外水曰辟雍"라
고 하여 명당 그 밖에 물을 두르는 것을 벽옹이라고 하였다. 또한 『小戴禮
記(禮記)』 「王制」편에는 "天子曰辟雍, 諸侯曰泮宮"라고 하여 제후에게
도 동일한 기관이 있는데, 이름을 달리하여 泮宮이라 하였다. 「王制」편에
는 천자의 교육기관인 大學을 남쪽 成均, 북쪽 上庠, 동쪽 東序, 서쪽
瞽宗, 가운데를 辟雍이라 하여 벽옹으로 대학을 대신하였다.

사방을 에워싼다"고 한 것은 채옹과 다르지 않으나 또 "물 밖
에 제방을 두른다"라고 하였습니다. 또 장형張衡[91]의 「동경부
東京賦」에 "배를 만들어 교량을 삼다造舟爲梁"라고 하였습니
다. 『예기禮記』 「명당위明堂位」와 『(명당)음양록陰陽錄』[92]에
"물이 왼쪽으로 돌게 하여 하늘을 본받다"라고 하였습니다.
물의 너비인 24장을 따져보면 지나치게 넓은 듯하니, 청컨대
24보步[93]로 축소하고 담 밖은 측량하여 사방을 둘러싸기에 충
분할 정도로 하십시오. 그리고 고사故事에 따라 배를 만들어
교량으로 삼고 그 바깥은 둥근 담으로 둘러싸서 『(명당)음양
(록)』에서 말한 "물은 왼쪽으로 돌게" 하는 제도도 병행하도
록 하십시오.

91) 장형張衡(78~139) : 後漢 南陽 西鄂(현재 河南省 南召) 사람. 자는 平子
   이다. 和帝 永元 연간에 孝廉으로 太學에 들어가 五經과 六藝를 배웠다.
   天文과 陰陽, 曆算을 정밀히 연구했다. 水力으로 움직이는 渾天儀와 地震
   을 측정하는 候風地動儀를 최초로 발명하여, 중국의 '과학의 아버지'로 불
   리기도 한다. 저서로는 『周官訓詁』가 있었지만 전하지 않는다. 천문에 관
   한 저서로는 『靈憲』과 『算罔論』, 『渾天儀』 등이 있다. 永元 연간에 「東京
   賦」와 「西京賦」 등을 지었는데, 양한의 수도 정경과 감성을 잘 표현하고
   있다.

92) 『隋書』 권49 「牛弘傳」에는 "明堂陰陽錄曰 : 明堂之制, 周圜行水, 左旋
   以象天, 內有太室以象紫宮"이라고 하여 『明堂陰陽錄』이라고 하였다.

93) 보步 : 거리의 단위로 역대 그 수치는 일정치 않다. 周尺으로는 8尺이 1
   步, 秦代에는 6尺이 1步이다. 1장이 10척이니 채옹안은 240척, 수정안은
   주척으로 계산하면 24×8=192척이 된다.

殿垣, 按三輔黃圖, 殿垣四周方在水內, 高不蔽日, 殿門
去殿七十二步. 準今行事陳設, 猶恐窄小. 其方垣四門去堂
步數, 請準太廟南門去廟基遠近爲制. 仍立四門八觀, 依太
廟門別各安三門, 施玄閫, 四角造三重魏闕.

　(벽옹의) 전전의 담[殿垣]은 『삼보황도三輔黃圖』에 따르면,
전당의 담은 방형으로 사방 둘러싸며 물 안에 두고 높이는 해
를 가리지 않을 정도로 하고, 전당의 문[殿門]은 전전과 72보
거리를 두도록 되어 있습니다. 현재 이곳에서 행사하며 진설되
는 것을 기준으로 할 때 조금 협소하지 않을까 우려됩니다. 방
형의 담과 4개의 문이 당과 어느 정도 거리에 있는지 그 치수
는 청컨대 태묘太廟 남문南門과 묘의 기단과의 거리를 기준으
로 하십시오. 그리고 4개의 문門과 8개의 관觀을 세우는데, 태
묘太廟의 문門이 각각 3개의 문을 안치한 사례에 따라 3개의
문을 두고 문지방은 검은색을 칠하고 네 모서리에는 3중으로
된 궐문[魏闕][94]을 세우도록 하십시오.

　此後群儒紛競, 各執異議. 尙書左僕射于志寧等請爲九室, 太常
博士唐眅等請爲五室. 高宗令於觀德殿依兩議張設, 親與公卿觀
之. 帝曰:「明堂之禮, 自古有之, 議者不同, 未果營建. 今設兩議,

---

94) 위궐魏闕 : 宮門 위에 높이 우뚝 솟은 樓觀을 말한다. 부희년은 의덕태자
　묘 벽화에 보이는 3重闕을 참고하여 大明宮 含元殿의 翔鸞閣과 栖風閣
　을 복원하였다.(傅熹年,「唐長安大明宮含元殿原狀的探討」,『文物』, 第
　7期, 1973, 45쪽) 대명궁의 3중궐 복원은 측천무후 명당 복원에도 적용되
　었다(모형 참조).

公等以何者爲宜?」工部尚書閻立德對曰:「兩議不同, 俱有典故,
九室似闇, 五室似明. 取捨之宜, 斷在聖慮.」上以五室爲便, 議又
不定, 由是且止.

　이후 여러 유자들이 논쟁을 거듭하면서 서로 다른 주장을 각기
고집하였다. 상서좌복야尙書左僕射 우지녕于志寧[95] 등은 구실九室제

쌍궐(동한 화상전, 사천)

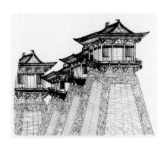

당 3중궐(懿德太子墓 벽화 일부)

측천무후 명당 모형도 중 3중궐

당 함원전 복원도 중 3중궐(부희년)

95) 우지녕于志寧(588~665) : 唐 京兆 高陵(현재 陝西省 高陵) 사람. 자는
　仲謐이다. 太宗 貞觀 3년(629) 中書侍郎에 오르고 太子左庶子가 더해졌
　다. 당시 태자 李承乾의 잘못을 지적하는 상소를 자주 하여 태자의 미움
　을 사 자객에게 살해당할 뻔하기도 하였다. 그의 충직함과 검소함으로
　侍中에까지 오르고 監修國史가 되었다. 高宗 永徽 2년(651) 左僕射로
　同中書門下三品에 올랐다. 顯慶 4년(659) 나이가 들어 사직을 청원하자

를 주장하였고, 태상박사太常博士 당진唐眕[96] 등은 오실五室제를 주장하였다. 고종高宗은 관덕전觀德殿[97]에 나가 두 진영에게 논의를 펼쳐보도록 하고 친히 공경과 함께 관람하였다. 황제는 "명당明堂의 예제는 예부터 있었지만 주장하는 바가 각기 달라 여전히 명당을 조성하지 못하고 있다. 지금 두 가지 다른 논의가 펼쳐지고 있는데, 공들은 어떤 것이 더 낫다고 생각하는가?"라고 물었다. 공부상서工部尚書 염립덕閻立德[98]이 대답하기를, "두 진영의 논의는 서로 다른데,

----

僕射에서는 해직하고 太子太師로 임명했다. 나중에 華州刺史로 관직을 마감하였다. 저서에 『諫苑』과 문집이 있다.

96) 당진唐眕 : 『通典』에는 唐眕이 당흔唐昕으로 되어 있다. 열전에 입전되어 있지 않아 그의 이력에 대해서는 알려진 바가 없다.

97) 관덕전觀德殿 : 淸 徐松의 『唐兩京城坊考』에서 『資治通鑑』의 "侯君集獻膚俘於觀德殿"에 대한 胡三省注에 의하면, "觀德殿, 射殿也"라고 하여 射殿이라 하였고, 다시 『閣本太極圖』를 인용하여 "射殿在宜春門北", 즉 의춘문 북쪽에 있다고 되어 있다. 『舊唐書』에 의하면, 태종 때 후군집이 포로를 헌상하고 그에 상응하는 연회[飮至禮]도 베풀었다. 高宗 때에는 이곳에 행차하여 大射禮를 행했다고 한 것으로 보아 漢代 射宮, 즉 曲臺와 같은 기능을 한 것으로 보인다. 張衡의 「東京賦」에, "攝提運衡, 徐至於射宮"에 대한 薛綜注에, "射宮, 謂辟雍也"이라 하였으니, 천자가 관덕전에 임하여 명당, 벽옹에 관한 논쟁을 직접 참관한 모습이 마치 漢代 石渠閣會議나 章帝 때 白虎觀 會議와 중첩된다.

98) 염립덕閻立德(미상~656) : 唐 雍州 萬年(현재 陝西省 西安) 사람. 이름은 讓인데, 자로 행세했다. 閻毗의 아들이다. 高祖 武德 연간에 尙衣奉御에 올랐다. 태종 貞觀 연간에 將作大匠에 이르러 工部尙書에 발탁되었다. 여러 가지 고안을 잘 했고, 工藝에 능했다. 高句麗를 침략할 때 길마다 교량을 설치해 병사들의 진군에 장애가 없도록 했다. 인물과 관련된 故事를 그림으로 잘 그려 妙手로 불렸다.

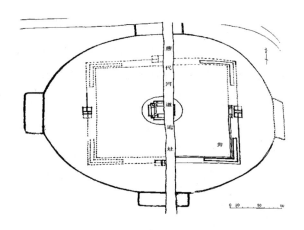

전한 장안 명당·벽옹 전체 평면도(양홍훈, 266쪽)

모두 근거하는 바[典故]가 있습니다만, (명당) 9실(제)은 (근거가) 명확치 않아 보이고 5실(제)은 명확해 보입니다. 취사선택은 오로지 성상의 결단에 달려 있습니다"라고 하였다. 주상은 5실이 더 낫다고 생각하였으나 논의 후에 또 다시 결정을 내리지 못하여 이 때문에 다시 중지되고 말았다.

　至乾封二年二月, 詳宜略定, 乃下詔曰:「朕以寡薄, 忝承丕緒. 奉二聖之遺訓, 撫億兆以初臨, 馭朽兢懷, 推溝在念. 而上玄垂祐, 宗社降休, 歲稔時和, 人殷俗阜. 車書混一, 文軌大同. 檢玉泥金, 升中告禪, 百蠻執贄, 萬國來庭, 朝野懽娛, 華夷胥悅. 但爲郊禋嚴配, 未安太室, 布政施行, 猶闕合宮. 朕所以日昃忘疲, 中宵輟寢, 討論墳籍, 錯綜群言, 探三代之精微, 探九皇之至賾, 斟酌前載, 製造明堂. 棟宇方圓之規, 雖兼故實；度筵陳俎之法, 獨運財成. 宣諸內外, 博考詳議, 求其長短, 冀廣異聞. 而鴻生碩儒, 俱稱盡善, 摭紳士子, 並奏該通. 創此宏模, 自我作古. 因心旣展, 情禮獲伸, 永言宗祀, 良深感慰. 宜命有司, 及時起作, 務從折中, 稱朕意焉.」於是大赦天下, 改元爲總章, 分萬年置明堂縣.

(고종) 건봉乾封 2년(667) 2월에 이르러 세부적으로 합당한 기준이 대략 정해져 조를 내려 다음과 같이 말하였다.

짐朕은 공은 적고 덕이 부족함에도 부끄럽게도 대업을 계승하였다. 두 성왕의 유훈을 받들어 만민을 통어하여 천하에 군림하면서 매사에 전전긍긍 조심하며[馭朽兢懷] 마음속으로 백성을 걱정하고 있다[推溝在念].99) 상천이 복을 내려주고 종묘와 사직신이 경사를 내려주어 농사는 풍년이고 사계절은 조화로워 백성은 늘어나고 풍속이 안정되어간다. 수레와 문자가 모두 하나 되니 문화와 제도가 대대적으로 통일되었다. 옥책玉冊을 금니金泥로 봉하여 태산에 올라 봉선을 하여 천하의 만이蠻夷가 공물을 바치고 만국萬國이 내조하니, 조야朝野가 모두 환호하며 기뻐하고 화이華夷 또한 모두 기뻐하였다.

다만 교사에서 선조를 배향하는 예 때문에 태실太室(명당)(에서의 배사)이 아직 안정되지 않았고100) 정교政敎를 시행하

---

99) '推溝'는 구덩이로 밀어 넣는다는 말인데, 출처는 『孟子』「萬章上」의 "思天下之民匹夫匹婦有不被堯舜之澤者, 若己推而內之溝中"이다. 伊尹은 천하 백성 중에 어떤 남자나 여자라도 堯舜의 은택을 입지 않은 사람이 있으면 이는 마치 자신이 그들을 구덩이 속으로 밀어 넣은 것처럼 아파했다는 말에서 유래되었다. 그리하여 뒤에 '推溝'는 백성을 생각하는 상징어가 되었다.

는 데에도 합궁合宮(명당)이 없는 상태이다. 그 때문에 짐은 밤
낮으로 피로를 잊은 채 밤 늦도록 잠들지 못하며 (명당과 관련
된) 전적을 검토하고 여러 가지 다양한 주장들 속에서 삼대三
代의 정수를 고르고 구황九皇의 지극한 도리[至賾]를 탐구하며,
전대의 제도를 참작하여 명당을 조성하고자 하였다. 명당 건물
의 형태에 관한 규정은 이전의 전례를 아울러 참작하지만, 명
당의 규격이나 제기祭器의 진설과 같은 제도는 단독으로 운용
하여 제정하였다. 조정 내외에 영을 내려 널리 살펴보고 자세
히 논의하여 그 장단점을 찾고 색다른 주장을 많이 들을 수
있게 되길 바랐다. 그리하여 여러 유생과 대학자들이 모두 최
선의 방책이라 말하고 고관 사대부들도 모두 두루 통한다고 하
였다. 이 굉대한 제도를 만드니 (이 제도는) 짐 이후에 고례로
서 준수하게 할지어다. (명당 제도를 만들어) (선조를 받드는)
공경하는 마음을 펼칠 수 있고 인정人情에 통하는 예를 펼쳐서
오래도록 (명당) 종사宗祀한다 할 수 있으니,[101] 진실로 감개무

---

100) 高宗 顯慶 연간에 冬至 圜丘 昊天上帝 제사와 正月 南郊 感生帝 제사
를 지내다가 王肅說에 따라 감생제 제사를 폐지하면서 배사되었던 太祖
元皇帝와 세조 景皇帝 등의 제사를 놓고 갑론을박의 논쟁을 거쳐 제도
의 개폐를 반복했던 일을 말한다. 이 명당에 관한 조서는 乾封 2년 2월에
내려졌고 乾封 2년 12월에 다시 感生帝 제사를 복구하면서 호천상제와
감생제 제사에 모두 高祖와 太宗을 並祀하도록 하였다. 자세한 내용은
『舊唐書』「禮儀志」1을 참조.
101) 『詩』「大雅・文王」편의 "永言配命, 自求多福(길이 천명에 짝하는 것이
스스로 많은 복을 구하는 것)"의 구절에서 인용한 것이다. '配命'은 '以
祖配天'의 다른 뜻으로 明堂에서의 宗祀를 뜻한다.

량하다. 마땅히 유사에게 명하여 때가 되면 (명당 조성) 사업을
시작하여 최선에 힘 써 짐의 뜻을 이루도록 하라.

그리하여 천하에 대사면령을 내리고 총장總章(有虞氏의 명당)으
로 연호를 고쳤으며 만년현萬年縣[102]을 나누어 명당현明堂縣을 설치
하였다.

明年三月, 又具規製廣狹, 下詔曰:

다음해(총장 2년) 3월에 또 다시 (명당) 규모와 형태의 크기를 갖
추어 다음과 같이 조서를 내렸다.[103]

---

102) 만년현萬年縣: 漢高祖가 櫟陽縣을 나누어 설치한 것이 시작이었는데,
역양현과 함께 좌풍익에 소속시켰다. 치소는 현재 陝西省 西安 東北
閻良區 武屯鄉 古城村에 있었다. 北周 明帝 2年(558)에 치소를 長安城
으로 옮겼고 長安縣과 함께 京兆郡 치하에 두었다. 隋 開皇 3年(583)에
大興縣이라 개명하였다가 唐 武德 元年(618)에 다시 萬年縣이라 고치
고 雍州에 소속시켰다. 본문에서 말했듯이 건봉 원년(666)에 만년현을
나누어 명당현을 설치하였고 開元 元年(713)에는 京兆府의 관할 하에
두었다. 현종 天寶 7年(748) 다시 成寧縣이라 개명했다가 乾元 元年
(758) 또다시 萬年縣으로 개명하였다.

103) 『全唐文』 권13 「高宗」3 '勅建明堂詔'에는 "首出萬物, 實顯崇高之位 ;
曾覽八叮無違響明之道"라는 구절이 "合宮 …" 앞 부분에 더 있다. 『全
唐文』에는 고종의 2개의 명당에 관한 조서가 실려 있다. 하나는 永徽
2년의 '勅建明堂詔'이고 또 하나는 바로 위의 總章 2년의 '定明堂規制
詔'이다. 「禮儀志」2에 실려 있는 永徽 2년조의 내용을 總章 2년 조문
앞 부분에 요약해서 싣고, 후반부는 명당 건축과 관련된 규격과 제도에
대한 상세한 내용을 부가하고 있다. 건봉 3년 조문 앞부분의 명당제도의

合宮聽朔, 闡皇軒之茂範 ; 靈府通和, 敷帝勛之景化. 殷
人陽館, 青珪備禮 ; 姬氏玄堂, 彤璋合獻. 雖運殊驪翰, 時
變質文, 至於立天中, 建皇極, 軌物施教, 其歸一揆. 考圖汶
上, 僅存公玉之儀 ; 度室圭躔, 才紀中元之製. 屬炎精墜駕,
璿宮毀簫, 四海淪於沸鼎, 九土陷於塗原. 高祖太武皇帝杖
鉞唐郊, 收鈐雍野, 納祥符於蒼水, 受靈命於丕山. 飛沉泳
沫, 動植游源. 太宗文皇帝盟津光誓, 協降火而登壇 ; 豐谷
斷蛇, 應屯雲而鞠旅. 封金岱嶺, 昭累聖之鴻勳 ; 勒石丸都,
成文考之先志. 固可以作化明堂, 顯庸太室. 傍羅八柱, 周
建四門[一六],104) 木工不琢, 土事無文, 豐約折衷, 經始勿
亟, 闕文斯備, 大禮聿修.

합궁合宮105)에서 청삭聽朔의 예를 행하여106) 헌원軒轅 황제

연혁과 관련된 부분과 함께 대조하여 볼 필요가 있다. 또한 총장 2년
조서로 내린 명당안은 실행되지 못했으나 측천무후 때 이것을 토대로
명당을 조성하였기 때문에 명당의 주요 건축의 규격을 제공하는 자료로
서 중요한 의미를 가지고 있다.

104) [교감기 16] "周建四門"의 '門'字는 『冊府元龜』 권564에는 '墉'으로 되
어 있다.

105) 합궁合宮 : 『隋書』 권49 「牛弘傳」에 의하면, (명당은) "황제 때에는 合
宮, 요 임금 때에는 五府, 순 임금 때에는 총장이라고 하였다.黃帝曰合
宮, 堯曰五府, 舜曰總章, 布政興治, 由來尙矣."라고 하였으니, 여기에
서 합궁은 황제 때 명당을 말한다.

106) 聽朔禮를 말한다. 視朔이라고도 한다. 고대 帝王과 諸侯들은 매월 초
정사를 시작하기 전에 이전의 업무를 보고받는데, 告朔의 예를 행한 뒤
에 업무를 시작하는 것을 말한다. 『禮記』 「玉藻」에 "현단복을 입고 동문
밖에서 해에 예를 행하고[朝日] 남문 밖에서 청삭을 한다.玄端而朝日於

黃帝의 위대한 전범을 천명하였다. 영부靈府[107])에서 상하가 두루 화통하여, 제훈帝勳(요 임금)[108])의 밝은 교화[景化]를 펼쳤다. 은殷나라 사람은 양관陽館[109])에서 청규靑珪로 예를 갖추었고[110]) 희씨姬氏(주나라)는 현당玄堂에서 동장彤璋으로 합헌合

東門之外, 聽朔於南門之外."라고 하였다.

107) 영부靈府 : 요 임금 때 명당 五府를 말한다. 『通典』 권44 「大享明堂」에 의하면 요 임금 때 오부에서 오제에 제사를 지냈으며, 蒼帝에 해당되는 실이 靈府이다. "唐虞祀五帝於五府. 府者, 聚也. 言五帝之神聚而祭於此堂. 蒼曰靈府, 赤曰文祖, 黃曰神計, 白曰明紀, 黑曰玄矩. 五府之制, 未詳" 그런데 사실 영부의 출전은 緯書 『尙書帝命驗』의 "帝者承天立五府, 赤曰文祖, 黃曰神斗, 白曰顯紀, 黑曰玄矩, 蒼曰靈府"이며, 위서의 이 구절은 『隋書』 「牛弘傳」에서는 명당 오실제의 근거 자료로 제시되고 있다.

108) 제훈帝勳 : 요 임금 放勳을 말한다. 『尙書』 「堯典」 "曰若稽古, 帝堯曰放勳, 欽明文思安安."

109) 은나라 때 명당을 陽館이라 한다. 『漢書』 권12 「平帝紀」 元始 4년 "安漢公奏立明堂·辟雍"조의 應劭 注에 "孝經曰 : 宗祀文王於明堂, 以配上帝. 上帝謂五時帝太昊之屬. 黃帝曰合宮, 有虞曰總章, 殷曰陽館, 周曰明堂. 辟雍者, 象璧圜, 雍之以水, 象教化流行." 이 주에서 太昊之屬을 五時帝라고 한 점과 殷나라 명당을 양관이라 한 점이 주목된다. 『隋書』 권68 「宇文愷傳」에서는 "尸子曰 : 殷人陽館"이라 하여 은나라 때 명당을 양관이라 한 출처가 『尸子』라고 하고 있다.

110) 靑帝는 靑珪로 제사지낸다는 말이다.(『周禮』 「春官·大宗伯」의 "以蒼璧禮天, 以黃琮禮地, 以靑圭禮東方, 以赤璋禮南方, 以白琥禮西方, 以玄璜禮北方"에 대한 鄭玄注에 "禮東方以立春, 謂蒼精之帝, 而太昊·句芒食焉"이라 하였다.) 그렇다면 殷나라와 청제는 무슨 관계인가? 추측할 수 있는 단서는 은나라의 명당을 양관이라 한 점이다. 『禮記』 「月令」에 의하면 孟春之月에 천자는 靑陽 左个에 거한다고 했으므로 陽館

獻의 예를 행하였다.[111]

오제와 삼대 명당

시대	황제	전욱	제곡	요	순	하	은	주
오행	토	금	수	목	화	토	금	수
삼정							인人	지地	천天
삼통							흑	백	적
명당	합궁			영부	총장		양관	현당
행례	청삭			통화				
예물								청규	동장

비록 시운에 따라 흑색과 백색[驪翰][112]을 숭상하는 일이 달

을 靑陽의 다른 이름으로 보아 은나라는 청규로 예를 갖췄다고 본 것이
다. 뒤이은 주나라를 현당에 배치한 점도 일맥상통한다.

111) 赤帝는 彤璋으로 제사를 지낸다는 말이다. 주나라가 적제의 후손이므로
붉은 색 장으로 예를 행한다는 의미이다. 그런데 주나라 때 명당을 '玄
堂'이라 한 이유는 黃帝부터 五行의 차서에 따르면 周는 水에 해당되고
따라서 水德에 해당되는 흑색에 따라 '玄堂'이라 한 것이다. 여기에서
문제가 되는 것은 彤璋이다. 붉은 색의 장을 가지고 예를 행했다는 것은
文質의 三統說(夏尚黑·殷尚白·周尚赤)에 따른 것으로 보인다. 合獻
이란 제사 대상에 맞는 제물을 갖춰 제례를 행함으로써 도리에 맞음을
말한 것이다. 『詩』「小雅·賓之初筵」의 賈公彦 疏에 "既賓主有禮, 八
音和樂, 如是則德當神明, 可以進樂其先有功烈之祖, 以合其酒食百粲
之禮以獻之也. 祭有酒食, 聲樂可歆神, 因言合獻衆禮." 여기에서는 明
堂에서의 大享 의례를 달리 표현한 것이다.

112) 夏后氏는 흑색을 숭상하여 전쟁 때 검은 색 말[여驪]을 타고 은나라 사
람은 백색을 숭상하여 전쟁 때에는 흰색의 말[한翰]을 탄다고 한 데에서
유래되어 '여한驪翰'은 하나라와 은나라가 숭상하는 색깔을 가리킨다.
『禮記』「檀弓上」"夏后氏尚黑, 戎事乘驪, 牲用玄 ; 殷人尚白, 大事斂

랐고, 시대마다 질質과 문文을 번갈아 달리하였지만,113) 천중
天中을 확립하고114) 황극皇極을 세워115) 만물로 하여금 그 도
를 따르게 하고 가르침을 베풀었던 것은 모두 같은 도리에 귀
결된다. 문수汶水가의 도안을 살펴보니 (한무제 때) 공옥(대)公
玉이 말한 의식이 겨우 남아 있을 뿐이고,116) 명당의 방실 규격
과 제도에 대해서는 후한 광무제 때 규정만 기록되어 있을 뿐
이다. 염한炎漢[炎精]117)의 국운이 다하면서 선궁璿宮118)의 예
악이 무너져[毁簨], 사해四海는 끓는 솥처럼 들끓고 구토九土는
도탄에 빠졌다.

고조高祖 태무황제太武皇帝119)께서 당교唐郊에서 부월斧鉞

用日中, 戎事乘翰, 牲用白." 鄭玄注에 "馬黑色曰驪. 翰, 白色馬也"라
고 하였다. 이른바 삼통설을 말한다.
113) 문자 그대로는 질박함과 화려함[質文]을 말하지만, 董仲舒의 『春秋繁
露』「三代改制質文」편에 의하면, 하은주 삼대는 시대마다 숭상하는 기
풍이 달랐고 그것을 실질을 숭상하는 질박함[質]과 문식을 강조하는 화
려함[文]으로 대별하여 안배하고 있다. 『春秋繁露』「三代改制質文」의
"一商一夏 一質一文" 방식에 따르면 夏는 文, 商은 質이며 세 번째는
원래대로 되돌아가는 방식이니, 은나라 다음인 周나라는 文에 해당된다.
114) 천중天中을 확립하고 … : 天中은 북극성을 말하며, 사계절의 운행을 조
율한다는 의미에서 천자가 천명을 받았음을 달리 표현한 것이다.
115) '永徽 2년조'에는 "作人極"으로 되어 있으니, 천상과 대비되는 지상의
인간 세상의 중심, 즉 황제의 통치를 상징한다.
116) 漢武帝 때 公玉帶가 바친 黃帝 明堂圖를 말한다.
117) 한나라는 堯의 후손이자 炎帝의 후손이라 하여 炎漢이라 하였다.
118) 선궁璿宮 : 사전적 의미는 아름답게 장식한 궁전, 즉 王宮을 뜻하지만,
여기에서는 명당을 대표로 하는 예와 악을 행하는 의례 공간을 말한다.

을 잡고 수명하여[120] 옹주雍州 들판에서 정권[鈐]을 잡으니[121] (이는 마치) (하나라 우가) 창수蒼水에서 부서를 얻고[122] (상나라가) 비산丕山[123]에서 신에게 명을 받은 것과 같다. 그리하여 새와 물고기는 자유롭게 날아다니며 지상의 살아 있는 동식물은 모두 제 자리를 찾았다.

태종太宗 문황제文皇帝는 (주무왕이) 맹진盟津[124]에서 제후

---

119) 태무황제太武皇帝 : 당 고조 이연의 시호는 모두 3가지이다. 이연이 병사한 후 貞觀 9년(635)에 太武皇帝의 시호를 올렸고 上元 원년(674) 神堯皇帝로, 天寶 13載(754)에 神堯大聖大光孝皇帝로 추존되었다. 이 명당 조칙은 건봉 2년(667)에 내려진 것이므로 태무황제라고 하였던 것이다.

120) 당고조 이연은 西魏, 北周 때 唐國公에 봉해진 李炳의 작위를 수대에 들어서도 그대로 계승하였다. 여기에서 唐郊라고 함은 당의 교외, 즉 교사 대상이 되는 受命帝라는 이중적 의미로 사용하고 있다.

121) 617년 이연은 태원유수에 임명되어 북방의 돌궐의 방어하게 되는데, 여러 차례 돌궐의 방어에 실패하자 수양제의 책망이 두려워 군대를 일으킨 일을 말한다.

122) 하나라 시조 禹가 九州를 평정하고 창수에서 수명을 받은 일을 말한다. "徐鉉曰禹奠九州受蒼水." 『玉海』권103 「郊祀·群祀」의 '禹山川祀禮'에서 인용.

123) 비산丕山 : 商나라가 일어날 때 檮杌이 머물 던 곳으로(『國語』 "商之興 也, 檮杌次於(平)[丕]山") 현재 河南省 滎陽市 大伾山이다. 왕조가 흥기하고 망할 때 그에 상응하는 징조가 나타난다는 의미이다.

124) 맹진盟津 : 주무왕이 紂를 물리칠 때 8백 제후들을 불러 모아 회맹한 장소이다. 『括地志』에 의하면 "盟津, 周武王伐紂, 與八百諸侯會盟津. 亦 曰孟津, 又曰富平津. 水經云小平津, 今云河陽津是也"라고 하여 '孟津'이라고도 하며, '富平津' '小平津' '河陽津' 등으로도 불린다.

들과 맹서를 한 것처럼 (신하들과) 함께 화덕火德을 항복시키
고 제위에 오르셨다.[125] (한고조가) 풍곡豊谷에서 백사를 두 동
강내고 군대를 일으킨 것처럼[126] 구름이 한 데 모이듯 친히 군
대를 이끄셨다[鞠旅].[127]

　(나 고종은) 태산에 올라 봉 제사를 올려[封金岱嶺],[128] 선대
왕의 공훈을 밝혔다. 환도丸都에 각석刻石하여[129] 선제인 문고
文考(태종)[130]의 뜻을 이루었다. 진실로 명당을 세워 교화를 펼

---

125) 隋가 화덕을 표방하였으니, 여기에서 '降火'는 화덕인 隋를 항복시킨다
　　는 의미이다. 唐은 隋의 뒤를 이어 토덕을 표방하였다.
126) 『史記』 권8 「高祖本紀」에 의하면, 한 고조 유방은 진시황의 여산릉 조
　　성에 동원된 죄수들을 압송하다가 중간에 죄수들이 도망가고 기일에 당
　　도하지 못해 처벌받을까 하여 남아 있는 죄수들을 모두 풀어주었다. 또
　　한 유방은 도망가던 중 "풍 땅 서쪽에 있는 택중(정)到豊西澤中"에 이
　　르렀다가 큰 뱀을 만나 이 뱀을 두 동강을 낸 일을 말한다. 여기에서
　　'楓谷'이라 함은 '豊西澤中'을 말하고 '斷蛇'라 함은 뱀을 두 동강을 낸
　　뒤 어느 노파가 한 말 속에 '白帝의 자손'이라고 했기 때문이다. 이는
　　한고조 유방이 赤帝, 즉 火德의 계승자임을 나타내기 위한 참언이다.
127) 『漢書』 권100 「敍傳」下, "斷蛇奮旅"를 이와 같이 풀이한 것이다. 한고
　　조는 백사를 죽임으로써 백제의 후손을 자처하던 秦을 대신해 炎帝, 즉
　　적제의 후손을 자처한 한나라가 그 뒤를 이은 고사를 말한다. 漢堯後說
　　은 특히 『漢書』를 지은 班彪, 班固 부자의 정치 이념의 바탕이 되는
　　주장이다.
128) 泰山 封禪禮에서 제사를 지낸 뒤 비문을 石匱에 넣고 그것을 金泥로
　　봉하여 묻기 때문에 封金이라 표현하였다.
129) 丸都는 고구려의 수도로, 고구려를 멸망시킨 일을 말한다.
130) 문고文考 : 周文王이 죽고 난 뒤 무왕이 아버지를 기리며 문고라고 하였
　　다. 이후 황제의 돌아가신 아버지를 높여 부른 말이 되었다.

치고 태실의 공훈을 널리 드러낼 만하도다. 옆으로 8개의 기둥을 세우고, 주위에 4개의 문[四門]을 건설하며, 목공木工은 조각을 가하지 않고, 토사土事에 문식을 가하지 않으며, 화려함과 검소함을 절충하되, 처음 시작함에 서두르지 말게 하면 누락된 절문이 이에 갖추어지고 대례가 이에 정비될 것이다.

其明堂院每面三百六十步, 當中置堂. 按周易乾之策二百一十有六, 坤之策一百四十有四, 總成三百六十, 故方三百六十步. 當中置堂, 處二儀之中, 定三才之本, 構茲一宇, 臨此萬方. 自降院每面三門, 同爲一宇, 徘徊五間. 按尙書, 一期有四時, 故四面各一所開門 ; 每時有三月, 故每一所開三門 ; 一期十有二月, 故周迴總十二門. 所以面別一門, 應茲四序, 旣一時而統三月, 故於一舍而置三門. 又周易三爲陽數, 二爲陰數, 合而爲五, 所以每門舍五間. 院四隅各置重樓, 其四墉各依本方色. 按淮南子, 地有四維, 故四樓. 又按月令, 水・火・金・木・土五方各異色, 故其牆各依本方之色.

명당 궁실[院]은 사면이 360보步이며, 그 한가운데에 당堂을 설치한다. 『주역周易』「건乾」괘의 시책 수가 216이고 「곤坤」괘의 시책 수가 144이니 합해 360이므로 사방 360보인 것이다. 한 가운데에 당을 두고 양의[二儀]의 가운데에 거하면서[131] (천・지・인) 삼재三才의 근본을 확정하며, 지붕을 하나로 하여

---

131) 양의 가운데 … : 여기에서 양의는 乾策인 天과 坤策인 地를 말한다. 명당 전체 구조를 천의 수와 곤의 수를 합한 360이란 숫자를 기본 틀[院]로 하고 그 한 가운데에 명당 건물을 지은 것을 말한다.

이로써 만방에 군림한다. 이하 명당 궁실의 사면마다 3개의 문이 있으며 모두 같은 지붕 아래 두어 5실[五間]을 왔다 갔다 한다.132)

『상서尙書』에 따르면, 1년에 네 계절이 있으므로 4면에 각각 문門을 두는데, 계절마다 세 달이 있으니 4면마다 3개 문을 둔다. 1년은 12개월이 있으므로 한 바퀴 돌면 모두 12개의 문이 된다. 때문에 4면마다 문을 설치하는 것은 사시의 순서에 호응하는 것이며, 한 계절은 세 달을 통령하므로 방[舍]마다 (하나의 문을 두어) 3개의 문을 설치하는 것이다. 『주역周易』에서 삼三은 양수陽數이고 이二는 음수陰數이니 둘을 합해 오五가 되므로 문마다 5칸짜리 방[舍]을 두는 것이다. 명당 궁실의 네 귀퉁이마다 각각 중루重樓(2층으로 된 망루)를 설치하며, 그 사방의 담은 각각 방위에 따라 같은 색을 사용한다. 『회남자淮南子』에 의하면,133) 땅에는 사유四維134)가 있다 했으니, 그러므로 4개의 루樓를 두는 것이다. 또 『월령月令』에 의하면, 수水·화火·금金·목木·토土 오방은 각각 색을 달리하므로 그 담장의 색은 방위에 따라 같은 색을 사용하는 것이다.

---

132) 여기에서 五間은 五室을 달리 이른 것으로 해석하였다.

133) 『淮南子』에 '四維'를 언급한 곳은 「原道訓」의 "橫四維而含陰陽, 紘宇宙而章三光"와 「天文訓」의 "帝張四維, 運之以斗"이다. 둘 모두 땅에 사유가 있다는 의미와는 거리가 멀다.

134) 사유四維 : 東南, 東北, 西南, 西北 네 모서리를 말한다. 『淮南子』「天文訓」에 "帝張四維, 運之以斗"라고 하였다.

基八面, 象八方. 按周禮, 黃琮禮地. 鄭玄注：琮者, 八方
之玉, 以象地形, 故以祀地. 則知地形八方. 又按漢書, 武帝
立八觚壇以祀地. 登地之壇, 形象地, 故令爲八方之基, 以
象地形. 基高一丈二尺, 徑二百八十尺. 按漢書, 陽爲六律,
陰爲六呂. 陽與陰合, 故高一丈二尺. 又按周易, 三爲陽數,
八爲陰數. 三八相乘, 得二百四十尺. 按漢書, 九會之數有
四十, 合爲二百八十, 所以基徑二百八十尺. 故以交通天地
之和, 錯綜陰陽之數. 以明陽不獨運, 資陰和以助成；陰不
孤行, 待陽唱而方應. 陰陽兩順, 天地咸亨, 則百寶斯典, 九
疇攸序. 基每面三階, 周迴十二階, 每階爲二十五級. 按漢
書, 天有三階, 故每面三階；地有十二辰, 故周迴十二階.
又按文子, 從凡至聖, 有二十五等, 故每階二十五級. 所以
應符星而設階, 法台耀以疏陛, 上擬霄漢之儀, 下則地辰之
數. 又列茲重級, 用準聖凡. 象皇極之高居, 俯庶類而臨耀.

기단은 8면面이며 팔방을 상징한다. 『주례周禮』를 살펴보면,
황종黃琮으로 땅에 예를 갖춘다고 하였다. 정현주鄭玄注에 종
琮이란 팔각형의 옥으로 땅의 모양을 상징하므로 지地 제사에
사용한다고 하였다. 이것을 보면 땅의 모양은 팔각형임을 알
수 있다. 또 『한서漢書』에 무제武帝는 팔각형의 단壇을 만들어
지地에 제사지냈다고 하였다.[135] 지에 오르는 단은 땅을 형상

---

135) 한 무제 때 地 제사는 『漢書』 권25상 「郊祀志」上에 "유사와 태사령 (사
    마)담과 사관 관서가 의론하여 말하기를, 천지 (교사)의 희생은 뿔이 누
    에고치와 밤톨만한 것으로 합니다. 지금 폐하께서 후토에 친히 제사하시
    려 하니 후토제사는 마땅히 택중 원구에 5단의 제단을 만들어 단마다
    누런 송아지를 대표로 하는 제구를 갖추어야 합니다.有司與太史令談

하므로 팔방의 기단을 만들게 하여 땅의 모양을 본뜨게 한다. 기단의 높이는 1장 2척이고 지름은 280척이다. 『한서』에 양陽은 육률六律이고 음陰은 육려六呂라고 하였다. 음과 양을 합하니 높이가 1장 2척인 것이다. 또 『주역周易』에 삼三은 양수陽數이고 팔八은 음수陰數라고 하였다. 삼과 팔을 서로 곱하여 240척이 된다. 『한서』에 구회九會의 수數에 40이 있으므로[136) 이것을 합하면 280이 되니, 그러므로 기단의 지름은 280척이다. 이로써 천과 지의 조화를 서로 통하게 하고 음수와 양수가 서로 배합되게 한다. 이렇게 하여 양은 홀로 운행하지 않고 음의 도움을 받아 사물이 이루어지는 것을 도우며, 음은 홀로 움직이지 않고 양의 이끎을 기다렸다가 비로소 움직인다. 음과 양 함께 도리를 따라서 천지가 모두 평안하니 만복이 이에 일어나고 천하[九疇]가 바야흐로 차서를 따른다.

기단의 사면마다 3개의 계階를 두니 기단 전체는 12계가 되

· 祠官寬舒議:「天地牲, 角繭栗. 今陛下親祠后土, 后土宜於澤中圜丘爲五壇, 壇一黃犢牢具"라고 하였다. 여기에서 지 제사인 후토사는 택중 원구라고 하였고 팔각형 단은 「郊祀志」下에 광형이 무제 시기 제사를 비판하는 말에 "甘泉泰畤紫壇, 八觚宣通象八方"라고 하여 감천 태치단의 팔각형 제단을 언급한 곳에 보이나, 태치단은 天 제사단이므로 팔각형 제단과 地 제사를 연계시킨 것은 아니다.

136) 『漢書』 권21上 「律曆志」上, "參天九, 兩地十, 是爲會數. 參天數二十五, 兩地數三十, 是爲朔望之會. 以會數乘之, 則周於朔旦冬至, 是爲會月. 九會而復元, 黃鐘初九之數也"에 보인다. 천의 수와 지의 수는 양수와 음수이며 천과 지가 서로 교통하는 회수가 9회이며 9회 교통한 뒤에 원점에서 다시 시작한다는 말이다. 40이라는 숫자는 1년 360일을 9로 나누면 40이 된다.

고 계階마다 25층계를 둔다. 『한서』에 천天에는 3개의 계階가 있다 했으니,[137] 그러므로 사면마다 3개의 계를 두며, 지地에는 12신辰이 있으니, 그러므로 전체 주위에 12계階가 되는 것이다. 또 『문자文子』에 범인凡人에서부터 성인聖人에 이르기까지 25등급이 있다 하였으니,[138] 그러므로 계階마다 25층계를 두는 것이다. 이렇게 하여 부명符命과 성신星辰에 부응하여 계를 설치하고 삼태三台의 성신星辰[台耀][139]을 본받아 계단을 분별하니, 위로는 소한霄漢(천공)의 의儀에 비정하고, 아래로는 지신地辰의 수數를 법으로 삼은 것이다.[140] 또한 이렇게 층계

---

137) "天之三階" 이 구절은 『漢書』 본문이 아니라 『漢書』 권65 「東方朔傳」의 "願陳泰階六符"에 대한 應劭의 주에 보인다. 應劭는 緯書인 『黃帝泰階六符經』을 인용하여 말하고 있다. "應劭曰 : 「黃帝泰階六符經曰 : 『泰階者, 天之三階也. 上階爲天子, 中階爲諸侯公卿大夫, 下階爲士庶人. 上階上星爲男主, 下星爲女主. 中階上星爲諸侯三公, 下星爲卿大夫. 下階上星爲元士, 下星爲庶人. 三階平則陰陽和, 風雨時, 社稷神祇咸獲其宜, 天下大安, 是爲太平. 三階不平, 則五神乏祀, 日有食之, 水潤不浸, 稼穡不成, 冬雷夏霜, 百姓不寧, 故治道傾. 天子行暴令, 好興甲兵, 修宮榭, 廣苑囿, 則上階爲之奄奄疏闊也.』以孝武皆有此事, 故朔爲陳之."

138) 『文子』 「微明」 "人有五位, 故天地之間有二十五人也." 『文子』는 春秋시대 宋 葵丘 濮上 사람인 計然(미상)이 지었다고 전해진다. 계연의 자가 文子이며, 노자의 제자로 알려져 『文子』는 『漢書』 「藝文志」에 도가로 분류되어 있다.

139) 태요台耀 : 三台의 별들이 빛난다는 의미로 여기에서 三台는 上台, 中台, 下台의 별자리를 말한다. 三能이라고도 하는데, 각 별자리마다 2개의 별이 들어 있다. 三台는 모두 太微垣 소속이다.

140) 사면마다 3階를 두어 전체 12階를 설치한 것이 하늘에 三台가 빛나고

를 이중으로 나열하여 성인과 범인의 경계를 확정한다. 황극皇極이 높은 곳에 거하면서 만물을 굽어 살펴보며 해와 달이 세상을 비추는[臨耀] 것을 본뜬 것이다.

基之上爲一堂, 其宇上圓. 按道德經：天得一以淸, 地得一以寧, 侯王得一以爲天下貞. 又曰：道生一, 一生二, 二生三, 三生萬物. 又按漢書：太極元氣, 函三爲一. 又曰：天子以四海爲家. 故置一堂以象元氣, 幷取四海爲家之義. 又按周禮, 蒼璧禮天. 鄭玄注：璧圓以象天. 故爲宇上圓. 堂每面九間, 各廣一丈九尺. 按尙書, 地有九州, 故立九間. 又按周易, 陰數十, 故間別一丈九尺, 所以規模厚地, 準則陰陽, 法二氣以通基, 置九州於一宇. 堂周迴十二門, 每門高一丈七尺, 闊一丈三尺. 按禮記, 一歲有十二月, 所以置十二門. 又按周易, 陰數十, 陽數七, 故高一丈七尺；又曰陽數五, 陰數八, 故闊一丈三尺. 所以調茲玉燭, 應彼金輝, 協二氣以循環, 逐四序而迎節. 堂周迴二十四窗, 高一丈三尺, 闊一丈一尺, 二十三櫺, 二十四明. 按史記, 天有二十四氣, 故置二十四窗. 又按書, 一年十二月, 幷象閏, 故高一丈三尺, 又按周易, 天數一, 地數十, 故闊一丈一尺；又天數九, 地數十, 幷四時成二十三, 故二十三櫺. 又按周易, 八純卦之本體, 合二十四爻, 故有二十四明. 列牖疏窗, 象風候氣, 遠周天地之數, 曲準陰陽之和.

기단 위에 당堂 하나를 두는데 그 지붕 위는 둥글다.『도덕

지상에 자·축·인·묘 등 12辰이 있는 것을 본뜬 것임을 말한 것이다.

경道德經』에 의하면, 하늘은 하나[一]를 얻어 쾌청하고 땅은 하나[一]를 얻어 평안하고, 왕후王侯는 하나[一]를 얻어 천하가 바르게 된다고 하였다.141) 또 도道는 하나[一]를 낳고 하나[一]는 둘을 낳고 둘은 셋을 낳고 셋은 만물을 낳는다고 하였다.142) 그리고 『한서』에 태극의 원기는 (천·지·인) 셋을 머금어 하나가 된다고 하였다.143) 또 천자는 사해四海를 한 집안으로 여긴다고 하였다.144) 그러므로 당이 하나인 것은 원기를 상징하며, 아울러 사해를 한 집안으로 여기는 취지를 가지고 있다. 또 『주례周禮』에 창벽蒼璧으로 하늘에 예를 갖춘다고 하였다.145) 정현주鄭玄注는 벽이 둥근 것은 하늘을 상징한다고 하였다.146)

---

141) 『道德經』 39장, "昔之得一者 : 天得一以清 ; 地得一以寧 ; 神得一以靈 ; 谷得一以盈 ; 萬物得一以生 ; 侯王得一以爲天下貞."

142) 『道德經』 42장

143) 『漢書』 권21상 「律曆志」上, '太極元氣'에 대한 주에서, "孟康曰 : 元氣始起於子, 未分之時, 天地人混合爲一, 故子數獨一也. 師古曰 : 函讀與含同. 後皆類此."

144) 『史記』 권8 「高祖本紀」에 처음 나오며, 『漢書』 권1하 「高祖本紀」下에는 『史記』의 이 구절을 그대로 싣고 있다. 高宗의 조문에서 『史記』에 나오는 구절은 모두 『漢書』라고 하고 있다.

145) 『周禮』 「春官 · 大宗伯」, "以玉作六器. 以禮天地四方. 以蒼璧禮天 … "

146) 정현주 전체는 다음과 같다. "此禮天以冬至, 謂天皇大帝, 在北極者也. 禮地以夏至, 謂神在昆侖者也. 禮東方以立春, 謂蒼精之帝, 而太昊 · 句芒食焉. 禮南方以立夏, 謂赤精之帝, 而炎帝 · 祝融食焉. 禮西方以立秋, 謂白精之帝, 而少昊 · 蓐收食焉. 禮北方以立冬, 謂黑精之帝, 而顓頊 · 玄冥食焉. 禮神者必象其類 : 璧圜, 象天 ; 琮八方, 象地 ; 圭銳, 象春物初生 ; 半圭曰璋, 象夏物半死 ; 琥猛象秋嚴 ; 半璧曰璜, 象冬閉

그러므로 지붕 위는 둥글게 만든다.

당은 면마다 9칸으로 하고 각각의 폭[廣]은 1장 9척이다. 『상서尙書』에 땅에는 구주九州가 있다 하였으니,[147] 9칸을 세우는 것이다. 또한 『주역周易』에 음수陰數는 십十이라 하였으니, 칸마다 1장 9척씩 나누는 것이다. 이렇게 하여 대지를 규모 있게 구획하고 음양을 준칙으로 하며 음양 이기二氣를 본받아 기단과 서로 통하고 구주九州를 한 지붕 아래 설치한다.

당 사방 주위에 12개의 문門을 두며, 문의 높이는 1장 7척이고 너비[闊]는 1장 3척이다. 『예기禮記』에 1년에는 12개월이 있다고 하였으니, 이로써 12개의 문을 설치하는 것이다. 또 『주역』에 음수는 십十이요, 양수는 칠七이라 하였으니, 높이가 1장 7척인 것이다. 또 양수는 오五요, 음수는 팔八이라 하였으니, 너비가 1장 3척인 것이다. 이렇게 하여 저 사계절의 기후가 조화로워[玉燭][148] 해와 달이 그에 따라 빛나니[金輝] 음양 이기와 화합하여 순환하고 사계절의 순서에 따라 절기를 맞이한다.

당堂 주변을 한 바퀴 빙 둘러 24개의 창窓을 두는데, 높이는 1장 3척, 너비[闊]는 1장 1척이다. 23개의 격자창[영櫺]이 있고, 24개의 창안[明, 창살 구멍]이 있다. 『사기』에 하늘에는 24기氣

藏, 地上無物, 唯天半見."

147) 『尙書』 「夏書·禹貢」의 "禹別九州. 隨山濬川, 任土作貢"라고 한 것을 말한다.

148) 『爾雅』 「釋天」에 "春爲靑陽·夏爲朱明·秋爲白藏·冬爲玄英, 四氣和謂之玉燭"라고 하여 사계절의 기운이 조화로운 것을 옥촉이라 한다고 하였다.

가 있다 하였으니,[149] 24개의 창을 설치하는 것이다. 또 『상서』
에 1년은 12개월이며 윤달도 함께 포함시키니,[150] 높이가 1장
3척인 것이다. 또 『주역』에 천수天數는 일一이고 지수地數는
십十이라 하였으니,[151] 너비[闊]가 1장 1척인 것이다. 또 천수
天數는 구九이고 지수地數는 십十이며 여기에 사시四時를 더해
모두 23이 되니, 23개의 격자창을 두는 것이다. 『주역』에 의하
면, 팔순괘八純卦의 본체는 도합 24효爻이니,[152] 24개의 창안
을 두는 것이다. 창호를 배열하여 팔풍을 본받고 절기를 살피
니, 멀게는 천지의 수에 맞춰 일주하고 작게는 음양의 조화에
맞게 한다.

堂心八柱, 各長五十五尺. 按河圖, 八柱承天, 故置八柱.
又按周易, 大衍之數五十有五, 故長五十五尺. 聳茲八柱, 承
彼九間, 數該大衍之規, 形符立極之制. 且柱爲陰數, 天實

---

149) 정확하게는 『史記』 본문이 아니라 『史記集解』(「曆書」 "建氣物分數"
    구절에 대한 주)에 인용된 孟康의 말에 나온다. "하늘에는 사시가 있고
    이것이 나누어져 오행이 된다. 기는 24기이다.天有四時, 分爲五行也.
    氣, 二十四氣."라고 하였다.
150) 『尙書』「堯典」의 "기는 366일이며, 윤월을 두어 사시를 정하여 1년을
    이룬다.朞三百有六旬有六日, 以閏月定四時成歲."라는 구절을 말한다.
151) 『周易』「繫辭」上에 "天一地二天三地四天五地六天七地八天九地十"
    이라고 한 것을 말한다.
152) 八純卦는 乾·坎·艮·震·巽·離·坤·兌의 重卦로 된 八卦를 가리킨
    다. 같은 괘를 중복하여 이루어진 괘이므로 실제 효의 개수는 3×8=24개
    가 된다는 말이다.

陽元, 柱以陰氣上升, 天以陽和下降, 固陰陽之交泰, 乃天地之相承. 堂心之外, 置四柱爲四輔. 按漢書, 天有四輔星, 故置四柱以象四星. 內以八柱承天, 外象四輔明化, 上交下泰, 表裏相成, 協台耀以分輝, 契編珠而拱極. 八柱四輔之外, 第一重二十柱. 按周易, 天數五, 地數十, 并五行之數合而爲二十, 故置二十柱, 體二儀而立數, 協五位以裁規, 式符立極之功, 允應剛柔之道. 八柱四輔之外, 第二重二十八柱. 按史記, 天有二十八宿, 故有二十八柱. 所以仰則乾圖, 上符景宿, 考編珠而紀度, 觀列宿以迎時. 八柱四輔之外, 第三重三十二柱. 按漢書, 有八節・八政・八風・八音, 四八三十二柱. 調風御節, 萬物資以化成 ; 布政流音, 九區仰而貽則. 外面周迴三十六柱. 按漢書, 一期三十六旬, 故法之以置三十六柱. 所以象歲時而致用, 順寒暑以通微, 璿璣之度無怨, 玉曆之期永契. 八柱之外, 修短總有三等. 按周易, 天・地・人爲三才, 故置柱長短三等. 所以擬三才以定位, 高下相形 ; 體萬物以資生, 長短兼運. 八柱之外, 都合一百二十柱. 按禮記, 天子置三公・九卿・二十七大夫・八十一元士, 合爲一百二十, 是以置一百二十柱. 分職設官, 翊化資於多士 ; 開物成務, 構廈藉於群材. 其上檻周迴二百四柱. 按周易, 坤之策一百四十有四, 又漢書, 九會之數有六十, 故置二百四柱. 所以採坤策之玄妙, 法甲乙之精微, 環迴契辰象之規, 結構準陰陽之數. 又基以象地, 故協策於坤元 ; 柱各依方, 復規模於甲子.

　당堂의 가운데[心]에는 8개의 기둥[柱]을 설치하는데, 각각의 길이는 55척이다. 『하도河圖』에 의하면 8개의 기둥이 하늘을 받치고 있다고 하였으니,[153] 8개의 기둥을 설치한 것이다. 또 『주역周易』에 의하면 대연大衍의 수數는 55이므로[154] 길이 가 55척이 되는 것이다. 8개의 기둥을 우뚝 세워 9칸을 받쳐 드니, 숫자는 대연의 규격에 맞고 형상은 입극立極의 제도에 부합한다. 또한 기둥[柱]을 음수陰數로 하는 것은 하늘이 실로 양기 중 으뜸이므로 기둥은 음기로 상승하고 천은 양기로 화답 하여 그 기운을 내려 보내니, 참으로 음기와 양기가 교차하여 하늘과 땅이 서로 받들게 된다.

　　네 기둥[四柱]을 설치하여 사보四輔로 삼는다. 『한서漢書』에 의하면 하늘에는 사보성四輔星이 있다고 하였으니,[155] 네 기둥

---

153) 8개의 기둥이 하늘을 받친다는 내용은 『楚辭』「天問」의 "八柱何當? 東 南何虧?"에 대한 王逸注에 "言天有八山爲柱"라고 하였고, 洪興祖 補 注에 "『河圖』言, 崑崙者, 地之中也, 地下有八柱, 柱廣十萬里, 有三千 六百軸, 互相牽制, 名山大川, 孔穴相通"라고 하여 『河圖』에 적혀 있는 말로 인용하고 있다.

154) 『周易』「繫辭」上, "大衍之數五十. 其用四十有九. 分而爲二以象兩. 掛 一以象三. 揲之以四以象四時. 歸奇於扐以象閏. 五歲再閏. 故再扐而 後掛. 天數五. 地數五. 五位相得而各有合. 天數二十有五. 地數三十. 凡天地之數. 五十有五." 鄭康成 주에 "鄭康成云, 天地之數, 五十有 五, 以五行氣通, 凡五行, 減五, 大衍, 又減一故, 四十九也." 정강성 주 에 의하면, 大衍之數는 오십오인데, 오행의 기를 제외하면 오십이 되며, 이것이 大衍之數가 된다. 여기에서는 천수 25와 지수 30을 합한 천지의 수를 대연의 수라 하고 있다.

155) 여기에서 말하는 『漢書』는 『史記』 권8 「天官書」 "後句四星, 末大星正 妃"를 말한다. 『史記索隱』은 "星經以後句四星名爲四輔, 其句陳六星 爲六宮"라고 하여 '後句四星'을 四輔라고 일컬고 있다. 여기에서 '後句

을 설치하여 사성四星을 본뜬다. 안에서 8개의 기둥으로 하늘을 떠받치고 밖에서 사보성이 교화를 천명하는 것을 본뜨니, 상하가 교차하고 겉과 속이 서로 이루어져 성신이 자리를 나누어 빛나는 것에 부합하고[協台耀以分輝], 뭇별이 북극성을 중심으로 모여 있는 것에도 부합한다[契編珠而拱極].156)

8개의 기둥과 사보 외에 (첫번째) 제1중第一重의 20개 기둥을 둔다.157)『주역』에 의하면 천수는 오五요, 지수는 십十이며, 여기에 오행五行의 수를 합하면 20이 된다고 하였으니 20개의 기둥을 설치한 것으로, 음과 양 양의를 바탕으로 수를 세우고 오행의 오위五位에 맞추어 법도를 제정하여 입극立極의 공에 부합하니, 진실로 강유剛柔의 도리에 순응하는 바이다.

8개의 기둥과 사보 외에 (두 번째) 제2중의 28개 기둥을 설치한다. 『사기』에 의하면 하늘에는 28수宿가 있으니, 28개의 기둥을 두는 것이다. 이렇게 하여 천상[乾圖]을 우러러 본받아 천상의 별자리에 부합하니, 뭇별들을 살펴 그 도수를 기록하고

四星'은 中宮 天極星 뒤를 말한다. 『史記索隱』은 또한 "四輔는 房 4星이다. 房星이 心星을 보좌하므로 四輔라 한 것.四輔, 房四星也. 房以輔心, 故曰四輔."이라고 하였다.

156) 『初學記』 권1에 인용된 『尙書中候』에 "日月若懸璧, 五星若編珠"라 하였으니, 오성을 꿰맨 구슬에 비유한 것이다. 拱極은 여러 별들이 북극성을 중심으로 모여 있듯이, 백성들은 군주를 중심으로 한다는 의미이다. 『論語』 「爲政」편의 "爲政以德, 譬如北辰居其所, 而衆星共之"에서 유래되었다.

157) 당의 중심에 8개의 기둥과 그것을 보좌하는 4개의 기둥을 설치하고 그 바깥을 둘러싸는 기둥을 순서대로 제1중, 제2중, 제3중이라고 표현하고 있다.

별자리를 관찰하여 사계절[時]을 맞이할 수 있다.

 8개의 기둥과 사보 외에 (세 번째) 제3중의 32개 기둥을 설치한다. 『한서』에 의하면 팔절八節·팔정八政·팔풍八風·팔음八音이 있다고 하였으니,[158] 4×8=32개의 기둥을 설치한 것이다. 팔풍과 조화하여 절기에 순응하니 만물이 이에 의지하여 성장한다. 정교를 베풀고 시령을 반포하니 구주[九區]가 우러러 보며 법칙을 받든다. 바깥 방면 주위에 빙 둘러 36개의 기둥을 설치한다. 『한서』에 의하면 1기期에는 36순旬이 있으므로,[159] 이것을 본떠 36개의 기둥을 설치한 것이다.[160]

----

158) 여기에서 말한 『漢書』는 『漢書』 권21上 「律曆志」上의 "人者, 繼天順地, 序氣成物, 統八卦, 調八風, 理八政, 正八節, 諧八音, 舞八佾, 監八方, 被八荒, 以終天地之功, 故八八六十四"를 말한다. 八節은 四立(입춘·입하·입추·입동)과 二至(하지·동지), 二分(춘분·추분)을 말한다. 八政은 『尙書』 「洪範」에 "一曰食·二曰貨·三曰祀·四曰司空·五曰司徒·六曰司寇·七曰賓·八曰師"라고 하였다. 팔풍은 팔방(동방·서방·남방·북방·동북·동남·서북·서남)에서 부는 바람으로 『呂氏春秋』 「有始覽」에서부터 『淮南子』 「墜形訓」, 『說文解字』 「風部」에 팔방에 해당하는 바람의 이름이 열거되어 있다. 八音은 金·石·絲·竹·匏·土·革·木으로 만든 악기를 말한다.

159) 『漢書』 권21上 「律曆志」上의 "其義紀之以兩, 故置一得二, 凡三十置, 終地之數, 得六十, 以地中數六乘之, 爲三百六十分, 當期之日, 林鐘之實"의 주에 인용된 孟康에 의하면 "林鐘長六寸, 圍六分. 以圍乘長, 得積三百六十分也"이라 하여 임종은 360分이고 이에 대해 안사고는 "期音基. 謂十二月爲一期也"라고 하여 1期를 12개월이라고 하고 있다. 이것에 근거하여 36순이라 하였다.

160) 보통 명당제에서 36이란 숫자는 36戶를 말할 때 사용하는데, 고종 건봉 3년조의 명당설계안에서는 36개의 기둥[柱]으로 설명하고 있는 것이 특

이렇게 하여 1년 사계절(의 순환)을 본떠 쓰임이 있도록 하고 한서寒暑에 순응하여 미세한 데까지 두루 미치게 하니, 북두[璿璣][161]의 움직임에는 틀림이 없고 책력[玉曆]에 기약된 날짜에 영원토록 부합된다. 8개의 기둥 외에 길고 짧은 차이로 세 등급으로 나눈다. 『주역』에 의하면 천天·지地·인人을 삼재三才라고 하였으니, 기둥에 길고 짧은 세 등급을 두는 것이다. 이렇게 하여 삼재三才에 비정하여 각각의 지위를 확정하고 높고 낮음을 나타내 보인다. 만물을 체득하여 자생하는데, 장단을 겸하여 운용한다. 8개의 기둥 외에 모두 120개의 기둥을 둔다.[162]

『예기禮記』에 의하면 천자天子는 삼공三公·구경九卿·27명의 대부大夫·81명의 원사元士를 두는데[163] 도합 120이니, 이렇게 하여 120개의 기둥을 두는 것이다. 직職을 나누고 관官을 설치하여 많은 인재들에게 도움을 받아 교화를 돕도록 한다. 사물의 이치를 깨달아 그 마땅함에 힘쓰도록 하며[開物成務],[164] 여러 인재들의 도움에 힘입어 대업을 달성한다[構廈藉於群材].[165]

이하다.

161) 북두칠성 중 제1성부터 4성까지를 선기, 제5성부터 7성까지를 옥형이라 한다.

162) 8개의 기둥을 제외한 120개의 기둥은 제1층(20) + 제2층(28) + 제3층(32) + 외면(36) + 4보 기둥이다.

163) 『禮記』「王制」의 말이다.

164) 『周易』「繫辭」上, "夫『易』開物成務, 冒天下之道, 如斯而已者也."

165) '構廈'는 글자 그대로 '큰 집을 짓는다'는 말이며, '群材'는 그 집을 짓는 데 여러 가지 자재들을 이용한다는 말이다. 여기에서 국사를 처리하거나 대업을 달성한다는 의미로 사용된다. '群材'는 '人才'를 달리 표현한 말

(명당의) 상층 난간[檻]을 빙 둘러 204개의 기둥을 둔다. 『주역周易』에 의하면 곤坤의 시책 수는 144개이며[166] 또 『한서』에 구회九會의 수가 60이라 하였으니,[167] 204개의 기둥을 설치하는 것이다. 이렇게 하여 (역의) 곤괘 시책의 현묘함을 취하고 (책력의) 갑을甲乙의 정미함을 본받으니, 한 바퀴 빙 둘러 성신의 규칙적인 형상에 부합되고 음양의 수에 준하여 틀을 만드는 것이다. 또 기단은 땅을 모방하였으니 본래 곤괘의 시책에 부합하며, 기둥은 각기 방향에 따라 갑자甲子의 순서를 본떠 나열한다.[168]

重楣, 二百一十六條. 按周易, 乾之策二百一十有六, 故置二百一十六條. 所以規模易象, 擬法乾元, 應大衍之深玄,

이다.

166) 『周易』 「繫辭」 上, "坤之策百四十有四" 그 주에 "陰爻六, 一爻二十四策, 六爻百四十四策"이라 하였다.

167) 『漢書』 권21上 「律曆志」 上에 "故易曰:「天一地二, 天三地四, 天五地六, 天七地八, 天九地十. 天數五, 地數五, 五位相得而各有合. 天數二十有五, 地數三十, 凡天地之數五十有五, 此所以成變化而行鬼神也.」 并終數爲十九, 易窮則變, 故爲閏法. 參天九, 兩地十, 是爲會數. 參天數二十五, 兩地數三十, 是爲朔望之會. 以會數乘之, 則周於朔旦冬至, 是爲會月. 九會而復元, 黃鐘初九之數也"라고 하였다. 이것에 의하면 '兩地數三十'이라 하였으니 2×30=60이 되며 이는 朔望之會의 수가 된다. 『易』의 坤策을 地數에 연결시킨 것이다.

168) 동·서·남·북, 동남·동북·서남·서북 등의 방위를 간지의 순서에 따라 한다는 의미이다.

協神策之至數. 大小節級拱, 總六千三百四十五. 按漢書,
會月之數, 六千三百四十五, 故置六千三百四十五枚. 所以
遠採三統之文, 傍符會月之數, 契金儀而調節, 偶璇曆以和
時. 重幹, 四百八十九枚. 按漢書, 章月二百三十五, 閏月周
迴二百五十四, 總成四百八十九, 故置四百八十九枚. 所以
法履端之奧義, 象擧正之芳猷, 規模曆象, 發明章·閏. 下
栵, 七十二枚. 按易緯, 有七十二候, 故置七十二枚. 所以式
模芳節, 取規貞候, 契至和於昌曆, 偶神數於休期. 上栵, 八
十四枚. 按漢書, 九會之數有七十八[一七].169) 又按莊子 :
六合之外, 聖人存不論. 司馬彪注 : 天地四方爲六合. 總成
八十四, 故置八十四枚. 所以模範二儀, 包羅六合, 準會陰
陽之數, 周通氣候之源. 枅, 六十枚. 按漢書, 推太歲之法有
六十, 故置六十枚. 所以兼該曆數, 包括陰陽, 採甲乙之深
微, 窮辰子之玄奧. 連栱, 三百六十枚. 按周易, 當期之日,
三百有六十, 故置三百六十枚. 所以協周天之度, 準當期之
日, 順平分而成歲, 應晷運以循環. 小梁, 六十枚. 按漢書,
有六十甲子, 故置六十枚. 構此虹梁, 遐規鳳曆, 傍竦四宇
之製, 遙符六甲之源. 栿, 二百二十八枚. 按漢書, 章中二百
二十八, 故置二百二十八枚. 所以應長曆之規, 象中月之度,
廣綜陰陽之數, 傍通寒暑之和. 方衡, 一十五重. 按尚書, 五
行生數一十有五, 故置十五重. 結棟分間, 法五行而演秘 ;
疏楣疊構, 協生數以成規. 南北大梁, 二根. 按周易, 太極生
兩儀, 故置二大梁. 軌範乾坤, 模擬天地, 象玄黃之合德, 表

169) [교감기 17] "九會之數有七十八"의 '八'자는 여러 판본에는 원래 없는
데,『通典』권44에 의거하여 보충하였다.

覆載以生成. 陽馬, 三十六道. 按易緯, 有三十六節, 故置三
十六道. 所以顯茲嘉節, 契此貞辰, 分六氣以變陰陽, 環四
象而調風雨. 椽, 二千九百九十根. 按漢書, 月法二千三百
九十二, 通法五百九十八, 共成二千九百九十. 所以偶推步
之規, 合通法之數. 是知疏椽構宇, 則大壯之架斯隆 ; 積月
成年, 則會曆之規無爽. 大枅, 兩重, 重別三十六條. 總七十
二. 按淮南子, 太平之時, 五日一風, 一年有七十二風, 故置
七十二條. 所以通規瑞曆, 協數祥風, 遙符淳俗之年, 遠則
休徵之契. 飛簷椽, 七百二十九枚. 按漢書, 從子至午, 其數
七百二十九, 故置七百二十九枚〔一八〕.170) 所以採辰象之
宏模, 法周天之至數. 且午爲陰本, 子實陽源, 子午分時, 則
生成之道自著 ; 陰陽合德, 則覆載之義茲隆.

　　중미重楣(이중으로 된 문미)171)는 216개이다. 『주역周易』에
의하면 건乾괘의 시책은 216개라고 하였으니, 216개를 설치하

---

170) [교감기 18] "故置七百二十九枚"의 '故置七百二十九' 구절은 여러 판
　　본에 원래 없는데, 『新舊唐書合鈔補正』 권2에서 "앞뒤 문맥상 응당 이
　　구절이 있어야 한다"고 하여 보충해 넣었다.
171) 중미重楣 : 이중으로 된 門楣(문 위 가로 댄 나무)를 말한다.

전당형구조 중 중미
(『中國古代建築歷史圖說』)

중미
(新城公主墓壁畫, 『昭陵唐墓壁畫』)

는 것이다. 이렇게 하여 『역』의 상상象을 체제로 삼아 제정하여 건원乾元에 비정하여 본받고 심오한 대연大衍의 수에 호응하고 신책神策의 지극한 수에 따른다. 크고 작은 등급의 두공斗拱[172]은 모두 6,345개이다. 『한서』에 의하면 회월會月의 수數가 6,345라고 하였으니,[173] 6,345개[枚]를 설치하는 것이다.

---

172) 두공斗拱 : 拱이라고도 한다. 목조 건축물에서 기둥 위에 지붕을 받치며 차례로 짜올린 구조물을 말한다. 두는 공을 받치는 부분이고 공은 두의 튀어나온 부분을 끼워넣어 맞물리게 하는 목재이다.(아래 그림은 두와 공을 도해한 것으로, 왕치췬 주편, 차주환 등 역, 『중국건축도해사전』, 고려출판사, 2016을 참조하였다. 이후 그림에 별다른 출처를 표시하지 않은 것은 『중국건축도해사전』을 참조) 단면이 활처럼 생겼으며 형태에 따라 瓜拱, 萬拱, 廂拱 등의 구별이 있다.(『중국건축도해사전』, 95쪽)

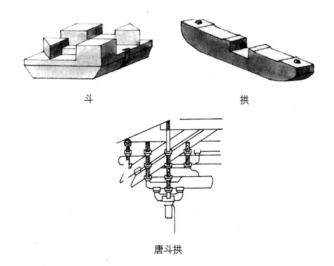

斗   拱

唐斗拱

173) 『漢書』 권21下 「律曆志」下에 "회월은 6,345이다. 회수에 삭망의 회를 곱하면 회월을 얻을 수 있다.會月六千三百四十五. 以會數乘朔望之會, 得會月."라고 하였다.

이렇게 하여 멀게는 삼통三統의 문文에 근거하고 가까이에는 회월會月의 수에 부합하니 천상의 의[金儀]에 합하여 절기를 조절하고 율력[璇曆]과 짝하여 사계절과 조화를 이룬다.

중간重幹(이중으로 된 뼈대)[174]은 489개[枚]이다. 『한서』에 의하면 장월章月은 235일이고 윤월은 254일을 주기로 하여 합하면 489일이 된다고 하였으니,[175] 489개를 설치하는 것이다. 이렇게 하여 시원始元을 추산하는[履端][176]심오한 의의를 본받고 정월을 정하는 아름다운 도리를 형상화하며 역상曆象을 본떠 제정하며 장월章月과 윤월閏月의 의미를 드러낸다.

---

174) 중간重幹 : 건축물에서 幹은 楨榦이란 명칭이 있다. 그런데 楨幹은 담을 쌓을 때 사용하는 나무 기둥으로 양 옆에 세워놓는 나무를 '幹'이라 하고 수직으로 세워놓은 나무를 '楨'이라 한다. 여기에서 지주와 골간의 의미가 생기고 비유하여 국가에서 중요한 인재를 가리킬 때 사용되었다. 그런데 본문에서 말하는 重幹은 명당 건축물 중 구체적으로 어느 곳인지는 불명확하다. 중간에 사용되는 목재가 489개이고 그 근거를 장법과 윤월에 두고 있어 '重幹'의 '重'은 '중복'의 의미로 사용된 것으로 보인다. 또한 명당 건축물 내부의 부속물을 설명하는 부분이라 담을 쌓는 데 사용되는 목재 부분을 가리키는 것은 아닌듯하다. 따라서 여기에서는 기둥[柱]과는 다른 건물의 뼈대[幹], 이중으로 된 뼈대 혹은 골조를 의미하는 것으로 해석하였다.

175) 章月은 고대 역법의 명칭이다. 1회귀년과 12개의 朔望月의 시차가 맞지 않는데, 19번째 冬至를 지나면 원점으로 돌아온다는 사실을 알게 되었다. 즉 태양이 19번째, 달이 235번째 周天했을 때이다. 그리하여 이 19년 차를 '章歲'라고 하고 235월을 '章月'이라 하였다. 『漢書』「律曆志」上에 "以五位乘會數, 而朔旦冬至, 是爲章月"이라 하였다.

176) 天體의 운행을 관측하여 曆의 시초를 정하는 것을 말한다. 『左傳』「文公 元年」 "先王之正時也, 履端於始, … " 孔穎達 疏 참조.

하앙下柳[177](아래 비첨)은 72개[枚]이다. 『역위易緯』에 의하면 72후候가 있다 하였으니,[178] 72개를 설치하는 것이다. 이렇

---

177) 하앙下柳 : 柳은 昻과 같다. 앙은 공포의 앞뒤 중심선 상에서 전후 종방향으로 뻗어 나와 공포의 안쪽과 바깥쪽을 연결한다. 앞쪽은 삐쭉한 사선 모양으로 아래로 향하며 뒷부분은 위로 펼쳐져 내부로 향하는 것을 말한다. 하앙은 화공과 같은 기능을 하며 하중의 전달 기능을

昻

한다. 일반적으로 앙이라 하면 하앙을 가리킨다. 『중국건축도해사전』, 154쪽. 다포형식 중에 下昻이라는 주재를 사용하는 下昻式이 있다. 이것은 도리 바로 밑에 있는 살미 부재가 서까래와 같은 경사를 가지고 처마도리와 중도리를 지렛대 형식으로 받고 있는 공포를 말한다. 하앙식 공포는 중국에서는 遼, 金 시대 건물에 주로 나타나며 이후에는 사라졌다. 한국의 경우는 다포형식으로 완주 화암사 극락전이 유일한 사례이다. 일본에서는 나라시대 와요[和樣] 건축양식에서부터 사용되기 시작하여 후대까지 꾸준히 이어진다. 일본 나라시대 건축은 한국건축 영향 아래에 있었기 때문에 한국에서도 고대건축에서는 하앙이 많이 사용되었을 것으로 추정한다.

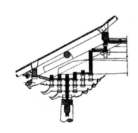

하앙식(완주 화암사)

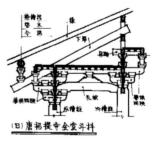

일본 당초제사 하앙(부희년, 1973)

178) 1년을 24등분하여 24절기로 나누고 절기마다 3개의 候를 안배하여 도합 72候로 표시하는 것을 말한다.

게 하여 절기를 법식으로 하여 모방하고 정후貞候의 원리를 규칙으로 해서 역법에 최고로 조화를 이루고 길한 1년에 걸맞은 신성한 수에 짝한다.

상앙上柳(위 비첨)179)은 84개이다. 『한서』에 의하면 구회九會의 수數에 78이 있다고 하였다.180) 또 『장자莊子』에 육합六合의 바깥에 대해서 성인聖人은 잠시 보류하고 논하지 않는다고 하였다.181) 사마표司馬彪182)의 주注에 천지사방天地四方을 육합六合이라 한다고 하였다.183) 이것을 합하면 84가 되니 84개를 설치하는 것이다. 이렇게 하여 음양 양의를 모범으로 하고 육합을 망라하며 음양이 교차하는 수에 준하며 절기와 절후의 근원까지 두루 통하게 한다.

---

179) 상앙上柳 : 上昂을 말한다. 기능상 하앙이 출목 거리를 증가시키면서 그 높이를 줄이는 효과를 가지고 있다면 상앙은 포작의 높이를 증가시키면서 출목 거리를 줄이는 효과를 가지고 있다. 상앙은 주로 내첨과 외첨 두공 안에서와 평좌 두공 바깥에 많이 사용된다.

180) 『漢書』 권21下 「律曆志」下 '歲術'에 "七十八, 甲子, 中"이라고 하였다.

181) 『莊子』 「齊物論」에 나오는 말이다.

182) 사마표司馬彪(?~306경) : 西晉 河內 溫縣(현재 河南省 溫縣) 사람. 자는 紹統이다. 젊어서부터 학문에 매진하여 많은 책을 널리 읽었다. 진나라 宗室로, 晉武帝 泰始 연간에 騎都尉가 되고, 秘書丞을 거쳐 散騎侍郞까지 올랐다. 『莊子』에 주를 달았고, 후한 말기 군벌들의 혼전 양상을 기술한 『九州春秋』를 편찬했다. 후한의 역사를 담은 『後漢書』를 지었다.

183) 『後漢書』 司馬彪注는 『呂氏春秋』 高誘注의 "四方上下爲六合"을 인용하여 '四方上下'라고 하였다. 『漢書』 顏師古注에 "師古曰 : 塞, 滿也. 輯, 和也. 天地四方謂之六合"라고 하여 『舊唐書』 「禮儀志」2 본문과 같이 '天地四方'이라 하고 있다.

계枅(가로보)[184]는 60개이다.『한서』에 의하면 태세太歲를 추산하는 법에 60이라 하였으니,[185] 고로 60개를 설치한 것이다. 이렇게 하여 역법曆法의 수를 겸하고 음양陰陽을 포괄하며 갑을甲乙의 심오함을 채용하고 일진日辰의 현묘함을 다한다.

연공連栱(이어진 두공)은 360개이다.『주역』에 의하면 1년에 해당하는 날이 360일이라 하였으니, 360개를 설치하는 것이다. 이렇게 하여 천체를 일주하는 도수에 적합하며 1년에 해당하는 일수를 기준으로 하며 일수를 평균하여 나누어 1년을 이루는 것을 따르고 해시계의 운행에 따라 순환하는 것에 조응한다.

소량小梁(작은 들보)[186]은 60개이다.『한서』에 의하면 60갑

---

184) 계枅 : 건물 기둥 위의 가로목을 말한다.

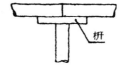

계枅(양홍훈,『궁전고고통론』, 212쪽)

185)『漢書』권21下「律曆志」下, "欲知太歲, 以六十除(餘)積次, 餘不盈者, 數從丙子起, 算盡之外, 則太歲日也." 태세는 60갑자의 간지 기년법의 운행주기를 나타낸다. 태세가 갑에 있을 때를 閼逢, 乙에 있을 때 旃蒙, 병에 있을 때 柔兆 등 이런 식으로 고유의 명칭이 있다. 출처는『爾雅』「釋天」이다. 전한말 유흠이 상고자료를 바탕으로 歲星이 천체에 머무는 12개의 위치를 '十二次'라고 하고 그 각각을 星紀·玄枵·娵訾·降婁·大梁·實沈·鶉首·鶉火·鶉尾·壽星·大火·析木라고 하였다. 태세신을 60갑자에 대응하면 모두 60위가 되고 매년 하나의 자리에 대응하는데, 해당 년에 대응하는 태세를 가리켜 '値年太歲'라고 하며 이해에 해당되는 천자는 당해 인간의 길흉화복을 관장하게 된다.

자라 하였으니, 60개를 설치하는 것이다. 무지개처럼 생긴 이 들보를 구성하여 멀게는 역법의 법칙을 따르고 가깝게는 사우 四宇를 제작하는 법을 확립하여 육십 갑자의 원리에 부합하도록 한다.

견椽(가로질러 놓은 나무)은 228개이다. 『한서』에 의하면 장력章曆에 228일 있다고 하였으니[187) 228개를 설치한 것이다.[188) 이렇게 하여 역을 추산하는 책력[長曆][189)에 부응하고

186) 소량小梁 : 梁(보)을 이용한 건축양식에는 擡梁式(대량식) 구조, 穿頭式, 대량천두결합식 등이 있다. 이중 중국 고대 건축 중 가장 보편적인 목 건축물 형식은 대량식이다. 柱子(기둥) 위에 梁(보)를 놓고 그 양 위에 짧은 기둥을 놓은 다음 다시 짧은 양을 쌓아 겹겹이 위로 올린 것으로, 양의 양쪽 끝에 다시 檁(도리)을 놓고 椽(서까래)을 받치는 형식이다. 건물 앞뒤로 첨주를 놓아 4椽栿을 받치며, 양 위에 다시 2개의 童柱(동자주)를 놓아 平梁(종보)을 받친다. 『중국건축도해사전』, 119쪽. 「예의지」2에서 '小梁'이라 함은 양 위에 놓은 짧은 기둥 위에 다시 놓은 짧은 양을 말하는 듯하다. 이런 양을 별도로 抱頭梁이라고 하는데, 주로 받치는 기능보다는 연결하는 작용을 한다.

대량식 구조   양梁   소량小梁(抱頭梁)

187) 『漢書』권21下 「律曆志」下, "章中二百二十八. 以閏法乘歲中, 得章中."
188) 章曆은 일명 章法이라 불리는 역법이다. 1태양년과 1태음년의 매년 값 차이가 10.8751이라 "3년 1윤, 5년 재윤, 8년 3윤" 등으로 19년 만에 7번의 윤달을 넣어야 한다. 이것을 '19년 7윤법'이라고 한다. 태양은 19번째

중월中月의 도수를 본 따서 넓게는 음양의 수를 합하고 가깝게 는 한서寒暑의 조화로움을 두루 통하게 한다.

방형方衡(네모난 도리)[190]은 15중重이다. 『상서尙書』에 의하 면 오행의 생수生數는 15[191]라고 하였으니, 15중重을 설치한

周天하고, 달은 235번째 周天하는데, 이 19년차를 '章歲', 235월을 '章 月'이라 하며 이러한 역법에 의해 추산되는 역법을 章曆이라 한다.

189) 장력長曆 : 역법의 추산에 의해 천백여년 간의 연월삭윤의 날짜를 추출 한 책력을 말한다.

190) 방형方衡 : 들보[梁]의 머리 사이 혹은 기둥[柱] 머리 위의 두공과 두공 사이에 있는 가로목 형桁을 말한다. 여기에서 방형, 즉 네모난 가로목이 라고 한 것은 형의 단면은 대부분 원형이기 때문에(『중국건축도해사전』, 128쪽) 방형이라고 한 듯하다. 일반적으로 기둥과 기둥 사이 위에 위치 하는 가로목인 枋은 방형인 데 반해 형은 원형인데 이것을 네모나게 만 들었기 때문에 방형이라고 한 것은 아닌가 추측된다. 혹은 앞의 '方'자가 '枋'의 오자일 수도 있다.

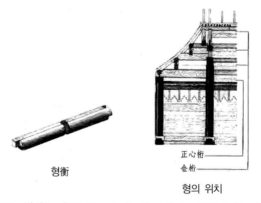

형衡

형의 위치

191) 생수生數 : 생하는 수로 天一生水·地二生火·天三生木·地四生金·天 五生土의 五行相生의 수를 말한다. 천수1+지수2+천수3+지수4+천수5 를 합하면 15라는 숫자가 나온다.

다. (이것으로) 동량棟梁을 연결하고 칸을 나누어 오행이 신비롭게 추연하는 것을 본뜨며 영檻(기둥)을 통하게 하고 구構(서까래)를 쌓아 생수生數의 원리에 조화시켜 규정을 이룬다.

남북으로 난 대량大梁(큰 대들보)은 2근根이다. 『주역』에 의하면 태극太極은 양의兩儀를 낳는다고 하였으니, 2개의 대량大梁을 설치하는 것이다. 건곤을 법칙으로 삼고 천지를 모방하니, 천지[玄黃]가 덕에 부합하는 것을 나타내고 하늘이 만물을 낳고 땅이 키워주는 것을 드러낸다[象玄黃之合德, 表覆載以生成].192)

양마陽馬(처마를 받치는 처마 도리)193)는 36도道이다. 『역위易緯』에 의하면 36절기[節]가 있다고 하였으니, 36도를 설치하는 것이다. 이렇게 하여 아름다운 절기를 드러내고 이 길일에 부합하여 육기六氣를 나누어 음양陰陽에 화합하고 사상四象에 따라 돌며 풍우風雨를 조절한다.

연椽(서까래)194)은 2,990근根이다. 『한서』에 의하면 월법月法은 2,392이고195) 통법通法은 598이며,196) 둘을 합하면 2,990

---

192) 玄黃은 천지의 형상을 가리키고, 覆載(하늘이 만물을 덮고 땅이 만물을 싣고 있다)는 천지의 기능을 설명한다.

193) 양마陽馬 : 건물의 네 귀퉁이에서 처마를 받치는 긴 처마 도리, 즉 추녀마루를 형성하는 사가목을 말한다. 일명 角梁, 角稜, 闕角, 梁抹이라고도 한다. 그 정수리 끝을 말 모양으로 조각하기 때문에 陽馬라고 하였다.

194) 연椽 : 桁(도리) 위에 직각으로 교차하여 밀집되게 놓이며, 梁이 놓여지는 방향과 같게 되어 枋, 桁과 교차된다. 또한 梁은 보통 수평으로 놓여지면과 평행하지만, 연은 건축물 지붕에서 경사지게 놓여 지면과 평행하지 않다. 『중국건축도해사전』, 129쪽.

이다.197) 이렇게 하여 추산의 법칙에 짝하고 통법通法의 수에 부합한다. 이처럼 지붕 위에 서까래를 가지런히 늘어세우면 대장大壯괘198) 모양의 시렁이 우뚝 솟아 있을 것이며, 한 달 두 달 모여 1년을 이루는 것처럼 역법의 법칙에는 착오가 없음을 알 수 있을 것이다.

대려大梠(큰 평고대)는 두 겹[兩重]이며,199) 한 겹마다 36개

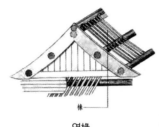

연椽

195) 『漢書』 권21下 「律曆志」 下, "월법은 2,392이다. 대연의 상에 따라 추산해서 월법을 얻을 수 있다.月法二千三百九十二. 推大衍象, 得月法."

196) 『漢書』 권21下 「律曆志」 下, "통법은 598이다. 월법을 사분하면 통법을 얻을 수 있다.通法五百九十八. 四分月法, 得通法."

197) 月法과 通法을 합하여 만들어낸 2,990이란 숫자는 이 명당 조서에서 만들어낸 독창적인 숫자이다.

198) 大壯 괘 : 震괘와 乾괘가 겹쳐서 ䷡ 형상을 이루는 괘이다. 우레가 하늘에 있음을 형상한 괘이다.

199) 대려大梠 : 평고대를 말한다. 평고대는 처마 끝에 서까래나 부연 끝을 연결하여 처마 곡선을 만들어내는 횡목이다. 큰 평고대[大梠]라고 한 것은 일반적으로 겹처마 지붕에서 서까래를 연결하는 평고대, 이것을 초매기라고 하고 부연 끝을 연결하는 평고대를 이매기라고 구분하는데, 큰 평고대는 초매기에 해당한다. '兩重'이라 함은 서까래와 부연을 설치한 겹처마 지붕에서 평고대도 이중으로 설치한 것을 말한 것이다.

를 둔다. 두 겹을 합하면 총 72개이다. 『회남자淮南子』에 의하면, 태평의 시대에는 5일에 1번씩 바람이 불어 1년이면 72풍風이라고 하였으니, 72개를 설치하는 것이다. 이렇게 하여 역법의 법칙과 상통하고 상서로운 바람의 수에 조화되며 아득히 미풍양속의 시대에 부합하고 저 멀리 상서로운 징조의 부서를 본받는다.

비첨연飛檐椽(덧댄 서까래)[200]은 729개[枚]이다. 『한서』에 의하면 자子에서 오午까지 그 수가 729라고 하였으니,[201] 729개

---

[200] 비첨연飛檐椽 : 椽의 상하는 건축물의 屋脊(마루)에서 檐柱(처마기둥)까지 하나로 연결된 것처럼 보이지만 상하 위치에 따라 명칭이 달라지는데, 腦椽, 花架椽, 檐椽, 椽頭, 飛椽 등으로 나뉜다. 이중 飛椽은 檐(처마) 부분을 깊게 하여 길이가 더 길어진 경우 원래 원형 단면이 첨연 바깥쪽 부분에 단면이 방형인 연을 못질하여 덧댄다. 이것을 飛椽(흔히 부연), 飛檐椽이라고 한다. 宋代에는 飛椽, 飛子라고 불렀다. 『중국건축도해사전』, 130쪽.

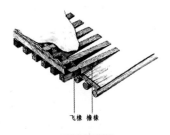

비첨연飛檐椽

[201] 『漢書』 권21上 「律曆志」上, "천의 중수는 5, 지의 중수는 6으로 이 둘은 짝수와 홀수의 중앙이 된다. 태극원기는 천·지·인 세 가지를 포함하여 하나가 된다. 극이란 중이다. 원이란 시이다. 12진을 다니는데, 자에서 처음으로 움직인다. … 오에서 3배를 하면 729를 얻을 수 있다. 이와 같이

를 설치하는 것이다. 이렇게 하여 성상의 꿩모를 채택하고 천체가 궤도를 따라 한 바퀴 도는[周天] 지극한 수를 본받는다. 또한 오午는 음陰의 근본이고 자子는 실로 양陽의 근원이므로 자子와 오午로 사계절[時]을 구분하면 생성의 도리가 저절로 드러날 것이며, 음양陰陽이 덕德에 부합하면 천지의 의리가 이에 융성해질 것이다.

堂檐, 徑二百八十八尺. 按周易, 乾之策二百一十六, 易緯云, 年有七十二候, 合爲二百八十八, 故徑二百八十八尺. 所以仰協乾策, 遠承貞候, 順和氣而調序, 擬圓蓋以照臨. 堂上棟, 去基上面九十尺. 按周易, 天數九, 地數十, 以九乘十, 數當九十, 故去基上面九十尺. 所以上法圓淸, 下儀方載, 契陰陽之至數, 協交泰之貞符. 又以玆天九, 乘於地十, 象陽唱而陰和, 法乾施而坤成. 檐, 去地五十五尺. 按周易, 大衍之數五十有五, 故去地五十五尺. 所以擬大易之嘉數, 通惟神之至賾, 道合萬象, 理貫三才. 上以淸陽玉葉覆之. 按淮南子, 淸陽爲天, 合以淸陽之色.

음과 양은 덕을 합하고 기는 자에서 응축되어 만물을 화육시킨다. … 그러므로 음양이 변화를 하고 만물의 시작과 끝은 모두 율려에 두루 미치고 일진을 두루 거치는 것이니 변화의 정황을 이것을 통해 알 수 있다. 天之中數五, 地之中數六, 而二者爲合. … 太極元氣, 函三爲一. 極, 中也. 元, 始也. 行於十二辰, 始動於子. 又參之於午, 得七百二十九. 此陰陽合德, 氣鐘於子, 化生萬物者也. 故陰陽之施化, 萬物之終始, 既類旅於律呂, 又經歷於日辰, 而變化之情可見矣."

당첨堂檐202)의 지름은 288척尺이다. 『주역周易』에 의하면 건괘의 시책이 216개이고 『역위易緯』에 1년에 72후候가 있다고 하였으니, 둘을 합하면 288이 되므로 지름이 288척인 것이다. 이렇게 하여 우러러 건책乾策과 조화되고 멀게는 올바른 절후節候를 받들어 절기에 화순하여 사시의 차서를 조화롭게 하는 것에 따르고 둥근 하늘이 덮개로 지상을 밝게 비추는 것을 본뜬다.

(명)당의 마룻대[上棟]203)는 기단 윗면과의 거리를 90척으로 하여 올린다. 『주역』에 의하면 천수天數는 구九이고 지수地數는 십十이니, 9 곱하기 10은 90이므로 기단 윗면과의 거리는 90척이 되게 한다. 이렇게 하여 위로는 청명한 둥근 하늘을 본받고 아래로는 네모난 땅이 만물을 싣는 것을 모방하여 음양의 지극한 수에 부합하고 천지 교합의 바른 부절에 따른다. 또한 천의 9를 지의 10에 곱함으로써 양이 창도하면 음이 화답하는 모양을 본받고 천이 베풀고 지가 이루는 법식을 따른다.

첨檐(처마)은 지상과의 거리가 55척이다. 『주역』에 의하면 대연大衍의 수는 55라고 하였으므로204) 지상과의 거리가 55척

---

202) 당첨堂檐 : 건물의 꼭대기가 옆으로 뻗은 가장자리 부분을 말한다.
203) 상동上棟 : 일반적으로 '上棟下宇'라 함은 마룻대를 올리고 서까래를 얹어 건물을 짓는다는 말로 후에 궁실의 기본 구조 형식을 가리킬 때 사용한다. 출처는 『周易』 「繫辭下」에 "上古穴居而野處, 後世聖人易之以宮室, 上棟下宇, 以待風雨, 蓋取諸大壯"이다. 여기에서는 마룻대 혹은 종도리를 대의 기면에서 어느 정도의 높이로 설정하느냐의 규정을 말한다. 따라서 '마룻대는 … 높이로 올리다'로 해석하였다.
204) 대연大衍의 수 : 천지간의 만물을 상징하는 수이다. 그 중 천수 5, 지수 5가 각각 오행의 수에 배합하면 천수는 25, 지수는 30이 되어 천지의

인 것이다. 이렇게 하여 위대한『역』의 아름다운 수에 부합하고 저 신의 지극히 신묘한 도리에 통하며[通惟神之至賾],205) 그도는 만상에 부합하고 그 이치는 천지인天地人 삼재三才를 관통한다. 위에는 하늘색의 화개를 덮는다[清陽玉葉].206)『회남자淮南子』에 의하면 청양清陽(맑고 밝은 것)은 천天이 된다고 하였으니,207) 청양의 색으로 합치한다.

詔下之後, 猶群議未決. 終高宗之世, 未能創立.

조가 내려진 후에도 논의가 분분하여 결론이 나지 않았다. 고종의 치세가 끝날 때까지 명당을 세울 수 없었다.

수는 55가 된다. 이중 6효를 뺀 49개의 시초를 사용한다. 이로써 만물을 이루고 변화시키며 귀신을 부린다.『周易』「繫辭」上에 "大衍之數五十. … 天數五, 地數五. 五位相得而各有合. 天數二十有五, 地數三十. 凡天地之數, 五十有五. 此所以成變化, 而行鬼神也."

205) 『周易』「繫辭」上, "聖人有以見天下之賾, 而擬諸其形容, 象其物宜, 是故謂之象. 聖人有以見天下之動, 而觀其會通, 以行其典禮, 繫辭焉以斷其吉凶, 是故謂之爻. 言天下之至賾而不可惡也."

206) 『史記』권27「天官書」『史記正義』에 인용된 崔豹의『古今注』에 "黃帝與蚩尤戰於涿鹿之野, 常有五色雲氣, 金枝玉葉, 止於帝上, 有花蘤之象, 故因作華蓋也"라고 하여 황제가 치우와 탁록에서 전투할 때 그의 주변에 항상 오색의 운기와 금지옥엽이 머물러 있어 마치 화관처럼 보여 이것으로 화개를 만들었다고 하였다. 그러므로 여기에서 '清陽玉葉'이라 함은 하늘색 덮개를 말한다.

207) 『淮南子』「天文訓」 "清陽者薄靡而爲天"을 염두에 두고 한 말이다. 이 뒤의 구절은 "重濁者凝滯而爲地"이다.

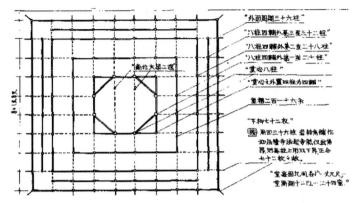

唐总章二年明堂规制诏出中规室と明堂平面图 據《旧唐书》卷22礼儀志2,唐
总章二年二月明堂規制諸絵制

"外圍周題三十六柱"

"八柱四輔外第三層三十二柱"

"八柱四輔外第二層二十八柱"

"八柱四輔外第一層二十柱"

"堂心八柱"

"堂心之外置四柱為四輔"

"童柱二百一十六条"

"下拱七十二枚"

[按] 周匝三十六柱 若轉角臨作
如法堪寺法起寺龍 仅歯角
昂 別為柱上用以下昂正合
七十二枚之数

"堂每面九間各广 丈尺尺"
"堂周題十二丈···二十四寬"

"南北大梁二條"

총장 2년 조서詔書 명당평면도(부희년, 1973)

총장 2년 명당 복원도(陶潔, 『堂而皇之』)

측천무후 명당 전체 외관 복원도

則天臨朝, 儒者屢上言請創明堂. 則天以高宗遺意, 乃與北門學
士議其制, 不聽群言. 垂拱三年春, 毀東都之乾元殿, 就其地創之.
四年正月五日, 明堂成. 凡高二百九十四尺, 東西南北各三百尺.
有三層：下層象四時, 各隨方色；中層法十二辰, 圓蓋, 蓋上盤九
龍捧之；上層法二十四氣, 亦圓蓋. 亭中有巨木十圍, 上下通貫,
栭·櫨·樽·棍, 藉以爲本, 亘之以鐵索. 蓋爲鷺鷥, 黃金飾之, 勢
若飛翥. 刻木爲瓦, 夾紵漆之. 明堂之下施鐵渠, 以爲辟雍之象. 號
萬象神宮. 因改河南縣爲合宮縣. 詔曰：

측천則天무후가 임조臨朝 후,[208] 유자들은 여러 차례 명당 창건을
건의하였다. 측천무후는 고종의 유지를 받들어 북문학사北門學士

---

[208] 측천무후가 高宗을 대신해서 輔政을 하기 시작한 것은 顯慶 5년(660)부
터이다. 고종 사후 弘道 원년(683)~睿宗 載初 2년(690)까지는 중종과
예종의 황태후로서 보정하였다.

들209)과 명당 제도에 관해서 논의하였고 그 밖의 다른 이들의 말은 귀담아 듣지 않았다. (측천무후) 수공垂拱 3년(687) 봄, 동도東都의 건원전乾元殿을 허물고 그 땅에 명당을 짓기 시작하였다.210) (수공) 4년(688) 정월 5일 명당이 완성되었다.211) 높이는 294척, 동서남북 각각 300척이다. 3층으로 되어 있다. 하층下層은 사계절을 본떴으며, 각각의 방위에 따라 색을 사용하였다. 중층中層은 12신辰을 모방하여 지붕을 둥글게 하였고 지붕의 상반上盤은 구룡九龍이 받들고 있다. 상층上層은 24절기를 모방하였으며 이 또한 지붕을 둥글게 하였다. 정亭 가운데에 둘레가 10인 거목이 있는데, 상하가 관통하며 이

209) 북문학사北門學士 : 고종 건봉 이후 측천무후 측근에서 문서의 초안을 작성하는 일을 담당하면서 정치에 깊숙이 참여한 집단이다. 貞觀 연간 太宗의 18학사가 關隴을 지역적 기반으로 한 관롱집단이라고 한다면 측천무후의 북문학사는 산동을 지역적 기반으로 하고 蔭敍가 아닌 과거를 통해 정계에 진출한 신진 세력들이다. 弘文館直學士 劉禕之와 著作郎 元萬頃 등이 대표적 인물로, 이들이 측천무후 시기 명당과 봉선 등 制禮 과정에도 큰 영향을 끼쳤다.

210) 乾元殿은 수대에는 乾陽殿으로 불렸으며, 高宗대에도 正殿의 역할을 하였다. 측천무후가 이것을 헐고 여기에 명당을 세운 것은 陽으로 상징되는 남성 황제를 대신하여 陰으로 상징되는 여성 황제의 집권을 상징하는 공간으로서 명당을 재해석한 것으로 보기도 한다. 張一兵, 『明堂制度硏究』, 412-413쪽 참조.

211) 『舊唐書』 권6 「武后本紀」 垂拱 4년조에는 "四年春二月, 毀乾元殿, 就其地造明堂. … 十二月己酉 … 明堂成"라고 하여 건원전을 허물고 명당을 조성하기 시작한 것이 수공 4년 봄 2월이고 명당을 완성한 것도 수공 4년 12월로 되어 있다. 『通典』 또한 수공 4년 2월에 조성을 시작하여 수공 4년 12월에 완성한 것으로 되어 있다.

櫨(두공이 얹힌 부분)212) · 노櫨213) · 탱樘214)(버팀 기둥) · 비槐215)(평

212) 이櫨 : 고대 목조 건축 구조 부속물 중의 하나. 기둥 꼭대기 위에서 들보
나 두공 등을 지탱하는 구조물이다. 이에 대한 설명은 『禮記』 「禮器」의
"山飾藻梲"의 鄭玄注에 "櫨謂之節, 按, 以方木爲之, 如斗而拱, 所以
抗梁"라고 하였고, 『文選』 「宮殿」부 "芝櫨"에 대한 李善注에서는, "芝
櫨, 山節, 方小木爲之"이라 하여 山 모양으로 깎은 斗拱이라고 하였다.

213) 노櫨 : 두공의 일종. 기둥 위에 梁을 받치는 단목을 말한다.

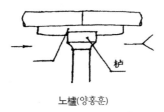

노櫨(양홍훈)

214) 탱樘 : '橕'과 '撑'의 이체자이다. 『說文解字』에 "橕, 裹柱也"라고 하였
다. 段玉裁注에서 "枝橕杈枒而斜據. 枝橕與層櫨曲枅芝櫨爲儷. 然則
訓爲柱無疑也"라고 하여 기둥으로 해석하였다. 하지만 『文選』 「宮殿」
부의 "枝掌杈枒而斜據"의 李善注에서는 "掌, 眉梁之上也. 各長三尺.
掌或作桭字"라고 하여 미량 위에 있는 부속물로 보았다.

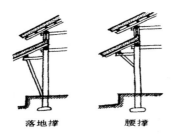

落地撑   腰撑

탱撑 · 요탱腰撑(양홍훈)

215) 비槐 : 『說文解字』에 "枅也. 槐之言比敘也. 西京賦曰, 三階重軒. 鏤檻
文槐. 按此文槐謂軒檻之飾與屋枅相似者"라고 하였다. 흔히 합하여 槐

고대) 등에 의지하여 건물의 중심[本]을 삼고, 그것을 철끈으로 둘렀다. 지붕은 신조 봉황을 만들어 황금으로 장식하는데, 그 기세가 막 날아오르려는 듯하였다. 나무를 조각하여 기와를 만들고 협저夾紵 방식216)으로 칠하였다. 명당 아래에 철거鐵渠를 두었는데 벽옹辟雍의 모양대로 하였다. 이 건물을 만상신궁萬象神宮이라 하였다. 명당 완성을 계기로 하남현河南縣을 합궁현合宮縣이라고 고쳤다. 조를 내려 다음과 같이 말하였다.

黃軒御曆, 朝萬方於合宮 ; 丹陵握符, 咨四岳於衢室. 有虞輯瑞, 總章之號旣存 ; 大禹錫珪, 重屋之名攸建. 殷人受命, 置陽館以辨方 ; 周室凝圖, 立明堂以經野. 用能範圍三極, 幽贊五神, 展尊祖之懷, 申宗祀之典. 爰從漢·魏, 迨及周·隋, 經始之制雖興, 修廣之規未備.

헌원軒轅 황제黃帝는 천하에 군림하였을 때[御曆],217) 합궁

椺라고 하며 처마 끝의 서까래를 받치기 위해 가로놓은 목재 부속물을 말한다. 대려가 중심 서까래를 받치는 것이라고 한다면 비는 부연을 받치는 평고대로 한국에서는 '이매기'라고 한다.

216) 협저夾紵 : 옻을 바르고 말린 뒤 반복해서 칠하기 때문에 '건칠'이라고 한다. 동양에서는 오래전부터 사용된 방식으로 모시나 삼베에 옻칠을 하기 때문에 夾紵라고 한다. 먼저 나무로 심을 만든 후 잘 반죽된 진흙으로 메워 대체적인 형태를 만든 후 표면에는 생칠을 적신 천을 여러 겹 바른다. 이후 표면에는 칠을 바르고, 식물성 기름을 바른 연마제로 광택을 낸다. 이러한 건칠을 완성 후 안쪽의 심과 진흙을 제거하기 때문에 이를 脫空夾紵 혹은 脫活夾紵라고 부른다.

217) 헌원 황제는 … : 이 구절의 출처는 『隋書』 「牛弘傳」에 "무왕이 황제와

合宮에서 만방萬方의 조회를 받았고 요 임금은 수명하여[丹陵握符],218) 구실衢室에서 사악四岳의 자문을 구하였다.219) 유우씨有虞氏 순舜 임금이 수명하여[輯瑞],220) 총장總章이란 명칭이 남게 되었다. 대우大禹가 수명하여[錫珪],221) 중옥重屋이란 이름이 비로소 생기게 되었다.222) 은나라가 수명한 뒤 양관陽館을 설치하여 방위를 변별하였고, 주왕실이 수명하여[凝圖]223)

전욱의 도에 대해 묻자 태공이 말하기를, 『단서』에 있다고 하였으니, (천명을 나타내는) 부서와 책력을 가져 국가를 영유한 자는 『시』와 『서』를 가르치고 예악에 의해 교화를 펼쳐 대업을 이루지 않은 이가 없었다.武王問黃帝·顓頊之道, 太公曰, 在『丹書』. 是知握符御曆, 有國有家者, 曷嘗不以『詩』·『書』而爲敎, 因禮樂而成功也."이다.

218) 단릉丹陵 : 요 임금이 태어난 곳이다. 『竹書紀年』 권上 「帝堯陶唐氏」.

219) 구실衢室 : 구실은 요임금이 민의를 수렴하던 장소이다. 『管子』 「桓公問」 "黃帝立明臺之議者, 上觀於賢也 ; 堯有衢室之問者, 下聽於人也." 『子華子』 「晏子問黨」 "堯居於衢室之宮, 垂衣而襲幅, 邃如神明之居."

220) 집서輯瑞 : 출처는 『尙書』 「舜典」 "輯五瑞, 旣月乃日, 覲四嶽羣牧, 班瑞於羣后." 뒤에 '輯瑞'는 군신 제후들을 불러 모아 조회하는 전례典禮를 의미하였다. 수명하여 천하를 호령한다는 의미로 해석하였다.

221) 석규錫珪 : 珪는 고대 제후가 조빙할 때 신표로 쥐고 있는 예기이다. 제왕은 제후에게 토지를 봉건하고 작을 하사하며 증표로 규를 내리는데, 이것을 '錫珪'라고 한다. 따라서 이 역시 제왕이 수명하여 행사하는 것으로 해석하였다.

222) 중옥重屋 : 『周禮』 「考工記·匠人」에 보인다("殷人重屋, 堂脩七尋, 堂崇三尺, 四阿重屋"). 이에 대해 鄭玄注는 王宮의 大寢으로 보았는데("重屋者, 王宮正堂, 若大寢也"), 여기서는 하나라의 명당을 중옥이라 하고 은나라는 양관이라하고 있다.

223) 응도凝圖 : 唐 駱賓王의 「爲齊州父老請陪封禪表」에 "臣聞圓天列象 ;

명당明堂을 세워 분야分野를 구획하였다. (명당을 세워) 천지인 삼극三極을 아우르고 암암리에 오신五神의 도움을 받아[224] 선조를 받드는 마음을 드러내고 종사宗祀의 예전禮典을 펼칠 수 있었다. 이에 한漢, 위魏 때부터 북주北周, 수대隋代에 이르기까지 명당 제도를 창건하려는 움직임이 있었으나 명당 제도의 구체적인 규격을 완비하지는 못하였다.

朕以庸昧, 虔膺厚託, 受寄於綴衣之夕, 荷顧於仍几之前. 伏以高宗往年, 已屬意於陽館, 故京輔之縣, 預紀明堂之名, 改元之期, 先著總章之號. 朕於乾封之際, 已奉表上塵, 雖簡宸心, 未遑營構. 今以鼎郊勝壤, 圭邑奧區, 處天地之中, 順陰陽之序, 舟車是湊, 貢賦攸均, 爰藉子來之功, 式遵奉先之旨.

짐은 별다른 재주 없이 막중한 임무를 받았는데, 임종에 즈음하여 위탁을 받아[受寄於綴衣之夕][225] 선왕의 영전 앞에서 고명을 짊어지게 되었다[荷顧於仍几之前].[226] 고종께서 지난해

紫宮通北極之尊 ; 大帝凝圖, 玄猷暢東巡之禮"에 보인다. 陳熙晉箋注에 "顔注 : '凝, 聚也. 聚天下之圖籍而君之也'"라고 하여 천하의 도적을 한데 모아 천하를 통어한다는 말이다. 이 역시 수명하여 천하를 호령한다는 의미로 해석하였다.

224) 여기에서 '幽贊'은 암암리에 신명의 도움을 받음을 말한다. 출처는 『易』「說卦」의 "昔者聖人之作『易』也, 幽贊於神明而生蓍"이다. 이에 대한 高亨注에 "言聖人作『易』, 暗中受神明之贊助, 故生蓍草, 以爲占筮之用"라고 해석하였다.

225) 綴衣는 고대 군주가 사망할 때 사용하던 장막으로 여기에서 파생되어 군주의 임종을 가리킨다.

양관陽館(명당) 건설에 뜻을 두어 경성 근교의 현에 미리 명당이라는 이름을 하사하고 연호를 개정할 때 이미 총장總章이란 칭호를 밝히셨다. 짐은 건봉乾封 연간에 이미 표를 올려 미진하게나마 의견을 개진하여 황제의 뜻에 찬성하였으나 미처 명당을 건설하지는 못하였다. 이제 제왕의 승지[鼎郊勝壤]이자 왕읍의 핵심[圭邑奧區]이[227) 천지의 한가운데 처하고[228) 음양의 차서에 순응하여 사방에서 배와 수레를 타고 달려와 제각기 공물을 바치니, 이에 자래子來의 공에 힘입어[229) 선조를 받드는 취지를 본받아 따르고자 한다.

---

226) '仍几'는 원래 모양 그대로 고인이 쓰던 안석을 보존한다는 말로, 고인이 생전에 쓰던 그대로 보존한다는 의미를 가지고 있다. 출처는 『尙書』「顧命」의 "敷重篾席, 黼純, 華玉仍几"에 대한 공영달 주에 "仍, 因也. 因生時几不改作"이라고 하였다. 『周禮』「春官・司几筵」의 "凡吉事變几, 凶事仍几."

227) '鼎郊'의 '鼎'은 우의 구정과 같이 제왕 혹은 왕권을 상징하므로 鼎郊란 제왕의 국교를 의미한다. '勝壤'은 명승지와 같은 의미로 훌륭한 곳을 형용하는 의미이다. 즉 '鼎郊勝壤'은 제왕의 승지를 말한다. 대구로 '圭邑奧區'의 '圭'는 고대 제왕이 예를 행할 때 사용하던 도구로 정과 마찬가지로 제왕을 상징, 따라서 규읍은 제왕의 읍, 즉 제국의 수도를 형용한 것이다.

228) 東都 洛陽으로 천도한 것을 말한다. 낙양은 이른바 『尙書』의 "王來紹上帝, 自服于土中"의 '土中'으로 孔安國에 의하면 "洛邑, 地勢之中也"이라 하여 낙읍은 지상의 한 가운데라고 하였다.

229) 자식이 부모를 따르듯이 유덕한 임금에게 백성이 따르는 것을 말한다. 백성들이 모두 왕의 은덕에 감화하여 왕의 일을 부모의 일처럼 발 벗고 나서 일하여 짧은 시간에 완공한다는 의미이다.

夫明堂者, 天子宗祀之堂, 朝諸侯之位也. 開乾坤之奥策,
法氣象之運行, 故能使災害不生, 禍亂不作. 眷言盛烈, 豈
不美歟! 比者鴻儒禮官, 所執各異, 咸以爲明堂者, 置之三
里之外, 七里之內, 在國陽明之地.{今旣俯遍宮掖, 恐黷靈
祇, 誠乃布政之居, 未爲宗祀之所.} 朕乃爲丙巳之地, 去宮
室遙遠, 每月所居, 因時饗祭, 常備文物, 動有煩勞, 在於朕
懷, 殊非所謂. 今故裁基紫掖, 闢宇彤闈, 經始肇興, 成之匪
日. 但敬事天地, 神明之德乃彰; 尊祀祖宗, 嚴恭之志方展.
若使惟云布政, 負扆臨人, 則茅宇土階, 取適而已, 豈必勞
百姓之力, 制九筵而御哉! 誠以獲執蘋蘩, 虔奉宗廟故也.
時旣沿革, 莫或相遵, 自我作古, 用適於事. 今以上堂爲嚴
配之所, 下堂爲布政之居, 光敷禮訓, 式展誠敬. 來年正月
一日, 可於明堂宗祀三聖, 以配上帝. 宜令禮官·博士·學士
·內外明禮者, 詳定儀禮, 務從典要, 速以奏聞.

무릇 명당이란 천자가 종사宗祀하는 당이요, 제후의 조회를
받는 자리이다. 건곤乾坤의 심오한 비책을 열고[230] 기상氣象의
운행運行을 본받으니[231] 재해災害가 생기지 않게 하고 화란禍
亂이 일어나지 않게 할 수 있다. 황천이 대업을 보우하시니[眷
言盛烈][232] 어찌 아름답지 않은가! 근래 대유와 예관들이 주장

---

230) 건곤의 비책이란 『역』의 건괘의 시책과 곤괘의 시책을 말하며, 천지와
    그 기능인 음양을 말한다.
231) 기상의 운행이란 사계절의 운행을 비유하여 말한 것이다.
232) '眷言盛烈'의 '眷言'은 돌아보는 모양을 말한다. 여기에서 言은 어조사
    이다. 출처는 『詩』「小雅·大東」의 "睠言顧之, 潸焉出涕"이다. 여기에
    서 '盛烈'은 성대한 공업을 말한다.

하는 바는 각기 다르지만 모두 명당은 (궁성에서) 3리 바깥 7
리 안 나라의 남쪽 양지에 두는 것이며{지금처럼 궁전의 코앞
에 두는 것은 친압하는 바가 될 것이며, 이것은 진정 포정布政
의 장소이지 종사宗祀하는 자리는 아니다}233)라고 하였다.

짐은 이에 병사丙巳의 땅(국의 남쪽)234)이 궁실과 너무 멀어
매월 거처해야 하고 사계절마다 제사를 지내며 항상 예물을 준
비해야 하는데 움직이는 데 지나치게 번거로우니, 이는 (명당
의) 원래 취지에서 말하는 바가 아니라고 본다. 그러므로 이제

---

233) 중화서국 표점본 교감은 { }의 앞에서 표점을 찍어 대유와 유관들의
논의한 사항이 명당은 국의 남쪽 3리 밖 7리 안이라고 한 데에서 끝나고
있으나, 이는 경전적 근거를 말한 것이고 이후 "今 … " 이후의 문장은
현재 명당안에서 말한 명당의 위치에 대해 비판하는 설명으로 여기까지
대유와 유관들의 주장에 포함되어야 한다.

234) 명당을 말한다. 『禮記』「明堂位」의 孔穎達의 疏에 인용된 淳于登의 말
에 "명당은 국도의 남쪽에 있으니, 丙과 巳의 땅으로 3리 밖 7리 안이다.
그곳에서 제사 지내는 것은 陽의 자리에 나아가는 것이다. 위는 둥글고
아래는 네모지며 여덟 개의 창문과 네 개의 문이 있으니, 정령을 반포하
는 궁이다. 주공이 명당에서 문왕에게 제사 지내어 상제에게 配享하였으
니, 상제는 감생 五精의 帝이다. 太微垣의 뜰에는 그 가운데에 五帝座星
이 있다.明堂在國之陽, 丙巳之地, 三里之外, 七里之內, 而祀之, 就陽
位. 上圓下方, 八窓四闥, 布政之宮. 周公祀文王於明堂, 以配上帝. 上
帝, 五精之帝. 大微之庭, 中有五帝座星."라고 한 말에 보인다. '丙'은 陽
火에 속하고 '巳'는 陰火에 속하는바, 모두 오행 중에서 火가 되어 남방
을 나타내므로 '丙과 巳의 땅'이라고 한 것이다. 『後漢書』 권30 「祭祀志」
上에 남교의 오제의 위치에 대해 "其外壇上爲五帝位. 青帝位在甲寅之
地, 赤帝位在丙巳之地, 黃帝位在丁未之地, 白帝位在庚申之地, 黑帝
位在壬亥之地"라고 하여 적제의 신위를 丙巳之地에 둔다고 하였다.

궁전[紫掖]235) 근처에 명당의 터를 잡고 명당의 건물들을 비로
소 지으려고 하니 하루아침에 완성될 일이 아니다. 천지의 신
명을 경건히 받드니 신명의 덕이 이에 드러나며, 조종을 높여
제사지내니 조상을 높여 공경하는 뜻이 비로소 펼쳐진다. 만일
정사를 베푸는 것만을 말한다면, 도끼 병풍을 뒤로 하고 군림
을 하면서 띠 풀로 이은 지붕에 흙으로 만든 계단으로도 충분
하니, 어찌 백성을 수고롭게 하여 구연九筵(명당)을 제작하
여236) 제후의 조회를 받는다는 말인가? 진실로 마름과 쑥갓[蘋
蘩]237)과 같은 채소로도 경건하게 종묘에서 신령을 받들 수 있
기 때문이다. 하지만 시대는 이미 변화하여 옛것을 그대로 따
르기 어려우니, 이제부터 내가 구례를 따르지 않고 새롭게 제
도를 만들어 사업에 적용할 것이다. 이제 상당上堂은 엄배嚴配
의 장소로 하고 하당下堂은 포정의 거처로 하여 예의와 교훈
을 밝게 펼치고 신령께 경건히 정성을 다할 수 있도록 한다.

235) 자액紫掖 : 별자리의 紫微垣으로, 帝가 사는 곳이므로 宮掖을 가리키는
　　말로 쓰인다.
236) 구연九筵 : 『周禮』「考工記·匠人」 "周人明堂, 度九尺之筵·東西九筵·
　　南北七筵." 그 주에 "筵, 竹席, 長九尺. 九筵, 即八十一尺." 여기에서
　　'九筵'은 주대 명당의 규격을 말하며, 후대 明堂을 가리키는 말이 되었다.
237) 빈번蘋蘩 : 마름과 쑥갓이라는 뜻으로, 귀하지는 않아도 정성껏 올리는
　　祭物을 비유할 때 흔히 인용하여 쓴다. 출처는 『春秋左氏傳』「隱公 3
　　년」에 "진실로 확실한 신의만 있다면 … 빈번과 온조 같은 변변치 못한
　　야채와 나물이라도 … 귀신에게 음식으로 올릴 수가 있고, 왕공에게도 바
　　칠 수가 있는 것이다.苟有明信 … 蘋蘩薀藻之菜 … 可薦於鬼神, 可羞
　　於王公."

내년 정월 1일 명당에서 삼성三聖238)을 종사하여 상제에 배사
할 수 있도록 할 것이다. 마땅히 예관禮官, 박사博士, 학사學士
그리고 내외 예에 정통한 자들로 하여금 그에 합당한 의례를
상정하게 하되 표준[典要]239)을 따르도록 힘쓰게 하여 신속하
게 알리도록 하라.

永昌元年正月元日, 始親享明堂, 大赦改元. 其月四日, 御明堂
布政, 頒九條以訓于百官. 文多不載. 翌日, 又御明堂, 饗群臣, 賜
縑繡有差. 自明堂成後, 縱東都婦人及諸州父老入觀, 兼賜酒食,
久之乃止. 吐蕃及諸夷以明堂成, 亦各遣使來賀. 載初元年冬正月
庚辰朔, 日南至, 復親饗明堂, 大赦改元, 用周正. 翼日, 布政于群
后. 其年二月, 則天又御明堂, 大開三敎. 內史邢文偉講孝經, 命侍
臣及僧·道士等以次論議, 日昃乃罷.

(예종) 영창永昌 원년(689) 정월 원일元日240)에 처음으로 명당에

---

238) 삼성三聖 : 고조, 태종, 고종을 말한다. 『舊唐書』 권21 「禮儀志」1에 武則
天 垂拱 元年에 郊祀 및 明堂제도에 관해 논의할 때 鳳閣舍人 元萬頃
과 范履冰 등이 고조, 태종, 고종 三祖, 즉 三聖를 배사할 것을 건의하
자, "원만경의 안대로 교구 및 여러 제사에서 삼조를 배사하는(制從萬頃
議. 自是郊丘諸祠皆以三祖配)" 것으로 결정되었다. 여기에서 말한 제
사에는 명당 제사도 당연히 포함된다.
239) 전요典要 : 불변의 법칙, 또는 표준을 말한다. 출처는 『周易』 「繫辭傳」
下에 "역은 오르내림이 무상하고 강유가 교역하기 때문에 전요로 삼을
수 없고 오직 변화하여 나아갈 뿐이다.上下無常, 剛柔相易, 不可爲典
要, 唯變所適."이다.
240) 『舊唐書』 권6 「武后本紀」에는 "永昌元年春正月, 神皇親享明堂, 大赦

서 친히 제향을 올리고 대사大赦를 반포하고 개원改元하였다. 그 달 4일에 명당에 나가 포정하고 9가지 훈계를 백관에게 반포하였다. (반포한) 그 조문은 기록되지 않은 것이 많다. 다음 날 다시 명당에 나아가 여러 신하들에게 향연을 베풀고 합사 비단과 붉은 비단[縑繒]을 차등 있게 하사하였다. 명당이 완성된 후 동도東都의 부인婦人들과 여러 주州의 부로父老들에게 명당에 들어와 참관토록 하고 아울러 술과 먹을 것을 하사하였는데, 이렇게 오랫동안 잔치를 베풀다가 멈추었다. 토번吐蕃과 제이諸夷가 명당이 완성되었기 때문에 사절단을 파견하여 와서 축하를 하였다.

(예종) 재초載初 원년(690) 겨울 정월正月 경진庚辰일 초하루 동지[日南至]241)에 다시 친히 명당에서 제향을 올리고 대사大赦하고 개원改元하며 주정周正을 사용하였다.242) 다음날 여러 왕들에게 포정

天下, 改元, 大酺七日"이라고 되어 있다. 여기에서 神皇은 측천무후를 가리키며 垂拱 4년(688) 5월에 '聖母神皇'으로 추존되었다. 따라서 여기에서 명당에 친향을 올린 사람은 측천무후이다. 또한 永昌이란 연호는 같은 해 4월에 武承嗣가 "聖母臨人, 永昌帝業"이란 문구가 적힌 돌을 瑞石이라 하여 위조하여 雍州 사람에게 시켜 洛水에서 얻었다고 하고 무후에게 바치니, 이것을 受命의 징조로 보아 낙수 근처에 묘를 세우고 영창현을 설치하고 영창이란 연호로 개원하였다.

241) 태양이 黃道의 南極 지점에 다다른 날, 즉 동지를 말한다.『左傳』「僖公 5년」 "春, 王正月, 辛亥朔, 日南至"의 杜預注에 "周正月, 今十一月, 冬至之日, 日南極"이라고 하였다. 夏至는 반대로 황도의 북극 지점에 다다른 날을 일컫는다. 정월 초하루이자 동지인 날이 역법상 동지가 든 동지월이 정월이자 첫날인 초하루인 날을 말한다.

242) 여기에서 周正을 사용하였다는 말은 국호를 唐에서 周로 바꾸는 역법 개정을 단행했다는 말이다. 이때부터 夏正 寅月에서 2달 앞선 子月 즉

하였다. 이해 2월에 측천무후는 또 명당에 나가 대대적으로 (유불도) 삼교三敎의 강연을 개최하였다.[243] 내사內史 형문위邢文偉[244]가 『효경孝經』을 강의하였고, 시신侍臣과 승려, 도사 등에게 차례대로

11월을 신년 歲首로 삼게 되었다. 『구당서』권6「무후본기」에는 "재초 원년 춘정월에 신황이 친히 명당에서 대향을 올리고 천하에 대사면을 반포하였다. 주나라 제도에 따라 건자월을 정월로 삼고 영창 원년 11월을 재초 원년 정월로 고쳤으며 12월을 납월로, 구 정월을 1월로 고치고 대포 3일을 내렸다. 신황은 '조' 자로 이름을 삼았으며 마침내 조서를 제서라고 고쳤다. 載初元年春正月, 神皇親享明堂, 大赦天下. 依周制建子月爲正月, 改永昌元年十一月爲載初元年正月, 十二月爲臘月, 改舊正月爲一月, 大酺三日. 神皇自以'曌'字爲名, 遂改詔書爲制書."라고 하였다. 이와 같이 영창 11월을 載初 원년 정월로 개원하였다. 재초 연간 부터는 11월에서 10월까지를 1년으로 삼는다. 달 이름도 바뀌어 子月 동짓달이 正月, 丑月 12월은 臘月, 寅月은 1월이라 칭하였다. 따라서 武周 통치기간 동안 11월은 신년 정월이 되며 역법상 기원인 冬至月이 므로 역년의 첫 달이기도 하였다. 역법 개정 뒤 같은 해 9월 9일 국호를 唐에서 周로 바꾸고 바야흐로 황제를 칭하게 되었다. 한편 무주 통치기 간에 明堂에서의 大享은 季秋가 아닌 冬至月에 행해져 冬至 신년 제천 의례적 성격이 강하였다고 보기도 한다. 김일권, 『동양천문사상 : 인간의 역사』, 예문서원, 2007, 406쪽 참조.

243) 유교 경전을 강연하는 經筵과 같이 유교, 불교, 도교 삼교의 경전 강연회 를 개최하였다는 말이다.

244) 형문위邢文偉(?~690경) : 唐 滁州 全椒(현재 安徽省 全椒縣) 사람. 和州의 高子貢, 壽春의 裴懷貴와 함께 博學으로 명성이 자자했다. 고종 咸亨 연간에 太子典膳丞이 되었고, 얼마 후 右史가 되었으며 측천무후 때에는 여러 차례 승진하여 鳳閣侍郎까지 올랐으며 弘文館學士를 겸하였다. 載初 원년에 內史에 임명되었다. 뒤에 친한 친구가 뇌물죄로 잡혀 이 일에 연루되어 珍州刺史로 좌천되었다가 자살하였다.

의론토록 하여 해질 녘에 이르러서야 멈추었다.

天授二年正月乙酉, 日南至, 親祀明堂, 合祭天地, 以周文王及
武氏先考·先妣配, 百神從祀, 並於壇位次第布席以祀之. 於是春
官郎中韋叔夏奏曰:「謹按明堂大享, 唯祀五帝. 故月令云:『是月
也, 大享帝.』則曲禮所云『大享不問卜』, 鄭玄注云『謂遍祭五帝
於明堂, 莫適卜』是也. 又按祭法云:『祖文王而宗武王.』鄭玄注
云:『祭五帝·五神於明堂曰祖·宗. 故孝經云:宗祀文王於明堂,
以配上帝.』據此諸文, 明堂正禮, 唯祀五帝, 配以祖宗及五帝·五
官神等[一九],245) 自外餘神, 並不合預. 伏惟陛下追遠情深, 崇禮
志切, 於明堂享祀, 加昊天上帝·皇地祇, 重之以先帝·先后配享
[二０],246) 此乃補前王之闕典, 弘嚴配之虔誠. 往以神都郊壇未
建, 乃於明堂之下, 廣祭衆神, 蓋義出權時, 非不刊之禮也. 謹按
禮經:其內官·中官·五岳·四瀆諸神, 並合從祀於二至. 明堂總
奠, 事乃不經. 然則宗祀配天之親, 雜與小神同薦, 於嚴敬之道,
理有不安. 望請每歲元日, 惟祀天地大神, 配以帝后. 其五岳以下,
請依禮於冬·夏二至, 從祀方丘·圜丘, 庶不煩黷.」從之.

(측천무후) 천수天授 2년(691) 정월 을유乙酉일 동지冬至에 친히 명
당에서 제사를 지냈으며, 천지를 합사하면서 주문왕周文王과 무씨武

---

245) [교감기 19] "配以祖宗"의 '祖宗'은 여러 판본에는 원래 '宗祖'로 되어
있는데, 『唐會要』권12·『文苑英華』권762·殘宋本 『冊府元龜』권586
에 의거하여 수정하였다.

246) [교감기 20] "重之以先帝·先后配享"의 '先帝'는 여러 판본에는 원래
없는데, 『唐會要』권12·『文苑英華』권762에 의거하여 보충하였다.

氏의 선고先考와 선비先妣를 배사하고 백신百神을 종사從祀하였는데,
모두 제단의 신위에 자리를 깔아놓고 제사를 지냈다. 그리하여 춘관
낭중春官郎中[247] 위숙하韋叔夏[248]가 상주하여 다음과 같이 말하였다.

　　삼가 명당의 대향大享을 살펴보니, 오직 오제五帝만을 제사
지내는 것입니다. 그러므로 「월령月令」은 "이달에 상제에 크게
제향을 올린다.是月也, 大享帝."라고 하였습니다. 그런즉 「곡례
曲禮」에서 "대향에는 점복을 묻지 않는다.大享不問卜."라고 하
였고, 그 정현 주에 "이것은 명당에서 오제에게 두루 제사하는
것으로 점을 치는 것이 적당하지 않음을 말한 것이다"라고 하
였던 것입니다. 또 「제법祭法」에 "문왕을 조祖로 하고 무왕武
王을 종宗으로 한다"라고 하였고, 그 정현주에 "명당에서 오제
五帝와 오신五神에게 제사지내는 것을 조祖·종宗이라 한다. 그
러므로 『효경』에서 명당에서 문왕을 종사하여 상제에 배사한
다라고 한 것이다"라고 하였습니다.

---

247) 춘관낭중春官郎中: 禮部郎中을 말한다. 武德 3년(620)에 儀曹郎을 禮部
郎中이라 고쳤으며, 1인을 두고 종5품상에 임명하였다. 龍朔 2년(662)에
司禮大夫로 고쳤다가 咸亨 원년(670)에 다시 복귀, 光宅 원년(684)에 春
官郎中으로 고쳤다. 神龍 원년(705)에 다시 禮部郎中으로 복귀하였다.
248) 위숙하韋叔夏(미상~707): 당 京兆 萬年 사람. 韋安石이 형이다. 明經
으로 발탁되고, 『三禮』에 정통했다. 高宗 調露 연간에 太常博士를 지냈
다. 황제가 죽자 山陵에 대한 옛 의례가 많이 결손되어 賈大隱, 裵守眞
등과 함께 초안을 纂定했고, 春官員外郎에 올랐다. 고종과 측천무후 시
대 많은 예의제도가 그의 손을 거쳐 개정되었다. 長安 4년(704) 成均司
業과 春官侍郎을 역임했다. 中宗이 복위하자 太常少卿으로 옮겼고, 國
子祭酒까지 올랐다. 저서에 『五禮要記』가 있다.

이러한 경문에 근거하면 명당의 정례는 오직 오제만을 제사하면서 조종祖宗과 오제五帝의 오관신五官神[249] 등을 배사하는 것이지 이외 나머지 신들을 참여시키는 것은 적합하지 않습니다. 생각건대 폐하께서 조종을 추숭하는 정이 깊고 상천上天을 받들어 제사지내려는 뜻이 절실하여 명당明堂에서 향사享祀하며 호천상제昊天上帝와 황지기皇地祇를 더하고 거기에 다시 선제先帝와 선후先后를 배향配享하시었으니, 이는 전왕前王의 누락된 예전禮典을 보충하시고 엄배嚴配의 정성과 경건함을 넓히고자 그런 것입니다. 지난 번 신도神都(낙양) 교단郊壇이 창건 전이라 명당 아래에서 여러 신들에게 두루 제사를 지낸 것은 그 취지가 임시방편에서 나온 것이지 결코 바꿀 수 없는 예는 아닙니다. 삼가 예경禮經을 살펴보면, 내관內官 · 중관中官 · 오악五岳 · 사독四瀆 등 여러 신들은 모두 동지와 하지에 (주신과) 함께 종사從祀합니다. (그러나) 명당明堂에서의 총향[總奠]의 경우 그러한 사례가 경전에는 없습니다. 그러므로 종사宗祀하여 하늘에 배사하는 혈친이 소신小神과 뒤섞여 함께 제사를 받으니 엄숙하게 부모를 공경하는 도리 맞지 않습니다. 바라옵건대 매년 원일元日에는 오직 천지天地 대신大神께 제사

---

249) 앞에서 이미 五帝만을 제사한다고 하였는데, 여기에서 또 五帝와 五官神이라고 하면 중복되므로(중화서국 표점본) 오제의 오관신이 되어야 한다. 『全唐文』 권189 韋叔夏의 「明堂大饗議」에는 "據此諸文, 明堂正禮, 唯祀五帝, 配以宗祖及五帝五官神等, 自外餘神, 並不合預"으로 五帝, 宗祖, 五帝五官神으로 되어 있다. 五帝의 五官神은 鄭玄注에서 말한 五神에 해당한다.

하며 황제皇帝와 황후皇后를 배사配祀하도록 하십시오. 오악五岳 이하의 여러 신들은 청컨대 동지冬至와 하지夏至에 예에 따라 방구方丘와 원구圜丘에서 종사從祀하도록 하면 아마도 신에게 무례를 범하지 않을 것입니다.

그 말대로 따랐다.

時則天又於明堂後造天堂, 以安佛像, 高百餘尺. 始起建構, 爲大風振倒. 俄又重營, 其功未畢. 證聖元年正月丙申夜, 佛堂災, 延燒明堂, 至曙, 二堂並盡. 尋時又無雲而雷, 起自西北. 則天欲責躬避正殿. 宰相姚璹曰:「此實人火, 非是天災. 至如成周宣榭, 卜代逾長; 漢武建章, 盛德彌永. 今明堂是布政之所, 非宗祀也.」則天乃御端門觀酺宴, 下詔令文武九品已上各上封事, 極言無有所隱. 左拾遺劉承慶上疏曰:

당시 측천무후는 명당 뒤에 또 천당天堂을 조성하고 거기에 불상佛像을 안치하였는데, 높이가 백여 척이나 되었다. 처음 천당을 짓기 시작하였을 때 대풍이 불어 전복되었다. 얼마 있다가 다시 조영하였는데, 그 공사를 마무리하지 못하였다. (측천무후) 증성證聖 원년(695) 정월 병신丙申일 밤에 불당佛堂에 화재가 나 그 불이 명당까지 번지니, 새벽녘에 이르러 두 당이 모두 전소하고 말았다. 얼마 지나지 않아 또 구름 한 점 없는 하늘에 번개가 치고 천둥소리가 서북쪽에서 일어났다. 측천무후는 자신을 책하며 정전을 피하려고 하였다. 이때 재상宰相 요숙姚璹[250])이 "이는 사람으로 일어난 불이지 천재天災가 아닙니다. 예를

---

250) 요숙姚璹(632~705) : 唐 武康(현재 浙江省 德淸) 사람이다. 자는 令璋

들어 성주成周 때 선사宣榭의 화재로 점을 치니. 대대로 더 오래 간다
고 한 일이나,251) 한무제漢武帝 때 건장궁建章宮252)을 지어253) 한나라
의 위대한 덕이 더욱 오래간 경우가 그러합니다. 지금 명당明堂은 정
교政教를 베푸는 장소이지 종사宗祀하는 곳은 아닙니다"라고 하였다.
측천무후는 그리하여 단문端門254)에 임하여 친히 주연酒宴에 참관하

이다. 散騎常侍 姚思廉의 손자이다. 永徽 연간에 明經으로 발탁되어
太子宮門郎을 거쳐 秘書郎, 中書舍人으로 승진하였고 長壽 2년(693)
에는 文昌左丞 同鳳閣鸞臺平章事에 임명되었다. 측천무후 집권 시에
2번에 걸쳐 재상이 될 정도로 측천무후의 신임이 두터웠다. 天樞와 明堂
중건을 감독하기도 하였다. 『瑤山玉彩』를 편찬하였고 『時政記』를 창립
하기도 했다. 돌궐과 거란의 반란으로 益州長史로 좌천되었다가 뒤에
工部尙書로 부임 중에 사망하였다.

251) 『公羊傳』「宣公 16년」 "成周宣榭災"에 대해 "성주는 무엇인가? 동주이
다. … 외부의 재해는 기록하지 않는데, 여기서는 어찌 기록했는가. 신주
이기 때문이다.成周者何東周也 … 外災不書, 此何以書, 新周也."라고
하였다. 여기서 '新周'는 '東周'를 말하는데, 공자가 『春秋』를 지을 때
東周를 新周의 시원으로 삼았기 때문이라는 뜻이다. '宣榭'는 杜預注에
의하면, 講武를 관람하기 위해 만든 토대 위에 만든 건축물을 말한다.

252) 건장궁建章宮 : 한무제 太初 원년(기원전104)에 완성되었으며, 무제가
왕래하기 편리하도록 성담에 비각연도를 설치하여 미앙궁과 연결시켰
다. 궁전에는 여러 가지 전각과 전당이 즐비하여 '千門萬戶'라 일컬어질
정도로 웅장하였다.

253) 한무제가 建章宮을 대대적으로 짓게 된 것은 太初 元年 11월 동지에
명당에서 제사한 직후 柏梁臺에 화재가 나자 월나라 무당 勇이 월나라
에서는 화재가 나면 대대적으로 크게 건물을 지어 압승하는 방법으로
삼는다고 건의했기 때문이다. 측천무후의 경우는 이와는 정반대로 명당
과 천당을 지은 후 화재가 났지만 한무제 때 고사를 들어 비유한 것이다.

254) 단문端門 : 궁전의 정남문으로 漢代에는 尙書가 여기에서 천하의 상주

였으며 조를 내려 문무文武 9품 이상 관에게 꺼리거나 숨기는 바 없이 하고 싶은 말을 각각 상주문을 올려 다 하도록 하였다. 좌습유左拾遺255) 유승경劉承慶이 상소하여 다음과 같이 말하였다.

> 臣聞自古帝王, 皆有美惡, 休祥所以昭其德, 災變所以知其咎, 天道之常理, 王者之常事. 然則休祥屢臻, 不可矜功而自滿; 災變奄降, 不可輕忽而靡驚. 故殷宗以桑穀生朝, 懷懼而自省, 妖不勝德, 遂立中興之功; 辛紂以雀生大鳥〔二一〕,256) 恃福而自盈, 祥不勝驕, 終致傾亡之禍. 故知災變之生, 將以覺悟明主〔二二〕,257) 扶持大業, 使盛而不衰.

문을 접수하였으며 이후 공식 행사 때 황제가 친히 임헌하는 장소가 되기도 하였다.

255) 좌습유左拾遺 : 唐 武則天 垂拱 元年(685)에 처음 설치하였다. 정원 2인이며 從八品上이며 門下省 소속으로 納諫을 담당하였다. 天授 2년(691) 정원을 5인으로 늘렸고 그 후 濫官의 대표적인 사례가 되어 "보궐은 수레에 실을 정도로 많고 습유는 말로 잴 수 있을 정도로 많다.補闕連車載, 拾遺平斗量."라고 조롱하였다. 北宋初에는 대부분 領外의 직에 보임되었고 간혹 兼領別司하였으나 납간의 임무를 전문으로 하지는 않았다. 어찌되었든 유승경은 박사 출신으로 측천무후에게 명당 화재에 관련해서 아첨하는 재상 요숭 등을 정면에서 비판하지는 않고 그 아래 부하인 좌사와 통사사인을 지목하여 비판하고 있어, 납간이라는 직임을 제대로 수행하고 있다고 할 수 있다.

256) [교감기 21] "辛紂以雀生大鳥"의 '雀'자는 여러 판본에는 원래 '省'으로 되어 있는데, 『冊府元龜』 권543에 의거하여 수정하였다.

257) [교감기 22] "將以覺悟明主"의 '以'자는 여러 판본에는 원래 '自'로 되어 있는데, 『冊府元龜』 권543에 의거하여 수정하였다.

理須祇畏神心, 警懼天誡, 飭身正事, 業業兢兢, 則凶往而
吉來, 轉禍而爲福. 昔殷湯禱身而降雨, 成王省事以反風,
宋公憂熒惑之災, 而應三舍之壽, 高宗懲雊鼎之異, 而享百
年之福, 此其類也.

신이 듣기에 예부터 제왕은 모두 장점과 단점이 있어 상서
로 그 덕을 빛내고 재이로 그 잘못을 알도록 하는 것이 천도의
상리요 왕자의 일상사라고 하였습니다. 그런데 상서가 자주 나
타난다고 해서 공을 자랑하며 자만해서는 안 되며, 재이가 갑
자기 내려왔는데도 가벼이 여겨 무시하거나 혼비백산하여 놀
라서도 안 됩니다.

그러므로 은殷나라 중종中宗은 상곡桑穀이 조정의 뜰에 나
자 두려워하며 스스로를 돌아보니,[258) 요상함이 덕을 이기지
못하여 마침내 중흥中興의 공을 세울 수 있었습니다. 제신帝辛
주紂는 참새[雀]가 대조大鳥를 낳자 경사라 믿고 자만하니,[259)
상서로움이 교만함을 이기지 못해 끝내 나라가 망하는 화禍를
불러오고 말았습니다.

그러므로 재이가 일어난 이유는 장차 명주明主를 각성시켜

---

258) 『史記』 권3 「殷本紀」에 보인다. 여기에서 말한 中宗은 帝太戊를 말한
다. 伊陟이란 현명한 이를 재상으로 삼는 등 중흥의 업을 닦은 인물로
알려졌다. 본문에서 말하는 상곡은 亳 땅에서 어느날 상곡이 함께 조정
의 뜰에서 나왔는데, 하루가 채 안되어서 한 아름드리로 자라나는 변이
가 생겨난 일을 말한다. "亳有祥桑穀共生於朝, 一暮大拱."
259) 원래 『戰國策』에 宋康王 때 고사에 나오며, 紂王이 아닌 宋康王으로
나온다. 이와 별개로 『孔子家語』 「五儀解」제7에서 공자의 말에서 紂王
의 고사로 바뀌어 등장한다.

대업大業을 잘 유지해서 번영케 하여 쇠약해지지 않도록 하기 위함임을 알 수 있습니다. 그 이치는 다만 신의 뜻을 두려워하고 하늘의 경계를 두려워하며 몸을 바로하고 만사를 올바르게 처리하며 매사에 삼가고 조심해야 한즉, 나쁜 일은 사라지고 좋은 일만 올 것이니 전화위복이 될 것입니다. 옛날 은殷나라 탕왕湯王은 자신을 던져 기도하니 하늘에서 비를 내려주었고,[260] 성왕成王은 자신의 일을 반성하니 바람의 방향이 바뀌었으며,[261] 송宋나라 경공景公은 형혹熒惑이 출현하는 재이를 근심하다가 (형혹이) 삼사三舍를 물러가 오래 장수하였으며,[262] (은나라) 고종高宗은 정鼎 위에 꿩이 올라가 우는 것을 재이로 보아 자신을 단속하여 백 년 동안 복을 누렸으니,[263]

---

260) 이른바 '湯禱桑林'의 고사를 말한다. 탕임금 때 7년간 가뭄이 지속되자 상림에 들어가 탕 임금 자신을 희생으로 기도를 드리자 비가 내렸다는 고사이다.

261) 成王이 친정한 지 2년 가을 풍년이 들었으나 대풍이 불어 곡식이 쓰러지는 사태가 일어났다. 이에 二公과 더불어 금등지서를 열어보고 주공의 충성심을 알게 되자 사죄하는 마음으로 郊에 나아가 天에 제사를 지냈고 하늘이 이에 호응하여 바람의 방향을 바꾸었다는 고사이다. 『尙書』 「周書 · 金縢」에 나온다.

262) 宋景公 27년(기원전469)의 일이다. 宋나라에 熒惑星이 나타나자 송경공이 큰 재앙이 일어날까 근심하였다. 그러자 太史인 子韋가 "이것이 임금에게 재앙이 미치는 것인데 신하나 백성에게 옮길 수 있습니다"라고 하니, 景公이 "어찌 신하나 백성에게 재앙을 옮길 수 있겠는가"하며 거절하였다. 그러자 그날 밤에 형혹성이 三舍에 물러갔다. 이것은 景公의 착한 말 한 마디로 형혹성이 물러났다는 것이다.

263) 은나라 제 무정(고종)이 성탕에게 제사지내니 그 다음날 꿩이 정의 귀에

모두 이와 같은 유입니다.

　　自陛下承天理物, 至道事神, 美瑞嘉祥, 洊臻狎委, 非臣所
能盡述. 日者變生人火, 損及神宮, 驚惕聖心, 震動黎庶. 臣
謹按左傳曰 :「人火曰火, 天火曰災.」人火因人而興, 故指火
體而爲稱 ; 天火不知何起, 直以所災言之. 其名雖殊, 爲害不
別. 又漢書五行志曰 :「火失性則自上而降, 及濫燄妄起, 災
宗廟, 燒宮館.」自上而降, 所謂天火 ; 濫燄妄起[二三],264)
所謂人火. 其來雖異, 爲患實同. 王者擧措營爲, 必關幽顯.
幽爲天道, 顯爲人事, 幽顯跡通, 天人理合. 今工匠宿藏其
火, 本無放燎之心 ; 明堂敎化之宮, 復非延火之所. 孽煟潛
扇, 倏忽成災, 雖則因人, 亦關神理. 臣愚以爲火發旣先從
庥主[二四],265) 後及總章, 意將所營佛舍, 恐勞而無益. 但
崇其敎, 卽是津梁, 何假紺宮, 方存汲引? 旣僻在明堂之後,
又前逼牲牢之筵, 兼以厥構崇大, 功多難畢. 立像弘法, 本
擬利益黎元 ; 傷財役人, 卻且煩勞家國. 承前大風摧木, 天
誡已顯 ; 今者毒燄冥熾, 人尊復彰. 聖人動作, 必假天人之

날아올라 구구 대며 울자 재이로 생각하고 근심하였다. 당시 近臣인 祖
己가 재이가 아니니 정사에 힘쓰라 하여 중흥의 기틀을 마련하였다는
말이다.『史記』권2「殷本紀」에 나온다. "帝武丁祭成湯, 明日, 有飛雉
登鼎耳而呴."

264) [교감기 23] "災宗廟燒宮館自上而降所謂天火濫燄妄起" 이상 18자는
　　여러 판본에는 원래 없는데,『漢書』권27상「五行志」와『冊府元龜』권
　　543에 의해 보충하였다.

265) [교감기 24] "庥主"는 聞本・殿本・懼盈齋本・廣本에는 똑같이 '庥主'
　　로 되어 있으나, 局本,『冊府元龜』권543에는 '廟主'로 되어 있다.

助, 一興功役, 二者俱違, 厥應昭然, 殆將緣此.

　폐하께서 천명을 받들어 만물을 다스리며 지극한 도리로 신령을 섬기어 아름다운 상서가 연거푸 나타났음은 신이 일일이 다 말할 수 없을 정도입니다. 지난날 변고로 화재가 발생하고 신궁이 훼손되어 폐하의 마음을 놀라게 하고 만백성을 떨게 하였습니다. 신이『좌전』을 살펴보니, "사람으로 인한 화재를 화火라고 하고 하늘이 낸 화재를 재災라고 한다"고 하였습니다. 인화人火는 사람으로 인하여 일어난 것이므로 불 자체를 가리키는 말입니다. 천화天火는 왜 일어났는지 알 수 없으니 곧바로 재災라고 말했던 것입니다. 그 명칭은 다르나 해가 됨은 다르지 않습니다. 또『한서』「오행지五行志」에 이르기를, "불이 속성과 다르게 위에서부터 아래로 내려오며 불꽃이 퍼져 불길이 맹수처럼 날뛰어 종묘宗廟를 훼손하고 궁관宮館을 태워버렸다"라고 하였습니다. 위에서부터 아래로 내려오는 것을 이른바 천화天火라고 하며 불꽃이 퍼져 불길이 맹수처럼 날뛰는 것을 이른바 인화人火라고 합니다. 그 유래는 다르나 우환이 됨은 실로 같습니다.

　왕자王者의 행동거지는 반드시 겉으로 드러난 표면과 드러나지 않은 이면이 있는 법입니다. 사물의 이면(이치)은 천도天道이며, 사물의 드러난 표면은 인사人事이니, 사물의 이면과 표면은 서로 통하여 하늘과 사람의 도리 또한 서로 통하는 것입니다. 지금 공장工匠이 숙위하며 불을 단속하고 있었는데 본래 불을 놓으려는 마음은 없었을 것입니다. 그리고 명당은 교화의 궁전이니 결코 불이 번질 만한 장소도 아닙니다. 재앙이 되는 불씨가 숨어 있다가 순식간에 화재가 된 것이니, 비록 사람으로 인하여 생겼다 하나 이 또한 신의 섭리와 관계있습니다.

신이 생각건대 화재의 발생은 먼저 심지[麻主]에서 시작되어 나중에 명당[總章]에까지 미쳤으니, 장차 영건할 불사佛舍는 수고롭기만 하지 이롭지 않음을 의미하는 바가 아닐까 생각됩니다. 불교를 숭상하는 것은 곧 (이승에서 저승으로 넘어가는) 교량일 뿐지언대 하필 감궁紺宮(천당)266)을 지어야만 중생을 인도할 수 있다고 하겠습니까? 더군다나 (천당은) 명당 뒤편 구석진 곳에 치우쳐 있고 또 앞에 희생을 진열하는 자리와 근접해 있으며, 게다가 그 건물의 높이가 매우 높아 아무래도 공사가 너무 커 완성하기 어려울 듯합니다. 불상佛像을 세워 불법佛法을 넓히는 것은 본래 백성들을 널리 이롭게 하기 위함입니다. 그런데 재물을 낭비하고 사람들을 노역시키는 것은 도리어 국가를 피폐하게 만드는 일입니다. 일전에 대풍이 나무를 쓰러뜨린 일에 의하면 하늘의 경고는 이미 분명해졌습니다. 그리고 지금 해로운 불꽃이 한밤중에 거세게 일어난 것은 인재가 분명합니다. 성인의 하는 일은 반드시 하늘과 사람의 도움을 받아야만 하는데, 공역功役을 동시에 일으킨 것은267) 하늘과 사람 둘 모두에 위배되는 일이며, 그에 따른 증험이 분명하니, 아마도 이러한 이유 때문일 것입니다.

---

266) 감궁紺宮 : 흔히 佛寺나 道觀을 가리킨다. 여기에서는 명당 뒤편에 있는 천당을 말한다.
267) 明堂 건설과 불당인 天堂 건설을 동시에 진행한 일을 말한다.

臣以爲明堂是正陽之位, 至尊所居, 展禮班常, 崇化立政,
玉帛朝會, 神靈依憑. 營之可曰大功, 損之實非輕事, 旣失
嚴禋之所, 復傷孝理之情. 陛下昨降明制, 猶申寅畏之旨,
群僚理合兢畏震悚, 勉力司存, 豈合承恩耽樂, 安然酺宴?
又下人感荷聖德, 睹變憎惶[二五],268) 神體克寧, 豈非深
悅. 但以火氣初止, 尚多驚懼, 餘憂未息, 遽以歡事過之. 臣
恐憂喜相爭, 傷於情理. 故傳曰:「可憂而爲樂, 取憂之道.」
又古者有火, 祭四墉. 四墉, 積陰之氣, 祈之以禳火災. 火,
陽之氣, 歡樂陽事, 火氣方勝, 不可復興陽事.

신은 명당明堂이란 정양正陽의 자리로 지존至尊이 거처하는
장소이며 예를 행하고 정령[常]을 반포하며 교화敎化를 행하고
정교政敎를 세우며 옥백玉帛을 갖춰 조회朝會를 하고 신령이
깃드는 곳이라고 생각합니다. 명당을 건설하는 일은 대공大功
이라 할 만하며, 그것을 잃는 것은 실로 가벼운 일이 아닙니다.
이미 엄숙히 천에 제사하는 장소를 잃었으니, 효도를 다하고자
하는 정리情理 또한 상처를 받았습니다.

폐하께서 지난번에 명제明制를 내리시고 거듭 경외의 뜻을
밝히셨으니, 신료들은 마땅히 전전긍긍 황송해 하며 맡은 바
임무에 힘써야 하거늘 어찌 성은을 받들어 즐거움을 탐하고 베
풀어주신 주연을 편안히 받을 수 있습니까? 한편으로 아래 사
람으로서 성덕을 베푸심에 감격하면서도 변고를 목도하여 더
욱 두려워하는 가운데 (폐하의) 정신과 육체 모두 평안하니 어

---

268) [교감기 25] "睹變憎惶"의 '憎'字는 誤字로 의심된다. 『冊府元龜』권
543에는 '悚'으로 되어 있고 『全唐文』권203에는 '增'으로 되어 있다.

찌 큰 기쁨이 아니라 할 수 있겠습니까? 다만 화기火氣가 초반에 멈추었는데도 여전히 놀랍고 두려운 바가 많으며 남은 걱정 또한 아직 진정되지 않았는데, 갑자기 기쁜 일[酒宴]로 (화재를) 압승하고자 하였습니다.

기쁜 일과 슬픈 일이 서로 교차하니 정리에 맞지 않을까 신은 염려됩니다. 그러므로 『전傳』에 이르기를, "근심할만한 일인데 즐거워한다면 이는 근심을 자초하는 길이다"269)라고 하였습니다. 또 옛날에 불이 났을 때에는 사용四墉(사방 성벽)에 제사를 지냈습니다.270) 사용은 음기를 쌓은 곳으로 거기에서 기도를 하여 화재를 물리쳤습니다. 불은 양陽의 기氣이고 즐거운 연회는 양의 일이니 화기가 바야흐로 승할 이때 다시 또 양의 일을 일으키는 것은 마땅하지 않습니다.

臣聞災變之興, 至聖不免, 事修其德, 來患可禳. 陛下垂制博訪, 許陳至理. 而左史張鼎以爲「今旣火流王屋, 彌顯大周之祥」, 通事舍人逢敏奏稱, 「當彌勒初成佛道時, 有天魔燒宮, 七寶臺須臾散壞」. 斯實諂妄之邪言, 實非君臣之

---

269) 『左傳』「昭公 元年」3월 楚·鄭·蔡·齊 등이 회맹할 때 초나라 公子圍가 군왕의 복장을 한 것에 대해 회맹에 참가한 여러 사람들이 논의하는 가운데 나온 말이다. 원문은 "夫弗及而憂, 與可憂而樂, 與憂而弗害, 皆取憂之道也"이다.

270) 『左傳』「襄公 9년」조에 보인다. 宋나라에 火災가 나자 "祝인 宗이 말을 희생으로 하여 사용에 제사를 지냈다.祝宗用馬于四墉."고 한 일을 말한다. 여기에서 四墉은 성의 사방 성벽을 말한다.

正論. 晻昧王化, 無益萬機. 夫天道雖高, 其察彌近 ; 神心
雖寂, 其聽彌聰. 交際皇王, 事均影響. 今大風烈火, 譴告相
仍, 實天人丁寧, 匡諭聖主, 使鴻基益固, 天祿永終之意也.
伏願陛下乾乾在慮, 翼翼爲懷, 若涉巨川, 如承大祭, 審其
致災之理, 詳其降眚之由, 無晉天人之心, 而興不急之役.
則兆人蒙賴, 福祿靡窮, 幸甚, 幸甚.

　신이 듣기에 재변이 일어나는 것은 지극한 성인이라도 피할
수 없고 덕을 닦아야 다가올 우환을 막을 수 있다고 하였습니
다. 폐하께서 명을 내리셔 백방으로 하문하시어 합당한 이치에
대하여 의견을 개진할 수 있도록 허락하셨습니다. 그런데 좌사
左史 장정張鼎은 "지금 불이 왕궁에 미쳤으니 대주大周의 상서
로움이 더욱 드러날 것입니다"라고 하였고, 통사사인通事舍人
봉민逢敏은 상주하여 "이것은 미륵彌勒이 처음 성불할 때 천마
天魔가 궁을 불태우고 칠보대七寶臺가 순식간에 무너져 내린
것과 같습니다"라고 하였습니다.

　이는 실로 아첨하는 사악한 망언이지 군신으로서 할 수 있
는 올바른 논의가 아닙니다. 왕화王化를 어둡게 하고 만기萬機
에 도움이 되지 않습니다. 무릇 천도가 고원하다 할지라도 그
밝게 살펴봄은 더욱 가까이에 있습니다. 신의 마음이 비록 적
막 고요하다고 하지만 그 소리는 더 분명하게 들립니다. 황제
[皇王]와 서로 통하며 일마다 영향을 줍니다. 이제 대풍이 불고
불길이 치솟아 견고譴告가 서로 잇달으니, 실로 천도와 인심이
정녕코 총명하신 주군을 바로잡고 깨우쳐 대업의 기초[鴻基]를
더욱 견고하게 하고 천록이 영원토록 하게 하려는 뜻입니다.

삼가 폐하께서는 좀 더 숙려하고 좀 더 신중하시어 마치 큰 강을 건너듯 큰 제사를 받들 듯 조심하면서 재이가 발생한 이치를 살피시고 하늘의 재앙이 내려진 이유를 자세히 상고하시어 하늘과 사람의 마음에 한 점 의혹이 없게 하고 급하지 않은 역사役事를 일으키지 않기를 바랍니다. 그렇게 되면 만백성이 이롭고 복록이 무궁할지어니, 천만다행일겁니다.

則天尋令依舊規制重造明堂, 凡高二百九十四尺, 東西南北廣三百尺. 上施寶鳳, 俄以火珠代之. 明堂之下, 圍遶施鐵渠, 以爲辟雍之象. 天冊萬歲二年三月, 重造明堂成, 號爲通天宮. 四月朔日, 又行親享之禮, 大赦, 改元爲萬歲通天. 翼日, 則天御通天宮之端扆殿, 命有司讀時令, 布政于群后.

측천무후는 옛날 규격에 의하여 명당을 다시 건설하라고 했는데, 높이는 294척, 동서남북 너비가 300척이었다. 꼭대기에 설치한 봉황은 잠시 화주火珠[271]로 대신하였다. 명당 아래에는 빙 둘러 철거鐵渠를 설치하여 벽옹辟雍인양 하였다. 천책만세天冊萬歲 2년(696) 3월 명당을 다시 조성하여 완성하였고 통천궁通天宮이라고 불렀다. 4월

---

271) 『舊唐書』 권197 「南蠻傳·林邑國」에 "정관 연간에 사신을 보내 길들인 무소를 바쳤다. 4년에 그 왕인 범두려가 사신을 보내 화주를 바쳤는데, 크기가 계란만 하고 둥글고 백옥처럼 희어 광택이 수 척이나 비춰 마치 수정과 같아 정오에 해를 향해 비추면 마치 불꽃이 타오르는 듯 빛났다.貞觀初, 遣使貢馴犀. 四年, 其王范頭黎遣使獻火珠, 大如雞卵, 圓白皎潔, 光照數尺, 狀如水精, 正午向日, 以艾承之, 即火燃."라고 하였다. 여기에서 말하는 화주는 임읍국에서 보낸 조공품인 화주가 아닐까 추정해본다.

초하루날 다시 친히 대향의 예를 행하고 대사면을 반포하고 개원하여 만세통천萬歲通天이라 하였다. 다음 날 측천무후는 통천궁通天宮의 단의전端扆殿에 나아가 담당관에게 명하여 시령時令을 읽고 여러 신하들[群后]에게 정령을 반포하였다.272)

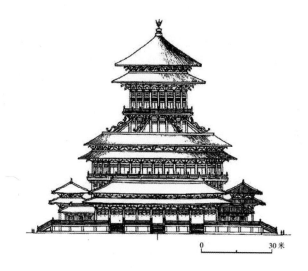

낙양 측천무후 명당 복원도(양홍훈)

272) … 여러 신하들에게 정령을 반포하였다 : 『尙書』「虞書·舜典」에 "班瑞 于群后"의 '群后'를 인용한 것이다. 순 임금은 정월 초하루에 종묘, 천지 산천에 제사한 뒤 公侯伯子男 五后의 瑞玉을 거둬들였다가 이들에게 다시 나눠주며 왕과 제후와의 관계를 재확인하였다. 이것은 역을 반포하여 동일한 달력을 공유함으로써 가능해진다. '讀時令'의 예법을 「舜典」의 '班瑞'에서 근거를 둔 것이다. 한편 『後漢書』 권79上 「儒林列傳」上에는 "明帝 … 坐明堂而朝群后"라고 하여 명당에서 '朝諸侯', 즉 제후의 조회를 받는 것을 '朝群后'라고 표현하고 있다. 唐代이므로 '여러 신하들'이라고 번역하였다.

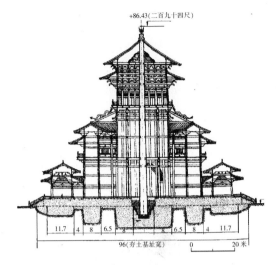

+86.43(二百九十四尺)

11.7　4　8　6.5　8　8　6.5　8　4　11.7

96(夯土基址寬)

0　　　20 米

측천무후 명당 측면도(양홍훈)

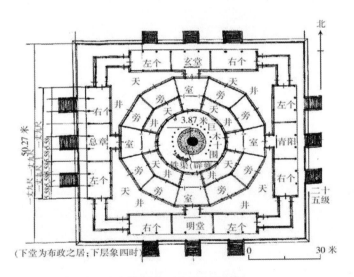

北

左个　玄堂　右个

天　　室　　天

旁　　　　　旁
右个　　天　　天　　　　左个
旁　　　　　旁
总章　　　室　　3.87米　室　　　青阳
　　　　巨木十圍
旁　　　　　旁
左个　　天　犧樂(瞛)天　　　右个
旁　　　　　旁

天　　室　　天

右个　明堂　左个

50.27 米

三十五级

(下堂为布政之居;下层象四时)

0　　　30 米

낙양 측천무후 명당 평면도(양홍훈)

其年, 鑄銅爲九州鼎, 旣成, 置於明堂之庭, 各依方位列焉. 神都鼎高一丈八尺[二六],[273] 受一千八百石. 冀州鼎名武興, 雍州鼎名長安, 兗州名日觀, 靑州名少陽, 徐州名東原, 揚州名江都, 荊州名江陵, 梁州名成都. 其八州鼎高一丈四尺, 各受一千二百石. 司農卿宗晉卿爲九鼎使, 都用銅五十六萬七百一十二斤. 鼎上圖寫本州山川物産之像, 仍令工書人著作郎賈膺福·殿中丞薛昌容·鳳閣主事李元振·司農錄事鍾紹京等分題之, 左尙方署令曹元廓圖畫之. 鼎成, 自玄武門外曳入, 令宰相·諸王率南北衙宿衛兵十餘萬人[二七],[274] 幷仗內大牛·白象共曳之. 則天自爲曳鼎歌, 令相唱和. 其時又造大儀鐘, 斂天下三品金, 竟不成. 九鼎初成, 欲以黃金千兩塗之. 納言姚璹曰:「鼎者神器, 貴於質朴, 無假別爲浮飾. 臣觀其狀, 光有五彩輝煥錯雜其間, 豈待金色爲之炫燿?」乃止. 其年九月, 又大享於通天宮. 以契丹破滅, 九鼎初成, 大赦, 改元爲神功.

그 해(만세통천) 구리로 구주정九州鼎을 주조하여 완성한 뒤 명당의 뜰에 안치하였는데, 각각 방위에 따라 배열하였다. 신도정神都鼎은 높이 1장丈 8척尺으로 용량이 1,800석이다. 기주정冀州鼎의 이름

---

273) [교감기 26] 神都鼎은 『通典』 권44·『唐會要』 권11에는 "蔡州鼎名永昌"으로 되어 있고, 『資治通鑑』 권205 胡注에는 "神都鼎曰豫州"라고 되어 있다. 蔡州鼎은 곧 豫州鼎이니, 代宗의 이름 豫를 기휘하여 고친 것이다. 神都(즉 洛陽)는 豫州에 있으니, 鼎 또한 豫州鼎 혹은 蔡州鼎이라 한 것이다. 여기에서 '神都鼎' 뒤에 탈문이 있을 것으로 의심된다.

274) [교감기 27] "令宰相諸王率南北衙宿衛兵十餘萬人"의 '率'자는 여러 판본에는 원래 없는데, 『通典』 권44와 『唐會要』 권11에 의거하여 보충하였다.

은 무흥武興, 옹주정雍州鼎의 이름은 장안長安, 연주兖州(정)의 이름
은 일관日觀, 청주青州(정)의 이름은 소양少陽, 서주徐州(정)의 이름
은 동원東原, 양주揚州(정)의 이름은 강도江都, 형주荊州(정)의 이름
은 강릉江陵, 양주梁州(정)의 이름은 성도成都이다. 이 팔주정八州鼎
의 높이는 1장 4척이며, 각각 용량이 1,200석이다. 사농경司農卿 종
진경宗晉卿275)을 구정사九鼎使로 임명하여 주조하게 하였는데, 총
56만 712근의 구리를 사용하였다. 정鼎에는 해당 주州의 산천과 물
산의 형상을 본떠 그려 넣었으며 글씨를 잘 쓰는 사람 저작랑著作郎
가응복賈膺福276) · 전중승殿中丞 설창용薛昌容 · 봉각주사鳳閣主事 이
원진李元振 · 사농녹사司農錄事 종소경鍾紹京277) 등에게 분담해서 구

275) 종진경宗晉卿(미상) : 唐 蒲州 河東(현재 山西省 永濟縣) 사람. 문인이
자 재상을 지냈던 宗楚客의 동생이며, 어머니가 측천무후 숙부의 딸이
다. 처음 羽林兵이었다가 두 차례 사건에 연좌되어 좌천되었다. 神龍초
武三思에 의해 將作大匠이 되었는데, 사사로이 재물을 챙기는 등 횡포
를 자행하였다. 衛后가 패한 뒤에 처형되었다.

276) 가응복賈膺福(?~713) : 唐 曹州 宛朐(현재 山東省 荷澤) 사람. 현종 先
天 연간(712~713)에 右散騎常侍에 弘文館學士權檢校右羽林將軍을 역
임하였다. 先天 2년에 太平公主의 역모에 가담하여 피살되었다. 문장을
잘 썼고 특히 서예에 능하여 필법으로 이름을 날렸다. 일찍이 周大雲寺
碑와 唐修封禪記를 썼고 본문에서 말했듯이 측천무후의 구정에도 글씨
를 썼다.

277) 종소경鍾紹京(659~746) : 唐 興國 淸德鄕(현재 江西省 興國縣) 사람.
삼국 위나라의 태부였던 유명한 서법가 鍾繇의 제17대손이다. 역사상
종씨 성을 가진 서법가 중 鍾繇를 '大鍾'이라 하고 종소경을 '小鍾'이라
한다. 관직은 측천무후 때 사농녹사를 시작으로 현종 때에는 中書令을
거쳐 越國公에 봉해졌다. 후대 鍾氏 문중에서 청 嘉慶 8년(1803)에 그

주의 이름을 쓰게 하고 좌상방서령左尙方署令[278] 조원곽曹元廓[279]에게 그림을 그리도록 하였다. 구정이 완성되자 현무문玄武門 밖에서부터 끌고 들어오는데, 재상宰相과 제왕諸王들에게 명하여 남북아南北衙 숙위병宿衛兵 10여 만 인을 거느리고 의장 행렬에 포함된 황소[大牛]와 흰 코끼리[白象]와 함께 구정을 끌도록 하였다. 측천무후는 자신이 직접 〈설정가曳鼎歌〉를 지어 서로 부르도록 하였다. 그 당시 또 대의종大儀鐘을 주조하라 했는데, 천하의 금은동[三品金]을 긁어 모았으나[280] 결국 완성하지 못했다. 구정九鼎이 처음 완성되었을 때 황금 천 냥을 들여 도색하려고 하였다. 납언納言[281] 요숙姚璹[282]이

를 기려 '越國公祠'를 창건하였다고 한다.

278) 좌상방서령左尙方署令 : 전한 때부터 中, 左, 右 尙方으로 나뉘었다. 후한 말에 令을 두고 소부에 소속시켰다. 위진시대에도 설치하였는데, 東晉 때 상방령으로 통합해서 주로 御刀와 綏劍과 같은 기물 제작을 담당하였다. 劉宋 때 원래대로 복구하면서 군기 제조를 담당하였다. 梁代에는 상방서장관을 두면서 소부경에 소속시켰다. 北齊 때에는 太府寺 소속이었으며 종8품상이었다. 隋代에도 그대로 두면서 정8품에 임명하였다. 唐初에는 수에 이어 그대로 두었다가 垂拱 원년(685)에 小府監을 尙方監으로 개명하면서 '方'자를 제거하여 左尙令이라 하였다. 『舊唐書』 권44 「職官志」3에 "左尙署 : 令一人, 正七品下"이라 하였으니, 여기에서 '左尙方署令'은 '左尙署令'이 되어야 한다.

279) 조원곽曹元廓 : 당 측천무후 때 朝散大夫를 지냈으며 左尙方署令을 역임하였다. 인물, 산수화에 뛰어났고 특히 말 그림을 잘 그렸다고 전한다. 측천무후의 명에 따라 구정의 설계와 문양은 그의 솜씨였다고 전한다 (『歷代名畵記』 「唐朝名畵錄」).

280) 『尙書』 「禹貢」 "厥貢惟金三品"의 孔安國 『傳』에 "金銀銅也"라고 하였다.

281) 납언納言 : 왕명의 출납을 담당하는 관직이다. 『尙書』 「堯典」에 처음 보인다. 隋代에 文帝의 아버지 楊忠의 이름을 기휘하여 中자를 쓰지 않으

말하기를, "정鼎이란 신기神器이니, 질박質朴함을 귀히 여깁니다. 별도로 화려한 장식을 할 필요가 없습니다. 신이 그 모습을 보니 오채색의 광휘가 구정 사이사이에 섞여 빛나고 있는데, 어찌 황금색을 입혀 찬란하게 만들 필요가 있겠습니까?"라고 하여, 이내 그만두었다. 그해(만세통천) 9월 다시 천궁天宮에서 대향大享의 예를 행하였다. 이때 거란契丹이 멸망하였고[283] 구정이 처음으로 완성되었기에 대사면을 베풀고 개원改元하여 신공神功(697)이라 하였다.

聖曆元年正月, 又親享及受朝賀. 尋制:每月一日於明堂行告朔之禮. 司禮博士辟閭仁諝奏議曰:

(측천무후) 성력聖曆 원년元年(698) 정월 다시 명당에서 친향親享하고 조하朝賀를 받았다. 이어 명하기를, 매월 1일 명당에서 곡삭告

면서 황제의 侍中을 가리키는 명칭으로 사용하였다. 당초에도 그대로 사용하다가 뒤에 다시 侍中으로 바꾸었다.

282) 요숙姚璹(632~705) : 앞의 주 참조

283) 『舊唐書』권6「武后本紀」神功 원년(697)에 "(그해) 9월 거란 이진멸 등이 평정되어 천하에 대사면을 내리고 신공으로 개원하였으며 7일 동안 대포를 행하였다.九月, 以契丹李盡滅等平, 大赦天下, 改元爲神功, 大酺七日."고 하였다. 契丹人 李盡滅은 본명이 李盡忠으로 萬歲通天 연간(696~697)에 처형인 萬榮과 함께 반란을 일으켜 營州에 웅거하여 당을 괴롭혔다. 이진충은 당시 右武衛大將軍 겸 松漠都督 등의 관직을 역임하였는데, 측천무후는 그들이 반란을 일으킨 데 대해 노하여 만영의 이름을 萬斬이라 하고 진충은 盡滅이라 고치게 하였다. 이진충은 뒤에 스스로 無上可汗이라 칭하고 한동안 당을 괴롭혔으나 신공 원년 9월에 이르러 모두 평정되었다.

朔의 예禮[284]를 행한다고 하였다. 사례박사司禮博士 벽려인서辟閭仁
諝[285]가 상주하여 다음과 같이 논의하였다.

　謹按經史正文, 無天子每月告朔之事. 惟禮記玉藻云:「天
子聽朔於南門之外.」周禮天官太宰:「正月之吉, 布政于邦
國都鄙.」干寶注云:「周正建子之月, 告朔日也.」此卽玉藻
之聽朔矣. 今每歲首元日, 於通天宮受朝, 讀時令, 布政事,
京官九品以上·諸州朝集使等咸列於庭, 　此則聽朔之禮畢,
而合于周禮·玉藻之文矣. 而鄭玄注玉藻「聽朔」, 以秦制月
令有五帝五官之事, 遂云:「凡聽朔, 必特牲告其時帝及其
神, 配以文王·武王.」此鄭注之誤也. 故漢魏至今莫之用.
按月令云「其帝太昊, 其神勾芒」者, 謂宣布時令, 告示下人,
其令詞云其帝其神耳. 所以爲敬授之文, 欲使人奉其時而務
其業. 每月有令, 故謂之月令, 非謂天子月朔日以祖配帝而
祭告之. 其每月告朔者, 諸侯之禮也. 故春秋左氏傳曰:「公
旣視朔, 遂登觀臺.」又鄭注論語云:「禮, 人君每月告朔於
廟, 有祭謂之朝享. 魯自文公始不視朔.」是諸侯之禮明矣.

---

284) 곡삭례告朔禮 : 천자가 正朔을 諸侯에게 반포하는 것을 말한다. 천자가
12월에 돌아올 다음 해 12개월의 正朔을 제후에게 반포하면, 제후는 받
아서 祖廟에 간직하였다가 매달 초하루가 되면 양을 제물로 바치고 사당
에 고하여 이를 시행한다. 『論語』 「八佾」 "子貢欲去告朔之餼羊"에 보
인다. 여기에서 '告'의 음은 "古篤反"(『經典釋文』 권24 唐·陸德明撰
『論語音義』) 즉 곡이므로 곡삭이라고 한다.

285) 벽려인서辟閭仁諝 : 辟閭는 복성이고 이름이 仁諝이다. 저서로 『舊唐
書』 권47 「經籍志」 下 '道家類'에 『老子注』 2권이 있다.

今王者行之, 非所聞也. 按鄭所謂告其帝者卽太昊等五人帝, 其神者卽重黎等五行官. 雖並功施於人, 列在祀典, 無天子每月拜祭告朔之文.

　삼가 경사經史의 정문正文을 살펴보건대, 천자가 매월 곡삭告朔하는 경우는 없습니다. 『예기禮記』 「옥조玉藻」에 "천자는 남문南門 밖에서 청삭聽朔한다"고 하였고, 『주례周禮』 「천관天官·태재太宰」에 "정월의 길일吉日에 방국邦國의 도비都鄙에서 정교政敎를 베푼다[正月之吉, 布政于邦國都鄙]"라고 하였으며, 그 간보干寶[286]의 주注에 "주정周正은 건자建子월이며 (길일은) 곡삭일告朔日이다"[287]라고 하였습니다. 이것은 바로 「옥

286) 간보干寶(282경~352) : 東晉 汝陽 新蔡(현재 河南省 新蔡縣) 사람. 자는 令升이다. 東晉 때 國史를 맡고 散騎常侍를 지냈다. 저서로 위진시대 지괴소설을 대표하고 당송시대 전기물의 선구가 되는 『搜神記』 20권을 지었는데, 지금 전하는 것은 後人들이 다시 모은 것이다. 이밖에 경전 주로는 『周易注』와 『周官注』, 『春秋左子義外傳』 등이 유명하지만 모두 산일되었다. 지금 본문에서 인용한 간보의 주도 현재 13경주소본에는 보이지 않는다.

287) 현재 13경주소본에서 간보의 이 주는 보이지 않는다. 다만 정현주에서 정월은 주의 정월이라고 하였고, 길일은 삭일, 즉 초하루라고 하였다. "正月, 周之正月. 吉謂朔日. 大宰以正月朔日, 布王治之事於天下, 至正歲, 又書而縣於象魏, 振木鐸以徇之, 使萬民觀焉." 이에 대해 賈公彦의 疏는 "建子, 周之正月言之. … '挾日'者, 從甲至甲, 凡十日, 斂藏之於明堂, 於後月月受而行之, 謂之告朔也"라고 하고 있다. 이것을 요약하여 "周正建子之月, 告朔日也"라고 인용하고 있다. 간보의 원주가 어떤지 확인할 수 없으므로 정현주와 가공언의 소를 참조해보면 정월, 즉 건자월을 정월로 하는 주정의 길일, 즉 초하루날이 곡삭을 하는 날이

조」에서 말한 청삭聽朔입니다. 이제 매년 정월 원일元日에 통
천궁通天宮에서 제후의 조회를 받고[朝諸侯] 시령을 낭독하며
[讀時令], 정사를 베풀며[布政事], 경관京官 구품九品이상과 여
러 주州의 조집사朝集使288) 등이 모두 명당의 뜰에 나열해 있
으니, 이렇게 하면 청삭의 예를 다한 것이고, 이는『주례』와
『예기』「옥조」의 문장에 부합됩니다. 그런데 정현鄭玄은「옥
조」의 '청삭'에 주를 달기를, 진秦이 제정한 월령月令에는 오제
五帝와 오관五官의 일이 있다고 하며 마침내 "무릇 청삭에는
반드시 특생特牲으로 해당되는 상제上帝와 신神에게 고하면서
문왕文王과 무왕武王을 배향한다"라고 하였습니다. 이는 정현
의 오류입니다. 그러므로 한漢·위魏 때부터 지금까지 그 설을
채용한 적이 없습니다.

「월령」에서 "그 상제는 태호이고 그 신은 구망[其帝太昊, 其
神勾芒]이다"라고 한 것을 살펴보면, 시령을 반포하고 그것을
아랫사람에게 알린다는 말이며, 월령은 그 상제上帝와 그 신神
이라고 말했을 뿐입니다. 이렇게 하여 경천수시敬天授時의 문
장으로 만들어 사람들로 하여금 그 때를 받들어 그에 해당하는
업무에 힘쓰도록 하고자 했던 것입니다. 월月마다 영令이 있으

라고 해석한 것이다.

288) 조집사朝集使 : 한대부터 각 군에서 매년 사신을 경사에 보내 군의 1년
동안의 행정과 재정 상황을 보고하였는데, 이를 上計吏라고 하였다. 처
음에는 실제로 각 군의 행정 실적을 보고하였으나 후대에 갈수록 새해
원회 때 개최되는 원회 의례에 참여하는 상징적인 역할을 담당하면서,
朝集使로 불리게 되었다.

므로 월령月令이라 한 것이지 천자가 월 초하루에 조상을 상제上帝에 배향配享하고 제사하여 고한다는 의미는 아닙니다.

매월 곡삭告朔하는 것은 제후諸侯의 예禮입니다. 그러므로 『춘추좌씨전春秋左氏傳』에 "(희)공이 시삭視朔한 뒤 마침내 관대觀臺에 올랐다公旣視朔, 遂登觀臺"라고 하였습니다.[289] 또 『논어論語』 정현주에 "예에 군주는 매월 묘에서 곡삭을 하는데 제사를 지내기 때문에 조향朝享이라고 한다. 노나라에서는 문공이 처음으로 곡삭의 예를 행하지 않았다"[290]라고 하였으니, 이는 제후의 예임이 분명합니다. 이제 왕자王者가 이를 행한다는 말은 들어본 적이 없습니다. 살펴보건대 정현이 "그 상제上帝에 고한다"라고 한 것은 곧 태호太昊 등 오인제五人帝요, 그 신神이라는 것은 곧 중려重黎 등 오행관五行官을 말합니다. 모두 사람들에게 공功을 베풀고 사전祀典의 제사 반열에 있는 분들이지만 천자가 매월 곡삭하고 제사한다는 문장은 없습니다.

臣等謹檢禮論及三禮義宗·江都集禮·貞觀禮·顯慶禮及

---

289) 곡삭의 예를 마치고 희생을 바쳐 조상에게 제사를 지내는 것을 祭朔, 또는 朝享이라고 하는데, 이 朝享이 끝나고 임금이 皮弁을 쓰고 正朔의 일을 太廟 안에서 신하들의 보고를 듣는 것을 視朔이라고 한다. 『左傳』「僖公 5年」 "春王正月辛亥朔日南至, 公旣視朔, 遂登觀臺以望"이라고 하였다. 이에 대해 杜預注는 "시삭은 친히 곡삭한 것을 말한다.視朔, 親告朔也."라고 하였다.

290) 『論語』「八佾」鄭玄注, "禮, 人君每月告朔於廟, 有祭謂之朝享. 魯自文公始不視朔."

祠令, 並無天子每月告朔之事. 若以爲代無明堂, 故無告朔
之禮, 則江都集禮·貞觀禮·顯慶禮及祠令, 著祀五方上帝
於明堂, 卽孝經「宗祀文王於明堂」也. 此則無明堂而著其享
祭, 何爲告朔獨闕其文? 若以君有明堂卽合告朔, 則周·秦
有明堂, 而經典正文, 無天子每月告朔之事. 臣等歷觀今古,
博考載籍, 旣無其禮, 不可智非. 望請停每月一日告朔之祭,
以正國經. 竊以天子之尊, 而用諸侯之禮, 非所謂頒告朔·
令諸侯·使奉而行之之義也[二八].291)

신 등이 『예론禮論』과 『삼례의종三禮義宗』 『강도집례江都集
禮』 「정관례貞觀禮」 「현경례顯慶禮」 그리고 사령祠令을 검토해
본 결과 모두 천자가 매월 곡삭하는 일은 없었습니다. 만약 역
대 명당이 없었기 때문에 곡삭의 예가 없었던 것이라고 생각하
신다면 『강도집례』 「정관례」 「현경례」 그리고 사령에는 오방
상제五方上帝를 명당에서 제사지낸다고 기록하였으니, 이는 곧
『효경』에서 말한 "문왕을 명당에서 종사한다"고 한 것입니다.
이것으로 볼 때 명당이 없으면서도 그 제사를 나타냈다면,292)

---

291) [교감기 28] "使奉而行之之義也"는 여러 판본에 원래 '之'자 하나만 있
었는데, 『唐會要』 권12·『文苑英華』 권762에 의거하여 보충하였다.

292) 이 서술은 매우 중요하다. 명당이 없으면서도 오방상제에 제사를 지낸
것을 말한다. 다시 말해 『江都集禮』 이하 祠令까지 明堂에서 五方上帝
를 제향한다고 한 것은 사실 현실에서 명당이 건설되지 않은 상태에서
오방상제를 제사했다는 말이다. 실제로 당대 명당이 건설된 것은 측천무
후 때이고 이후 현종 때 측천무후의 명당을 부분 개조하여 사용했기 때
문에 측천무후 이전의 명당에서의 제향은 모두 남교 원구에서 행해졌음
을 알 수 있다.

어찌하여 곡삭의 예만 그 문장이 없을 수 있겠습니까?

만약 군주에게 명당이 있다는 것이 곧 곡삭의 예를 행하는 것이라고 한다면 주周나라와 진秦나라에는 명당이 있었는데, 경전의 정문正文에는 천자가 매월 곡삭하는 사례는 없었습니다. 신 등이 고금의 일을 두루 살펴보고 여러 전적을 상고한 끝에 그러한 예는 없으니 그릇된 일을 되풀이해서는 안 될 것입니다. 바라건대 매월 1일에 행하는 곡삭의 제사를 멈춰 국가의 상규를 바로잡아 주시옵소서. 생각건대 천자의 존귀한 지위로 제후의 예를 행하는 것은 이른바 정삭을 반포하고[頒告朔] 제후에게 명하여[令諸侯] 그것을 받들어 행하게 한다는 취지는 아닌 듯싶습니다.

鳳閣侍郎王方慶又奏議曰:

봉각시랑鳳閣侍郎[293] 왕방경王方慶[294]이 다시 상주하여 다음과 같이 논의하였다.

---

293) 봉각시랑鳳閣侍郎 : 中書侍郎을 말한다. 한대 처음 설치되었으며 中書郎이라 하였다. 隋代에 中書侍郎이 개명하였고 2인을 두어 內史令이 없을 때 朝政에 참여하였다. 당대에는 3번에 걸쳐 개명하였는데, 측천무후 때 봉각시랑이라 하였다.

294) 왕방경王方慶(?~702) : 唐 雍州 咸陽(현재 陝西省 西安) 사람. 자가 方慶으로 이름보다 더 잘 알려져 있다. 서예에 조예가 깊었으며 유명한 藏書家이기도 하다. 저서도 200여 편에 달하였다. 특히 『三禮』에 능하여 당대 학자들의 질문에 막힘없이 답변을 잘하였다. 이것을 묶어 『禮雜答問』을 편찬하기도 하였다고 전한다.

謹按明堂, 天子布政之宮也. 蓋所以順天氣, 統萬物, 動法於兩儀, 德被於四海者也. 夏曰世室, 殷曰重屋, 姬曰明堂, 此三代之名也. 明堂, 天子太廟, 所以宗祀其祖, 以配上帝. 東曰靑陽, 南曰明堂, 西曰總章, 北曰玄堂, 中曰太室. 雖有五名, 而以明堂爲主. 漢代達學通儒, 咸以明堂·太廟爲一. 漢左中郎將蔡邕立議, 亦以爲然. 取其宗祀, 則謂之淸廟 ; 取其正室, 則謂之太室 ; 取其向陽, 則謂之明堂 ; 取其建學, 則謂之太學 ; 取其圜水, 則謂之辟雍 : 異名而同事, 古之制也. 天子以孟春正月上辛日, 於南郊總受十二月之政, 還藏於祖廟, 月取一政班於明堂. 諸侯孟春之月, 朝於天子, 受十二月之政藏於祖廟, 月取一政而行之. 蓋所以和陰陽·順天道也. 如此則禍亂不作, 災害不生矣. 故仲尼美而稱之曰 : 「明王之以孝理天下也.」人君以其禮告廟, 則謂之告朔 ; 聽視此月之政, 則謂之視朔, 亦曰聽朔. 雖有三名, 其實一也.

삼가 살펴보건대 명당이란 천자가 정교를 베푸는 곳입니다. (천자는) 명당에서 천기에 순응하고 만물을 통어하니, (천자의) 행동거지는 양의兩儀(천지)를 본받고 그 덕은 사해에 미치는 바입니다. 하夏나라는 세실世室이라 하였고, 은殷나라는 중옥重屋, 주나라는 명당明堂이라 하였으니, 이는 삼대에 일컬어진 이름입니다. 명당은 천자의 태묘太廟로서 그 조상을 종사하여 상제에 배향하는 곳입니다. 동쪽 방을 청양靑陽, 남쪽 방을 명당明堂, 서쪽 방을 총장總章, 북쪽 방을 현당玄堂, 정 가운데 방을 태실太室이라 합니다. 비록 이름은 다섯이지만 명당이 주가 됩니다. 한대漢代 석학과 통유들은 모두 명당과 태묘를 하나로 보았습니다. 한나라 좌중랑장左中郎將 채옹蔡邕의 주장 또한

그러하다고 보았습니다. (명당에서의) 종사宗祀를 가지고 청묘
淸廟라 하고 그 정실正室을 가지고 태실太室이라고 합니다. 양
陽을 향한 것을 가지고 명당明堂이라고 하고 학당을 세운 것을
가지고 태학太學이라 합니다. 그 주위에 물을 두른 것을 가지
고 벽옹辟雍이라 합니다. 이름은 다르지만 실상 대상이 하나인
것은 고대의 제도입니다.

천자는 맹춘孟春 정월正月 상신일上辛日에 남교南郊에서 12
개월의 정령을 모두 받고 돌아와 조묘祖廟에 그것을 보관하였
다가 명당에서 월마다 그 정령을 꺼내 반포합니다. 제후諸侯는
맹춘의 월에 천자를 조회하고 12개월의 정령을 받아 조묘에
보관하였다가 월마다 하나의 정령을 꺼내 행합니다. 이렇게 하
는 것이 음양陰陽에 화합하고 천도天道를 따르는 바입니다. 이
렇게 하면 화란이 일어나지 않고 재해가 발생하지 않습니다.
그러므로 공자는 이를 찬미하여 말하기를, "성왕이 (이것을 통
해) 효도로써 천하를 다스리는 바이다"라고 하였던 것입니다.
군주가 그 예로 종묘에 고하니 곡삭告朔이라 한 것이며 이 달
의 정령을 들어 행하니 시삭視朔이라 하며 또한 청삭聽朔이라
고도 하는 것입니다. 이름은 비록 셋이지만 사실 하나의 예禮
입니다.

今禮官議稱「經史正文無天子每月告朔之事」者. 臣謹按
春秋:「文公六年閏十月, 不告朔.」 穀梁傳曰:「閏, 附月之
餘日〔二九〕,295) 天子不以告朔.」 左氏傳云:「閏月不告朔,
非禮也. 閏以正時, 時以作事, 事以厚生, 生人之道, 於是乎

在矣. 不告閏朔, 棄時政也.」臣據此文, 則天子閏月亦告朔
矣. 寧有他月而廢其禮者乎? 博考經籍, 其文甚著. 何以明
之? 周禮太史職云:「頒告朔於邦國. 閏月, 告王居門終月.」
又禮記玉藻云:「閏月則闔門左扉, 立于其中.」並是天子閏
月而行告朔之事也.

지금 예관禮官[296]이 의론하기를, "경전과 사서의 정문正文에
천자가 매월 곡삭하는 일이 없다"라고 하였습니다. 신이 삼가
『춘추』를 살펴보건대, "문공文公 6년 윤閏시월, 곡삭을 하지 않
았다"라고 한 데 대해『곡량전穀梁傳』은 "윤閏이란 붙은 달[附
月]의 남은 날이며, 이 때문에 천자가 곡삭하지 않은 것이다"
라고 하였고,『좌씨전左氏傳』은 "윤월閏月에 곡삭하지 않은 것
은 예가 아니다. 윤달을 두어 시時를 바로잡고 시時로써 일을
하며 일을 하여 후생厚生하니, 사람이 살아가는 도리가 여기에
있다. 윤달에 곡삭하지 않은 것은 시정時政을 폐한 것이다"라
고 하였습니다.

신이 보건대 이 문장에 의하면 천자는 윤월에도 곡삭을 합
니다. 그런데 어찌 (윤달이 아닌) 다른 달에 그 예를 폐한다고
할 수 있겠습니까? 경적經籍을 두루 살펴보면 그러한 문장은
매우 분명히 드러나 있습니다. 무엇으로 이것을 증명할 수 있
을까요?『주례』「태사太史」직에 "방국에 정삭을 반포한다. 윤

---

295) [교감기 29] "附月之餘日"의 '之'자는 여러 판본에는 원래 없는데,『唐
會要』권12 ·『冊府元龜』권587 ·『文苑英華』권762 및『穀梁傳』원문에
의거하여 보충하였다.

296) 앞서 상주문을 올렸던 사례박사司禮博士 벽려인서辟閭仁謂를 말한다.

달에는 왕에게 (노침의) 문에서 윤달이 끝날 때까지 거하도록 고한다[頒告朔於邦國. 閏月, 告王居門終月]"라고 하였습니다. 또 『예기』「옥조玉藻」에 "윤달에는 문의 왼쪽 문짝을 닫고, 문의 중앙에 선다[閏月則闔門左扉, 立于其中]"라고 하였습니다. 이 모두가 천자가 윤달에 곡삭의 예를 행한 증거입니다.

禮官又稱:「玉藻, 『天子聽朔於南門之外.』周禮天官太宰, 『正月之吉, 布政于邦國都鄙.』干寶注云, 『周正建子之月, 告朔日也.』此卽玉藻之聽朔矣. 今每歲首元日, 通天宮受朝, 讀時令, 布政事, 京官九品以上‧諸州朝集使等咸列於庭, 此聽朔之禮畢, 而合于周禮‧玉藻之文矣. 禮論及三禮義宗‧江都集禮‧貞觀禮‧顯慶禮及祠令, 無王者告朔之事」者. 臣謹按玉藻云:「玄冕而朝日於東門之外, 聽朔於南門之外.」鄭注云:「朝日, 春分之時也. 東門‧南門〔三〇〕,297) 皆謂國門也. 明堂在國之陽, 每月就其時之堂而聽朔焉〔三一〕,298) 卒事, 反宿於路寢. 凡聽朔, 必以特牲告其時帝及其神, 配以文王‧武王.」臣謂今歲首元日, 通天宮受朝, 讀時令及布政, 自是古禮孟春上辛, 受十二月之政藏於祖廟之禮耳, 而月取一政〔三二〕,299) 班於明堂, 其義昭然, 猶未行也. 卽如

297) [교감기 30] "東門南門"의 '南門'은 여러 판본에는 원래 없는데, 『禮記』 「玉藻」鄭注 原文에 의거하여 보충하였다.
298) [교감기 31] "每月就其時之堂而聽朔焉"의 '堂'字는 여러 판본에는 원래 '帝'로 되어 있는데, 『唐會要』권12‧『文苑英華』권762‧『冊府元龜』 권587 그리고 『禮記』「玉藻」鄭注 原文에 의거하여 수정하였다.
299) [교감기 32] "藏於祖廟之禮耳而月取一政" 이상 12자는 여러 판본에는

禮官所言, 遂闕其事.

　　예관은 또 다음과 같이 말했습니다. "「옥조」에 '천자는 남문 밖에서 청삭한다'라고 하였고, 『주례』「천관·태재太宰」에 '정월의 길일吉日에 방국邦國의 도비都鄙에서 정교政教를 베푼다'라고 하였으며, 그 간보주干寶注에 '주정周正은 건자建子월이며 (길일은) 곡삭하는 날이다'라고 하였습니다. 이것은 바로 「옥조」에서 말한 청삭입니다. 이제 매년 정월 원일元日에 통천궁通天宮에서 제후의 조회를 받고[朝諸侯] 시령을 낭독하며[讀時令], 정사를 베풀며[布政事], 경관京官 구품九品이상과 여러 주州의 조집사朝集使 등이 모두 명당의 뜰에 나열해 있으니, 이렇게 하면 청삭의 예를 다한 것이고, 이는 『주례』와 『예기』「옥조」의 문장에 부합됩니다. 『예론禮論』과 『삼례의종三禮義宗』『강도집례江都集禮』「정관례貞觀禮」「현경례顯慶禮」그리고 사령祠令을 검토해본 결과 모두 천자가 매월 곡삭하는 일은 없었습니다."

　　신이 살펴본 바로는 다음과 같습니다. 「옥조」에 "현면玄冕[300]으로 동문東門 밖에서 조일朝日하고 남문南門 밖에서 청

원래 없는데, 『唐會要』 권12·『文苑英華』 권762·『冊府元龜』 권587에 의거하여 보충하였다.

300) 원래 『禮記』「玉藻」 원문에는 '玄端'으로 되어 있다. 이에 대해 孔穎達 疏는 "知'端'當爲'冕'者, 皮弁尊, 次則諸侯之朝服, 又其次玄端, 諸侯皮弁聽朔, 朝服視朝, 是視朝之服, 卑於聽朔, 今天子皮弁視朝, 若玄端聽朔, 則是聽朔之服, 卑於視朝, 且聽朔大視朝小, 故知端爲冕, 謂玄冕也, 是冕服之下者"라고 하여 현단은 청삭이 아니라 시삭할 때 입는 복

삭聽朔한다"301)라고 하였고, 그 정현주에 "조일의 예는 춘분春分의 계절에 한다. 동문과 남문은 모두 국문國門을 말한다. 명당明堂은 국國의 남쪽에 있으며, 매월 그 계절[時]에 해당되는 당堂에 나아가 청삭聽朔을 하고 청삭을 마친 뒤에 돌아와 노침路寢에서 묵는다. 청삭에는 반드시 특생特牲으로 그 계절에 해당되는 제帝 및 신神에게 고하며 문왕文王과 무왕武王을 배사配祀한다"라고 하였습니다.

신이 생각건대, 올해 정월 원일에 통천궁通天宮에서 (제후의) 조회를 받고 시령時令을 읽고 정교政敎를 베푼 것은 고례古禮에 맹춘孟春의 상신일上辛日에 12개월의 정령을 받아 조묘祖廟에 보관하는 의례입니다. 월마다 하나의 정령을 취하여 명당에서 반포하는 것은 그 의미가 분명한데도 아직 시행되지 않고 있습니다. 만일 예관이 말한 대로 한다면 그러한 일을 빠뜨리는 셈입니다.

臣又按禮記月令, 天子每月居靑陽·明堂·總章·玄堂, 卽是每月告朔之事. 先儒舊說, 天子行事, 一年十八度入明堂：大享不問卜, 一入也 ； 每月告朔, 十二入也 ； 四時迎氣, 四入也 ； 巡狩之年, 一入也. 今禮官立議, 王惟歲首一入耳, 與先儒旣異, 臣不敢同. 鄭玄云：「凡聽朔告其帝.」 臣愚以爲告朔之日, 則五方上帝之一帝也. 春則靈威仰, 夏則赤熛

장이니 현면이 되어야 한다고 하였다. 玄冕은 검은 웃옷에 면류관을 쓰고 예를 행하는 복장을 말한다.

301) 『禮記』 「玉藻」, "而朝日於東門之外, 聽朔於南門之外."

怒, 秋則白招拒, 冬則協光紀, 季月則含樞紐也, 並以始祖
而配之焉. 人帝及神, 列在祀典, 亦於其月而享祭之. 魯自
文公始不視朔, 子貢見其禮廢, 欲去其羊, 孔子以羊存猶可
識其禮, 羊亡其禮遂廢, 故云 :「爾愛其羊, 我愛其禮.」

　　신은 또 『예기』 「월령」을 살펴보니, 천자는 매월 청양靑陽
·명당明堂·총장總章·현당玄堂에 거한다고 하였습니다. 이는
곧 매월 곡삭하는 사례입니다. 선유先儒들의 구설舊說에 따르
면, 천자는 행사行事로 1년에 18번 명당에 들어간다고 합니다.
"대향에는 점복을 묻지 않는다[大享不問卜]"302)라고 한 대향大
享 때 1번 들어가고, "매월 곡삭한다[每月告朔]"303)라고 할 때
의 곡삭으로 12번 들어가며, "사계절에 (해당 계절의) 기운을
맞이[迎氣]한다"라고 하였으니 4번 들어가며, 순수巡狩를 행하
는 해에 1번 들어갑니다.304)

　　지금 예관이 의론한 바에 의하면 왕은 정월에 한 번 명당에
들어갈 뿐이어서 선유들과 달라 신은 감히 동의할 수 없습니다.
정현은 "무릇 청삭聽朔은 그 제帝에게 고하는 것"이라고 하였
습니다. 신이 생각하기에 곡삭하는 날에 오방상제五方上帝 중

---

302) 『禮記』 「曲禮」 下의 말이다. 이에 대한 鄭玄注는 "不問卜은 五帝를 明
　　堂에 제사할 때 점을 치지 않는 것이다"라고 하였다.
303) 『論語』 「八佾」 鄭玄注에 인용된 禮文. 삼례 경문에는 보이지 않는다.
304) 後漢 章帝 建初 2년 東巡狩 때 내린 조서에 "朕巡狩岱宗, 柴望山川,
　　告祀明堂, 以章先勳"이라고 순수할 때 명당에 고한다고 하였다. 사실
　　後漢 章帝의 이러한 행보는 漢武帝 때 태산 아래 명당을 조성하고 巡狩
　　하며 明堂에서 제사지낸 데에서 그 기원을 찾을 수 있다.

한 상제에게 고하는 것입니다. 봄에는 영위앙靈威仰, 여름에는 적표노赤熛怒, 가을에는 백초거白招拒, 겨울에는 협광기協光紀, 계월季月에는 함추뉴含樞紐이며 모두 시조始祖를 배사配祀합니다. (오)인제人帝와 (오)신神은 모두 사전祀典에 나열되어 있으므로 이 또한 해당 월에 제사를 지냅니다. 노나라는 문공文公 때부터 시삭視朔을 하지 않았고 자공子貢은 그 예가 실행되지 않은 것을 보고 (예에 사용되는) 양羊까지 생략하려고 하자 공자께서 양이라도 있어 그 예禮가 있었는지 알 수 있으니 (희생) 양을 생략하면 그 예 또한 사라지리라 생각하였으므로 "너는 그 양이 아까우냐? 나는 그 예가 아깝다"[305]라고 하였던 것입니다.

　漢承秦滅學, 庶事草創, 明堂·辟雍, 其制遂闕. 漢武帝封禪, 始造明堂於太山, 旣不立於京師, 所以無告朔之事. 至漢平帝元始中, 王莽輔政, 庶幾復古, 乃建明堂·辟雍焉. 帝袷祭於明堂, 諸侯王·列侯·宗室子弟九百餘人助祭畢, 皆益戶·賜爵及金帛·增秩·補吏各有差. 漢末喪亂, 尚傳其禮. 爰至後漢, 祀典仍存. 明帝永平二年, 郊祀五帝{, 於明堂以光武配},[306] 祭牲各一犢, 奏樂如南郊. 董卓西移, 載籍湮滅, 告朔之禮, 於此而墜. 曁于晉末, 戎馬生郊, 禮樂衣冠, 掃地總盡. 元帝過江, 是稱狼狽, 禮樂制度, 南遷蓋寡, 彝典

305) 『論語』「八佾」 "爾愛其羊, 我愛其禮."

306) 중화서국본 표점은 "郊祀五帝於明堂, 以光武配"으로 되어 있으나, "郊祀五帝{, 於明堂以光武配}"로 표점을 달리 하여 번역하였다.

殘缺, 無復舊章, 軍國所資, 臨事議之. 旣闕明堂, 寧論告朔. 宋朝何承天纂集其文, 以爲禮論, 雖加編次, 事則闕如. 梁代崔靈恩撰三禮義宗, 但捃摭前儒, 因循故事而已. 隋大業中, 煬帝命學士撰江都集禮[三三],[307] 只抄撮禮論, 更無異文. 貞觀・顯慶禮及祠令不言告朔者, 蓋爲歷代不傳, 其文遂闕, 各有由緖, 不足依據. 今禮官引爲明證, 在臣誠實有疑.

한漢나라는 진秦나라의 분서갱유焚書坑儒의 뒤를 이어 많은 일들을 처음으로 제정하느라 명당과 벽옹의 제도는 마련하지 못했습니다. 한무제漢武帝는 봉선封禪을 하면서 처음으로 태산에 명당을 조성하였는데, 그것은 경사에 세운 것이 아니라서 곡삭의 예는 없었습니다. 한평제漢平帝 원시元始 연간에 이르러 왕망王莽이 보정輔政하면서 복고復古를 꿈꾸며 명당과 벽옹을 건설하였습니다. 황제가 명당에서 협제祫祭를 지낼 때 제후왕諸侯王・열후列侯・종실자제宗室子弟 900여 인이 참여하여 제사를 도왔으며[助祭], 제사를 마친 뒤에는 (제후들에게) 호戶를 더해주고 작爵과 금백金帛을 하사下賜하였고 질秩을 높여주고 등급에 맞게 관리에 임명하는 등의 일을 진행하였습니다. (이처럼) 한나라 말기 어지러운 때조차도 그 예는 여전히 전해지고 있었습니다.

후한後漢에 이르러서도 사전祀典에 여전히 남아 있었습니다.

---

307) [교감기 33] "江都集禮"의 '集禮'는 여러 판본에는 원래 '禮集'으로 되어 있는데, 『舊唐書』 「禮儀志」2 앞의 글과 『舊唐書』 권46 「經籍志」・『唐會要』 권12・『文苑英華』 권762・『冊府元龜』 권587에 의거하여 수정하였다.

명제明帝 영평永平 2년(59)에 오제五帝를 교사郊祀하고 명당에서 광무제光武帝를 배사配祀하였으며,308) 제사의 희생으로 송아지 한 마리를 각각 사용하였고 음악은 남교에서와 같이 하였습니다. 동탁董卓이 장안으로 옮겨가면서 서적은 불타 사라지고 곡삭의 예 또한 없어지고 말았습니다.

서진西晉 말기에 이르러 오호五胡가 경사 코앞까지 닥치자 예악제도는 땅을 쓸 듯 모두 사라지고 말았습니다. (동진) 원제元帝가 강남江南으로 옮겨가니 이른바 낭패라 할 만합니다. 예악제도 중 강남으로 옮겨간 것은 소수이며, 예전禮典은 누락되거나 손상되어 옛 전장제도를 회복할 수 없고 군사를 통솔하고 나라를 다스림에 필요한 것을 그때그때 임시방편으로 처리할 뿐이었습니다. 이와 같이 명당이 없었는데 어찌 곡삭을 논의하였겠습니까?

송조宋朝의 하승천何承天309)이 명당에 관한 글을 모아 『예론

---

308) 『後漢書』「祭祀志」中 "初祀五帝於明堂, 以光武配"라고 하여 '郊祀'가 아닌 '初祀' 즉 처음으로 오제를 명당에서 제사하였다고 되어 있다. 한편 『後漢書』권2 「明帝本紀」永平 2년조에는 "二年春正月辛末, 宗祀光武皇帝於明堂"라고 되어 있어 五帝가 생략되어 있다. 교사는 남교에서 지내는 제사이므로 명당이란 장소에서 교사라고 한 것은 『구당서』표점이 잘못된 것으로 보인다. 표점은 "郊祀五帝, 於明堂以光武配" 즉 오제를 교사하고 명당에서 광무제를 배사했다고 해야 의미가 통한다.

309) 하승천何承天(370~447) : 劉宋 山東 郯城(현재 山東省 郯縣) 사람. 수학자. 천문학자. 博學强記했고 여러 학문에 정통했다. 武帝 때 尙書祠部郎에 임명되고, 외직으로 나가 衡陽內史가 되었다. 文帝 때 불려 御史中丞이 되었다. 著作佐郎으로 국사를 편찬하는 일을 맡았다가 나중

禮論』을 지었지만 비록 편차編次를 구성하였으나 명당에 관한
사항이 없는 것은 여전했습니다. 양대梁代 최영은崔靈恩[310]은
『삼례의종三禮義宗』을 편찬하였는데, 이전 유가들의 주장을 여
기저기 끌어다 모으고 (역대) 고사故事를 그대로 따랐을 뿐입
니다.

수隋나라 대업大業 연간(605~618)에 양제煬帝가 학사學士들
에게 명하여 『강도집례江都集禮』를 편찬하였는데, 『예론』을 초
록하였을 뿐 별다른 문장은 없었습니다. 「정관례貞觀禮」 「현경
례顯慶禮」 그리고 사령祠令에서 곡삭을 언급하지 않은 이유는
대개 역대 왕조에서 (행한 사례가) 전해지지 않거나 그 문장이
마침내 없어지는 등 각각 사정이 있었기 때문이니, 족히 그것
을 증거로 삼을 만하지는 못합니다. 지금 예관이 제시한 명확
한 증거라는 것을 신은 진정 의심하지 않을 수 없습니다.

<hr />

에 御史大夫의 지위에 올랐는데, 특히 算學과 易學에 뛰어나 元嘉曆을
만들었다.

310) 최영은崔靈恩(미상) : 남조 梁 淸河 武城(현재 山東省) 사람. 젊어서부
터 학문에 전념해 『五經』을 두루 배웠고, 『三禮』와 『三傳』에 정통했다.
처음에 魏나라에서 太常博士를 지냈다. 梁武帝 天監 13년(514) 양나라
로 돌아와 員外散騎侍郎, 步兵校尉와 國子博士를 겸했다. 성격이 소박
하여 꾸밈이 없었고 학생을 모아 가르쳤는데, 경전의 이치를 분석하여
항상 수백 명의 사람들이 모여 강의를 들었다. 京師 儒者들의 존경을
받았다. 저서에 『毛詩集注』와 『集注周禮』 『周官禮集注』 『三禮義宗』
『左氏經傳義』 『春秋左氏傳立義』 『春秋申先儒傳論』 『公羊穀梁文句
義』 등이 있었지만 모두 전하지 않는다.

陛下肇建明堂, 聿遵古典, 告朔之禮, 猶闕舊章, 欽若稽
古, 應須補葺. 若每月聽政於明堂, 事亦煩數, 孟月視朔, 恐
不可廢.

폐하께서 처음으로 명당을 건설하여 마침내 고전古典을 준수
하셨는데, 곡삭의 예는 여전히 옛 전장제도를 궐하고 있으니, 옛
제도를 상고하여 마땅히 보충해야 합니다. 매월 명당에서 정사
를 펼친다면 그 또한 일을 너무 자주 하게 되어 번거롭습니다.
다만 맹월孟月의 시삭視朔만큼은 폐해서는 안 된다고 봅니다.

上又命奉常廣集衆儒, 取方慶·仁謂所奏, 議定得失. 當時大儒
成均博士吳揚吾·太學博士郭山惲曰:「臣等謹按周禮·禮記及三
傳, 皆有天子告朔之禮. 夫天子頒告朔於諸侯, 秦政焚滅詩·書,
由是告朔禮廢. 今明堂肇建, 總章新立, 紹百王之絶軌, 樹萬代之
鴻規, 上以嚴配祖宗, 下以敬授人時, 使人知禮樂, 道適中和, 災害
不生, 禍亂不作. 今若因循頒朔, 每月依行, 禮貴隨時, 事須沿革.
望依王方慶議, 用四時孟月日及季夏於明堂修復告朔之禮, 以頒
天下. 其帝及神, 亦請依方慶用鄭玄義, 告五時帝於明堂上. 則嚴
配之道, 通於神明 ; 至孝之德, 光於四海.」制從之.

주상(측천무후)은 또 봉상奉常에게 명하여 여러 유자들에게 의견
을 널리 구하고 왕방경과 벽려인서가 상주한 의론에 대해 득실을 논
의해보라고 하였다. 당시 대유大儒 성균박사成均博士 오양오吳揚吾·
태학박사太學博士 곽산휘郭山惲는 다음과 같이 말하였다.

신 등이 『주례』, 『예기』 및 (춘추) 삼전三傳을 살펴본 결과,

모두 천자의 곡삭례가 있었습니다. 무릇 천자는 정삭을 반포하고 제후에게 알리는데, 진秦나라의 『시詩』와 『서書』를 불태우는 정책 때문에 곡삭의 예가 폐해졌던 것입니다. 이제 명당이 처음 건설되고 총장總章이 새롭게 세워져 백왕百王의 끊어진 전철을 잇고 만대萬代의 크나큰 법도를 세워 위로는 조종祖宗에게 엄배嚴配하고 아래로는 경수인시敬授人時하여311) 사람들로 하여금 예악을 알도록 하니 법도가 중화中和에 맞고 재해가 발생하지 않으며 화란이 일어나지 않습니다.

이제 정삭을 반포하는 일을 그대로 따른다면 월마다 행해야 하는데, 예는 시의적절함을 중히 여기니 이 일은 반드시 바꾸어야 합니다. 바라건대 왕방경王方慶의 논의대로 사계절 맹월일孟月日과 계하季夏에 명당에서 곡삭례를 거행하는 것을 복구시켜 천하에 반포하십시오. 그 상제上帝와 신神 또한 정현鄭玄의 해석을 따른 왕방경의 논의대로 명당 위에서 오시제五時帝312)에게 곡삭의 예를 행하도록 하십시오. 그렇게 하면 엄배嚴配의 도리가 신명神明에게 통하고 지극한 효도孝道의 덕德이 사해를 비출 것입니다.

제를 내려 따르도록 하였다.

---

311) 경수인시敬授人時 : 『상서尙書』「요전堯典」에 나오는 구절로, 백성에게 역법을 주어 계절의 변화를 알게 하여 농사의 때를 놓치지 않게 한다는 말이다. 이후 시령을 반포한다는 의미의 다른 표현으로 사용되었다.

312) 왕방경이 말한 五時帝는 靈威仰, 赤熛怒, 含樞紐, 白招拒, 協(汁)光紀 등 五精帝를 말한다.

長安四年, 始制 : 元日明堂受朝, 停讀時令.

(측천무후) 장안長安 4년(704) 처음으로 다음과 같이 하도록 명하
였다. 원일元日에 명당明堂에서 조회를 받으며 시령時令의 낭독은
그만둔다.

中宗卽位, 神龍元年九月, 親享明堂, 合祭天地, 以高宗配. 禮
畢, 曲赦京師. 明年駕入京, 於季秋大享, 復就圜丘行事, 迄于睿
宗之世.

중종中宗이 즉위하여 신룡神龍 원년(705) 9월[313] 친히 명당에서
제향祭享을 올렸는데, 천지天地를 합제合祭하고 고종高宗을 배사配
祀하였다. 예禮를 마친 뒤 경사京師(장안)에 곡사曲赦[314]를 내렸다.
다음해(신룡 2년, 706) 황제가 경사에 들어가 계추季秋 대향大享 때
원구圜丘에서 행사하는 것으로 복귀하였고 예종睿宗 때까지 그렇게
하였다.[315]

---

313) 측천무후가 神龍 元年(705) 2월에 퇴위하고 中宗이 復位하여 唐의 국
호를 회복하였다.

314) 곡사曲赦 : 천하에 내려진 대사면인 大赦에 비해 특정 지역에 내리는 사
면이란 뜻에서 曲赦라고 하였다. 그런데 『舊唐書』 권7 「中宗本紀」에서
는 "九月壬午, 親祀明堂, 大赦天下"이라 하여 대사면을 내린 것으로
되어 있다.

315) 『舊唐書』 권7 「中宗本紀」와 권8 「睿宗本紀」에는 신룡 2년의 季秋 9월
大享의 禮가 기록되어 있지 않다. 『通典』에는 신룡 원년의 기사에 실려
있다.

開元二年八月, 太子賓客薛謙光獻九鼎銘. 其蔡州鼎銘, 天后御撰, 曰:「義·農首出, 軒·昊膺期. 唐·虞繼蹤, 湯·禹乘時. 天地光宅, 域中雍熙. 上天降鑒, 方建隆基.」紫微令姚崇奏曰:「聖人啓運, 休兆必彰. 請宣付史館.」從之.

(현종) 개원開元 2년(714) 8월, 태자빈객太子賓客 설겸광薛謙光[316]이 구정명九鼎銘을 바쳤다. 그 중 채주정명蔡州鼎銘[317]은 천후天后 (측천무후)가 직접 지은 것이다.

복희伏義와 신농神農이 제일 먼저 나왔고[318]

---

316) 설겸광薛謙光(647~719): 唐 常州 義興縣(현재 江蘇省 宜興市) 사람. 原名이 謙光이며, 태자의 이름을 기휘하여 薛登이라 하였다. 議論을 좋아하여 徐堅星, 劉子立 등과 이름을 나란히 하였다. (예종)文明 元年 (684)에 郎中主簿로 벼슬길에 올라 측천무후 때 給事中에 올랐고 睿宗 때에는 御史大夫에 발탁되었다. 太平公主 측근을 탄핵하다가 岐州刺史로 좌천되기도 하였다. 開元초에 東都留守가 되었고 얼마 후 太子賓客이 되었다. 저서로『四時記』20권과『全唐傳』에 시 한 수가 전한다.

317) 채주정명蔡州鼎銘: 神都鼎을 말한다. 九州 中 蔡州는 豫州를 말한다. 唐 代宗의 이름 豫를 기휘하여 蔡州라 하였다. 측천무후 嗣聖 원년 9월에 동도, 즉 낙양을 신도라 개명하였다. "大赦天下, 改元爲光宅. 旗幟改從金色, 飾以紫, 畫以雜文. 改東都爲神都." 또한 萬歲通天 元年에 구주정을 완성하여 9주의 이름 또한 개명하였는데, 冀州는 武興, 雍州는 長安, 兗州는 日觀, 靑州는 少陽, 徐州는 東原, 揚州는 江都, 荊州는 江陵, 梁州는 成都라 하였다. 나머지 1주는 동도 신도가 속해 있는 豫州, 즉 蔡州이다. 여기에서 蔡州鼎은 측천무후 때에는 神都鼎이라고 하였다.

318) 三皇 中 伏義와 神農 二皇만 언급하였다.

헌원軒轅 황제黃帝와 태호太昊가 천명을 받으셨구나.319)

도당씨陶唐氏 요堯 임금과 유우씨有虞氏 순舜 임금이 서로 이었고

탕湯 임금과 우禹 임금이 기회를 잡았네.

천지가 빛나고 나라 안은 화목하네.

상천이 굽어보니,320) 바야흐로 나라의 터전을 굳건히 세우도다[隆基].321)

자미령紫微令322) 요숭姚崇323)이 상주하여 말하기를, "성인聖人께

---

319) 五帝 중 黃帝와 太昊(靑帝) 二帝만 언급하였다. 여기에서 太昊는 太昊 伏羲氏가 아닌 五帝 중 靑帝를 뜻한다. 軒轅은 黃帝를 뜻한다.

320) 출처는 『詩』「王風·黍離」 "悠悠蒼天" 毛傳 : "自上降鑒, 則稱上天 ; 據遠視之蒼蒼然, 則稱蒼天." 사전적 의미는 상천이 굽어본다는 말이지만 여기에서 '降鑒'의 鑒은 청동기를 말하여 구정 자체가 하늘이 측천무후에게 내려 보낸 神物로, 역대 선왕처럼 측천무후도 天命을 받았음을 상징하는 징표로 표현한 것이다.

321) 隆基는 玄宗의 이름이기도 하다.

322) 자미령紫微令 : 唐代 中書令의 별칭이다. 唐初에는 內史令이라고도 했고 高祖 武德 3년(620)에 다시 中書令이라고 하였다가 開元初에 紫微令이라고 고쳤다. 開元 5년에 다시 중서령으로 복구하였다.

323) 요숭姚崇(650~721) : 唐 陝州 硤石(현재 河南省 陝縣) 사람. 자는 元之이다. 본명은 元崇인데 玄宗의 연호를 피해 姚崇으로 바꾸었다. 則天武后 때 발탁되어 鳳閣侍郎과 同鳳閣鸞臺三品을 지냈다. 張柬之 등이 張易之를 죽이려 모의할 때 그도 참여했다. 睿宗이 즉위하자 中書令에 오르고 太平公主를 東都로 내보낼 것을 주청했다가 申州刺史로 내쫓겼다. 玄宗 先天 2년(713) 「治政十事」를 올렸는데, 황제가 모두 받아들였다. 다시 紫微令으로 옮겨 불필요한 관원을 파직하고 제도를 정비했

서 천운天運을 여셨으니 길한 징조가 반드시 나타날 것입니다. 청컨 대 명하여 사관史館에서 조처하게 하십시오"라고 하였다. 논의대로 하였다.

五年正月, 幸東都, 將行大享之禮. 太常少卿王仁忠·博士馮宗 陳貞節等議, 以武氏所造明堂, 有乖典制, 奏議曰:

(개원) 5년(717) 정월 동도東都에 행차하여 대향大享의 예禮를 행 하고자 하였다. 태상소경太常少卿 왕인충王仁忠, 박사博士 풍종馮宗 과 진정절陳貞節 등이 측천무후가 만든 명당은 전례에 어긋난다고 하여 다음과 같이 의론하여 상주하였다.

明堂之建, 其所從來遠矣! 自天垂象, 聖人則之. 蒿柱茅 簷之規, 上圓下方之制, 考之大數, 不踰三七之間, 定之方 中, 必居丙巳之地者, 豈非得房心布政之所, 當太微上帝之 宮乎? 故仰協俯從, 正名定位, 人神不雜, 各司其序, 則嘉應 響至, 保合太和.

명당의 건설은 그 유래가 매우 오래되었습니다. 하늘이 그 모양을 드리우니 성인이 본받는다고 하였습니다.[自天垂象, 聖

다. 開元 4년(716) 山東에 메뚜기 떼가 큰 피해를 끼치자 各道에 메뚜기 를 잡아 재앙을 막도록 주청했다. 宋璟과 함께 開元의 명재상으로 숭앙 되었다. 그리하여 '姚宋'은 당나라 명재상의 대명사가 되었다. 불교와 도교가 존숭되던 시대임에도 불구하고 죽을 때 "승려나 도사를 부르지 말라"고 유언했다는 유명한 일화를 남겼다.

人則之.]324) 짚으로 만든 기둥[蒿柱]과 띠풀로 만든 처마[茅簷]와 같은 규정과 상원하방上圓下方의 제도, 그 대수大數를 살펴 3리에서 7리 사이를 넘지 않고325) 방위는 병사丙巳의 땅(남쪽)이어야 한다는 규정(으로 볼 때) 어찌 (천상의) 방수房宿와 심수心宿의 포정布政의 장소에 해당되지 않겠으며, 태미(원)太微 상제上帝의 궁宮이 아니라 하겠습니까?326) 그러므로 우러러 화합하고 굽어 순종하여 이름을 바로하고 지위를 확정하며 인간과 신이 서로 섞이지 않고 각기 그 차서를 따르니 상서祥瑞와 길조吉兆가 호응하고 음양의 조화(太和)를 보존케 합니다.327)

昔漢氏承秦, 經籍道息, 旁求湮墜, 詳究難明. 孝武初, 議立明堂於長安城南, 遭竇太后不好儒術, 事乃中廢. 孝成之代, 又欲立於城南, 議其制度, 莫之能決. 至孝平元始四年, 始創造於南郊, 以申嚴配. 光武中元元年[三四],328) 立於國

---

324) 『周易』「繫辭」上의 말이다. 원문은 "天生神物, 聖人則之. 天地變化, 聖人效之. 天垂象, 見吉凶, 聖人象之"이다.

325) 여기에서 三七은 앞의 顏師古의 上奏文에 "淳于登又云 : 三里之外, 七里之內, 丙巳之地"라고 한 것을 말한다.

326) 『新唐書』 권200 「儒學下‧陳貞節列傳」에는 이 구절이 "明堂必直丙巳, 以憲房‧心布政, 太微上帝之所"라고 되어 있다.

327) 『周易』「乾」괘 象辭의 "乾道變化, 各正性命, 保合大和"의 말이다.

328) [교감기 34] "光武中元元年"의 앞의 '元'자는 원래 여러 판본에는 '興'으로 되어 있는데, 『後漢書』 권1하 「光武帝紀」와 『全唐文』 권281에 의거하여 수정하였다.

城之南. 自魏·晋迄於梁朝, 雖規制或殊, 而所居之地, 常取
丙巳者, 斯蓋百王不易之道也.

　그 옛날 한漢나라가 진秦나라를 계승하면서 경적經籍이 산
일되어 팔방으로 구하였으나 인멸되어 (명당제도에 대해) 자
세히 상고하여 밝히기가 어려웠습니다. 효무제孝武帝 초에 장
안長安 성남城南에 명당明堂 건립을 논의하였으나[329] 두태후
竇太后가 유술儒術을 좋아하지 않아 결국 중도에 그만두게 되
었습니다. 효성제孝成帝 때 다시 성남城南에 명당明堂을 건설
하려고 그 제도에 대해 논의하였으나 결국 결론을 내지 못하
였습니다.[330] 효평제孝平帝 원시元始 4년(4)에 이르러서야 처
음으로 남교南郊를 조성하여 엄배嚴配의 도리를 펼쳤습니
다.[331] 광무光武 중원中元 원년(56)에 나라의 성 남쪽에 명당

---

329) 무제 즉위 초에 趙綰과 王臧 등 文學之士를 등용하여 적극적으로 明堂
　　건설을 비롯하여 改正朔, 易服色, 巡狩 등의 일을 계획하였으나 황로술
　　에 경도되었던 두태후의 반대에 부딪혀 중도에 그만두고 말았다. 자세한
　　내용은 『史記』 권12 「孝武本紀」에 나와 있다.

330) 성제 때 건위군犍爲郡에서 古磬 16매를 얻자 이를 상서로 여겼고 종실
　　인 유향劉向이 이를 계기로 벽옹을 설치할 것을 건의하였다. 이에 장안
　　성남에 벽옹을 조성하려고 했으나 성제가 죽는 바람에 이를 안타깝게
　　생각하여 시호를 '成'이라고 하였다. 『漢書』 권22 「禮樂志」2에 유향의
　　상서문과 함께 자세한 내용이 실려 있다.

331) 이른바 元始 연간에 王莽에 의해 추진된 예제 개혁을 말한다. 사서에서
　　는 이를 '元始故事'라고 한다. 武帝 때의 甘泉 泰時, 汾陰 后土, 雍 五
　　時의 郊祀制를 장안성을 중심으로 남북교로 정리하고, 명당을 건설하여
　　종사하는 제도를 확립하였다.

明堂을 조성하였습니다.[332] 위진魏晉 시대부터 양梁대에 이르기까지 비록 그 규정은 달랐으나 (명당의) 위치는 항상 병사丙巳의 땅을 취했으니, 이는 백왕百王이 바꾸지 않았던 도리입니다.

高宗天皇大帝纂承平之運, 崇朴素之風, 四夷來賓, 九有咸乂. 永徽三年, 詔禮官學士議明堂制度, 群儒紛競, 各執異端, 久之不決, 因而遂止者, 何也? 非謂財不足·力不堪也. 將以周·孔旣遙, 禮經且紊, 事不師古, 或爽天心, 難用作程, 神不孚祐者也.

고종高宗 천황대제天皇大帝께서 태평의 국운을 이어 소박한 기풍을 숭상하시니 사이가 내빈來賓하고 구토九土가 모두 평안해졌습니다. 영휘永徽 3년(652)에 예관학사禮官學士들에게 명하여 명당제도를 논의케 하였는데, 여러 유자들의 논의가 분분하고 각자 주장하는 바가 달라 오래도록 결정하지 못하니 이 때문에 마침내 그만두게 되었습니다. 왜 그러했겠습니까? 재정이 부족하거나 감당할 능력이 없어서가 아닙니다. 주공周公과 공자孔子는 이미 멀리 있으며 예경禮經은 또 혼란스러워졌는데, 행사行事가 고대古代를 본받지 못하고 혹여 천심天心을 위반하면 법식法式으로 삼기 어렵고 신이 가상히 여겨 복을 내리지 않을까 여겼기 때문입니다.

---

332) 『後漢書』 권1下 「光武本紀」 下 '中元元年'조, "是歲, 初起明堂·靈臺·辟雍, 及北郊兆域"라고 하였다.

則天太后總禁闈之政, 藉軒臺之威, 屬皇室中圮之期, 蹈
和熹從權之制. 以爲乾元大殿, 承慶小寢, 當正陽亭午之地,
實先聖聽斷之宮. 表順端闈, 儲精營室, 爰從朝享, 未始臨
御. 乃起工徒, 挽令摧覆. 旣毁之後, 雷聲隱然, 衆庶聞之,
或以爲神靈感動之象也. 於是增土木之麗, 因府庫之饒, 南
街北闕, 建天樞大儀之制, 乾元遺趾, 興重閣層樓之業. 煙
焰蔽日, 梁柱排雲, 人斯告勞, 天實貽誡. 煨燼甫爾, 遽加修
復. 況乎地殊丙巳, 未答靈心, 跡匪膺期, 乃申嚴配. 事昧彛
典, 神不昭格. 此其不可者一也. 又明堂之制, 木不鏤, 土不
文. 今體式乖宜, 違經紊禮, 雕鐫所及, 窮侈極麗. 此其不可
者二也. 高明爽塏, 事資虔敬, 密邇宮掖, 何以祈天? 人神雜
擾, 不可放物. 此其不可者三也. 況兩京上都, 萬方取則, 而
天子闕當陽之位, 聽政居便殿之中, 職司其憂, 豈容沉黙.
當須審考歷之計, 擇煩省之宜, 不便者量事改修, 可因者隨
宜適用, 削彼明堂之號, 克復乾元之名, 則當宁無偏, 人識
其舊矣.

측천태후則天太后께서 궁궐의 정치를 총람하시며 황제의 권
위에 의거하여 황실이 무너져가는 시기에 (후한의) 환제桓帝와
영제靈帝 때333) 태후가 섭정하던 길을 따랐습니다. 측천태후는
건원대전乾元大殿334)과 (장안의) 승경소침承慶小寢335)은 정양

과 관련이 깊은 정전이다. 이 명칭은 사료상 隋代 乾陽殿에서 시작된다. 隋煬帝가 東都에 乾陽殿을 세우고 이것을 정전으로 삼았으나 수말 동란으로 불태워졌다. 貞觀 연간 초에 東都의 乾陽殿을 보수하라 명하였으나 완성을 보지 못하다가 高宗 顯慶 연간에 정식으로 보수를 시작해서 麟德 2년 3월 12일에 완성되었다. 당대 乾元殿은 수대 乾陽殿의 건물 잔해를 이용하여 지으면서 형태면에서 직접 영향을 받았을 것으로 추정한다. 특히 측천무후는 낙양으로 천도하면서 이곳을 朝政의 正殿으로 활용하였으며, 이후 현종은 건원전의 동랑을 전국에서 수집한 책으로 채워 거대한 국립도서관으로 활용하였다고 한다. 張一兵, 『明堂制度硏究』, 中華書局, 2005, 398~399쪽.

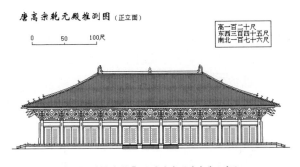

당고종 건원전 추측도(장일병, 『명당제도연구』)

335) 승경소침承慶小寢 : 承慶殿을 말한다. 『新唐書』 권119 「武平一列傳」에 武平一의 상주문에 兩儀殿과 承慶殿은 조회와 聽訟의 장소이며, 군신을 대향하는 장소라고 말하고 있다. "況兩儀·承慶殿者, 陛下受朝聽訟之所, 比大饗羣臣, 不容以倡優媟狎黷汗邦典." 그 위치에 대해서는 『唐兩京城坊考』에 "(태극전) 서쪽에 승경전이 있다.【그 앞에 승경문이 있으며 태종이 기거하던 곳이다. 『舊唐書』에는 '承乾'으로 잘못 기재되어 있다.】그런즉 휘정문이 있다. … 주명문 북쪽이 양의전이며 일상적인 청정의 경우 황제가 여기로 왕림한다.又西曰承慶殿,【前有承慶門, 即

正陽 정오亭午[336])의 땅에 해당하며 실로 선성先聖이 청정聽政하
는 궁전이라고 보았습니다.[337]) 그리하여 전례에 따라 궁문의 표

太宗所居, 『舊書』作「承乾」者誤.】 則有暉政門焉. … 朱明門北爲兩儀
殿, 常日聽政則御禦之.【『六典』, 兩儀, 古之內朝, 隋曰中華殿, 貞觀五
年改. 中華以後, 帝後喪亦多殯此殿. 按『舊書令狐德棻傳』: 高宗召宰
臣及弘文館學士於中華殿. 是其時兼用舊名. 殿北曰甘露殿, 明皇自蜀
還, 常居此殿. 其門曰甘露門, 門外爲永巷. 東西橫街. 巷東東橫門, 再
東日華門. 巷西西橫門, 再西月華門]"라고 하여 承慶殿은 太極宮 서쪽
에 있으며, 兩儀殿은 朱明門 북쪽에 위치해 있다. 자세한 위치에 대해서
는 그림 [당대 장안 승경전·양의전 위치도](세오 다쓰히코 저·최재영
역, 『장안은 어떻게 세계의 수도가 되었나』, 황금가지, 2006, 137쪽)를
참조.

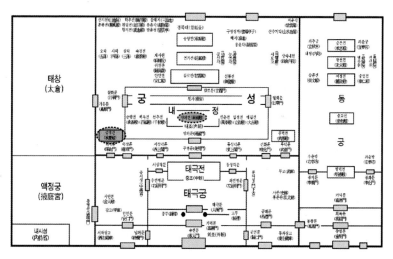

당대 장안 승경전承慶殿·양의전兩儀殿 위치도
(『장안은 어떻게 세계의 수도가 되었나』에서 인용)

336) 정오亭午: 正午를 말한다.
337) 측천무후는 垂拱 4년(688)에 乾元殿을 허물고 그 자리에 명당을 세웠다.

준을 세웠으며 마음을 쏟아 명당을 조영하고자 하였고, 그리하여 조향朝享의 예를 따라 행하였으니, 아직 직접 군림하기 전이었습니다. 이에 장인들에게 명하여 공사를 일으켰으나 명에 반하여 무너지고 말았습니다. 명당이 무너진 뒤 천둥소리가 울리는 것을 많은 사람들이 들었는데, 혹자는 신령이 감동한 징조라고 하였습니다. 이에 화려함을 다한 토목 공사를 더하고 창고 재물을 넉넉히 사용하여 남가南街 북궐北闕에 천추대의天樞大儀338) 형태의 건물을 세우고 건원전乾元殿의 유지에 층층의 누각樓閣을 중축하는 사업을 일으켰습니다. 화재의 화염은 해를 덮었으니 들보기둥이 구름 위로 치솟을 정도로 높았습니다. 사람들이 (공사의) 괴로움을 호소하자 하늘이 경고를 내린 것입니다. 처음부터 화재로 불타고난 뒤 곧바로 복구를 시작한데다, 하물며 그 부지는 병사丙巳의 방위도 아니어서 신령의 뜻에 부합하지도 않았습니다. 그 행사도 (적당한) 시기에 맞지 않은데339) 엄배嚴配의 도리를 행하노라고 주장하였습니다. 일이 상도[彝典]에 맞지 않으면 신은 밝게 왕림하지 않으십니다. 이것이 불가한 첫 번째 이유입니다.

또 명당의 제도는 나무는 화려하게 조각하지 않으며 토담은

---

338) 天樞는 원래 북두칠성 중 첫 번째 별이며, 天樞大儀는 측천무후가 낙양을 神都로 삼고 천도한 뒤 明堂, 天堂과 함께 조성한 일종의 기념주이다. 황성의 단문 밖에 황성 전체의 중추선에 위치해 황성 전체의 기준점 역할을 하고 있다. 현재 洛陽博物館의 상징물이기도 하다. 다음 그림 [낙양성의 명당, 천당, 천추의 위치 모형도]를 참조. 王月梅, 「漢魏洛陽故城考古遺址公園」, [中國考古網], 2014-05-09.

문양을 넣지 않습니다. 그런데 지금 명당의 체제와 형식이 올바르지 않아 경전과 예법에 맞지 않고 조각한 것이 사치를 다하고 화려함은 극에 달하였습니다. 이것이 불가한 두 번째 이유입니다.

신명은 높고도 밝은 곳에 있어 제사가 경건해야 하는데 (명당이) 궁전과 너무 가까우니 무엇으로 하늘에 기원할 수 있겠습니까? 사람과 신명이 서로 섞이니 예물을 진설할 수 없습니다. 이것이 불가한 세 번째 이유입니다.

하물며 양경兩京은 상국上國의 도성都城으로 만방이 모범으로 삼는 곳인데, 천자께서 정남의 지위를 비워두시고 청정聽政을 편전 가운데에서 하시니, 그 일을 담당하는 관리로서 우려

낙양 측천무후 명당明堂·천당天堂·천추대의天樞大儀 모형도

339) 명당 제사를 季秋가 아니라 冬至에 행한 것을 두고 한 말이다.

되어 어찌 침묵할 수 있겠습니까? 마땅히 역대 계책을 심사숙고하시고 문식의 적절한 수준을 선택하시어, 시행하기 불편한 것은 재량껏 개정하고 그대로 따를 수 있는 것은 사안에 맞게 적용하시며, 저 명당이란 칭호를 없애고 건원乾元이란 명칭으로 다시 복구하신다면, 위에서 행하심에 치우침이 없고 사람들은 명당의 옛 제도를 알 것입니다.

詔令所司詳議奏聞.

조를 내려 담당관들에게 상주한 내용을 상세히 논의하도록 하였다.

刑部尚書王志愔等奏議, 咸以此堂所置, 實乖典制, 多請改削, 依舊造乾元殿. 乃下詔曰:「古之操皇綱·執大象者, 何嘗不上稽天道, 下順人極, 或變通以隨時, 爰損益以成務. 且衢室創制, 度堂以筵, 用之以禮神, 是光孝享, 用之以布政, 蓋稱視朔, 先王所以厚人倫·感天地者也. 少陽有位, 上帝斯歆, 此則神貴於不黷, 禮殷於至敬. 今之明堂, 俯鄰宮掖, 此之嚴祀, 有異肅恭, 苟非憲章, 將何軌物? 由是禮官博士·公卿大夫, 廣參群議, 欽若前古, 宜存露寢之式, 用罷辟雍之號. 可改爲乾元殿, 每臨御宜依正殿禮.」自是駕在東都, 常以元日冬至於乾元殿受朝賀〔三五〕.340) 季秋大享祀, 依舊於圓丘行事.

---

340) [교감기 35] "於乾元殿受朝賀"의 '殿'자는 여러 판본에는 원래 없는데, 『通典』권44·『唐會要』권1에 의거하여 보충하였다.

형부상서刑部尙書 왕지음王志愔341) 등이 상주하여 이 명당의 위
치는 법제에 어긋나니 많은 이들이 개정하고 옛날대로 건원전乾元
殿을 조성할 것을 요청하였다. 그리하여 황제는 다음과 같이 조를
내렸다.342)

　　고대 황강皇綱을 잡고 대상大象을 쥔 자가343) 어찌 위로 천
　　도天道를 살피고 아래로 인간의 도리를 따르며, 간혹 임시변통
　　으로 시의를 맞추고 덜거나 보태어 일을 이루지 않았겠는가?
　　또한 구실衢室344)의 제도를 창건하고 연筵으로 명당의 규모를
　　파악하였다.345) 이것을 이용하여 신에게 예를 갖춘 것은 대효

---

341) 왕지음王志愔(?~722) : 唐 博州 聊城(현재 山東省 聊城市 東昌府歐)
　　　사람. 어려서 진사로 발탁되었고 中宗 神龍 연간에 左臺侍御史에 朝散
　　　大夫를 더하였다. 측천무후 때 형부상서에 임명되었으며 玄宗 開元 연
　　　간에 현종이 東都로 순행하면서 그에게 長安에 남아 수도를 지키도록
　　　하였다. 마침 반란이 일어나 성을 지키다가 죽임을 당하였다. 법을 집행
　　　하는 데 있어서 강직했기에 관리들이 그를 두려워하였다. 『舊唐書』에
　　　立傳되어 있다.
342) 이 조서는 『舊唐書』 권8 「玄宗本紀」 開元 5년조에 실려 있다.
343) 고대 왕이 되어 천하를 통치하는 것을 말한다. 여기에서 '執大象'은 『老
　　　子』 제35장의 "執大象, 天下往"에서 따온 말로 大象을 잡으면 천하가
　　　귀의한다고 하였으므로 천하를 다스린다는 의미이다. 여기에서 大象은
　　　大道를 말한다.
344) 구실衢室 : 고대 堯임금이 聽政하던 장소인데(『管子』 「桓公問」 "黃帝
　　　立明臺之議者, 上觀於賢也 ; 堯有衢室之問者, 下聽於人也.") 여기에
　　　서는 布政, 즉 聽政의 장소로서의 명당의 기능을 말한 것이다.
345) 1筵은 9尺이다. 筵은 周나라 때 척도 단위이니, 주나라 때 명당 제도를
　　　따랐다는 의미이다.

의 도리를 펼치는 제향祭享을 빛내는 바이고 이것을 이용하여
정령을 반포하는 것은 대개 시삭視朔이라 칭하였으니, 이는 선
왕이 인륜을 두텁게 하고 천지에 감응하기 위함이다.

태자로서 천자의 자리에 올라[少陽有位]346) 상제가 이에 흠
향하니, 따라서 신령은 번독하지 않음을 귀히 여기고, 예는 지
극히 경건함을 성대한 것으로 여긴다. 지금의 명당은 궁전을
내려다 볼 정도로 가까이 있어 이곳에서의 엄사嚴祀(명당 제
사)는 엄숙히 공경을 다하는 것과는 달라 진실로 헌장憲章이
아니니 장차 무엇으로 만물을 이끌 수 있겠는가? 이 때문에
예관박사와 공경대부들이 다양한 논의들을 널리 참작하면서
이전 옛날 법도를 공경히 따랐다[欽若前古].347) 노침路寢348)이

---

346) 원문의 '少陽有位'의 少陽은 동방, 태자가 거하는 동궁을 가리키며 동시
에 태자를 가리킨다. '有位'는 천자의 지위를 가리킨다. 여기에서는 태자
로서 천자에 즉위하였다는 의미로 번역하였다.

347) 欽若은 하늘을 공경히 따른다는 말이며, 여기에서는 명당에서의 행사
전체를 말한다. 출처는 『尙書』 「堯典」에 "이에 羲氏와 和氏에게 명하여
하늘을 공경히 따라서 日月星辰을 曆書로 만들고 觀象하게 하여, 사람
들에게 농사철의 시기를 신중하게 알려 주도록 한다.乃命羲和, 欽若昊
天, 曆象日月星辰, 敬授人時."라는 말에 나온다.

348) 노침路寢 : 고대 천자와 제후가 거하는 궁전의 正殿을 말한다. 춘추시대
에는 '路寢'이라 하였고 漢代에는 '正殿'이라고 하였다. 路寢은 또 '正
寢'이라고도 한다. '路'는 '크다'는 의미이다. 『詩』 「周頌·閟宮」에 "松
桷有舄, 路寢孔碩"이라고 처음 나온다. 『禮記』 「玉藻」에 일출 후 대신
들을 접견하고 곧 노침으로 돌아가 청정한다고 하였다."君日出而視朝,
退適路寢聽政." 여기에서는 『禮記』 「玉藻」의 청정의 장소로서 명당의
기능을 말한다.

라는 방식은 보존하고 벽옹辟雍이란 칭호는 거두어야 마땅하고, (명당의) 이름을 건원전乾元殿으로 고쳐도 되며, 건원전에 나아갈 때에는 정전에서의 예에 따라 진행하는 것이 마땅하다.

이때부터 황제가 동도東都에 행차할 때에는 항상 원일元日과 동지冬至에 건원전乾元殿에서 조하朝賀를 받았다. 계추季秋의 대향大享 제사는 옛날대로 원구에서 거행하였다.

十年, 復題乾元殿爲明堂, 而不行享祀之禮. 二十五年, 駕在西京, 詔將作大匠康晉素往東都毀之. 晉素以毀析勞人, 乃奏請且析上層, 卑於舊制九十五尺. 又去柱心木, 平座上置八角樓, 樓上有八龍, 騰身捧火珠. 又小於舊制, 周圍五尺, 覆以眞瓦, 取其永逸. 依舊爲乾元殿.

(개원) 10년(722)에 다시 건원전의 이름을 명당으로 복구하였으나 대향의 예는 행하지 않았다. 25년(737)에 어가가 서경西京에 머물며 장작대장將作大匠 강공소康晉素에게 명하여 동도에 가서 명당을 허물라고 하였다.[349] 강공소는 전체를 허무는 일은 노역이 막중하므로

---

349) 『新唐書』 권35 「五行志」2, "開元二十七年十月, 改作東都明堂, 訛言官取小兒埋明堂下, 以爲厭勝"라고 하였고, 『舊唐書』 권9 「玄宗本紀」 "(開元二十七年) 冬十月, 毀東都明堂之上層, 改拆下層爲乾元殿"이라고 하여 '開元二十七年'으로 되어 있어 『舊唐書』 권22 「禮儀志」2의 '開元 25년'과 차이가 난다. 장일병의 경우 『冊府元龜』, 『唐會要』에서 측천무후의 명당을 허물고 건원전으로 재건한 시기(21년, 25년, 27년 설)에 대한 혼란을 장안과 낙양 두 곳의 건원전이 있었기 때문이 아닐까 추측하기도 하였다.(張一兵, 『明堂制度硏究』, 423쪽) 다만 『舊唐書』

상층만 허물어 옛 제도보다 95척 낮게 하도록 주청하였다.[350] 또한

玄宗(拆改武后明堂之)乾元殿推測圖

현종 건원전 추측도(張一兵, 『明堂制度硏究』, 423쪽)

「玄宗本紀」 開元 25년조에 立春日에 東郊에서 迎氣하는 의례를 복원하고 12월 朔日에 正殿에서 제후의 조회를 받고 時令을 독하라는 영을 내린 것으로 보아("冬十月, 制自今年每年立春日迎春於東郊, 其夏及秋冬如常. 以十二月朔日於正殿受朝, 讀時令") 明堂에서 진행되던 受朝, 讀時令의 행사를 正殿에서 행하고 있음을 알 수 있다.

350) 측천무후 명당을 복원한 楊鴻勛의 경우도 95척으로 보아 1/3 크기로 줄였다고 하였으나(양홍훈, 『궁전고고건축통론』) 측천무후 명당의 전체 높이는 294척, 동서남북 300척인데, 3단 중 상층부분만 제거하여 95척이라면 높이가 맞지 않으니, 측천무후 명당 높이 294척 중 95척보다 적게 한 것으로 보는 것이 타당해 보인다. 참고로 고종 顯慶 원년 복원된 乾元殿은 높이가 120척, 동서 245척, 남북 176척이었다. 張一兵이 추측한 측천무후의 명당과 현종의 건원전을 비교해보아도 높이가 95척이 될 수는 없다고 본다. 장일병의 경우 이에 대한 언급은 없고 다만 형태면에서 3단 중 상층 부분을 제거하여 건원전의 평면은 정방형의 형태로 개조되었음을 지적하고 있다. 張一兵, 『明堂制度硏究』, 中華書局, 2005, 422~423쪽.

주심목柱心木을 제거하고 평좌平坐351) 위에 팔각루八角樓를 설치하고 팔각루八角樓 위에 팔룡八龍을 두어 날아오르는 형태[騰身]로 화주火珠를 받들게 하였다. 또한 옛 제도보다 크기를 줄여 둘레는 5척으로 진짜 기와를 덮어 영구토록 하였다. 명칭은 옛날대로 건원전이라고 하였다.

---

351) 평좌平坐 : 高臺나 다층의 樓에서 두공, 가로목, 널판 등의 건축 부속물을 설치하여 조망할 수 있도록 한 건축 구조물을 말한다. 그림에서 네모 부분이 평좌이다.

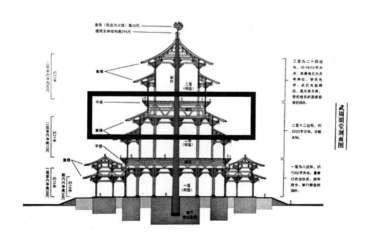

평좌 위치(측천무후 명당해부도 일부)

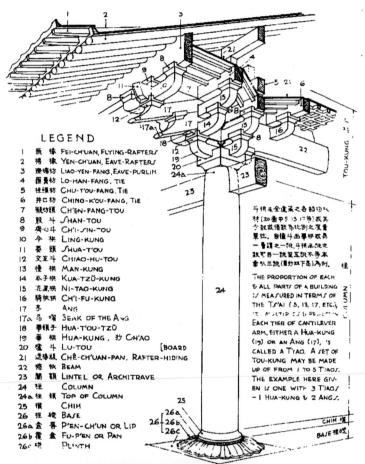

중국 목조건축의 기본구조와 명칭(梁思成, 『중국건축사』)

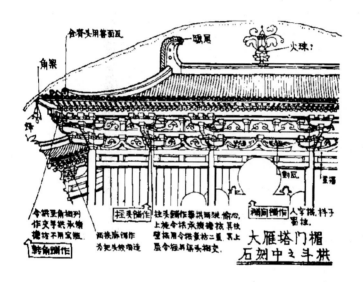

두공斗拱·각량角梁·화주火珠·포작鋪作 위치도
(부희년, '대안탑 문미 석각 중 두공', 1973)

『周易正義』『尙書正義』『毛詩正義』『周禮注疏』『儀禮注疏』『禮記正義』『春秋左傳正義』『春秋公羊傳注疏』『春秋穀梁傳注疏』『論語注疏』『爾雅注疏』『孟子注疏』『孝經注疏』(十三經注疏整理委員會 整理, 北京大學出版社, 2000년 12月 第1版)

『史記』『漢書』『後漢書』『三國志』『晉書』『宋書』『南齊書』『梁書』『陳書』『魏書』『北齊書』『周書』『南史』『北史』『隋書』『舊唐書』『新唐書』『舊五代史』『新五代史』『宋史』(中華書局 標點本)

屈原·林家驪 校注,『楚辭』, 中華書局, 2010

董誥 等 編,『全唐文』, 中華書局, 1983

董仲舒 著, 蘇輿 撰,『春秋繁露義證』, 中華書局, 1992

杜佑 撰,『通典』, 中華書局, 1996

劉安 著, (淸) 劉文典 輯,『淮南鴻烈集解』中華書局, 1989

陸德明,『經典釋文』, 上海古籍出版社, 2013

李誡,『營造法式』, 人民出版社, 2006

李林甫 等 撰, 陳仲夫 點校,『唐六典』, 中華書局, 2014

班固 著, (淸) 陳立 輯,『白虎通疏證』, 中華書局, 1994

徐堅 等 撰,『初學記』, 中華書局, 1980

徐松,『唐兩京城坊考』, 中華書局, 1985

聶崇義 撰, 丁鼎 點校,『新定三禮圖』, 淸華大學出版社, 2006

蕭統 編, (唐) 李善 注,『文選』, 上海古籍出版社, 1997

宋敏求 編, 洪丕謨 等 點校,『唐大詔令集』, 學林出版社, 1992

王溥 著,『唐會要』, 上海古籍出版社, 1991

王應麟,『玉海』, 中日合璧本, 京都 : 中文出版社, 1986

王欽若 等 撰,『冊府元龜』, 中華書局, 1994

應劭 著, (淸) 孫星衍 輯,『漢官六種』, 中華書局, 1990

錢大昕,『廿二史考異』, 上海古籍出版社, 2004

鄭樵,『通志二十略』, 中華書局, 1995

許愼 撰, (清) 段玉裁 注, 『說文解字』, 上海古籍出版社, 1988

『大唐開元禮 : 附大唐郊祀錄』, 東京大學東洋文化硏究所所藏, 汲古書院, 1972

『大唐開元禮』中華禮藏·禮制卷·總制之屬 第1冊, 浙江大學出版社, 2016

『欽定禮記義疏』, 王皓 編, 『文津閣四庫全書圖典』, 商務印書館, 2017 所收

임종욱 역, 『中國歷代人名辭典』, 이회문화사, 2010

史爲樂 主編, 『中國歷史地名大辭典』, 中國社科出版社, 2005

許嘉璐 主編, 『二十四史全譯』(全91冊), 同心出版社, 2012

김일권, 『동양천문사상 : 인간의 역사』, 예문서원, 2007

김택민 주역, 『역주 당육전』 상·중·하, 신서원, 2003

세오 다쓰히코 저, 최재영 역, 『장안은 어떻게 세계의 수도가 되었나』, 황금가지, 2006

와타나베 신이치로 저, 임대희·문정희 공역, 『天空의 玉座』, 신서원, 2003

왕치쥔 주편, 차주환 등 역, 『중국도해사전』, 고려출판사, 2016

우훙 저, 김병준 역, 『순간과 영원 : 중국고대의 미술과 건축』, 아카넷, 2001

姜波, 『漢唐都城禮制建築硏究』, 文物出版社, 2003

高明士, 『中國中古禮律綜論』, 商務印書館, 2017

郭善兵, 『中國古代帝王宗廟禮制硏究』, 人民出版社, 2007

陶潔, 『堂而皇之 : 中國建築·廳堂』, 遼寧人民出版社, 2006

梁思成, 『中國建築史』(1945), 『梁思成談建築』, 北京:當代世界出版社, 2006 所收

傅熹年, 『中國古代建築史 : 兩晉·南北朝·隋唐·五代建築』 제2권, 中國建築工業出版社, 2001

楊鴻勛, 『宮殿考古通論』, 紫禁城出版社, 2007

吳麗娛 主編, 『禮與中國古代社會 : 隋唐五代宋元卷』, 中國社會科學出版社, 2016

吳玉貴 撰, 『唐書輯校』, 中華書局, 2009

王其鈞 主編, 『中國圖解辭典』, 機械工業出版社, 2014

王效淸, 『中國古建築述語辭典』, 文物出版社, 2007

幼彬·李婉貞 編, 『中國古代建築歷史圖說』, 中國建築工業出版社, 2002

張文昌, 『制禮以敎天下 : 唐宋禮書與國家社會』, 國立臺灣大學出版中心,
　　　2012 初版

張一兵, 『明堂制度研究』, 中華書局, 2005

張志攀 主編 昭陵博物館編, 『昭陵唐墓壁畫』, 文物出版社, 2006

鄭培光·王志英 編著, 『中國古代建築構件圖典』, 福建美術出版社, 1987

陳明達, 『營造法式辭解』, 天津大學出版社, 2010

장헌덕, 「중국 唐·宋 목조건축의 하앙결구 기법 변천 연구」, 『건축역사연구』
　　　제20권 6호 2011년 12월

南澤良彦, 「唐代の明堂」, 『中国哲学論集』 36, 九州大學中國哲學研究會,
　　　2010-12

瀧天政次郎, 「江都集禮と日本の儀式」, 岩井博士古稀記念事業會編 『岩
　　　井博士古稀記念典籍論集』, 1963 所收

目黑杏子, 「後漢郊祀制と元始故事」, 『九州大學東洋史論集』 36, 2008-03

傅熹年, 「唐長安大明宮含元殿原狀的探討」, 『文物』 第7期, 1973

小島毅, 「郊祀制度の變遷」, 『東洋文化研究所紀要』 108, 1989-02

楊鴻勛, 「宇文愷承前啓後的明堂方案」, 『文物』 第12期, 2012

吳麗娛, 「也談唐代郊廟祭祀中的始祖問題」, 『文史』 126輯, 2019년 第1輯

王京陽, 「中華標點本『舊唐書』獻疑」, 『唐史論叢』 第6輯, 1995年 10月

尤煒祥, 「點校本『舊唐書禮儀志』疑義考辨擧例」, 『台州學院學報』 第38卷
　　　第5期, 2016年 10月

原康, 「聞本『舊唐書』初印本與後印本的差異」, 『中國典籍與文化』, 2020年
　　　2期

中國社會科學院考古研究所洛陽唐城隊, 「唐東都武則天明堂遺址發掘簡
　　　報」, 『考古』 第3期, 1988

당송 예악지 역주 총서

연구책임 김현철

| 연구 책임 |

김현철

연세대학교 중국연구원 원장
중국 언어와 문화 전공자. 한국연구재단 중점사업 '중국 정사 당송 예악지 역주' 사업
연구책임자. 연세대학교 우수업적 교수상, 우수강의 교수상, 공헌교수상 및 우수업적
논문분야 최우수상을 수상
200여 편의 논문과 저역서 편찬, 『중국 언어학사』가 '1998년 제31회 문화관광부 우수학
술도서', 『중국어어법 연구방법론』이 '2008년 대한민국학술원 기초학문육성 우수 학술
도서', 『대조분석과 중국어교육』이 '2019년 학술부문 세종도서'로 선정

| 역주자 |

문정희

연세대학교 중국연구원 연구교수
연세대학교 사학과, 동대학원 석·박사 졸업
역서로 『天空의 玉座 – 중국고대제국의 조정과 의례』(공역), 『중국 고대 정사 예악지 역
주 : 사기·한서·위서·남제서·수서』(공역), 『중국 정사 외국전 역주 : 사기·한서·위서·
남제서』(공역), 『양한사상사』권1 상(공역), 논문으로 「고대 중국의 출행의식과 여행금
기」, 「일서日書를 통해 본 고대 중국의 질병관념과 제사습속」 등이 있다.

당송 예악지 역주 총서 01

구당서 예의지 *1*

초판 1쇄 인쇄 2023년 8월 1일
초판 1쇄 발행 2023년 8월 16일

연세대학교 중국연구원 당송 예악지 연구회 편
연구책임 | 김현철

역 주 자 | 문정희
펴 낸 이 | 하운근
펴 낸 곳 | 學古房

주   소 | 경기도 고양시 덕양구 통일로 140 삼송테크노밸리 A동 B224
전   화 | (02)353-9908 편집부(02)356-9903
팩   스 | (02)6959-8234
홈페이지 | http://hakgobang.co.kr
전자우편 | hakgobang@naver.com, hakgobang@chol.com
등록번호 | 제311-1994-000001호

ISBN 979-11-6586-092-9 94910
       979-11-6586-091-2 (세트)

값 : 29,000원